인물 과학사 1
한국의 과학자들

인물 과학사

1

한국의 과학자들

박성래 지음

cum libro
책과함께

역사의 주인공은 사람이고, 사람에 대해 생각해보는 일은 정말 재미있다. 나는 과학기술의 역사도 그런 줄거리에서 살펴볼 때 더욱 흥미롭게 이해할 수 있다고 생각한다. 그래서 많은 인물들을 찾아내고 소개하려고 노력했다. 반세기 동안 공부란 걸 하며 틈틈이 그런 과학자와 기술자에 대한 연구를 해서 소개했고, 그 많은 경우가 이번에 두 권의 책으로 정리되었다.

이 책에서 소개하고 있는 한국의 과학자와 기술자란 꼭 대단한 업적을 남겨서가 아니라, 각각 시대를 대표할 만한 '과학과 기술에 관련된 인물'이다. 평생 과학사를 공부하고 가르치면서 한국 역사를 생각하다 보니 그 주역이라 할 수 있는 인물들에 주목하게 되었고, 그에 대해 생각하고 소개하는 일도 많이 생겼다. 그리고 이들의 소개가 한국 과학사를 이해하는 데 좋은 방법이 되리라는 생각에서 이를 모아 책으로 내게 되었다. 책 제목에 '과학사'라고 표현 했지만 '과학기술사'를 줄인 표현임을 밝혀둔다.

이 책은 《인물 과학사 2—세계의 과학자들》과 함께 출간되는데 그것 역시 사실은 한국 과학사와 관련된 인물을 소개하려는 노력의 일환이라 할 수 있다. 세계 과학사의 큰 인물들도 있지만 오히려 한국 과학기술사를 설명하는 데 도움이 될 만한 외국 인물들을 중심으로 엮었기 때문이다. 또 체계적인 과학기술자의 열전이기보다는 내가 그때그때 골라 소개한 것이어서 더 중요한 인물이 빠졌을 수도 있는가 하면 사소한 인물이 등장한다고 불만인 독자도 있을 수 있을 듯하다. 또 살아 있는 인물은 제외했다. 나는 역사가가 생존자를 대상으로 글을 쓰는 일을 반대하기 때문이다.

많은 인물을 소개하면서 어떻게 그들을 분류하면 좋을지 결정하는 것이 쉽지 않았다. 나는 과학사를 하면서 전통 과학은 우리의 선조들이 세상을 이해하던 틀, 즉 '천지인(天地人)'의 삼재(三才)를 분류의 기준으로 삼는 편이 좋다고 생각해왔다. 세상을 하늘, 사람, 땅으로 나누어 생각하려는 것이다. 하지만 근대 과학이 들어오면서 그런 분류가 꼭 옳지도 않고, 또 편리하지도 않게 되었다. 그래서 전통적인 분류 방법에 근대 과학의 분류를 함께 참고해보려는 생각이 이 책의 분류로 나타나게 되었다.

어떤 인물에 대한 것은 주인공에 대한 설명보다 엉뚱하게 주변적인 정보가 더 많다는 인상을 받게도 될 것이다. 사료가 절대 부족한 경우에도 흥미로운 인물이어서 소개하려다보니 그리 되었다는 점을 이해해주기 바란다. 더구나 비슷한 시기의 여러 인물이 등장하다보니 그 내용이 서로 겹치는 경우도 많다. 걸핏하면 그 인물에 대한 연구가 부족하다는 나의 푸념이 있는데, 이는 글을 쓸 당시의 사정을 말한 것이다. 아직도 대개는 여전히 연구가 부족한 상태에 머물고 있지만 그 사이 연구가 더 진전되어 있는 부분도 있을 것으로 보인다.

또 본문의 중간 중간을 보면 '필자'라는 표현 대신 '나'라는 표현이 더러 있는데 당연히 필자 박성래를 가리킨다. 나는 평생 학술적인 글에서 조차 나를 숨기지 않으려 했다. 학문도 상당히 주관적인 행위일 수밖에 없다고 믿고, 또 그 사실을 감출 필요도 없다고 생각하기 때문에 '필자'라는 표현 대신 '나'라고 지칭했다.

오랫동안 연재한 내 집념은 이런 노력이 우리 과학기술사를 밝히는 데 도움이 될 뿐만 아니라 그런 노력으로 한국의 과학기술사에 대한 관심이 높아지기를 소망했기 때문이다. 이 책의 내용 대부분은 지난 20년 동안 한국과학기술단체총연합회의 월간지 《과학과 기술》에 연재되었던 글이 주축이다. 그런 연재를 해주었던 관계자에게 감사한 마음을 전한다. 정년퇴임 이후 잊혀지다시피 하고 있던 낡은 원고를 새롭게 가꿔 책으로 엮어 준 도서출판 책과함께에게도 깊은 감사의 마음을 전하고 싶다. 그리고 이 책을 내도록 옆에서 도와준 KAIST의 신동원 교수에게도 고마움을 전한다. 물론 진짜 고마운 분들은 이 글을 읽어주시는 독자 여러분이다. 그리고 그런 독자의 줄에 내 손주들(이주상, 박성규, 이주영, 박성연, 이주원)이 낄 수 있다면 더욱 고맙겠다.

2011년 8월 분당에서
박성래

|차례|

일러두기

1. 각 인물은 그들을 대표할만한 업적을 중심으로 분류한 후 그 안에서 인물의 생몰 연대순으로 배치했다. 전체 인물의 인명 가나다순은 뒷부분 부록에 실려 있다.
2. 각 인물의 설명이 시작되는 부분에 인물의 얼굴 사진을 함께 넣는 것을 원칙으로 했으나 일부 사진을 구할 수 없는 경우는 생략했다.
3. 인명과 지명 등 외래어는 국립국어원의 외래어 표기법에 따라 표기했으며 일부 등재되지 않은 단어는 원음에 가깝게 표기했다.
4. 각주는 따로 없으나 각 인물에 대한 설명 끝에 미주가 있다.
5. 이 책에서 사용하고 있는 모든 이미지는 대부분 출처와 저작권자를 찾아 허락을 받았다. 일부 저작권자가 확인되지 않는 자료는 확인이 되는 대로 통상의 사용료를 지불할 예정이다.

천문학

왕건의 꿈 해석해준
한국의 프로이드
최지몽 崔知夢 907~987

'한국의 프로이드'라면 좀 지나친 이름이 되겠지만, 우리 역사에도 꿈의 해석으로 후세에 이름을 남긴 과학자가 있다. 그는 최씨라고 하지만 아예 이름이 '꿈을 안다(知夢)'고 붙여 알려져 있다. 최지몽이 바로 그의 이름이기 때문이다. 물론 그의 이름이 처음부터 '지몽'은 아니었다. 그가 꿈 해석에 능하다 보니 그런 이름을 얻게 되었던 것이 그대로 이름으로 후세에 전해지고 있을 뿐이다. 원래 이름은 총진(聰進)이었으며 지금의 전라남도 영암(靈巖) 출신이다. 또 그의 아버지는 원보(元甫) 상흔(相昕)이라고만 《고려사》에 적혀 있다. 《고려사》는 조선 초기에 완성된 고려시대의 가장 상세한 대표적 역사서이다. 이 책은 정통 역사서가 그렇듯이 거의 3분의 1 분량이 고려시대 활약한 인물들에 대한 전기로 되어 있다. 좋은 일을 한 사람만 있는 것이 아니라 간신과 반역자까지 모두 중요한 인물을 골라 그 일생을 기록한 것이다. 그 가운데 최지몽은 고려 초기의 인물 가운데에서는 드물게 긴 기록을 남기고 있으니 당시로서는 상당히 중요한 인물이었던 것을 짐작하게 해준다.

이 기록에 의하면 그는 어려서부터 아주 똑똑한 사람이었고 경전과 역사서를 두루 공부했는데 특히 천문과 복서(卜筮: 점치기)에 밝았다. 천문과 복서가 서로 통하던 것이 당시 사정이었음은 알려진 일이지만 그런 그가 꿈의 해석에도 통하고 있었다는 것은 꿈의 해석이란 역시 복서의 일부였기 때문일 것이다. 여하튼 그는 일찍 명성을 날리게 되었고 18세의 어린 나이에 이미 왕건의 부름을 받고 그의 꿈을 해석해주게 되었다는 기록이다. 아마 925년쯤의 일일 것이다. 왕건이 고려 왕조를 개창한 지 7년쯤 뒤의 일이지만 궁예를 몰아내고 왕위에 오른 왕건으로서는 아직 후삼국의 나머지 두 나라(후백제와 신라)와 각축하고 있을 시기였다. 이때 왕건이 꾸었다는 어떤 꿈을 해석하게 된 최지몽은 그것이 왕건이 삼국을 통일할 조짐이라고 해석해주었다고 한다.

태조 왕건이 '지몽' 이름 내려줘

왕건의 꿈 내용이 무엇이었던가를 지금 알 길은 없다. 여하튼 삼국 통일의 영웅이 될 조짐이라는 꿈의 해석에 왕건이 기뻐했을 것은 당연한 일이었다. 그 감격 때문에 왕건은 그에게 '지몽'이란 이름을 내렸고 비단 옷은 물론이고 공봉직(供奉職)에 임명하여 그 후 궁궐 가까이 그를 머물게 하며 온갖 것들에 대해 그의 자문을 구하게 되었다. 임금의 학술담당 최측근이 되었던 것이다. 그리고 왕건이 죽은 다음에도 그의 자리는 바뀌지 않았다.

태조 왕건이 죽은 바로 2년 뒤인 945년(혜종 2)의 일이었다. 이른바 '왕자의 난'이 일어나 왕실이 권력 다툼의 소용돌이에 말려들기 시작했던 것이다. 조선 초에만 '왕자의 난'이 있었던 것이 아니다. 왕조가 새로 시작하면 첫 임금이 죽은 후 바로 여러 왕자와 세력 사이에 권력

최지몽의 비

싸움이 벌어지는 것은 당연한 일이었다. 943년 5월 왕건이 죽자 2대 임금으로 즉위한 첫째 왕자는 혜종(재위 943~945)인데 2년만에 갑자기 죽었다. 그리고 다음 왕위를 이은 셋째 왕자(정종, 재위 945~949) 역시 4년을 채우지 못하고 24세의 나이에 갑자기 죽고 말았다.

2대 혜종의 죽음에 대해서 《고려사》는 그가 945년 9월, 병으로 죽었다면서 당시 신하들은 임금을 만나지도 못하고 소인들에 둘러 싸인 가운데 임금이 죽었다고 기록하고 있다. 3대 임금 정종은 20세에 임금이 되어 24세에 죽었는데 병이 나자 같은 어머니에게서 태어난 아우에게 왕위를 넘겨주고 죽었다고만 적혀 있다.

도대체 멀쩡하던 젊은 임금들이 갑자기 병으로 죽었다는 기록이 믿기 어렵다. 사실 태조 왕건을 도와 새 왕조를 세운 지방 토호들은 이미 왕건 자신과 결혼으로 그들의 연합 관계를 튼튼히 하고 있었고 그 연

합관계의 표현으로 왕건은 그들 지방 토호들의 딸을 정식 아내로 삼았다. 이렇게 맺은 왕비와 부인이 자그마치 29명이나 되는 상황이었다. 당연히 왕건이 죽자 이들 지방 토호와 왕비들 그리고 그들을 둘러싼 세력사이의 갈등이 표면화되었다.

반역 때마다 왕에게 미리 알려

이런 가운데 최지몽은 945년 혜종이 죽던 그 해에 임금에게 보고하기를 "유성(流星)이 자미를 범했으니 나라에 반드시 역적이 있을 조짐"이라 했다. 당시의 역사책에는 이것이 당시 왕위를 찬탈하려 하던 세력의 대표격인 왕규(王規)를 지목한 것으로 해석하고 있다. 왕규는 경기도 광주 사람으로 그의 딸 둘을 태조에게 바쳐 태조의 제15왕비와 제16왕비가 되었다. 특히 제16왕비에게서는 왕자가 태어났으니 바로 광주원군이다. 왕규가 자신의 외손자인 광주원군을 왕위에 오르게 하기 위해 혜종을 해치려 했다는 것이다. 그리고 이를 예측하여 유성의 조짐으로 보고한 최지몽은 혜종으로부터 더욱 신임을 받은 것으로 되어 있다.

또 거의 같은 시기에 최지몽은 또 다시 점을 쳐서 변고를 예측하고 임금에게 몰래 거처를 옮기라고 권고했다. 정말로 그날 밤 왕규가 임금을 해치려고 침실의 벽을 뚫고 들어왔으나 이미 임금은 자리를 피하고 없었다. 이렇게 최지몽은 고려의 2대 임금 혜종을 점을 쳐서 보호했던 것으로 전한다. 태조에게 꿈을 해석하던 것과는 조금 다른 점이 있었으나 비슷한 재주를 발휘했다고 하겠다.

그리고 다시 980년(경종 5) 최지몽의 예언이 위력을 발휘한다. 그해 그는 임금에게 아뢰기를 "객성이 제좌를 범했으니 임금께서는 지키기를 더욱 튼튼히 하여 변고에 대비하소서"했던 것이다. 정말로 그해에 왕승(王丞)이 반역을 꾀하다가 발각되어 처벌받는 사건이 일어났다. 임금은 최지몽에게 어의와 금으로 만든 허리띠를 하사했다.

또한 '대광내의령(大匡內議令) 동래군후(東萊郡侯)'에다가 식읍 천호(千戶)를 받은 '주국(柱國)'이라는 영예와 상도 함께 내렸다. 그 후에도 그는 여러 가지 표창을 받고 영예를 누리다가 987년 병들자 성종이 직접 문병을 하기도 했다. 죽은지 7년 뒤인 994년에는 경종의 사당에 배향되는 영광을 얻었다.

최지몽에게는 민휴(敏休)라는 시호도 내려졌다. 그를 '민휴공'이라 부를 수 있다는 말이다. 그의 고향에는 지금도 사당이 남아 있어 그를 모시고 있다고 한다. 영암이라는 이름을 얻게 해준 신령스런 바위가 있다는 호남의 명산 월출산(月出山)의 서쪽에는 도갑사(道岬寺)가 있다. 그리고 이 도갑사에 이르는 길목 구림 마을에서는 최씨들이 그들의 선조인 최지몽을 모시는 사당을 지어 놓고 있는 것이다.

하기는 이 마을이라면 최지몽 못지않게 유명한 인물이 바로 그보다 조금 선배라 할 수 있는 한국 풍수지리의 창시자 도선(植詵, 827~898)을 들 수 있다. 그리고 바로 최지몽을 모신 사당 옆에는 국사암이란 바위가 있는데 그 바위가 바로 도선의 어머니가 처녀로서 오이를 먹고 도선을 낳은 몰래 버린 곳이라고 전한다.

고려 초 정치 갈등 속 중요 역할

전설에 의하면 도선의 외할아버지가 최씨였다니 도선과 최지몽은 같은 마을 출신의 같은 집안일지도 모른다는 생각이 든다. 고려 초기 이 분야 역사에서는 단연 최지몽을 따를 인물이 없다. 그는 어려서 대광(大匡) 현일(玄一)에게서 배웠다고 기록되어 있다. 그러나 대광 자리에 있었던 현일이란 인물에 대해서는 알려진 것이 없다. 이름으로 보아 승려였을 것 같은 인상을 느낄 뿐이다.

최지몽에게는 두 아들이 있었는데 그 이름은 현동과 회원이었다고 기록은 전한다. 이들에 대해서도 더 알 길이 없다. 또 광종 때 임금을 따라 귀법사(歸法寺)에 갔다가 술을 마시고 실수하여 외걸현이란 곳에 유배가게 되어 1년 동안 거기 살다가 980년(경종 5)에 풀려나 소환되었다고도 전한다. 그가 어떤 실수를 했기에 그리도 오랫동안 유배당한 것일까? 이 또한 지금으로서는 알 길이 없다.

다만 《고려사》의 다른 곳에 보면 광종이 귀법사에 행차한 것은 970년(광종 20)의 일로 기록되어 있다. 그리고 귀법사란 사찰은 광종이 그보다 7년 전인 963년(광종 14) 7월에 창건한 것으로 되어 있다. 그는 여기에 그 유명한 제위보(齊危寶)를 설치하여 빈민구제와 서민들의 질병 치료 등을 담당하게 했다. 우리 역사상 초기의 사회사업기관을 두었다고 할 만하다. 최지몽은 이 절에 임금을 따라 갔다가 술을 마시고 어떤 실수를 했다는 말이다. 여하튼 그는 광종대에는 명예를 회복하지 못하고 귀양 살다가 광종이 죽고 경종이 왕위에 오른 후에도 5년이 지나서야 풀려났음을 알 수 있다.

하지만 이미 소개한 것처럼 그가 풀려난 경종 5년의 이 기록에 이어서 《고려사》는 왕승의 반란 사건과 그들에 대한 처벌 기록이 따르고 있다. 우연의 일치라기보다는 최지몽의 재등용은 그 반대 세력의 몰락을 의미하는 것이 아니었을까 생각된다. 이 시기 역사 기록은 너무나 엉성하여 모두를 짐작하기는 어렵지만, 여하튼 최지몽은 화려하게 등장하면서 다음 임금인 성종 때에는 더욱 융숭한 대접을 받다가 죽었다. 그리고 성종시대는 바로 광종 때에 일단 밀려났던 옛 신라 세력과 일부 호족 세력이 다시 힘을 떨치기 시작하는 것을 의미한다. 최지몽은 그런 고려 초의 정치적 갈등과 싸움에서 상당히 중요한 몫을 했던 정치가이며 꿈의 해석자 그리고 천문학자였음을 알 수 있다.

고려 명종 때의 천문학자
권경중 權敬中 생몰 연대 미상

《고려사(高麗史)》는 거의 500년 가까이 지속된 고려시대를 한 권의 책으로 정리한 역사책이다. 그 책의 〈열전(列傳)〉에는 고려시대 활약했던 수많은 인물들에 대한 기록이 남아 있고 그 가운데 권경중의 활약도 기록되어 있다. 이는 권경중이 고려 때에는 상당히 중요한 인물이었음을 간접적으로 알려준다. 그리고 이 기록은 모두 여러 가지 자연현상에 대해 권경중이 어떻게 해석하고 있었는지를 설명하고 있다. 말하자면 그가 당대의 과학자였음을 알 수 있는 것이다.

이규보와 《명종실록》 편찬

《고려사》에 나오는 권경중에 대한 기록은 그의 개인에 대한 내용을 거의 담고 있지 않다. 따라서 권경중이 언제 어디서 누구의 아들로 태어났으며 언제 죽었는지는 알 수 없다. 《고려사》권1 〈열전〉 14에 의하면 권경중은 신선술(神仙術)에 빠졌던 일이 있는 것으로 보인다. 또 그의 벼슬은 고종 때 상서(尙書) 예부시랑(禮部侍郎) 지제고(知制誥)[1]에 올랐다는 기록만 전할 따름이다. 그가 신선술에 빠져 벽곡술(僻穀術)[2]을 익히는 것을 보고 이규보(李奎報, 1168~1241)가 시를 지어 이를 책망했다고도 전한다. 바로 그 시가 지금 이규보의 문집 《동국이상국집》에 남아 있다. '시랑 이미수가 박사 권경중의 벽곡을 나무란 시운에 차하다(次韻李侍郎眉叟 寄權博士敬仲責僻穀)'란 제목의 시 3편이 그것이다. 오랫동안 벽곡술을 행하여 좋은 얼굴이 초췌해진 것을 안타깝게 여기며 책망하는 내용임을 알 수 있다.

또 이 시는 당대의 또 다른 문필가 이인로(李仁老, 1152~1220)와 함께 지은 것임을 짐작하게 한다. '미수(眉叟)'란 바로 이인로의 호이기 때문이다. 사실 권경중은 이규보, 유승단(兪升旦, 1168~1232)과 함께 《명종실록》을 편찬한 역사가로도 기록되어 있다. 지금은 모두 사라져 고려 때의 실록은 구경할 수 없지만 권경중이 《명종실록》 편찬에 가담한 것이 바로 이 시절의 일임을 알 수 있다. 당연히 권경중은 이규보나 유승단과 비슷한 시기에 활동했던 인물임을 알 수 있다.

그러면 《고려사》 〈권경중전〉에는 무슨 기록이 그리 많길래 그 가운데 권경중 개인에 대한 기록은 이렇게 적다는 말인가? 한글로 번역해

놓은 《고려사》〈권경중전〉은 모두 10쪽이나 된다. 그런데 이 내용 전체가 명종 때의 재이(災異)에 대한 그의 논평을 소개하고 있다. 그리고 여기에는 권경중이 쓴 글이 그대로 인용되어 남아 있다. 그 글은 "신(臣)이 편찬한 4년 동안의 기록 가운데 재이에 관한 부분이 약간 있습니다"로 시작된다. 임금에게 올린 글임을 알 수 있고 그가 담당한 《명종실록》이 4년분임을 알 수 있다. 아마 그가 담당한 4년이란 1186~1190년 사이였을 것 같다.

일식은 내란·가뭄 등 예고

먼저 그가 제일 처음 다루고 있는 일식(日食)에 대해 살펴 보자. 그는 정미년 7월의 일식과 기유년 2월의 일식에 대해 기록하고 논평하고 있다. 그가 말하는 정미년이란 1187년으로 고려 명종 17년에 해당하며 기유년은 2년 뒤인 1189년으로 명종 19년이다. 《고려사》〈세가편(世家篇)〉에 보면 정말로 1187년 7월과 1189년 2월에 일식이 있었다는 기록이 보인다. 권경중은 1187년 7월 그믐날의 일식은 그날 밤에 있었던 조원정(曺元正)과 석린(石隣)의 반란을 예고한 것이라 해석하고 있다.

그날 밤 2경에 70여 명이 궁궐 담을 넘어 들어와 닥치는 대로 사람을 죽이며 반란을 꾀하다가 그 수괴인 조원정과 석린 등이 붙잡혀 처형당했다는 기록이 있다. 이에 대해 사관(史官) 권경중은 원래 임금은 나라의 편안하고 위태로움을 가름하는 중요한 일은 반드시 그 미세한 때부터 조심하여 방지책을 마련해야 하는데 미천한 출신에게 병권을 쥐게 한 채 방비책을 소홀히 했다고 지적하고 있다. 또 1189년 2월의 일식은 그해 윤5월의 가뭄을 예고한 것이라 해석하고 있다. 이 경우 일식이란 가뭄이나 홍수의 예고 정도로 해석된다는 것이다.

일식에 대한 그의 생각을 정리한 다음에는 그 밖의 태양에 관련된 여러 가지 재이에 대해 설명하고 있다. 해가 빛을 잃고 태양의 뒤편에 기운이 감싸고 있어서 밖은 붉고 안은 누런 경우, 또 태양에 동서로 고리가 달린 듯한 경우 등이 있었다는 것이다. 이런 재이는 《전한서(前漢書)》, 《진서(晉書)》〈천문지(天文志)〉 등을 보면 신하가 나라를 어지럽힐 조짐이라면서 비록 조원정과 석린의 반란은 수습했으나 동남쪽의 도적떼가 나라를 어지럽히고 있어 이런 하늘의 경고가 내린 것이라 해석하고 있다.

다음은 달이 항성을 침범한 경우다. 권경중은 《춘추(春秋)》에서도 일식은 다루고 있으나 월식은 다루지 않았다면서 월식에 대해서는 무시하고 있다. 하지만 달이 묘(昴)와 심(心)을 너무 접근했거나 아예 침범했을 경우에 대해서는 이를 중시하여 설명하고 있다. 묘나 심이란 바로 28수(宿)의 두 가지 성좌로서 이들은 바로 옥사(獄事)와 상벌(賞罰)을 주재하는 별들이기 때문에 나라를 운영하는 사람들은 이런 재이에 주목할 필요가 있다는 설명이다. 달이 다른 항성과 접근하고 겹쳐지는 경우에도 비슷한 이유로 이를 기록하고 설명하고 있다.

다음은 5행성의 움직임에 대해서도 같은 종류의 해석이 기록되어 있다. 목성, 금성, 화성 등의 행성이 행성끼리 또는 다른 행성과 접근하거나 겹쳐질 경우를 설명한 것이다. 하지만 그는 이들 행성에 관한 재이는 대체로 중국을 향한 것이고, 우리나라에 관여된 일은 아니니 걱정할 바는 아니라고 논평하고 있다. 그가 다루고 있는 4년 동안에 이미 20회 이상의 행성에 관한 이상 현상이 관찰되었음을 하나하나 지적하고 있지만, 중국 고전의 해석을 소개하고 있을 따름이다.

이어서 권경중은 적기(赤氣)의 기록도 2회 정도 있었다면서 '붉은 기운'이란 근심 걱정의 기운으로 당시에 어떤 불만 세력이 난을 꾸미고 있었을지 모른다고 해석하고 있다. 다음은 각종 이상한 무지개에 관한 것이다. 이상한 무지개는 5회 관측되었는데 이는 《진서》〈천문지〉에 따르면 흰 무지개는 100가지 재앙의 근본이며 모든 난동의 기초가 된다고 기록하고 있다. 다음은 흙비와 짙은 안개가 2회씩 관측되었다면서 그 해석도 소개하고 있다. 특히 비가 옷을 적시지도 않으면서 흙이 내리는 것은 임금과 신하가 서로 도리에 어긋날 때 일어난다고 소개하고 있다. 지금으로 치면 봄철의 황사 현상을 가리킨다고도 할 수 있는데 고려시대에는 이렇게 해석했던 것을 알 수 있다

무지개·흙비·안개도 관측

별똥별 25회, 큰 우박 8회에 대해서도 언급하고 있다. 특히 우박이란 음양 조절의 잘못에서 비롯한다면서 이를 위해서는 겨울에 얼음을 저장했다가 여름에 사용하면 된다는 논리를 소개하고 있다. 우리 역사를 보면 신라시대 이후 줄곧 얼음을 저장했다가 사용한 기록을 볼 수 있는데 석빙고(石氷庫)나 동빙고(東氷庫), 서빙고(西氷庫) 등이 그런 유적이다.

권경중이 소개한 이론이 언제부터 국내에도 소개되어 영향을 주었는지 연구할 필요가 있겠다. 그 밖에도 그의 재이 사상은 나무, 불, 물, 돌, 그리고 몇 가지 동물에 대한 재이로도 이어진다. 그 가운데에는 벌

레가 밤나무 잎을 갉아먹은 일도 2회 기록되었다면서 그에 대한 해석을 소개하고 있다. 밤나무는 북방의 과일이니 그 잎을 벌레가 먹는다는 것은 북방의 신하가 간신의 중상(中傷)³을 당할 염려가 있음을 보여준다고 해석하고 있다. 이익(李瀷, 1681~1763)이 이 부분을 인용하여 논평한 기록도 보인다. 이에 대해 이익은 설마 그럴 것이냐는 듯한 의문을 담고는 있지만 18세기의 실학자 이익이 500년 전의 권경중의 말을 인용하고 있다는 사실이 흥미롭다.

그 밖에도 권경중에 대해서는 《고려사절요》에 4회 정도 그가 역사 사건에 대해 사관으로서 논평한 내용이 기록되어 남아 있다. 권경중은 고려 때의 과학자이며 역사가로서 뚜렷한 자리를 차지하고 있었음을 알 수 있다.

---

¹ 상서(尙書) 예부시랑(禮部侍郎) 지제고(知制誥) : 고려시대 국왕이 반포하는 조서(詔書)나 교서(教書) 등의 글을 지어 올리던 관직

² 벽곡술(僻穀術) : 곡식을 먹지 않고 솔잎, 대추, 밤 등을 조금씩 먹고 사는 일

³ 중상(中傷) : 근거 없는 말로 남을 헐뜯어 명예나 지위를 손상시키는 일

《고려사》〈열전〉에는 방기(方技)라는 항목이 있고, 거기에 몇 명의 인물
이 소개되어 있다. 오윤부도 이 부분에 등장하는 고려 충렬왕 때의 인
물이다. 이 부분 '방기'에 대해서 《고려사》에는 이런 설명이 보인다.
"군자라면 비록 자랑스럽게 여길 바가 아니지만 나라에 없어서는 안
되는 재주"를 방기라 부른다는 것이다. 오윤부는 바로 그런 재주를 가
졌던 인물로 고려 역사에 뚜렷하게 그 이름을 남기고 있다. 요즘 표현
으로 말하자면 '점쟁이'라 불러도 좋을지 모른다. 하지만 당시에는 요
즘의 점쟁이보다 사회적으로나 정치적으로도 훨씬 중요한 역할을 담
당했고 또 크게 존중받았던 사람이다.

그의 이름이 처음 보이는 것은 충렬왕 원년(1275) 5월 "지태사국사

(知太史局事) 오윤부가 고려의 사일(社日)을 바꿨다"는 기록이다. 사일이란 토지의 신께 제사지내는 날이란 뜻인데, 그때까지 고려는 봄과 가을의 가운데 달의 마지막 무일(戊日)을 사일로 삼았으나, 송나라와 원나라의 역서를 보면 모두 첫 무일을 사일로 하고 있으니 고려도 이를 따라 고치자고 건의하여 임금이 이를 받아들인 것이다.

이 기록은 오윤부가 당대의 대표적 천문학자였음을 알려준다. 오윤부는 당시 태사국(太史局)의 지사(知事)였는데, 태사국이란 말하자면 당시의 국립천문대를 가리킨다. 실제로 그의 일생을 보면 당대 최고의 천문학자였고 동시에 점치는 전문가였음을 알 수 있다. 또 분명히 풍수지리에도 어느 정도 권위 있는 전문가였을 것 같다. 실제로 그의 집안은 대대로 천문관으로 일했다고도 밝혀져 있다. 또 그는 매일 밤하늘을 관측하는 일에 몰두하여 병들지 않는 한 거르지 않고 하늘을 관찰했다고도 기록되어 있다. 그 덕분에 오윤부가 천문도를 만들어낼 수 있었던 것으로 밝혀져 있다.

최초의 천문도 직접 만들어

그가 만든 천문도가 어떤 규모의 것이며 또 얼마나 상세하고 당시의 다른 천문도에 비해 어느 부분에서 우수했던지 밝힐 수 없다. 지금은 그 천문도의 흔적도 남아 있지 않기 때문이다. 하지만 그 천문도가 후에 천문관들이 참고하는 천문도로 사용되었다니 상당한 수준의 것이었다고 생각된다. 우리 역사에는 몇 차례 천문도 기록이 있지만, 천문도를 직접 만든 사람의 이름이 밝혀지기는 오윤부가 처음이다. 매일 밤 천문을 관측한 사람답게 그는 이상한 천문현상이 관측되면 언제든지 임금에게 이를 알리고 그 의미를 설명해주는 역할도 담당했다. 그래서 그의 이름 앞에는 일관(日官)이라는 명칭이 붙어 다니기도 한다. 지금으로 치자면 천문학자라는 말도 되지만 그 반대로 점성술사라는 의미도 되는 셈이다. 그리고 그의 예언은 별과는 상관없이도 언제나 화제가 되었던 모양이다. 몇 가지 예를 들어 보자.

충렬왕 5년(1279) 11월 계축일에 화성이 달을 가렸다. 문창유, 오윤부가 울면서 왕에게 아뢰기를 "화성이 달을 가리는 것은 실로 예사 재변이 아니오니 중에게 밥을 먹이고 부처를 섬기는 일만으로 예방할 수 없습니다. 바라건대 시설을 경영하는 일을 모두 삼가서 재변을 가시게 하소서"하니 이를 따랐다. 임금은 승지 등과 상의하여 신하들에게 나라 일의 잘못을 지적하는 말을 올리라고 명하고 궁궐 짓는 데 동원되어 있던 인부들은 풀어 보냈다. 자연의 재변이 있을 때 신하와 백성에게 정치의 잘못을 지적하게 하는 일, 그리고 백성이 고생하는 것을 덜어주려는 노력 등은 옛날 임금이 하지 않을 수 없던 행동이었다. 이렇게 임금이 구언(求言)을 하고 또 부역이나 세금을 덜어주는 일은 훌륭한 왕의 태도로 여겨지던 그런 시대였다.

천재지변 등 예언 적중

충렬왕 9년(1283) 4월 무신일 밤에 불덩이 같이 붉고 말[斗] 같이 큰 것이 점점 넓어져 돗자리처럼 되다가 순창궁(順昌宮)에 떨어지고 유성이 또 잇달아 떨어지더니 바람이 갑자기 불고 불이 궁중에서 일어나 하나도 남기지 않고 모두 불태워 버렸다. 왕이 문창유, 오윤부를 불러 이르기를, "일찍이 화재가 있을 것이라고 하더니 어찌하여 그런 줄을 알았는가?"하니 대답하기를, "하늘의 꾸지람이 분명하니 이것은 오히려 작은 재변입니다"라고《고려사》는 전하고 있다.

그해 9월에는 오윤부가 "천변이 무섭다"하면서 소재도량을 펼치기를 청했다는 기록도 보인다. 이에 대해서 어느 관리는 "천변을 어찌 불교의 방법으로 예방할 수 있겠는가? 어찌하여 덕을 닦으라고 청하지 않느냐?"했다는 논평도 보인다. 5년 뒤인 1288년 8월에는 오윤부가 별에 변괴가 있음을 왕에게 아뢰어 공주의 땅에서 얻은 곡식을 돌려 백관의 녹봉에 충당했다는 기록도 있다.

당시 공주라는 사람은 원나라에서 시집와 고려 임금의 아내가 되었던 사람을 가리킨다. 원나라 공주로서 이 땅에 와서 왕후가 되어 있던 그녀에게는 고려가 낯설고 어려운 나라이기도 하지만 또 반대로 잘 처신하면 막강한 힘을 발휘할 수 있는 권력자가 될 수도 있었다. 그런데 오윤부는 공주의 곡식을 관리들 녹봉으로 전용하게 한 것 말고도 1276년에는 공주가 제사에 참여하는 것을 불길하다 하여 막아준 일도 있고 1278년 4월에는 궁궐을 짓겠다는 공주의 뜻을 어겼다는 기록도 남아 있다. 궁궐 건설을 막은 이유는 그해에 공사를 시작하면 불길하다는 그의 주장이었다는 것이다. 이상의 일화에서 알 수 있는 것처럼 오윤부는 당대 최고의 점쟁이로서 왕후조차 함부로 할 수 없는 사람이었음을 알 수 있다. 1278년(충렬 4) 9월에 임금은 그를 시켜 다음 해 피서 갈 장소를 고르게 했는데 그 결과 서경(평양)이 선택되었다는 기록도 보인다.

충렬왕 7년(1280) 2월 경인일에 용화원 못에서 고기가 죽어 수없이 떠오른 일도 있었다. 이에 대해 오윤부가 말하기를 "갑술년(원종 15)에 동지에서 이런 괴변이 있었는데 임금이 세상을 떠났다"면서 왕에게 수신하고 반성하기를 청했다는 기록이 있다. 이 기록 다음에 이어 《고려사》는 오윤부가 친실하고 소박하여 재변이 있을 때마다 간절하게 간신히 숨기지 않으니 왕이 그를 꺼려했다고 덧붙이고 있다. 정말로 그는 거리낌 없이 그의 소신대로 점성술의 결과를 임금에게 말했던 것으로 보인다.

원나라 세조도 그를 불러

여하튼 그는 예언을 잘해서 사람들을 놀라게 했다는 기록도 전한다. 하루는 별이 천준원(天樽垣)을 침범하는 것을 보고 말하기를 "반드시 술 잘 먹는 사람이 사신으로 오리라"하고, 어떤 날에는 별이 여림원(女林垣)을 침범하자 "반드시 사신이 와서 처녀를 간택해 갈 것"이라 했는데 두 경우 모두 예언이 적중했다. 또 원나라의 세조(世祖)가 그를 불러 점을 쳐서 그의 이름이 더욱 고명해졌다고도 한다. 한번은 고려왕이 원나라 세조를 도와 전쟁에 나가게 되어 평양까지 군사를 이끌고 행차했다. 왕은 관리 한 사람을 먼저 보냈는데 오윤부가 점쳐 말하기를 "아무 날에는 그 관리가 돌아오고 임금도 전쟁에 참가할 필요 없이 되돌아갈 수 있게 되리라"고 했다. 그날 저녁이 다 되어가는데도 그의 예언은 적중하지 않고 있었다. 임금은 오윤부를 잡아가두라고 명했다. 그러자 그는 "오늘 해가 아직 남았으니 조금만 더 기다려 주십시오"했다. 정말로 얼마 뒤에 그 관리가 먼지를 날리며 말을 달려 돌아와 임금에게 보고했다. 임금에게 전쟁으로 갈 필요 없이 되돌아가도 좋다는 소식이었다. 이렇게 오윤부는 당대의 천문학자로서 그리고 예언가로서 명망을 떨쳤던 인물이었다.

'천상열차분야지도' 천문 계산 책임자
류방택 柳方澤 1320~1402

조선 태조 4년(1395)에 만들어진 '천상열차분야지도(天象列次分野之圖)'
는 세계에서 두 번째로 오래된 돌 천문도이다. 중국의 '순우천문도(淳
祐天文圖)(1241)'보다 150년 정도 늦어서 '두 번째'라는 타이틀을 갖게
됐다. 국보 228호로 지정돼 있는 이 천문도는 우리 돈 1만 원권의 뒷
면 배경에도 등장하여 일반인에게도 꽤 많이 알려져 있다. 하지만 이
천문도를 만드는 과정에서 천문 계산을 담당했던 당대의 과학자 류방
택이라는 이름을 아는 사람은 거의 없다.

1467개의 별과 함께 돌에 12명 이름 새겨져

1467개의 별이 가로 1미터, 세로 2미터 가량의 돌에 새겨진 이 천문도는 조선왕조를 개창한 직후 1395년에 만들어졌다. 이성계(李成桂)는 새 왕조를 시작하면서 자신이 하늘의 명, 즉 천명(天命)을 받아 새 나라를 세웠다고 자랑하기 위해 이 천문도를 정성들여 만들었다. 요즘은 투표란 것을 해서 한 표라도 더 받은 사람이 대권을 쥐게 되지만, 옛날이야 어디 그런 것이 있을 수 있나? 우선 무력으로 정권을 장악하고는 이런저런 수단을 동원해 집권을 합리화하기 마련이

천상열차분야지도(국립민속박물관 소장)

었다. 이 천문도도 말하자면 이성계 집권의 합리화 수단으로 등장한 셈이다.

어쨌거나 후손들로서는 자랑스러운 문화재로서 석각 천문도를 갖게 된 셈인데, 여기서 눈여겨 볼 것은 1464개의 별들과 함께 이름이 새겨져 있는 12명의 이름이다. 그중에서도 특히 세 사람의 이름이 두드러지는데 글을 쓴 권근(權近, 1352~1409), 천문 계산을 한 류방택, 글씨를 쓴 설장수(偰長壽, 1341~1399)이다. 이들 이름은 이 천문도의 설명문 끝에 나란히 새겨져 있다. 각각 "임금의 뜻을 받들어(奉敎) 권근은 글을

짓고(記), 류방택은 천문 계산을 했으며(推算), 설장수는 글씨를 썼다
(書)"는 것이다.

그런데 이들 세 사람의 이름 아래에는 '서운관(書雲觀)'이란 제목 아
래 다시 9명의 명단이 덧붙여져 있다. 이들 9명은 당시 천문기관이던
서운관 소속으로 역시 이 천문도를 만드는 데 기여했다는 것을 알 수
있다. 하지만 여기서 의아스러운 대목이 있다. 잘 알려져 있다시피 권
근은 당대의 대표적인 문인 학자였다. 그에게는 문집이 남아 있을 뿐
아니라, 후세의 다른 책에도 그의 글이 많이 인용된다. 권근이 이 천문
도에 글을 썼지만 실제로 그는 천문학자는 아니었다. 세 번째로 이름이
적힌 설장수는 그의 형 설경수와 함께 원나라에서 고려로 망명한 당대
의 유명한 서예가였으니 그 역시 천문학과는 직접 관련이 없다. 그렇다
면 이들과 어깨를 나란히 하며 이름을 남긴 류방택은 과연 어떤 인물이
었을까?

조선 개국과 함께 낙향한 고려의 유신

다행히 그의 후손들로부터 약간의 자료를 얻을 수 있었다. 종친회가
그의 고향 충청남도 서산에서 '류방택 기념사업회'를 만들어서 활동을
시작했기 때문이다. 이들에게서 얻어본 족보와 행장 등 자료를 보고나
서야 그의 생몰년과 집안 내력도 대강이나마 알 수 있었다.

류방택은 고려 말에서 조선 초까지 이루어진 천문학 발달의 중심에
서 있었던 천문학자였다. 고려 말 최성지, 오윤부(伍允孚, ?~1304), 강
보에서 조선 초 세종대의 이순지, 김담을 이어주는 중간 역할을 담당

했다고 판단된다. 하지만 그가 이 천문도에 이름을 새겨 남기게 된 것은 꼭 자신이 원했던 일은 아니었을 가능성도 있다. 그가 이성계의 권력 찬탈을 못마땅하게 여겼던 것은 분명해 보이기 때문이다. 그가 고려 멸망과 함께 숨어버렸다는 식으로 구전되는 야사는 그만두더라도, 류방택이 고려에 충성한 조선왕조의 반골(反骨)이었던 것만은 분명하다.

충청남도 공주의 동학사(東鶴寺)에는 삼은각(三隱閣)이 있는데, 고려 충신 은(隱)자 호를 가진 세 충신을 모신 사당이다. 너무나 유명한 이들 삼은이란 바로 포은(圃隱) 정몽주(鄭夢周), 목은(牧隱) 이색(李穡), 야은(冶隱) 길재(吉再)를 가리킨다. 류방택은 조선왕조가 시작되자 고향 서산으로 내려와 살면서 공주의 절에 이들 세 고려 충신의 사당을 지어 그들의 충성을 기렸던 것이다. 물론 그렇다고 하여 류방택이 새 왕조에 대해 적극적인 저항을 한 것은 아니었다. 태조 이성계의 명에 따라 '천상열차분야지도'를 만드는 데 천문 계산을 책임져 지도했음을 보아도 알 수 있다. 또 그에게는 아들 셋이 있었는데, 첫째 아들 유백유(柳伯濡)는 공민왕 18년(1369) 장원급제한 후 계속 고려에서 벼슬을 했고, 고려 말 전제 개혁 소동 속에서는 동생 백순과 함께 이색을 지지하여 급격한 전제 개혁에 반대했다. 이 개혁은 바로 이성계, 정도전, 조준 등이 추진한 것이었고, 그 반대 때문에 이들 형제는 광주로 유배되기도 했다. 하지만 조선왕조가 시작된 다음에는 계속 새 왕조에 출사하여 태종 때는 좌사간대부(左司諫大夫)가 되기도 한다.

그는 집안에 별채를 지어 '금헌(琴軒)'이란 이름을 붙였다. 바로 이 금헌이 그의 호가 되는 셈이다. 금(琴)은 거문고를 가리키는데, 금(禁)과 같은 발음을 고른 것으로, 사특한 마음을 금한다는 의미이다. 그는 또 음악을 사랑했던 것이 분명하다. 배우는 사람은 마땅히 음악을 통해 마음의 찌꺼기를 걸러내고 순수한 마음을 길러야만 공부하는 바탕을 마련할 수 있다고 생각했다.

'천상열차분야지도' 천문 계산의 총책임 맡아

류방택의 일생에 대해서는 고려 말의 대표적 학자인 정이오(鄭以吾, 1347~1434)가 그의 일생을 요약해 써 놓은 그의 문집 《교은집(郊隱集)》 속 〈류방택 행장(行狀)〉이라는 대목에 언급되어 있다. 1411년에 쓴 글인 것으로 보아 류방택이 죽은 9년 뒤, 아마 그의 비석을 세우며 후손들이 그에게 부탁해 쓰게 된 것이 아닌가 생각된다. 아직 밝혀내지 못했지만 정이오는 연배로 보아 류방택의 아들 류백유(柳伯濡)의 친구쯤 되는 것으로 보인다. 류백유는 공민왕 18년(1369) 장원급제했고, 정이오는 5년 뒤인 1374년에 과거에 급제했다.

　'천상열차분야지도'에는 류방택의 직함을 가정대부(嘉靖大夫) 검교(檢校) 중추원 부사(副使) 겸 판서운관사(判書雲觀事)라 되어 있다. 당시 그의 관계(官階)가 아주 높아서 종2품 수준에 있었음을 보여준다. 또 류방택이 천문 계산의 총책임자란 것은 이 석각 천문도에 새겨진 글로 충분히 알 수 있으나, 나머지 서운관 소속의 관료 9명 가운데 천문 계산에서 류방택을 도와준 인물이 누구였는지는 연구해볼 일이다. 다만 권중화(權仲和, 1322~1408)는 1393년(태조 2)에 서운관 영사(領事)를 겸하고 있어서, 자동적으로 이 명단에 이름을 넣게 되었을 것으로 보인다. 그렇다고 그가 특별히 천문학 전문가는 아니었다. 따라서 류방택과 함께 천문 계산을 맡았던 인물은 그 나머지 8명 가운데 몇 명이었을 것으로 보인다. 앞으로 연구가 쌓이면 조금 더 밝혀질 수도 있을 듯하다.

조선 하늘에 맞는 역법 기초 닦아

'천상열차분야지도'의 해설문에 새겨져 있는 것처럼, 원래 이 천문도는 고구려 때의 것이 있었는데, 전란 속에 대동강에 빠져 버렸다는 것이다. 다행히 이성계가 새로 왕조를 세우자, 어떤 사람이 그 탁본(拓本)을 갖다 바쳤고, 류방택은 바로 그 고구려 때의 천문도를 탁본한 자료를 바탕으로 그 사이 변화된 별들의 위치를 바로잡는 작업을 하게 되었다는 것이다. 당시 고려 천문학자들은 이미 원나라에서 천문학 지식을 수입해오고 있었다. 고려에서는 중국의 당나라 때 발달된 선명력(宣明曆)을 사용했는데, 물론 그대로 쓸 수 있는 것은 아니어서 고려에 맞도록 수정하며 이를 따랐던 것이 밝혀져 있다.

이 역법은 대단히 훌륭한 것이었지만, 위도와 경도가 다른 고려에서 822년 시작된 역법을 몇 세기 동안 사용한다는 것은 물론 모순이 따를 수밖에 없었다. 당연히 고려 천문학자들이 필요한 수정을 해서 독자적 천문 계산을 하고 있었다. 이 시기 고려와 중국의 달력에 날짜가 다른 경우가 가끔 생긴 것은 그 때문이다.

그 사이 중국을 차지한 원나라는 새 역법 수시력(授時曆)을 개발했고, 1281년 사신 왕통(王通)을 고려에 보내 전해주었다. 그는 고려에 와서 낮에는 해시계로 시간을 재고 고려의 지도를 보았으며, 밤에는 천문 관측을 한 것으로 《고려사》에 기록되어 있다. 하지만 고려 천문학자들은 아직 이를 고려에 맞게 배울만한 준비를 하지 못하고 있었다. 지금 남아 있는 수시력 계산표인 '수시력첩법입성(授時曆捷法立成)'은 1346년 서운정(書雲正) 강보(姜保)가 만든 것이다. 이것은 강보의 스승 최성지(崔誠之, 1265~1330)가 원나라까지 가서 배워온 것을 바탕으로 완성했을 것으로 추측된다. 또 같은 시기에 오윤부는 천문도를 만들었는데, 뒤에 그것이 표준이 될 정도로 훌륭했다는 기록도 《고려사》에 전하고 있다.

류방택이 '천상열차분야지도'에 맞는 천문 계산을 하면서 이들을 참고했을 것은 분명하다. 그가 직접 중국에 다녀왔다는 기록은 없다. 하지만 류방택이 우리 국보 '천상열차분야지도'에 새겨 놓은 1467개의 별자리를 다시 계산해 확인하는 작업의 책임자였고, 서운관 관계자 8명 가운데 몇 명이 그를 도운 것은 확실하다. 이것만으로도 류방택이 당대 최고 천문학자였음을 알 수가 있다. 그렇게 시작된 조선 초의 천문학이 세종 24년(1442)의 위대한 성과 칠정산(七政算)으로 역사에 남게 되었던 셈이다. 서울 기준으로 이들 천체 운동을 계산할 수 있게 되면서 세종 때에는 처음으로 우리나라에 맞는 역법을 완성했다. 이것은 처음으로 일식과 월식 등을 완벽하게 예보할 수 있게 되었음을 뜻한다.

자격루 등 천문기구 발명한
조선 과학의 상징
장영실 蔣英實 1390?~1440?

어쩌면 장영실은 한국인이면 누구에게나 잘 알려진 대표적인 과학기술자라 할 수 있을 듯하다. 하지만 이렇게 유명한 장영실의 실제 모습은 아직 수수께끼라고 할 수 있다. 우선 그의 출생이 명확하지 못하다. 그는 아산(牙山) 장씨라고 알려져 있기는 하지만 어느 해에 태어나 어느 해에 죽었는지 분명하지 않다. 또 그는 동래의 관노 출신이라고 알려져 있지만 이 또한 분명한 것은 아니다. 특히 이 부분에 대해서는 그의 후손이라 생각하는 오늘의 아산 장씨들이 못마땅하게 생각한다. 그들은 그의 출생이 노비가 아니라고 생각하고 있는 것이다. 족보에 의하연 장영실은 전서(典書) 벼슬을 한 장성휘(蔣成暉)의 유일한 아들로 되어 있다. 그에게는 여동생이 한 명 있었다고 되어 있으며 사촌 여동생이 당대의 천문학자 김담에게 시집간 것으로 기록되어 있다. 이런 족보의 기록으로 볼 때는 그가 노비 출신이란 말이 옳지 않아 보이기도 한다.

출신과 출생에 대해 논란

그가 처음 왕실의 주목을 받은 것은 이미 태종 때의 일이었다. 정확하게 어느 해였는지 확인하기 어렵지만 아마 태종의 아들 세종이 1418년 즉위하기 직전의 일이었을 것이다. 그리고는 세종 초년부터 주목을 받으며 여러 가지 기술상의 공을 쌓아갔다.《세종실록》에 의하면 그가 신분상의 변화까지 얻어 출세해가는 과정이 이렇게 설명되어 있다.

안숭선에게 명하여 영의정 황희와 좌의정 맹사성에게 의논하기를 "행사직(行司直) 장영실은 그 아비가 본대 원나라의 소주·항주 사람이고 어미는 기생이었는데 공교(工巧)한 솜씨가 보통 사람에 뛰어나므로 태종께서 보호하시었고 나도 역시 이를 아낀다. 임인·계묘년 무렵에 상의원(尙衣院) 별좌(別坐)를 시키고자 하여 이조판서 허조와 병조판서 조말생에게 의논했더니 허조는 '기생의 소생을 상의원에 임용할 수 없다'고 하고 말생은 이런 무리는 상의원에 더욱 적합하다'고 하여 두 의논이 일치되지 아니하므로 내가 굳이 하지 못했다가 그 뒤에 다시 대신들에게 의논한즉 유정현 등이 상의원에 임명할 수 있다고 하기에 내가 그대로 따라서 별좌에 임명했다. 영실의 사람됨이 비단 공교한 솜씨만 있는 것이 아니라 성질이 똑똑하기가 보통에 뛰어나서 매양 강무할 때에는 나의 곁에 가까이 모시어서 내시를 대신하여 명령을 전하기도 했다. 그러나 어찌 이것을 공이라고 하겠는가? 이제 자격궁루를 만들었는데 비록 나의 가르침을 받아서 했지만 만약 이 사람이 아니더라면 암만해도 만들어내지 못했을 것이다. 내사 들으니 원나라 순제 때에 저절로 지는 물시계가 있었다 하나 만듦새의 정교함이 아마도 영실의 정밀함에는 미치지 못했을 것이다. 반대에 이어 전할 기물을 능히 만들었으니 그 공이 작지 아니하므로 호군의 관직을 더해주고자 한다"하니 희 등이 이뢰기를 "김인은 평양의 관노였사오나 날래고 용맹함이 보통 사람에 뛰어나 스스로 태종께서 호군을 특별히 제수하시었고 그것만이 특례가 아니오라 이같은 무리들로 호군 이상의 관직을 받는 자가 매우 많사온데 유독 영실에게만 어찌 불가할 것이 있겠습니까"하니 임금이 그대로 따랐다.

《세종실록》 1433년 (세종 15) 9월 16일

장영실의 최대 걸작품 '자격루'

기록을 보면 그는 이미 몇 차례 반대를 무릅쓰고 호군(護軍)으로 특진했음을 알 수 있다. 호군이란 고려 공민왕 때 장군을 고쳐 부른 이름인데 조선 초에는 실제로는 군인 아닌 사람도 임명하고 구체적 관직은 없이 월급만 주는 정4품 자리로 이용되기도 했다. 이때 장영실이 임명된 것은 바로 그런 자리였을 것으로 보인다. 이 기록보다 꼭 10년 전인 1423년(세종 5)에 그는 상의원 별좌로 임명되었다. 원래 상의원은 궁중의 의복과 금은보화를 관리하는 관청이라지만 실제로 장영실이 맡아 한 일은 물시계였던 것으로 보인다. 1424년(세종 6) 5월, 임금은 그를 정5품 행사직으로 승진시켰고 갱점지기(更点之器)를 만들라고 명했다.

자격루

그래서 나온 것이 장영실이 만든 첫 물 시계였던 것이다.

앞의 1433년 《세종실록》에 나오는 자격궁루(自擊宮漏)란 바로 이 물시계를 다시 고쳐 개량한 것이 분명하다. 그리고 이 자격궁루가 바로 이듬해 1434년(세종 16)년 7월 초하루에 공식적으로 사용되기 시작한 자격루였다고 생각된다. 바로 이 자격루가 장영실의 이름을 그야말로 천추에 길이 남게 만든 업적인 셈이다. 그러나 그는 여기서 그치지 않고 세종의 칭찬을 받고 대호군으로 승진한 뒤 더욱 분발하여 4년 뒤 1438년(세종 20)에는 옥루(玉漏)를 만들었다.

장영실은 1424년의 갱점지기를 시작으로 10년 뒤에는 자격루, 그리고 그 후 4년 만에 다시 옥루를 만들어 우리 역사에 자동 물시계의 발달을 주도했음을 알 수 있다. 아마 처음 만든 1424년의 갱점지기는 자동 물시계는 아니었을 듯하다. 그것이 10년 뒤에는 자동 물시계인 자격루로 바뀌고 다시 그것을 더욱 정교한 장치로 개발한 옥루를 4년 만에 만들어낸 것이다. 장영실의 3단계 물시계에 대해서는 그 상세한 모양은 알 수가 없다. 특히 처음 만든 갱점지기에 대한 기록은 없다. 둘째 단계인 자격루와 마지막의 옥루에 대해서는 아주 상세하게 설명한 글이 남아 있기는 하지만 글로만 남아 있어 그 구조와 기능을 모두 알아보기가 불가능하다. 자격루는 시간에 맞춰 종과 징, 북을 울리고 인형이 나타나게 만들었는데 그 전 과정을 물을 흘려 자동으로 할 수 있게 장치한 것이다. 물은 큼직한 파수호(播水壺)에 아무 때나 넉넉히 길어다 넣어 주면 그 물이 다음의 작은 물통을 거쳐 마지막으로 긴 물통에 흘러든다. 그리고 이렇게 물높이가 높아지면서 그 위치에 맞춰 각 자리마다 설치된 격발장치를 건드리면 쇠알들이 굴러 내리면서 여러 가지 운동을 보여주게 되는 것이다.

여기 비해 마지막으로 만든 옥루는 천문현상을 재현하면서 시간도 맞출 수 있는 더욱 정교한 장치였다. 그 시각에 맞는 해와 달의 움직임을 나타내고 그에 따라 인형이 나타나 농사짓는 모습도 보여주는 교묘한 시설이었던 것이다. 자격루는 경회루 연못의 남쪽에 보루각(報漏閣)이라는 건물을 세우고 그 안에 설치했고 옥루는 그 동쪽에 흠경각(欽敬閣)을 세우고 그 안에 설치했다.

장영실은 우리에게 이 자동 물시계로 기억되는 인물이다. 하지만 당시 기록에 의하면 여러 가지 기술상의 업적을 더 꼽을 수 있음을 알게 된다. 1434년 갑인자(甲寅字)라는 활자를 만드는 데에도 그의 손길이 미쳤고 구리와 쇠를 채광하여 제련하는 일도 맡았던 것으로 보인다. 세종대에는 많은 천문기구와 해시계도 만들었는데 그런 일도 그가 관여했을 것이 분명하다. 장영실이 세종대 대표적 기술인이었던 것만은 분명하다. 이렇게 훌륭한 기술자를 세종이 1442년(세종 24) 4월 수레를 잘못 만든 책임을 물어 곤장 80대라는 형벌을 내린 것으로 기록되어 있다. 그리고 그 후 그에 대한 기록은 완전히 사라진다. 임금이 탈 수레라고는 하지만 그런 정도로 당대의 대표적 기술자를 이렇게 가볍게 처벌했다는 것은 오늘날 우리들에게는 믿기 어려운 일이다. 그가 출신이 미천했다는 기록과도 관련이 있을지 모른다는 생각도 갖게 된다.

1960년대 이후 위상, 명성 급격히 높아져

역사란 끊임없이 다시 쓰여지기 마련이다. 장영실도 우리 역사에서 계속 수정되어 오늘에 이른 것이다. 사실 광복 전까지도 그의 이름은 그리 널리 알려진 것은 아니었다. 《세종실록》에도 장영실이란 이름이 나오고 18세기에 만들어진 전통사회의 백과사전인 《문헌비고(文獻備考)》에도 그의 이름이 잠깐 비치기는 하지만 그저 그런 정도였다. 그러고 보니 일제시대에 우리 문화적 전통을 예찬하기 시작한 조선 학자들도 장영실에 대해 특별히 주목하지는 못한 채 시간이 지났다. 해방과 함께 《조선상식문답》을 지은 최남선은 그 내용 속에 장영실이란 이름을 넣지도 않았고, 심지어 홍이섭은 《조선과학사》를 쓰면서 자격루는 거론하지만 장영실의 이름은 기록도 하지 않았다. 앞에 말한 바로 그 《문헌비고》를 인용하면서 한 번 그의 이름이 들어갔을 따름이다. 《조선과학사》는 우리 역사상 최초의 과학사 책으로 일제시대 말기에 처음 일본어로 출간되었고 그것을 1946년 다시 우리말로 발행했다.

이렇게 장영실이란 기술사에 대해서는 거의 무심했던 역사가들의 태도는 1962년 진단학회 이상백의 《한국사》와 1963년 이기백의 《한국사신론》 등에서 세종 때의 천문학 발달을 설명하면서 장영실이란 이름을 한 번 등장시키며 변화하기 시작했다. 그렇던 장영실의 위상이 갑자기 크게 부각된 것은 전상운의 《한국과학기술사》(1966)부터라 할 수 있다. 전상운은 이 책에서 처음으로 관노였던 장영실이란 표현을 쓰면서 그의 생애를 극적인 것으로 보여주었고 모두 7쪽에 걸쳐 그의 이름을 거론했다. 당시 성신여자대학교 교수였던 전상운은 1966년 가을부터 이듬해까지 《서울신문》에 〈잃어버린 장〉이란 제목으로 우리 과학사의 잊혀진 이야기를 연재했는데 자연히 장영실에 대한 글 속에도 과장된 내용이 들어갈 수밖에 없었다.

이리하여 우리 역사 속에서 장영실의 위상은 점차 높아져 오늘에 이른 것이다. 지금은 그에 관한 책이 많이 나왔을 뿐 아니라 초등학교 교과서에는 아예 과학자 장영실이란 제목 아래 상세하게 그의 어린 시절까지 묘사되어 있기도 하다. 1960년대 이후 소설가들이 창작한 내용이 사실로 둔갑해 들어 있는 셈이다. 그리고 이런 과학 영웅상을 반영하여 1991년부터 한국산업기술진흥협회는 국내 최고의 산업기술상으로 '장영실상'을 매주 한 번씩 주고 있기도 하다.

역사란 과장되고 왜곡되고 변질되게 마련이다. 그래서 이미 장영실은 세종 때에 있었던 모든 과학기술상의 업적을 그가 주도한 듯 소개되고 있다. 그렇게 설명한 당대의 기록이 전혀 없는데도 불구하고 간의, 혼의, 혼상, 여러 해시계, 측우기까지 모두 그가 만들었다고 설명하는 이들이 점점 많아지고 있는 것이다. 그리고 앞으로도 이렇게 과장되면서 장영실의 위상은 더욱 높아질 것이다. 세종대의 물시계 기술자 장영실은 이렇게 우리 시대의 과학영웅이 되어 있다. 이제는 그를 지나치게 영웅으로 치켜 세우는 일을 경계해야 할 것이다.

'우주'에 관심 둔 성리학 거장
장현광 張顯光 1554~1637

조선 중기의 대표적 성리학자 장현광이 살던 시기는 아직 서양과학의 영향이 이 땅에 미치지 않았을 때이다. 하지만 정확하게 말하자면 그가 살아 있던 말년쯤에는 중국을 통해 서양의 물결이 아주 조금씩 스며들고 있을 때라고도 할 수 있다. 우리 역사는 첫 서양의 영향을 1631년 명나라에 사신으로 갔던 정두원(鄭斗源, 1581~?)이 서양 문물을 들고 온 것을 꼽기 때문이다. 그가 중국에서 가져온 것들로는 천리경(千里鏡), 화포(火砲), 자명종(自鳴鐘) 등과 서양의 천문·지리 등과 관련한 책을 몇 가지 들 수 있다.

바로 그해에 장현광은 76세나 되어 있었으니 서양의 영향이 그에게 미쳤다고 보기 어렵다. 실제로 장현광의 자연을 보는 관점은 당연히 서양 근대 과학의 영향을 전혀 받지 않은 전통적인 것일 수밖에 없다. 서양 영향을 전혀 받지 않았던 시절의 조선 학자들은 우주를 어떻게 생각했을까? 장현광을 통해 우리가 생각할 수 있는 문제는 바로 이것이라 할 수 있다. 실제로 그는 바로 1631년에 그의 대표작 《우주설》을 쓴 것으로 알려져 있다.

자연현상을 역학적으로 해석

그의 자연관을 살피기 전에 먼저 그의 일생에 대한 마지막 평가를 보자. 《인조실록》에는 장현광의 졸기(卒記)가 실려 있다. '졸기'란 옛날 죽은 사람에 대한 마지막 평가를 말하는데, 당대의 중요 인사가 죽으면 그에 대한 졸기를 남기는 것이 조선시대 실록의 전통이었다.

전 의정부 우참찬 장현광이 졸(卒)했다. 장현광의 자(字)는 덕회(德晦)이고 본관은 인동(仁同)이다. 젊어서부터 과거 공부를 하지 않고 성리(性理)의 학문에 전념했다. 선조(宣祖) 때에 대신이 천거하여 여러 번 벼슬을 제수했으나 부임하지 않았고, 또 고을 수령을 제수하자 비로소 명에 따랐으나 곧 버리고 돌아갔다. 반정한 처음에 상이 하교하기를 "국가가 유도(儒道)를 숭상하지 않으면 어떻게 다스리겠는가"하고는 사헌부 장령으로 징소(徵召)했다. 한 해 안에 징소하는 명이 잇달으므로 드디어 조정에 나아가니, 상이 매우 후하게 예우하고 앞으로 크게 쓸 뜻이 있었으나, 얼마 안 가서 상소하여 돌아가겠다고 청했다. 그 뒤에 또 교자(轎子)를 타고 올라오게 했는데, 여러 번 벼슬을 옮겨 대사헌이 되고 우참찬에 이르렀다. 정축년의 난 때에 영천(永

川) 입암산(立巖山) 속으로 들어가서 졸하니 향년 84세였다.

그가 죽었다는 소식을 아뢰자 상이 이르기를, "장현광은 바르고 어질고 겸손하고 검소하여 옛사람의 풍도가 있었는데, 이제 문득 졸하니 내 매우 슬프다"하고, 이어서 장사를 치를 물건을 넉넉히 주어 장사지내게 하라고 명했다. 그가 지은《역학도설(易學圖說)》과《성리설(性理說)》등 서적이 세상에 유행하며, 그 문하에서 유학한 자가 매우 많았다. 여헌선생(旅軒先生)이라 칭한다.

《인조실록》1637년 9월 15일

이 기록을 요약하면 장현광은 과거를 보지 않고 성리학 연구에 전념했고, 여러 번 임금의 부름을 받고 나갔지만 거의 다 바로 사퇴하고 말았다. 지방 수령은 물론이고 대사헌과 우참찬까지 임명되었으나 마찬가지로 모두 사양했다. 그리고 왕이 그의 인격을 높이 사서 특별한 대우를 했다는 정도를 알 수 있다.

《인조실록》에는 장현광에 관해 아주 많은 기록이 남아 있지만, 어느 곳에서도 그가 특별히 가지고 있었던 자연관이나 과학사상을 엿볼 수 있는 대목은 없다. 하지만 그의 졸기 마지막 대목에 등장하는 그의 저서《역학도설(易學圖說)》(1609)과《성리설(性理說)》등이 그 단서를 제공해 준다고는 할만하다. 이런 책을 써서 장현광은 자연현상에 대한 역학(易學)적인 해석을 하고 있다. 즉《주역(周易)》을 깊이 공부하고 그를 바탕으로 하여 자연현상도 이해하고 있었음을 알 수가 있다.

우주를 '원기'와 '껍질'의 반복 구조로 파악

장현광의 우주관이나 자연관에 대해서는 최근에 들어 연구 논문이 나오기 시작했다. 장회익이 1991년에 발표한 〈조선 성리학의 자연관〉이란 논문은 "장현광의 우주설을 중심으로"라는 부제를 달고 있다. 이 논문은 그의 책《삶과 온 생명》(솔, 1998)에 실려 있기도 하다. 또 비슷한 맥락에서 쓴 논문으로 전용훈의 〈조선중기 유학자의 천체와 우주에 대한 이해: 여헌 장현광(1554~1637)의《역학도설》과《우주설》〉이 있는데, 역시 장현광의 우주관을 살핀 것으로《한국과학사학회지》(1996)에 실려 있다.

천지의 구성에 대해 장현광은 그의 책《역학도설》에 다음과 같이 쓰고 있다. "천지란 처음에 단지 음양의 기였다. 이 하나의 기가 닦이고, 그 닦임이 급해져서 많은 찌꺼기를 만들었다. 그것이 중앙에 땅을 형성하고, 기(氣)의 맑은 것이 하늘[天]이 되고, 해[日]와 달[月]이 되고, 또 별[星辰]이 되어 바깥에서 항상 돌게 된다. 땅은 중앙에 있어서 움직이지 않을 뿐, 아래 있는 것은 아니다."

장현광은 그 전까지 대개 사람들이 천지를 상하(上下)로 파악하던 것을 고쳐 안(內)과 밖(外)에 존재한다고 말하고 있는 것을 알 수 있다. 그에 의하면 땅은 하늘 아래에 있지만 하늘 위에 있기도 하다. 우주의 구조에 대해 옛 사람들은 주로 하늘과 땅이 평평하게 위아래로 나뉘어 있다고 생각했다. 그러나 이미 송나라 때의 중국 학자들, 즉 주자학 또는 성리학자들은 그런 간단한 개천설(蓋天說)을 버리고 혼천설(渾天說)을 선택한 상태였다. 장현광의 우주관 역시 송대의 중국 학자들의 것을 받아들여 혼천설로 나타나고 있음을 알 수 있다.

그렇게 생긴 우주에 대해 장현광은 그것이 원래 '음양의 기(陰陽之氣)'에서 시작된다고 판단한다. 이미 앞에서 소개한 바와 같다. 게다가 땅은 동남쪽이 낮고 서북이 높아서 동남쪽에는 물이 많고, 서북쪽에는 산이 많다고 쓰고 있다. 바로 중국 학자들의 의견을 반복한 것이다. 또 그의 일식과 월식에 대한 견해도 중국 학자들의 논리와 동일하다. 오늘날 우리는 지구와 해와 달이 서로 위치를 일직선으로 할 때 일식도 생기고 월식도 생긴다고 알고 있다. 그 정도의 분명한 기하학적 특성을 얼마나 정확히 파악하고 있었는지 분명하지 않은 채, 그는 마치 물과 불이 서로 상극(相剋) 관계인 것처럼 해와 달도 그런 관계에 있기 때문에 서로 만나면 일식이나 월식이 일어날 수 있다고 말한다. 역시 중국 성리학자들의 견해를 그대로 반영하고 있다.

그렇다고 장현광이 철저하게 송나라 이후의 중국 학자들의 의견만을 그의 글 속에 베껴 놓은 것은 아니다. 그렇게 유별나게 독창적인 생각들이 빛을 발하는 것은 아니지만, 그는 나름대로의 새로운 해석을 덧붙이려는 수고를 마다하지 않았음을 알 수 있다. 그는 우주의 근원을 이(理)라고 이해한다. 여기까지는 물론 성리학의 공통부분이라 할만하다. 성리학이 이(理)와 기(氣)를 두 가지 또는 한 가지로 말하며, 서로 조금씩 다른 해석을 하고 응용하여 우주와 자연을 설명했다는 것은 널리 알려진 일이다. 그래서 주리설(主理說)이니 주기설(主氣說)이니 하는 구별도 하고, 또 이황은 주리파고 서경덕은 주기파란 표현도 쓴다.

장현광은 땅이 그렇게 무거운데도 아래로 떨어지지 않을 수 있는 이치를 그 둘레를 끊임없이 돌고 있는 대원기(大元氣) 때문이라 설명했다.

이 대기의 끊임없는 운동을 가능하게 해주는 것은 그 둘레를 덮고 있는 큰 껍질 때문에 가능하다는 것이다. 그 큰 껍질, 즉 그의 대각자(大殼子)는 역시 그것을 지탱해주는 어떤 것이 그 밖에 있을 수밖에 없음을 암시한다. 그것을 장현광은 '최대원기(最大元氣)'라고 불렀다. 그러면 또 그 밖에는 '최대원기'를 가능하게 해주는 더 큰 껍질이 있고, 그렇게 끊임없이 우주 구조는 '원기'와 '껍질'의 반복 구조를 갖고 있다는 뜻이 되는데 그 끝은 어디일까?

여기서 그는 이 논리의 무한 확대를 갑자기 중지하고 그런 논리를 뛰어넘는 한 가지 개념으로 그런 순환논리의 벽을 뛰어넘는다. 이런 논리를 끝까지 따르는 일은 망연(茫然)하고 막연(邈然)하여 그 끝을 알 수 없다면서, 그는 이것이 '무극태극의 이치(無極太極之理)'에서 비롯하는 것이라고 결론짓고 있다. 그것은 그럴 수밖에 없는 궁극적 이치에 따라 그리 되는 것이니 더 이상 알려고 하지 말라는 결론이 된다. 어찌 보면 대단히 비과학적인 논리로 끝을 맺는다고 비판받을 만하다. '무극태극의 이치'란 것도 사실은 이미 중국 학자들이 오랫동안 말하던 생각의 반복이라 할 만하다. 그것은 '무극이 곧 태극이란 이치'를 말하는데 이는 이미 성리학의 근본을 말하는 개념이어서 전혀 새로울 것이 없다. 하지만 우주 구조를 '원기'와 '껍질'의 반복 구조로 파악하고, 그 반복의 끝을 설명하기 위해 이 개념을 이용한 것은 장현광 나름의 독창적인 방법이었다.

일평생 관직 사양하고 공부에만 매진

장현광의 《우주설》은 1631년에 지은 것으로 알려져 있다. 정두원이 서양 문물을 처음 들여온 바로 그해의 일이다. 이 책은 31장, 약 1만 5000자의 본문에다가 11장, 약 5500자의 답동문(答童問)이란 부분을 붙여 쓴 책이다. '답동문'이란 10여 항목의 어린아이의 질문에 대답하는 형식을 말하는데 이것도 특이하다면 특이한 방식이다.

18살 때 이미 《우주요괄첩(宇宙要括帖)》이란 책을 쓸 만큼 우주론에 관심을 가졌던 장현광은 평생 공부에만 몰두하고, 관직에는 나가지 않았다. 그의 이름이 처음 실록에 등장한 것은 1495년(선조 28) 6월 여러 명이 연명으로 상소할 때 참여한 경우다. 그리고 7월 그는 보은 현감이 되었다. 하지만 그는 취임하지 않고 사양했던 것으로 보인다. 이듬해 3월 그는 왕명을 무시했다하여 조사받을 처지까지 몰렸으나, 다른 이들의 상소로 위기를 넘겼다. 그 후 그에게는 연속하여 온갖 벼슬자리가 주어졌으나 한번도 제대로 취임하지는 않은 듯할 정도로 그는 철저하게 관직을 사양했다.

그에게는 "성품이 관후하고 도량과 식견이 넓고 컸으며 한강(寒岡) 정구(鄭逑)에게서 수학했다. 마음을 가라앉혀 깊이 생각하고 힘껏 실천했으며 역리(易理)에 더욱 정통하여 당대의 명유가 되었다"는 논평이 실록에 실려 있기도 하다. 임금은 여러 차례 그를 불러 직접 만나 대화를 나누기도 했고, 그 역시 몇 차례 장문의 상소문을 올린 기록이 실록에 남아 있다. 한번은 임금을 만나고 나가다가 넘어지자 임금이 어의를 보내 진료했다는 기록도 보이고, 1624년(인조 2)에는 그의 안질을 치료하라고 임금이 내의를 보냈다는 기록도 있다. 당대 영남의 대표적 학자로 인정되었던 장현광은 제자를 잘 기르지는 못한 듯, 그로서 영남의 퇴계학파의 맥이 다하게 되었다는 평가도 보인다.

천체운동 재현한 자동시계 만든
이민철 李敏哲 1631~1715

혼천의(渾天儀)는 우리 조상들이 하늘을 관측하는 데 사용하던 대표적
인 천문기구이다. 몇 개의 둥근 테를 서로 연결해 움직여 두 구멍을 통
해 별을 찾아 그 위치를 재는 장치라 할 수 있다. 1700년 전후에 크게
활약한 이민철은 바로 이 혼천의를 만든 것으로 유명했던 인물이다.
전주 이씨인 그는 영의정을 지낸 이경여(李敬輿, 1585~1657)가 아버지
이고, 어머니는 청풍 김씨로 알려져 있는데, 적자가 아니라 서출이었
다. 서출이란 정실 부인의 소생이 아니라 측실(흔히 첩이라고 하는) 소생
이란 뜻이다. 조선시대에는 서출은 제대로 과거를 보아 관리로 등용되
기가 불가능했고, 자연히 중인층으로 취급되었다. 이민철이 기술자로
혼천의를 만들게 된 것도 바로 이런 신분상의 불이익이 그 원인이었을

것으로 보인다.

　그는 여러 차례 혼천의를 만들었는데 한영호와 남문현의 논문 〈조선조 중기의 혼천의 복원 연구: 이민철의 혼천시계〉(《한국과학사학회지》 19권 1호, 1997)에 의하면 적어도 4가지를 그 대표적인 경우로 들 수 있는 것 같다. 특히 그의 혼천의는 실제 천체 관측을 위한 장치로 만들어졌던 것이 아니고 전시용으로 제작되었음이 분명하다.

수격식 자동 천문시계 혼천의 발명

이민철의 혼천의는 몇 개의 테를 서로 연결해 만든 옛날의 혼천의가 아니라 세 부분으로 구성된 일종의 천문시계였다. 우선 첫째 구성물로는 천체 현상을 재현시켜주는 장치를 들 수 있다. 이민철의 혼천의는 천체를 실제 관측하려는 장치라기보다는 집안에 두고 천체운동을 재현시켜 보여주기 위한 전시용이었기 때문에 이 부분이 가장 중요하다고도 할 만하다. 둘째로는 시간을 나타내는 장치와 그 배경이 되는 기계 장치를 들 수 있다. 셋째는 시계장치와 천체 운동장치를 움직여주는 동력 부분이다. 이민철의 혼천의는 동력으로 물을 이용했고, 그것은 '수격식(水激式)'이란 표현으로 나타낸다. 세종 때 장영실이 만든 자격루도 바로 이와 비슷한 수격식 자동 물시계였다. 아마 모양은 크게 달랐겠으나, 이민철의 혼천의는 장영실의 자격루를 일부 계승한 것이라 할 수 있다. 말하자면 이민철은 장영실의 자격루에다 혼천의를 덧붙여 자동시계가 하늘의 현상도 함께 나타내도록 만들었던 것이다.

　이에 대해서는 19세기 초에 쓴 이규경의 글에서도 그 구조적 특성을 읽어볼 수 있다. 이규경은 일종의 백과사전이라 할 수 있는 그의 《오주연문장전산고(五洲衍文長箋散稿)》에 〈수명종과 누종표에 대한 변증설(水鳴鐘漏鐘表辨證說)〉이란 글을 남기고 있는데, 그 가운데 바로 이민철의 혼천시계에 대한 설명이 있다. 그는 이민철의 혼천시계를 '수명종'이라고 불렀다. 그리고 그 구조로 위에는 혼의(渾儀)를 설치하고 가운데에는 물통[漏筒], 그리고 아래에 물시계 바퀴가 달려 있다고 했다. 이 글에서도 이때 이민철의 수명종이 송이영의 혼의와 다르다는 점을 지적했다. 이민철의 것이 물통을 이용해서 물의 힘으로 움직인 것과 달리 송이영의 것은 서양 추시계의 톱니바퀴를 사용했다는 점을 지적한 것이다.

이 혼천의의 크기는 얼마만 했을까? 앞의 논문에 따르자면 혼천의를 넣은 궤의 높이는 9자, 너비가 5자 정도, 그리고 길이는 너비의 2배쯤이라고 짐작하고 있다. 게다가 혼의 부분을 올려 놓은 부분이 너비만큼 더 이어져야 하므로 전체 길이가 15자는 된다는 계산이 나온다. 대강 길이가 3미터, 너비가 1미터, 그리고 높이는 2미터 조금 안 되는 정도로 추정할 수 있다. 그 크기와 모양에 대해서는 지금 고려대학교 박물관에 남아 있는 송이영의 천문시계를 살펴보면 잘 알 수 있다.

송이영의 천문시계와 쌍벽 이뤄

국보 230호로 지정되어 있는 이 혼천시계는 이민철의 것과 거의 같은 시기에 송이영이 만든 것이라 전해진다. 이 혼천시계를 넣고 있는 나무 궤는 크기가 118.5×99×52.5센티미터로 되어 있다. 이 책의 송이영 부분(67쪽)에서 사진을 볼 수도 있는데, 정확히 이민철의 것과 같은 때 제작된 것으로 당대의 기록에 밝혀져 있다. 이민철의 것이 수격식인데 비해 송이영의 것은 자명종식이었다.

여기에 40센티미터의 혼천의가 달려있으니, 이민철의 경우도 비슷했을 것으로 짐작이 가능하다. 지금 고려대학교 박물관에 있는 혼천시계에서도 알 수 있는 것처럼, 이민철과 송이영의 혼천의(또는 혼의, 혼천시계)는 그전까지의 천문시계를 개량하여 실내 전시용으로는 불필요한 규형(窺衡: 천체를 관측하기 위해 들여다보는 구멍) 부분을 없애고, 그 대신 두 남북의 극축(極軸)에 의하여 천체의 위치 상호관계를 알아볼 수 있게 만들었다. 그리고 그 중심에는 지구 모형을 만들고 지구 위에 당시 서양 지도 덕택에 알려졌던 세계지도까지 그려 놓고 있다. 전상운은 이 지구 모형이 시계의 움직임과 함께 회전하게 되어 있으므로, 지구의 자전 운동을 나타낸 것이라 해석하기도 한다.

송이영의 천문시계가 세상에 알려진 것은 바로 전상운 덕택이다. 전상운은 1960년 세계의 천문시계를 조사 연구하던 미국의 과학사학자인 프라이스(Price) 교수의 연락으로 이 과학사 유물에 주목하게 되었다. 전상운은 이 시기에 이민철의 혼천의에도 관심을 갖고 조사를 시작했다. 그 결과 이민철이 평생을 살았던 고향인 충청남도 부여에 가서 그의 후손을 만나고, 이민철의 '행장기(行狀記)'도 얻을 수가 있었다. 그는 1966~1967년 동안 《서울신문》에 우리 전통 과학자에 대해 논픽션을 쓴 일이 있는데, 거기에 이민철에 대한 글을 한 꼭지 썼고, 그 연재물이 《잃어버린 장》(전파과학사, 1974)이란 책으로 나왔다. 전상운의 《한국과학사》(사이언스북스, 2000)에 이민철 부분이 거의 그대로 옮겨져 있다. 그의 말대로 이민철의 혼천의가 지금 남아 있다면, 송이영의 천문시계와 함께 17세기 한국 과학사를 빛내는 두 가지 대조적이면서도 상보적인 유물로 자랑거리가 될 수 있었을 것이다.

이 시기에 집중적으로 혼천의와 그 밖의 여러 천문기구들을 만들게 된 것은 새로운 역법의 시작과 관련이 있다. 역법이란 천문계산법인데, 효종 때 조선왕조는 청나라로부터 서양식 천문학을 받아들이게 되었고, 이를 '시헌력(時憲曆)'으로 불렀다. 일일이 소개할 수 없지만 임진왜란이 끝나고 새 시대를 열면서 1600년대 이후 천문기구들이 숱하게 제작되었음은 당시 기록이 전해주고 있다. 새로운 시대에 걸맞은 천문학과 그에 상당한 기구들을 만들 필요성이 높아졌던 것이다.

수차 제작에도 큰 활약 보여

이민철은 바로 이 시기에 크게 활약한 혼천의 제작자이다. 그의 기술은 여기서 그치지 않고 수차(水車)를 만드는 일에도 활약했던 것으로 보인다. 수차란 물레방아를 말한다. 또 그런 자격을 인정받아 1648년 무관 계통의 잡직 종9품을 시작으로 관직을 높여 갔다. 1666년(현종 6)에는 절충장(折衝將), 3년 뒤 1669년에는 경복(慶福) 가위장(假衛將), 1671년 경덕(慶德) 위장(衛將), 그 10년 뒤인 1681년(숙종 7)에는 부호군(副護軍)이 되었다. 바로 그 직전 수차를 만들어 공을 세운 것이 인정받았기 때문으로 보인다. 그리고 1684년(숙종 10)에는 충익장(忠翊將)으로 호군이 되었다. 이처럼 명목상 무관의 자리를 얻으면서 그는 실제로는 지방관으로도 발령받았는데, 1683년(숙종 9) 이성(利城) 현감을 비롯하여 1685년(숙종 11) 영원(寧遠) 군수, 1697년(숙종 23) 광양(光陽) 현감 등의 기록이 보인다.

이민철이 영의정을 지낸 이경여의 서출 아들이라는 것은 앞에서 소개했지만, 그는 유명한 실학자 이이명(李頤命, 1658~1722)의 삼촌이기도 하다. 또 더 따지자면 그는 세종의 7대 후손이라고도 한다. 그의 아버지 이경여의 문집《백강집(白江集)》에 보면 그 끝에 〈누기서(漏器序)〉란 글이 보인다. 또 이경여의 오언고시(五言古詩) 가운데에는 '죽루(竹漏)' 2수가 보이는데 여기 나오는 '루(漏)'란 모두 물시계를 가리킨 표현으로 실제로 이경여는 이 글들에서 자동 물시계로 천문시계를 겸하게 만들어낸 아들 이민철의 천문시계를 노래한 것을 알 수 있다. 아래에 있는 시가 그것이다. 이 시들은 이민철의 행장기에도 들어 있어서 이미 전상운이 그의 책에서도 소개한 일이 있다. 또 그의 조카 이이명도 자신의 숙부의 재주에 대해 소개하고 있다.

이민철은 1715년 4월 23일 고향 부여에서 작고했으며 지금 부여군 규암면(窺岩面) 두무절에 묘소가 남아 있다.

시름 많은 이 몸은 언제나 잠이 적어

밤새도록 뜬눈으로 지새는데

대통 한 잔 물 부어 넣고

됫박으로 야경(夜更)의 누수(漏水)를 만드니

차가운 밤 한 점씩 떨어지는 물방울

짧은 시각이 조금씩 흘러간다

그 어느 날 서울에서

오경치는 바라 소리 다시 들을까

관정(官井)에 물을 길어 박통 이은 물시계
나그네 잠자리를 깨어주니
사무치는 고향 생각 간절하도다
똑똑, 물방울 소리
서루운 나그네 마음 부서져
밤기운과 더불어 맑아만지네
문득 생각에 새벽 단잠 재촉하여
이 마음 신선처럼 서울로 갈까

17세기 국보 혼천시계를 만든
송이영 宋以穎 생몰 연대 미상

우리나라 국보 230호는 '혼천시계(渾天時計)'이다. 지금 고려대학교 박물관에 보관되어 있는데 한편에는 기계 시계가 달려 있고 다른 편에는 혼천의(渾天儀)란 장치가 붙어 있는 아주 특이한 유물이다. 그리고 이를 만든 17세기의 과학자가 바로 송이영이다.

현종 5년 왕명에 따라 제작

오늘날 우리들에게 귀중한 과학상의 보물 하나를 남겨준 것만으로도 송이영이란 과학자의 이름은 길이 기념하여도 좋을 것 같다. 하지만 유감스럽게도 그의 이름은 당시의 천문학자들의 과거시험이라 할 수 있는 잡과(雜科)의 합격자 명단에서는 찾아볼 수가 없다. 당연히 지금으로서는 송이영이 언제 누구의 아들로 태어나 언제 죽었는지 확인할 길이 없다. 앞으로 연구가 더 진행되어 그에 대한 자료가 발견되기를 기대해야 할 뿐이다. 하지만 그의 이름이 우리 과학사에 분명한 한 획을 긋는 것만은 분명하다. 또 그의 다른 활동에 대해서는 당시의 실록에 약간의 기록이 남아 있기도 하다.

《현종실록》의 기록에 의하면 1661년(현종 2) 1월에 그는 광흥창(廣興倉: 관리의 급료를 주던 기관과 창고) 주부(主簿)이면서 동시에 천문학 겸교수 자리에 있었던 것을 알 수 있다. 또 현종 7년 2월에는 옥과(玉果, 지금의 전라남도 곡정군 옥과면) 현감이었는데 자기 고을을 잘못 다스린다고 동료 관리로부터 탄핵을 받은 기록도 보인다. 당시 다른 관리들은 전혀 다르게 그를 평가했던지 탄핵했던 사람이 불평하는 사연도 보인다. 그가 1669년(현종 10) 혼천시계를 만들었다는 기록은 당시 실록에는 이렇게 나와 있다.

홍문관이 물의 힘으로 돌아가게 만든 혼천의와 자명종을 만들어 올렸다. 앞서 임금이 이민철(李敏哲, 1631~1715)에게 물의 힘으로 돌아가는 혼천의를 만들게 하고 홍문관이 맡아 감독하도록 했는데 이때에 이르러 완성되었던 것이다. 또 송이영에게도 자명종을 만들어 올리게 했던 것이다. 임금이 이르기를, "두 사람이 몸과 마음을 기울인 공로가 결코 적지 않다. 담당관서로 하여금 참작해 상을 주도록 하고, 기술자들에게도 쌀과 포목을 지급하게 하라"하니 이민철에게는 가자(加資)하고 송이영에게는 실직(實職)을 제수했다.

그가 이때 어떤 실직을 상으로 받았던가는 밝혀져 있지 않다. 하지만 그 후의 기록으로 보아 그는 관상감(觀象監: 국립천문대) 관원이라고만 밝혀져 있을 뿐이다. 아마 대단한 출세를 하지는 못했다고 생각할 수가 있을 것 같다.

같은 해 1669년 11월 전찰방 송형구(宋亨久)가 상소하여 다음 해의 윤달이 잘못되었음을 말하고 또 시헌역법(時憲曆法)의 오차를 논한 일이 있다. 임금이 그 상소문을 예조에 보내 관상감에서 의논해 아뢰라고 지시했다. 그 결과는 송이영이 송형구의 주장이 옳지 않다고 판정했다는 것이 기록되어 있다. 말하자면 역법에 관한 논란이 있을 때 관상감 관원이던 송이영이 그 주장의 잘못됨을 지적했다는 말이다. 그만하면 당대에는 최고 수준의 천문학자였던 것을 알 수가 있다.

이 역법의 논란에 앞서 그가 만들어 올린 것이 바로 혼천시계였던 것이다. 실록에는 송이영이나 그의 혼천시계 등에 대해 상세한 설명은 남아 있지 않지만 조선시대 천문기구의 연혁 등을 설명한 책《서운관지(書雲觀志)》와《증보문헌비고(增補文獻備考)》 등에는 조금 더 정보가 남아 있다. 현종 5년에 임금은 송이영과 이민철에게 여러 가지 천문기구들을 만들어 궁중에 세워두라고 명령했다. 기록에 의하면 이때 이민철이 만든 것이 물시계이고, 송이영이 만든 것은 일본식 기계 시계였다고 전한다.

이민철의 물시계가 어떤 모양의 것이었는지 지금으로서는 확실히 알 길이 없다. 유물도 그림도 아무것도 남아 있지 않기 때문이다. 그러나 당시 기록에 의하면 이민철의 시계와 송이영의 시계는 거의 같은데 다만 그 시계를 움직이는 동력 장치가 이민철의 것은 흐르는 물이었고 송이영의 것은 기계 장치였던 것으로 되어 있다. 흐르는 물의 힘을 이용하여 자동으로 움직이는 물시계를 만든 기록으로는 물론 세종 때 장영실의 자격루를 들 수 있다.

이민철이 이때 만든 것은 바로 장영실의 전통을 이어받은 것이었으리라고 짐작할 수가 있다. 이에 비해 송이영의 것은 지금 남아 있는 '혼천시계'이며, 근대 서양식 기계 장치를 이용하고 있는 셈이다.

최초의 서양 기계식 장치

지금 남아 있는 송이영의 '혼천시계'를 살펴보자. 가로 118.5센티미터, 두께(세로) 52.5센티미터, 높이 99센티미터의 크기를 가진 나무상자 속에 좌우 양쪽으로 중요 장치가 들어 있다. 오른쪽에는 기계 시계가 있고 왼쪽에는 혼천의가 장치되어 있는 것이다.

중력식(重力式) 진자(振子) 시계가 달려 있는 오른쪽에는 두 개의 추가 있어서 그 무게로 내려가는 힘으로 시계를 움직여주게 되어 있다. 몇 개의 톱니바퀴와 둥근 테들이 달려 있어서 저절로 추의 무게 때문에 움직이는 톱니바퀴는 탈진기(脫振機)와 연결되어 속도를 조절하게 되었고 시패(時牌)가 달린 둥근 테를 일정한 속도로 돌려주어 앞면에 그때그때 시각을 알리는 시패가 나타나게 된다.

또한 이 장치에는 종이 연결되어 있어서 시각을 알리는 종을 치게도 되어 있다. 이것이 자명종이라고 설명되어 있는 까닭은 이 때문이다. 당시의 자명종이란 지금처럼 정해 놓은 시각에 종이 울려 사람을 깨워주는 시계를 말하는 것이 아니었다. '스스로 울리는 종'이란 원래 뜻대

혼천의

혼천시계(고려대학교 박물관 소장)

로 당시에는 정해진 시각에 정해진 만큼 종이 울리는 시계를 가리킨 말
이었다. 그러니까 옛날의 자명종이란 지금의 괘종시계를 가리킨다.

송이영의 기계식 자명종이나 이민철의 물시계식 자명종이 모두 괘
종시계를 가리키고 있음을 알 수 있다. 그러면 다른 한쪽에 있는 혼천
의 부분은 또 어떻게 생겨 있을까? 혼천의의 지름은 약 40센티미터이
고 그 한가운데 들어 있는 동그란 지구의는 크기가 지름 8.9센티미터
이다. 그 지구 둘레에 태양과 달의 돌아가는 길을 나타내는 테를 둘러
놓는 등 몇 가지 장치를 했는데 그것으로 천체를 관측하려는 목적이
었을 것이다.

또 지구의 위에는 당시의 세계지도가 아주 간단히 그려져 있는데 예

를 들면 북아메리카가 여러 개의 섬처럼 그려져 있는 정도로 아주 간단하다. 이를 통해 1669년 당시의 조선 지식층의 서양에 대한 지식이 얼마나 부족했던가를 잘 보여준다고 하겠다. 물론 이런 것들은 전혀 중요한 것이 아니다. 서양식 기계시계를 옆의 혼천의에 연결하여 시각에 따른 천체의 움직임도 대강 알아볼 수가 있게 해놓은 것만으로도 당시로서는 대단히 수준 높은 과학기구였다.

엿장수 고물을 김성수가 매입

국보 230호 '혼천시계'에 대해서는 아슬아슬한 역사가 감춰져 있다. 이 것은 원래 서울의 인사동 거리에서 엿장수의 수레에 끌려 고물로 팔려 갈 운명이었다고 한다. 아마 1930년 전후의 일이었을 것 같다. 그것을 알게 된 동아일보 사장 김성수가 당시 집 한 채 값을 주고 사들여 오늘까지 남게 되었다는 것이다.

하지만 학자 중에 '혼천시계'를 처음 주목한 사람은 아마 1936년 역사상 처음으로 우리나라 천문학사(天文學史)를 길게 써 본 미국의 천문학자 윌 칼 루퍼스(Will Carl Rufus, 1876~1946)였을 것이다. 서울의 연희전문학교 교수였던 그는 후에 미국 미시간대학교 교수가 되었는데, 1930년대에 다시 서울로 돌아와 서울에서 서양인들이 운영하던 학술잡지에 〈한국의 천문학〉이란 글을 길게 발표했고 그 속에 김성수가 매입한 혼천시계를 소개하고 또 그 사진도 실었던 것이다.

《영국왕립학회 한국지부 논문집》이라 되어 있는 이 영어 잡지에 실린 글은 물론 영어로 쓰여 있다. 그래서 서양 사람들의 주목을 받기 시작한 '혼천시계'는 1950년대 이후에 가서야 당시 중국 과학사학자로 세계적 명성을 얻어가던 영국의 조지프 니덤(Joseph Needham, 1900~1995)의 관심을 끌게 되었다. 니덤은 1960년 다른 학자와 발표한 책《중국의 혼천시계(Heavenly Clock work: The Great Astronomical Clocks of Medieval China)》에서 한국의 혼천시계를 칭찬하면서 이 귀중한 유물이 한국전쟁에 훼손되지 않았기를 충심으로 빈다는 말을 그 책에 써 두고 있었다.

하지만 재미있게도 한국의 문화재위원회에서는 이 책이 나온 5년 뒤인 1965년에도 이 유물의 국가 문화재 지정 요청을 거부한 일이 있다. 그 정도로 이 혼천시계의 진정한 의미를 이해하는 사람도 거의 없었고 그 가치를 높게 평가한 학자도 없었던 셈이다. 당시는 과학사를 하는 학자도 거의 없었고 과학사에 대한 이해도 너무나 낮은 상태였으니 어쩌면 당연한 일일지도 모른다.

루퍼스의 논문을 읽고 관심을 가지게 된 것은 영국의 니덤이 가장 먼저(1960년) 였고 그 다음으로 국내는 1963년 전상운이 이에 대한 논문을 발표했다. 그 후 차츰 주목을 받게 되어 1983년 8월에는 국보로 지정되기에 이른 것이다. 문화재 지정을 신청한 지 거의 20년만에 이 귀중한 유물의 가치를 공식적으로 인정받게 된 셈이다.

그러나 막상 그것을 만든 송이영에 대해서는 아직 연구된 일이 거의 없다. 1688년에 쓴 당시의 유명한 재상 최석정(崔錫鼎)의 글에 의하면 송이영은 이미 죽었고 이민철은 살아 있다고 밝혀져 있다. 송이영의 아버지도 아직 알지 못하고 그의 생몰년도 밝혀져 있지 않지만 그가 1688년 이전에 죽은 것만은 알 수 있다. 또 그의 신분에 대해서는 이민철의 경우가 참고가 될 수 있다.

두 사람 모두 함께 자명종 등을 만들었고 함께 관상감에서 일했는데 이민철에 대해서는 그가 당대의 유명한 고관 이경여(李敬輿)의 서자임이 밝혀져 있다. 혹시 이민철이 서얼 출신이었던 것처럼 송이영도 서얼 출신으로 관상감 근무를 하게 되었던 것일까? 그래서 그가 맡았던 관직은 광흥창의 주부 자리 또는 옥과 현감 정도였던 것이 아닐까 하는 생각이 든다. 송이영이 맡았던 벼슬 자리 광흥창 주부, 옥과 현감, 관상감 겸교수는 모두가 종6품의 높지 않은 자리였다. 당대에는 관상감 연구원이나 그 밖의 과학기술자는 많은 경우 중인이나 서얼 출신으로 이 정도 밖에 더 이상 승진할 수가 없었다.

이민철과 송이영은 마찬가지로 천문학자로 활약했지만 둘 다 잡과 시험에 합격한 경력은 보이지 않는다. 두 사람 모두 중인으로서 과거에 급제하여 관직에 오른 것은 아니었음을 알 수 있다. 두 사람 다 서얼 출신으로 관상감과 그 밖의 낮은 관직에 천거받아 일할 수 있었던 것으로 보인다. 그러나 이런 모든 것들이 앞으로 연구해 밝혀져야 할 의문들이다.

우리나라 최초로 지전설을 제창한
김석문 金錫文 1658~1735

조선 후기의 학자 가운데 지전설을 주장하여 이름을 남긴 인물로는 흔히 홍대용(洪大容, 1731~1783)을 든다. 하지만 김석문은 그보다 훨씬 이전인 1697년(숙종 23) 완성한 《역학도해(易學圖解)》라는 6권으로 된 책에서 지전설을 주장했다. 김석문이 먼저 지전설을 내놓았다면, 왜 홍대용이 처음 지전설을 주장한 것처럼 널리 알려졌던 것일까? 또 그들은 서로 관련이 있었던 것일까 아니면 독립적으로 그런 주장을 내놓았던 것일까? 또 그들의 생각은 얼마나 비슷하고, 서로 얼마나 다른가?

1697년 완성한 《역학도해》에 기록

김석문의 일생에 대해서는 잘 알려져 있지 않다. 본관이 청풍(淸風)으로 자(字)를 병여(炳如)라 했으며, 호는 대곡(大谷)이다. 경기도 포천 출신으로 벼슬은 하지 못했으나, 마지막으로 통천(通川) 군수를 지냈음을 알 수 있다. 통천이라면 지금은 북쪽 땅이 되어 있는 강원도의 북쪽 바닷가의 지명이고, 유명한 '관동팔경(關東八景)'의 하나인 총석정(叢石亭)이 있는 곳이기도 하다.

원래 그의 나이 40세 때 써 놓은 책은 간행되지 못하고 있다가 그가 통천 군수로 있을 때인 1726년 8월 처음 책으로 인쇄되어 지금까지 전해지고 있다. 이 책은 북한산의 승각(僧刻) 2명을 통천에 초빙하여 책판을 새기게 하여 인쇄가 가능했다고 전한다. 원래의 책은 아마 분량이 훨씬 큰 것이었는지도 모르겠으나, 지금 남아 있는 것은 아주 얇은 책으로 《역학이십사도해(易學二十四圖解)》라는 제목을 달고 있다. 《주역(周易)》의 이치를 설명하는 책이라는 것을 누구라도 짐작할 수 있는 제목이다.

바로 이런 제목 때문에 그 속에 담긴 지전설은 더욱 주목받기 어려웠던 것으로 보인다. 또 글투로 보아 그가 지전설을 내세우려 한 것이 아니라 우주의 변화 원리를 설명하는 것에 더욱 열성이어서 지구가 하루 한 번씩 자전하여 낮과 밤이 생긴다는 설명은 비교적 간단하다. 그 대신 태극이 움직여 음양을 낳고 그것이 다시 사시(四時)를 낳아서, 세상의 만물을 생기게 하는 이치를 아주 자세하게 그림으로 그려 설명하고 있다. 또 일정한 시기를 주기로 인류역사와 문명, 자연현상이 흥망성

쇠를 되풀이한다는 순환론적 역사 철학을 주장했다. 이 같은 주장은 당시 전성기에 있던 중국이 언제까지나 홀로 번영을 누릴 수 없으며, 현재의 약소국이 미래에는 대국이 될 수도 있다는 생각이 밑바탕에 깔려 있었던 것으로 보인다.

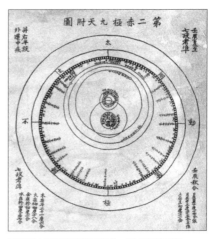

김석문이 《역학이십사도해》에 그린 우주의 모양

이런 《주역》의 논리를 연장해서 지구를 중심으로 행성과 태양, 달이 어떻게 배열되어 있고, 또 이들이 어떻게 움직이고 있는지 설명하고 있다. 지구, 달, 태양이 서로 만나고 겹쳐 일어나는 일식이나 월식에 대해서도 그림까지 그려 설명하고 있다. 아마 일식과 월식을 그림으로 설명하기는 그가 우리 역사상 처음이 아닐까 생각된다. 그의 지전설에 의하면 태양의 둘레를 선회하는 별들이 모두 제각기 궤도를 따라 선회할 뿐만 아니라 지구도 남북극을 축으로 하여 제자리에서 1년에 366회전 한다는 것이다. 또 그는 저 멀리 떨어진 하늘 끝에서부터 행성들과 달까지 '아홉 겹 하늘(九重天)'은 지구에 가까울수록 빠르게 돌고 있다고 설명한다. 그래서 결국 지구도 하루 한 번씩 자전하게 된다고 주장하고 있다.

그러나 지구가 태양 둘레를 돌고 있다고 말한 것은 아니다. 말하자면 그는 지구의 자전만 주장했지 지구가 태양 둘레를 돈다고는 말하지 않은 것이다. 즉 공전설은 주장한 적이 없다. 이런 생각은 그 후 홍대용이 말한 것과 동일하다. 또 이런 주장을 하고 그림을 그린 것은 분명히 당시 중국에 와 있던 서양 선교사들이 소개한 서양 천문학 지식을 잘 알고 소개한 것이므로, 그의 독창적 생각이 아닌 것도 분명해 보인다. 물론 이런 점에서는 홍대용도 마찬가지이다. 그들은 중국에 책으로 나와 있던 서양 천문학 책, 특히 당시 청나라에서 활약하던 서양 신부 나아곡(羅雅谷, 본명 Jacques Rho)의《오위역지(五緯曆志)》를 보고 그런 생각을 정리한 것으로 보인다. 이 책은 지구가 자전한다고는 말하지 않았지만, 그 내용은 모두 전하고 다만 지구가 자전하기보다는 하늘이 지구 둘레를 돈다고 주장을 펼쳤던 것이다. 그런 서양 선교사의 책을 보고 지구가 움직이지 않는다는 부분만 지구가 하루 한 번씩 돈다고 말하고 있는 셈이다.

연암의《열하일기》에도 소개

유명한 실학자 연암(燕巖) 박지원(朴趾源, 1737~1805)의《열하일기(熱河日記)》〈곡정필담(鵠汀筆談)〉에는 김석문의 '태양·지구·달은 둥글고 공중에 떠 있다'는 삼대환공부설(三大丸空浮說)을 소개하고 있다. 그런데 하늘에 떠 있는 세 천체가 돌고 있다고는 말하지 않고 있다. 박지원은 1780년(정조 4) 친족 형인 박명원(朴明源)이 사은사(謝恩使)가 되어 청나라에 갈 때 따라가 이용후생(利用厚生)에 도움이 되는 청나라의 실제적인 생활과 기술을 눈여겨보고 귀국하여 기행문《열하일기(熱河日記)》를 남겼다. 그는 이 책에서 청나라의 문화를 소개하고, 조선의 정치·경제·사회·문화 등 각 방면에 걸친 비판과 개혁도 말했다. 이 글 가운데 김석문의 '삼대환공부설'이 들어 있다. '삼대환(三大丸)'이란 세 개의 큰 고리 또는 공 같은 것을 말하는 데 물론 태양·지구·달을 가리킨다. 이들 세 가지 천체가 하늘에 둥둥 떠서 돌고 있다는 말로 이미 지전설을 암시하고 있는 셈이다.

박지원은 우리 역사에서 주로 문필가로 유명한데 그가 쓴 소설《호질》과《양반전》이 특히 유명하다. 박지원은 바로《열하일기》에서 홍대용의 지전설에 대해서는 자세하게 소개하면서 김석문에 대해서는 김석문이 지전설을 주장했다고 분명히 말하고 있지는 않다. 왜 그는 두 사람의 글을 다 읽고 홍대용의 지전설은 높이 평가하여 소개하면서 김석문에 대해서는 모호하게 그저 '삼대환공부설'을 말하고 있을 뿐이었을까? 아마 박지원조차 그가 지전설을 말한 것을 모르고 있었을 것이다.

1830년경에 쓰여진 것으로 보이는 이규경(李圭景, 1788~1856)의《오주연문장전산고(五洲衍文長箋散稿)》에는 적어도 두 차례 김석문에 대한 기록을 남기고 있다. 당시 편찬하려던 어느 문집에 김석문의《역학도해》도 들어 있다는 기사가 그 하나이며, 옛날의 여러 가지 지전설에 대해 소개하면서 장현광의《역학도설》에 대해 말하고 있는데, 여기서는 이 책이 대곡(大谷) 성운(成運, 1497~1579)의 책이라고 밝히고 있다. 이규경이 실수하여 김석문의 책을 성운의 것으로 잘못 말한 것 같다.

아직 이 부분은 확실한 것은 아니다. 왜냐하면 성운 역시 역학에 대해 연구하고 또 책도 남기고 있기 때문이다. 특히 규장각에는 지금 활자본《성대곡역해도(成大谷易解圖)》란 것이 남아 있다. 태극도(太極圖)를 비롯하여 적극구천부도(赤極九天附圖), 황극구천도(黃極九天圖), 일식도(日蝕圖), 월식도(月蝕圖), 양의도(兩儀圖), 사상도(四象圖), 수괘소성도(數卦少成圖), 수괘대연도(數卦大衍圖), 사십팔책저상도(四十八策箸象圖), 육십사괘방원도(六十四卦方圓圖) 등 그림 25장이 수록되었다. 혹시 이것이 바로 김석문의 것일지도 모른다는 생각이 든다.

홍대용만이 지전설을 주장한 것으로 알려진 가운데 현대에 들어 처음으로 김석문을 연구하여 지전설 주창자로 내세운 학자는 연세대학교 교수 민영규(閔泳珪, 1915~2005)였다. 그는 1975년 논문을 발표하여 이를 주장했고, 그것이 널리 알려져 지금은 김석문의 이름이 제법 학계에 알려지게 되었다. 하지만 김석문의 일생에 대한 것은 최근에서야 밝혀지기 시작한 것으로 보인다.

지구설 옹호하다 26세로 요절한
남극관 南克寬 1689~1714

동창(東窓)이 밝았느냐 노고지리 우거진다.

소치는 아이는 상기 아니 일었느냐

재 너머 사래 긴 밭을 언제 갈려 하나니

이 시조는 우리 역사상 가장 유명한 시조 중 하나로 바로 남구만(南九
萬, 1629~1711)의 작품이다. 그리고 남구만의 손자로서 우리 과학사에
빼놓을 수 없는 인물이 남극관이다. 남극관은 겨우 26세밖에 살지 못
했다. 어려서 무슨 몹쓸 병에 걸려 평생을 바깥 출입도 못하고 살다 갔
다. 그러면서도 그는 그 젊은 나이에 당대의 학자들과 의견도 교류하
면서 여러 가지 과학적 생각을 말했고, 그런 생각 가운데 사람들의 공

남극관의 묘비

감을 얻은 부분이 있어 후세에 그의 이름을 남기게 된 것으로 보인다.

남구만의 손자

남극관은 자신이 쓴 글 모음으로 《몽예집(夢囈集)》이란 책을 남겼다. '몽예'란 '잠꼬대'란 뜻이니 그의 글을 잠꼬대에 비유한 것일까? 하지만 결코 잠꼬대에 그칠 글을 남긴 것이 아니다. 특히 그는 지구와 우주의 구조 등에 대해서 새로 알려지기 시작한 서양의 학설 등에 대해 상당히 진보적인 입장을 취했다. 그중 공중에 달아 놓은 달걀에 개미가 기어가는 것을 보고, 공중에 떠 있는 구형의 지구 양극에서 사람이 떨어지지 않는다는 것을 설명했다. 이는 아직 천체의 인력(引力)에 대한 이해가 없던 당시로서는 흥미로운 생각이라 할 수 있다. 그 밖에 다른 분야에서도 당시로서는 그의 학술이나 견해가 비교적 진보적이었던 것으로 평가받는다.

그의 문집에는 '김참판의 역법을 비판함(金參判曆法辨)'이란 제법 긴 글이 남아 있다. 여기 김참판이란 김시진(金始振, 1618~1667)을 가리킨다. 김시진은 1644년(인조 22) 과거에 합격하여 한때 예조참판까지 지낸 학자다. 특히 그는 1660년 전주 부윤(府尹, 오늘날의 시장(市長)]으로 있을 때 《산학계몽(算學啓蒙)》을 다시 인쇄해냈다고 알려져 있다. 중국 전통 수학서 가운데 고전으로 꼽히는 이 책은 당시 중국에서 사라져 없어진 것이었다.

그러나 우리나라에 전해진 이 책은 국내에는 제법 퍼져 있었고 그것을 김시진이 다시 찍어냈던 것이다. 그리고 그렇게 복각된 《산학계몽》이 뒷날 중국에 전해져 중국에서는 이미 사라졌던 이 책이 1839년 복각판을 바탕으로 중국에서 다시 퍼지게 된다. 바로 이런 일화를 가진 김시진은 우주론에 대해서도 나름대로의 의견을 냈는데, 남극관이 이를 비판하고 나섰던 것을 알 수 있다. 김시진은 "새 역법은 쓸 수 없다"고 비판하고 있는데 남극관은 이런 김시진의 의견을 반대했다. 서양식 새 역법인 시헌력(時憲曆)에 대한 논쟁이다.

좀 더 구체적으로 남극관이 살던 시대의 과학적 문제를 생각해보자. 1600년대 초부터 우리나라에는 서양 과학기술에 대한 지식이 상당히 밀려들어오기 시작했다. 중국에 와서 활동하던 서양 선교사들이 베이징에서 일하기 시작하면서 적지 않은 책을 내고 있었던 까닭이다. 그리고 그렇게 전해진 서양 사람들의 세계지도와 천문도, 그리고 서양의 앞선 기술과 새로운 과학 지식은 책으로 기록되어 발표되고 있었다.

그리고 해마다 적어도 한 번은 중국에 사신을 보냈던 조선에도 그런 책이나 천문도, 세계 지도 등이 조금씩 전해진 것은 당연한 일이었다. 그런 서양 사람들의 새 지식 가운데 당시 가장 화제가 되었던 것은 우리가 살고 있는 땅은 평평한 것이 아니라 둥글다는 정보였다. 땅덩이는 중국을 한가운데 두고 있는 평면이라는 당시의 생각에 큰 변화를 가져오는 주장이었다. 청년 과학자 남극관이 살던 시기는 바로 지구설을 놓고 여러 사람들이 왈가왈부하던 때였다. 당대의 대표적 학자들이 땅이 둥글다는 서양 선교사들의 말을 잘못이라고 타박하고 있었다.

앞에 소개한 예조판서 김시진 역시 그런 생각을 가진 인물이었던 모양이다. 그는 땅이 둥글다면 사람들은 위와 아래에 다 같이 살고 있다는 뜻이 되는데 어떻게 우리와 반대되는 지구 아래쪽에서 사람들이 거꾸로 서서 다니고 발을 반대로 내리고 살 수 있겠느냐는 것이다. 말하자면 지금 아르헨티나나 브라질에 사는 사람들은 우리와 정반대 위치에 살고 있는 셈인데 어떻게 그들은 이상한 느낌 없이 살고 있을 수 있느냐는 의문이다.

지금 생각하면 3세기 전의 우리 조상들이 이런 의문을 가진다는 것 자체가 놀라울지도 모른다. 하지만 누구라도 어렸을 때에는 비슷한 의문을 가지고 있었을 듯하다. 땅이 둥글고 그 위와 아래에 모두 사람이 살고 있다는 말은 감히 잘못되었다고 할 수 없었다. 지구에는 인력이란 것이 있어서 지구 위의 모든 것을 안으로 끌어당긴다는 설명이 있었기 때문이다. 하지만 우리 반대편에 사는 사람들은 지구 인력 때문에 하늘 저쪽으로 떨어져 나가지는 않는다 치더라도 적어도 자기들이 거꾸로 살고 있다는 사실을 느끼지 않을까 하는 그런 걱정 아닌 걱정을 했던 기억이 있다.

지구를 공중에 달아 놓은 달걀에 비유

물론 김시진이 살던 시대에는 지구의 인력 개념이란 아직 소개되지 않던 시절이다. 김시진은 지구 위아래에 모두 사람이 산다는 것을 도저히 믿을 수가 없었던 것이다. 그래서 그는 지구설 자체를 반대하고 지구의 위와 아래에 모두 사람이 살고 있더라는 허황된 주장을 내놓는 서양 사람들은 앞으로 처형당하게 될 것이라고까지 극언하고 있다. 그런데 이 말을《몽예집》에 인용한 남극관은 오히려 지구설을 옹호한다. 마치 달걀 표면을 따라 기어 다니는 개미를 보면 달걀의 위와 아래 어디나 거침없이 기어다니고 있음으로 보아 지구의 위와 아래에 사람이 살고 있는 것이 이상할 것은 없다는 주장이다.

이들 두 사람의 지구설에 대한 찬성과 반대에 대해서는 유명한 실학자 이익(李瀷, 1681~1763)의 비판이 전해진다. 이익의 글을 모아 놓은 《성호사설(星湖僿說)》에 들어 있는 그의 글은 제목을 〈지구〉라 달고 있다. 이 글에서 이익은 남극관이 김시진을 비판한 논리는 한 가지 잘못으로 다른 잘못을 비판하는 오류라고 지적한다. 개미가 달걀의 위와 아래를 다 기어다닐 수 있음은 그 다리가 달걀 껍데기에 붙어서 가능한 일인데, 만약 벌레나 개미의 다리를 벽에서 떨어지게 하면 아래로 추락할 수밖에 없다는 것이다.

따라서 이익은 김시진이 지구설을 부정하는 것도 잘못이지만 김시진의 잘못을 지적하려고 개미를 예로 드는 남극관의 생각 역시 잘못되었다고 주장한 것이다. 그 대신 이익은 지심론(地心論)을 들어 지구의 상하에 모두 사람이 살 수 있음을 설명한다. 그에 의하면 지구 둘레의 모든 기운은 지구 중심으로 쏠리고 있어서 지구 둘레의 모든 것이 지구 중심으로 향하기 마련이라는 것이다. 아직 뉴턴의 만유인력설에 도달하지는 못한 것으로 보이지만, 이익의 지심론이란 바로 지구의 인력을 말하고 있는 셈이다.

투병 생활하며 《몽예집》 남겨

남극관은 아주 재주가 출중했던 젊은이였던 것만은 분명해 보인다. 겨우 26세에 죽은 이 젊은이의 주장이 대학자들의 글 여기저기에서 나타나는 것만을 보아도 그의 이름이 당대에 어느 정도 널리 알려졌음을 알 수가 있다. 이미 이익이 그의 주장에 대해 논평했다고 지적했지만, 역시 18세기 말의 대학자 황윤석(黃胤錫, 1729~1791)도 남극관을 들어 "재능이 있으며 문장과 역수에 밝았다"고 써두었다.

그러나 남극관은 어려서부터 병으로 고생하고 있었다. 26세의 젊은 나이에 요절한 그는 생전에 자기의 시문을 정리해두었는데, 그의 문집 《몽예집》 서두에는 아주 간단한 서문을 적어두었다. '계사제석자서(癸巳除夕自書)'라는 이 머리말에서 그는 "유우자(幽憂子, 남극관의 호)는 어려서 기이한 병을 앓아 천지만물을 분간치 못했다. 다만 책을 읽다보니 마음이 조금씩 열렸다. 그때마다 마음에 와 닿는 것을 글로 썼으니 대개 잠꼬대와 같은 것들이다"라고 적고 있다. 이 설명으로 남극관이 왜 자신의 글 모음을 '몽예(잠꼬대)'라 했는지 짐작할 수 있다. 《몽예집》에는 그가 지은 시와 함께 여러 역사와 전설에 대한 논평도 있다. 고사(故事)를 많이 인용했으며 글이 재치 있는 묘사와 서정으로 빛난다.

자리 한쪽 구석으로 더위가 물러나니	座隅覺暑退
처마 틈으로 그늘도 옮기어 가네.	櫩隙見陰移
하루 종일 묵묵히 말하지 않고	竟日默無語
정을 빚어 다시금 시를 짓는다.	陶情且小詩

남극관의 연작시의 한 대목이다. 병고에 시달리면서도 정(情)을 빚어 시를 짓는 젊은이의 마음을 읽을 수가 있을 듯하다. 그의 문집 중에는 《단거일기(端居日記)》라는 독서일기도 남아 있다. 그는 거의 매일 책을 읽고 중요 부분을 메모하고 또 자신의 생각을 덧붙여 기록해두었다. 그는 일기의 끝에 "내가 눈병과 가슴앓이를 하면서도 생각하기를 그만 두거나 책을 손에서 놓을 수가 없어 날마다 읽은 바를 기록한다"고 했다. 1712년 7월 1일부터 30일까지 꼭 한 달의 독서일기이다.

시조 '동창(東忍)이 밝았느냐……'를 남긴 그의 할아버지 남구만은 자신의 임종을 예감하자 사랑하는 손자 남극관에게 다음과 같은 편지를 썼다. "늙은이는 근력으로 예를 표하지 않고 가난한 사람은 부의로 예를 행하지 않는다. …… 폐병 또한 위중하니 절대로 내 장례식에 참석치 말아라. 그것이 진정한 너의 큰 효도일 것이다."

실제로 할아버지 장례에 그가 참석했는지는 알 길이 없지만 그는 할아버지가 죽고 겨우 3년 뒤 세상을 떠났다. 아버지 남학병(南鶴鳴, 1654~1724)은 죽은 아들을 잊지 못해 자신의 문집에 '서망아유시사(書亡兒幼時事)', 즉 죽은 아들의 어릴 적 일을 하나하나 적어 아픈 마음을 달랬고 아들의 문집을 최종적으로 정리해 책으로 만들었다.

《서운관지》를 저술한 조선의 천문학자
성주덕 成周悳 1759~?

《서운관지(書雲觀志)》는 조선시대의 천문기관인 서운관에 대해 모든 것을 설명한 책으로 1818년에 완성되었다. 고려 때부터 정식으로 시작된 이 기관은 흔히 관상감(觀象監)으로 알려져 있지만 서운관이라고도 했다. 《서운관지》를 지은 성주덕에 대해서는 아직 연구된 것이 거의 없다.

조선시대에 과거에 합격한 사람들에 대한 간단한 자료는 여러 가지 방목(榜目)에 기록되어 남아 있다. 방목이란 것은 과거(科擧)에 합격한 사람들에 관한 간단한 신상 자료를 기록해 놓은 것으로 과거의 종류에 따라 여러 가지 방목이 남아 있고 또 같은 종류의 합격자 명단도 여러 가지 책으로 편집되어 있기도 하다. 예를 들면 성주덕처럼 천문학자로서 과거에 급제한 사람들의 명단은 《운과방목(雲斗榜目)》, 《운과선생안

(雲科先生案)》 등에 남아 있는가
하면 다른 잡과 합격자들과 함
께 몇 가지 잡과의 방목에도 들
어 있다.

이런 몇 가지 방목에 성주덕
의 이름이 남아 있을 뿐이다.
성주덕은 창녕 성씨로 자(字)를
현지(顯之)라 했다. 그의 아버

《서운관지》(규장각한국학연구원 소장)

지는 이름이 광순(光淳)이었고 1783년(정조 7)에 과거에 급제하여 겸교
수, 삼력관 등 천문관으로 활동했으며 뒤에는 상의원(尙衣院)[1] 주부(主
簿)와 지중추부사(知中樞府事)를 지내기도 했다.

천문학자 집안 출신

성주덕에게는 적어도 한 사람의 형이 있었는데, 그의 이름은 성주헌(成
周憲, 1757~?)으로 그보다 두 살이 많았고 역시 같은 해에 과거에 급제
하여 천문학자로 활동했다. 할아버지 이름은 성대관(成大寬), 증조부는
성홍조(成弘祚)였다. 또 성주덕에게는 아들이 있었는데 이름이 우정(禹
鼎)으로 사역원에 근무한 것으로 보이고 손자 이름은 재학(在鶴), 증손
자는 진옥(振鈺)으로 모두 천문학자였다.

이런 정보는 모두 방목에서 얻은 것인데, 그 밖에는 성주덕에 대한
정보를 더 얻을 곳이 없다. 이로써 볼 때 그의 집안은 대대로 천문학을
전공하여 생업을 삼고 있었고 그 가운데 일부가 통역 노릇을 한 것을

짐작할 수 있다. 당시 잡과란 수학자, 천문학자, 지리학자, 의사, 통역, 법률가 등을 포함하고 있었는데 이들을 조선시대에는 중인(中人)이라 부르기도 했다. 이들 중인층에게는 해마다 중국에 파견되는 사신 일행을 따라가 장사를 하여 이익을 챙기는 등의 특권은 주어졌을지언정 정치에 나설 수는 없게 되어 있었다. 양반만이 대과(大科) 또는 문과(文科)라 알려진 진짜 과거에 응시하여 합격할 수 있었지 중인에게는 그런 시험에 응시조차 허락되지 않았기 때문이다.

《서운관지》는 4권으로 저술

성주덕이란 천문학자에 대해서는 자세한 정보가 남아 있지 않다. 좋거나 싫거나 그가 지은 《서운관지》와 《국조역상고(國朝曆象考)》를 통해 그를 짐작할 수밖에 없다. 《서운관지》는 4권으로 구성되어 있다. 1권에는 9가지 항목이 달려 있고, 각 부분에 조선시대 천문관서의 여러 규칙 등이 소개되어 있다. 2권은 11가지 항목이 있는데 1권의 연속이다. 3권은 아주 길게 1가지 항목으로 구성되어 있는데, 이 부분은 바로 조선시대의 천문학과 기상학에 관한 역사를 적은 것이다. 마지막으로 4권은 서기(書器)란 제목으로 되어 있는데 천문 관련 서적과 관측기구 등을 소개한 부분이다.

《서운관지》 하면 지금은 고인이 된 유경로(兪景老, 1917~1997)를 먼저 생각하게 된다. 원래 천문학자로 서울대학교 등에서 천문학을 가르쳤던 그는 만년에 한국 천문학사에 깊이 빠져 많은 연구 업적을 남겼다. 그가 진행했던 연구 가운데 하나가 바로 《서운관지》 번역이었다. 유경로는 여러 해에 걸쳐 번역한 내용을 《한국과학사학회지》에 연재해 남겨 놓고, 2권으로 들어가지 못한 채 세상을 떠났다.

1권은 관직(官職), 관해(官廨), 천거(薦擧), 과시(科試), 취재(取才), 권과(勸課), 포폄(褒貶), 좌아(坐衙), 번규(番規)의 9가지 항목으로 되어 있다. ① 관직이란 부분은 지금도 같은 용어를 쓰니까 무엇인지 알기 쉬울 것이다. 서운관 또는 관상감의 직책에는 어떤 이름의 것이 있고 그 관직은 계급이 무엇이고 어떤 일을 담당하는지 등이 상세히 적혀 있다. ② 관해란 관아(官衙)와 같은 뜻으로 말하자면 서운관의 건물들을 소개한 내용이다. 조선시대에는 관상감이 경복궁 안에 하나, 궁궐 밖의 광화방에도 하나 있었고 그 밖에도 흠경각, 측우대, 일구대, 삼력청, 일과청, 인력소 등의 많은 건물이 있었음을 알 수 있다. ③ 천거(薦擧), ④ 과시(科試), ⑤ 취재(取才)의 3가지는 서운관의 관리를 선발하는 세 가지 방법에 관한 것이다. 다음은 ⑥ 권과(勸課), ⑦ 포폄(褒貶), ⑧ 좌아(坐衙)가 있는데 각각 근무의 권장, 근무 성적에 따른 상과 벌의 규정, 그리고 일상 근무에 있어서의 여러 가지 예식 등을 설명한 것이다. 마지막으로 ⑨ 번규(番規)는 근무 규칙을 설명한 부분이다.

다음은 2권의 내용 11개 부분이다. ① 치력(治曆)은 역법을 다루고 있는데 역법을 어떻게 만들고, 어떤 관리가 어떻게 일을 하고 있는지 설명되어 있다. ② 측후(測候)에서는 객성이나 혜성의 관측 규칙을 설명하고, ③ 교식(交食)에서는 일식과 월식을 설명한다. ④ 감여(堪輿)는 역시 서운관에서 담당하고 있던 풍수지리에 관한 내용이고, ⑤ 선택(選擇)은 서운관에서 다루고 있던 길흉의 날짜를 정하는 것을 소개한다. ⑥ 속관(屬官), ⑦ 이예(吏隷)는 서운관에 소속된 기타 관직에 대한 내용이다. ⑧ 진헌(進獻), ⑨ 반사(頒賜), ⑩ 식례(式例), ⑪ 공물(貢物) 부분은 서운관에 공급되는 여러 가지 물품이나 그 밖의 여러 규칙 등을 설명하고 있다

자연관측·풍수지리도 소개

3권 고사(故事)는 아주 흥미 있는 조선시대의 천문학사라 할 수 있다. 1392~1811년까지의 중요한 자연현상의 관측을 비롯하여 풍수지리, 가뭄 등 기록도 있고, 천문기구를 비롯한 여러 가지 관측장비 등도 설명되고 있다. 4권은 서기(書器)라 제목이 붙어 있는데, 서운관의 중요 서적과 여러 가지 기구 등을 소개하고 있다. 책으로는 세종 때의 《제가역상집(諸家曆象集)》, 《천문유초(天文類抄)》를 비롯하여 성주덕의 다른 책인 《국조역상고》까지 18가지가 소개되어 있다. 그리고 관측 장치들로는 소간의, 석각천문도, 적도경위의, 지평일구 등을 그 상세한 구조까지 설명해 놓고 있다.

여기 나오는 《국조역상고》는 역시 성주덕과 김영 등 천문관이 1796년에 쓴 책으로 4권으로 되어 있다. 제목에서도 알 수 있는 것처럼 우리나라의 천문학사를 다루고 있는데 우리나라 역법의 역사와 각 지방에서의 낮과 밤의 시작 시각을 기록하고 일식의 계산법을 소개한 것이 1권이다. 2권은 24절기의 시각을 설명하고 월식 계산법을 설명하면서 아울러 중성(中星)에 대해 설명하고 있다.

3권은 천문기구들을 설명한 부분인데 세종 때 경복궁 경회루 둘레에 설치했던 여러 가지 천문기구들로부터 시작한다. 간의, 혼의, 혼상, 동

표, 일성정시의 등에 대해 상세한 설명이 있다. 해시계, 자격루, 옥루 등도 해설되어 있으며 1433년에는 천문도를 돌에 새겼다는 글도 있다. 이어서 세조가 만든 규형(窺衡)과 인지의(印地儀), 성종 때의 규표, 그리고 중종과 선조 때 천문기구들을 다시 만든 일도 적고 있다. 그리고 그 후의 몇 가지를 소개한 다음 1789년(정조 13)에 김영 등이 적도경위의와 지평일구를 만든 것까지 설명되어 있다. 마지막으로 4권은 물시계를 어떻게 관리했는지를 설명한 부분이다.

성주덕에 대해서는 개인적 정보를 얻기가 불가능하다. 앞에 소개한 정도의 가족관계를 알 수 있을 뿐이고, 그가 지은 책《서운관지》와《국조역상고》가 있다는 사실을 주목할 뿐이다. 이 가운데 1796년의《국조역상고》에 대해서는 그 내용조차 잘 소개되어 있지 않다. 다만《서운관지》가 간단히 여기저기 소개되고 알려져 있을 뿐이다.

유경로는 1989년의《한국과학사학회지》에《서운관지》첫 부분의〈관직편〉을 번역 발표하면서 이어서 다음 부분도 번역·소개할 것을 약속한 적이 있다. 또 "이를 계기로 하루 속히《서운관지》전 4권이 번역되기를 빌며 이 글을 맺는다"고 써 놓았다. 실제로 유경로는 그 후《한국과학사학회지》에 후속편을 집필해갔다. 그리하여 1990, 1991, 1993, 1994년에 그 연재가 실리게 되었던 것이다. 1권의 주석과 번역을 마친 유경로는 1994년의《한국과학사학회지》에 실린 최종회를 이런 글로 마치고 있다.

후학들은 이 나의 무천한 역주를 바로 잡는 데에서부터 옛 천문학사를 한층 더 깊이 이해하는 작업을 계속해주기를 간곡히 부탁한다.《서운관지》2~4권의 나의 주석과 번역은 이대로 계속할 예정이다. 좀 더 빠른 속도로 진행될 것이고 뒤로 갈수록 작업도 쉬워질 것을 믿고 있다.

그러나 그의 약속과 희망은 이루어지지 못한 채 유경로는 고인이 되고 말았다. 하지만 그의 소망은 그가 평소 지도했던 제자들(이면우, 박권수, 허윤섭)에 의해 완성되어 국역 《서운관지》(소명출판, 2003)로 출간되었다. 또 세종대왕기념사업회에서도 《국역 서운관지》와 CD를 만들어 원문, 번역, 주석 등을 상세하게 담고 있어 오늘날 성주덕의 《서운관지》는 접근하기 쉬운 사료로 남아 있다.

---

1 상의원(尚衣院): 조선시대 임금의 의복과 궁내의 일용품, 보물 따위를 관리하던 관아

우리나라 천문·기상학의 효시
이원철 李源喆 1896~1963

박사학위를 받고도 먹고 살기 조차 힘든 세상이다. 역사에서 보자면 우리나라에서 처음 그 '박사'라는 학위를 받은 사람은 이원철이다. 물론 삼국시대부터 우리 역사에 등장하는 '교수'라는 의미에 가까운 '박사' 말고 현대적인 의미의 '박사'를 말한다. 그가 미국 미시간대학교에서 천문학으로 박사학위를 받은 것이 1926년이다. 광복 이후까지 우리나라 사람으로 박사학위를 받은 사람은 모두 헤아려도 아마 10명을 겨우 넘길 정도일 것이다. 물론 의학박사는 제외하고 이공계만을 헤아린 경우이다. 이 사실만으로도 우리나라가 해방 당시 얼마나 참담한 학문적 수준에 있었는지 짐작할 수 있다.

한국인 최초로 미국 박사학위 취득

그는 1896년 8월 19일 서울 중구 다동에서(당시 경성부 공평동 80) 이중억(李重億)의 4남으로 태어났다. 보성중학교와 선린상업고등학교를 나온 그는 1915년 연희전문학교 수학 및 물리과에 입학하여 1919년 졸업했다.

그는 어려서부터 뛰어난 기억력을 자랑했다. 또 수학에 능하여 뒷날 중앙관상대장으로 근무하던 시절에는 필요한 전화번호는 모두 암기하여 찾아볼 필요가 없을 정도였고, 원주율(π) 값을 소수점 아래 10자리까지 외우고 있었다고 한다. 신식 학교에 다니기 전에 5년 정도 한학을 공부한 일이 있어서 옛글에도 상당히 밝았을 것으로 보인다.

그는 연희전문학교에 입학한 다음 해 그러니까 2학년 때에 이미 1학년 학생들에게 수학(통계)을 가르친 일도 있다. 당시 실력 있는 교수가 부족한 것도 사실이었지만 다음 사실만으로도 그의 뛰어난 재주를 보여준다. 서양 선교사가 교수 노릇을 하던 그 시절, 서양인들이 풀지 못하는 수학 문제를 간단히 풀어 그들의 감탄을 산 일도 많았다. 결국 1921년 이들 선교사의 도움으로 미국 유학을 떠날 수 있게 되었다. 당시 연희전문학교 교수 베커(Arthur Lynn Becker, 1879~1979)와 미시건대 교수 루퍼스(Will Carl Rufus, 1876~1946)가 그의 후원자였다.

베커는 미국 앨비언대학을 1903년 졸업하고 부인과 함께 1905년 내한하여 연희전문학교 교수가 된 인물이다. 또 루퍼스는 베커와 함께 앨비언대학 출신으로 3학년 때에는 둘이 함께 하숙한 일도 있었다. 1907년 부인과 두 아들을 데리고 내한하여 평양의 베커 부부의 집에서 3주일

정도 머물며 조선의 생활을 익히고 정착하게 된 사람이다.

1921년 미국에 간 이원철이 처음 다니게 된 대학이 바로 앨비언대학이라는 사실이 이들과의 관계를 잘 드러내준다. 베커와 루퍼스의 모교인 앨비언대학은 지금도 디트로이트의 서쪽으로 약 144킬로미터 떨어져 있는 조그만 인문계 대학이다. 베커와 루퍼스는 연희전문학교에서 그에게 수학, 물리학, 천문학 등을 가르쳤는데 이원철은 결국 미국에 건너가 이런 분야를 공부하기 시작한 셈이다. 그리고 1년 만에 대학을 졸업하고 대학원에 진학하게 된다. 그의 스승 루퍼스가 교수로 있던 미시간대학교로 옮겼는데 오늘날 미국의 대표적 대학의 하나로 꼽힐 정도이다.

앨비언대학에서 디트로이트 쪽으로 한참 더 가서 있는 도시 앤아버에 위치한 이 대학에는 디트로이트 천문대(Detroit Observatory)가 있다. 바로 이 천문대가 이원철이 하늘을 관측하여 한국 최초의 박사학위를 얻게 된 곳이기도 하다. 그의 미국 생활에 대해서는 알려진 것이 거의 없다. 그가 살았던 시기는 일제시대였고 그의 활동이 대중적인 것도 아니었기 때문에 그의 일생이 매스컴의 주목을 받아 기사로 남아 있지도 않기 때문이다. 또 이원철 자신도 평생 글을 많이 쓰지 않았고 그의 죽음 이후 그의 일생을 밝히는 연구가 활발하지도 않았다.

민족적 자랑 '원철별' 발견

5년 여 미국 유학으로 그는 1926년 미시간대학교에서 한국인 최초로 박사학위를 받았다. 그가 박사학위를 받고 바로 귀국하여 연희전문학

디트로이트 천문대
미시간대학교에 있는 천문대로 이곳에서 이원철이 하늘을 관측하고 박사학위를 받았다.

교에서 교수로 활동하기 시작하자 당시 국내의 언론은 새로운 별을 처음 발견한 것처럼 과장되게 보도하기도 했다. 그 결과 그가 연구한 독수리자리의 에타별은 '원철별'이란 별명을 얻기도 했다. 하지만 엄밀히 말하면 그가 새로이 별을 발견한 것은 아니고, 그 별이 맥동변광성(脈動變光星)[1]이라는 사실을 밝힌 연구였다.

이원철의 논문은 〈독수리자리 에타별의 하늘에서의 운동(Motion in the Atmosphere of Eta Aquilae)〉이란 제목을 가지고 있는데 물론 당시 천문학의 최첨단 연구에 속하지만 일반인들은 이해하기 어려운 문제를 다룬 내용이다. 현대 천문학의 초기 발달 과정에 있던 당시 천문학자들의 큰 관심과 연구 한 가지는 바로 변광성의 원리에 관한 것이었다. 별이 밝아졌다 어두워졌다 한다는 사실을 처음 알게 된 것은 1596년 독일 신부인 파브리치우스(Favricius)가 미라(Mira)를 발견하면서부터라고 한다. 그리스 이래 이때까지 모든 별을 완전무결하여 변화할 수 없는 것이라 믿고 있던 서양 사람들에게 이 사실은 놀라운 일이었다. 하늘의 세계도 완벽한 것이 아님을 보여주었기 때문이다.

근대 천문학의 발달은 이런 불완전한 하늘을 보다 잘 설명해보기 위해 발달했다고 볼 수도 있다. 바로 그 10여 년 뒤에는 갈릴레이가 망원경으로 하늘을 처음 관찰하여 달 표면이 울퉁불퉁하며, 목성에는 달이 3개나 있고 은하수에는 무수히 많은 별들이 있다는 사실 등을 처음 알아냈다. 하늘은 이제 더 이상 완벽한 세계일 수 없음이 밝혀진 것이다. 완벽하다는 뜻에서 그 전까지 하늘의 세계를 '코스모스'라 불렀지만 이제 더 이상 코스모스란 없게 된 셈이었다.

천문학자들은 별빛이 변하는 원인을 두 별들이 서로 돌면서 한 별이 다른 별을 완전히 또는 부분적으로 가리는 식(蝕) 현상을 일으키기 때문으로 설명했다. 하지만 20세기 들어 새로운 설명이 등장하게 되었는데 1914년 하버드대학교 천문대의 섀플리(H. Shapley)가 내놓은 학설은 별 가운데에는 스스로 커졌다 작아졌다 하는 맥동성을 가진 것들도 있다는 주장이었다. 이원철의 유학 시절에는 천문학자들이 이런 별을 찾아 연구하는 경우가 많았고 그는 바로 그런 별 가운데 하나인 에타별을 골라 맥동성을 연구한 것이었다. 이 별은 약 1주일을 주기로 4~5등 사이를 왔다갔다 하는 변광성이다.

그의 연구는 당시 천문학계의 세계적인 새로운 발견이라 할 수는 없지만 과학이나 천문학에 관해 황무지였던 일제시대에 이원철의 연구와 논문은 대단한 성과로 여겨질 수밖에 없었다. 당시 조선의 젊은이들에게 첫 박사학위와 그를 대표하는 '원철별'은 민족적 자랑이 될 수 있었던 셈이다.

1925년에 열린 미국 천문학회의 학술회의에서 이원철은 자신의 연구를 발표했고 그 일부는 당시 대표적 천문학 대중잡지인 《Popular Astronomy》 3권 5호(1925)에 소개되었다. 또 그의 학위 논문은 《미시간대학교 천문대보고》 4집(1932)에 실려 있다. 지금은 생화학 등이 크게 각광받고 있지만 당시에는 물리학, 화학 등이 중요하게 여겨졌다. 일제 시대 타국에서 이 분야에 박사학위를 받은 사람은 이원철 이후 1928년 인디애나대학교에서 물리학 박사학위를 받은 조응천(曹應天, 1895~1979), 1933년 미시간대학교에서 물리학 박사학위를 받은 최규남(崔奎南, 1898~1992) 정도를 들 수 있을 뿐이다.

공부를 마치자마자 귀국한 그는 1926년부터 1938년까지 모교 연희전문학교에서 천문물리학을 가르치며 12년 동안 교수 생활을 하게 되었다. 또 틈틈이 YMCA 목요강좌 등에서 대중강연을 하며 과학의 대중화에도 상당히 노력했다. 특히 연희전문학교에서 그리고 미시간대학교에서 그의 스승이었던 루퍼스가 다시 한국에 왔던 1935년에는 스승을 도와 〈한국천문학사〉의 집필을 도왔다. 바로 루퍼스의 〈한국천문학사〉라는 최초의 우리 천문학사 영어 논문이 그것이다(W. C. Rufus, "Astronomy in Korea", *Transacions of the Korea Branch of the Royal Asiatic Society*, Vol. 26, No. 3, 1936).

국립중앙관상대 초대 대장 역임

그런데 이원철은 1938년부터 1945년까지의 행적이 잘 알려져 있지 않다. 1938년 몇 달 동안 연희전문학교의 학감을 마지막으로 학교를 떠난 것이다. 당시는 동우회사건, 흥업구락부사건 등과 관련되어 연희전문학교의 교수들 여러 명이 학교를 떠났고 미국과의 전쟁이 예견되는 상황 속에서 총독부의 압력이 매우 거세졌다. 이때 이원철도 간접적이나마 시국사건에 연루되어 학교를 떠나야 했던 것으로 보인다.

그의 활동은 광복과 함께 재개된다. 미국 유학 경험을 당연히 미군정 아래 있던 해방 당시 그에게 유리한 조건이었다고 할만하다. 그는 미군정 사령관 존 하지(John Hodge)를 만나 광복 직후 군정청의 학무국 기상과장 겸 관상대 대장을 맡게 되었고, 1948년 정부 수립과 함께 그대로 문교부 산하의 국립중앙관상대 초대 대장이 되었다. 당시의 관상대란 지금의 천문대와 기상대를 합친 것으로 조선시대의 관상감을 계승했다고 할 수 있다. 그 책임자가 된 이원철은 일기예보도 담당했지만 해마다 새로 역서를 만들어내기도 했다. 그리고 이 역서에서 그는 음력 대신 양력을 써야 한다는 주장을 펴기도 했다. 1961년 5월까지 15년 이상 관상대의 대장으로 근무하면서 우리나라 기상 및 천문과 관련된 인력을 키우고 제도를 확립하여 기상 업무의 정착에 공헌했다. 또 그는 학교와 학회 일에도 상당한 공적을 남겼다. 광복 직후에는 연희전문학교의 회복을 위해 일하여 연희대학(연세대학교)으로 승격시키는 일에 나섰고, 1954년에는 새로 세운 인하공과대학교의 첫 학장을 맡아 1956년까지 지낸 일도 있다.

또 1947년 3월 한국기상학회를 조직했으며 학술원 회원(1960~1963)과 연세대학교 재단 이사장(1961~1963)을 맡기도 했다. 그는 1963년 3월 14일 갈월동 자택에서 사망했다. 그의 부인 김화숙은 전 재산이라 할 수 있는 갈월동의 집과 금곡리 임야 3만 6000평을 YMCA에 기부했고 그런 연고로 지금 강남의 YMCA 회관 대강당을 우남홀이라 불리게 되었다. 그의 호가 우남(羽南)이었기 때문이다.

한국 과학사의 다윗

그는 생전에 거의 글을 남기지 않은 것으로 보인다. 또 그의 집안에 대해서도 아직 잘 연구되어 있지 않은 듯하다. 큰 형 이원상(李源祥)은 1929년 미국 영사관의 통역관을 지냈다고 하는데, 그 밖에 알려진 것이 없다. 그의 영어이름은 Lee Won Chul 또는 David W. Lee였다. 영어 이름처럼 그는 키는 작았지만 거인(골리앗)과 싸운 한국 과학사의 다윗(David)이라고도 불림직하다.

---

[1] 맥동변광성(脈動變光星): 수축과 팽창을 주기적으로 반복함에 따라 그 밝기가 변하는 항성(恒星)

역법과 지리학

고려의 창건을 예언한
도선 道詵 827~898

아직도 우리 민족에게는 강한 풍수지리의 전통이 남아 있다. 사는 집의
경우에는 아파트가 마구 들어서는 판이어서 좋은 자리 나쁜 자리를 따
지기 어려운 형편이지만 조상의 묘소를 고르는 데 아직도 신중을 기하
는 사람들이 많다. 그것도 이해할 만한 것이 우리 조상들은 사는 집터
인 양기(陽基)와 죽은 뒤의 묏자리인 음택(陰宅)을 어떻게 잡느냐가 운
명을 크게 좌우한다고 생각했던 때문에 쉽사리 결정할 수 없는 것이다.

풍수지리설은 자연을 절명하는 선조들의 이론

나에게 풍수지리는 미신에 지나지 않는다. 그것이 사실이라 하더라도 지금 우리에게는 이치에 닿지 않는 생각들도 만약 그것이 자연을 설명하는 옛 사람들의 이론이었다면 그것은 훌륭한 옛 과학의 유산이 아닐 수 없다.

이런 의미에서 풍수지리설은 옛 과학 가운데에도 대표적인 분야로서 우리의 관심을 끌게 된다. 우리 민족은 멀리 삼국시대부터 땅모양의 과학적 설명에 많은 노력을 했던 셈이고 이것이 바로 지형의 과학, 풍수지리라 할 수 있기 때문이다.

이 방면의 개척자이며 가장 큰 공헌을 남긴 사람으로 손꼽히는 사람이 신라 말기의 승려 도선이다. 통일신라 흥덕왕(興德王) 2년 전라도 영암(靈巖)에서 태어난 도선의 속성은 김씨로 15세에 출가하여 뒤에 유명한 승려가 된 뒤에는 광양(光陽)의 백계산(白鷄山)에 있는 옥룡사(玉龍寺)에서 살았기 때문에 옥룡자(玉龍子)라 불리기도 한다.

처음 화엄사(華嚴寺)에서 공부하던 그는 뒤에는 전라남도 곡성(谷城)의 동설산(桐裏山)에 있던 혜철(惠徹)대사를 찾아가 가르침을 받았다. 그 뒤 그의 수도 생활은 운봉산(雲峰山)의 굴속에서 그리고 태백산의 움막에서 계속되어 승려로서의 명성을 얻게 되었다. 헌강왕은 그를 궁중에 청해다가 설법을 듣기도 했다. 도선의 이름은 이미 그의 생전에 꽤 떨치고 있었음이 확실하고 그의 죽음과 함께 더욱 유명하게 되어 갔다.

그가 효공왕(孝恭王) 2년에 죽자 임금은 그에게 요공선사(了空禪師)라는 시호를 내렸으며 그 후 그가 말년을 보낸 옥룡사에는 그를 기념하는 탑이 세워지기도 했다. 또 고려의 역대 왕들은 다투어 그에게 대선사, 왕사, 국사라는 칭호를 주어 그를 높이기에 힘썼다.

도선을 이처럼 유명하게 하는 데 가장 절대적으로 이바지한 것은 고려의 시조 왕건이 그의 후손에게 남긴 이른바 '훈요 10조(訓要十條)'일 것이다. 왕건이 그의 후손에게 남긴 10가지 교훈의 이 훈요 10조 가운데 2조에는 다음과 같이 기록되어 있다.

나라 안의 모든 사찰은 도선의 예언에 따라 산수의 순하고 역함을 고려하여 세워진 것이다. 도선은 말하기를 자기가 예언한 곳 이외에 무턱대고 절을 새로 세운다면 지덕을 해쳐 나라의 운명이 오래 가지 못할 것이라고 했다. 따라서 짐은 뒷날의 임금이나 귀족, 왕후, 신하들이 원당을 만들려고 새로 절을 자꾸 지을까봐 크게 걱정하고 있다. 신라 말에만 해도 사람들이 다투어 절을 지어 지덕을 해쳤고 그 결과 나라가 망했으니 이 어찌 경계하지 않을 일인가?

이만하면 당시 도선의 권위가 얼마나 대단했던지 짐작이 갈 것도 같다. '훈요 10조'에는 또한 왕건이 새 나라를 세울 수 있었던 것도 산천의 덕을 입어 가능했다고 지적하고 특히 서경, 즉 평양은 지덕이 뛰어나기 때문에 우리 나라 지맥의 근본이 되는 곳이라고 그 중요성을 강조했다(5조).

또 풍수설을 들어 왕건은 그 후손에게 차현(車峴)의 남쪽 금강 밖의 지세는 모두 반역적으로 생겼으므로 그곳 출신은 일체 중요한 직책에 등용하지 말라고 지시했다(3조).

훈요 10조에 도선의 예언을 따를 것을 강조

실제로 도선이 이런 가르침을 남겼는지는 지금에 와서 확인해 볼 길이 없다. 또 '훈요 10조'가 그리 잘 지켜진 것도 아니어서 고려시대에도 많은 사찰이 더 건립되었다. 그러나 여기 나온 대로 고려시대를 통해 평양은 계속 중요시 되었으며 어느 의미에서는 지금도 지방색이 이 나라에서 완전히 사라진 것은 아니다. '훈요 10조'에 대해 의심의 눈초리를 던지는 학자도 없지 않지만 여하튼 그것이 도선의 이름을 후세에 더욱 빛나게 한 것만은 부인할 수 없는 일이다. 전설에 의하면 도선은 그의 풍수지리학을 당나라의 유명한 승려 일행(一行)에게서 직접 배웠다고 전해진다. 그러나 이것이 사실일 수는 없다. 일행은 도선보다 100년이나 앞선 역사적 인물이기 때문이다. 아마 이 전설은 뒤에 도선이 풍수지리의 대가로 꼽히게 되자 그 추종자들이 그의 권위를 높이느라고 만들어낸 말일 것이다. 차라리 도선의 스승이었던 혜철대사가 당에 가서 일행에게 배우고 또 책을 구해다가 도선에게 전했다면 그럴싸할 수도 있을 것이다.

도선에 얽힌 전설로는 왕건의 고려 창건을 멋지게 장식하기 위해 꾸며진 것 같은 이런 이야기도 있다. 왕건이 세상에 태어나기 전에 그의 아버지 용건(龍建)은 송악(松岳, 지금 개성) 남쪽에 새 집을 짓고 있었다. 그때 백두산을 올랐다가 산을 타고 남으로 내려가던 도선이 이곳을 지나게 되었다. 도선은 지나면서 "체(穄, 검은 기장)를 심어야 할 곳에 어찌 마(麻)를 심는단 말인가"라고 중얼거렸다. 이를 부인에게서 전해들은 용건은 신발을 거꾸로 꿰어가며 그를 뒤따라가서 붙잡고 도와줄 것을 청했다. 도선은 용건을 데리고 송악에 올라 산수의 맥을 살핀 다음 그곳이 얼마나 명당인가를 설명해 준 다음 거기에 어떻게 집을 지을 것을 가르쳐 주었다.

명성은 죽은 뒤인 고려 초에 더욱 높아

또 그렇게 하여 아들을 낳으면 그 이름을 왕건이라 지을 것도 말하고 그 아이가 자라면 주라면서 한 통의 편지를 건네 주었다. 그 편지에는 삼한을 통일할 임금님에게 드리는 글이라 적혀 있었다. 용건은 곧 그 지시대로 집을 지었고 정말로 그 아내는 이듬해 아들을 낳았다는 것이다. 용건이 왕건을 낳고 그가 왕씨 성을 갖게 되었다는 것이 뭔지 아귀가 잘 맞지 않는 듯도 하다. 왕건이란 원래는 그냥 이름이던 것이 뒤에 그가 왕이 되면서 그의 성이 왕씨였던 것처럼 된 것이나 아닌지 모르겠다.

이런 이야기들이 그대로 역사적 사실이라고는 생각할 수가 없다. 도선이 왕건의 출생을 예언했다거나 새 왕조의 창건을 내다보았다는 전설은 고려가 창건된 다음에 그것을 정당화하려는 노력에서 생겼다고 보아야 할 것이다. 여하튼 도선의 명성은 그가 살았던 통일신라 말보다는 그가 죽은 뒤인 고려 초에 더욱 높아졌다고 생각된다. 당시에 많은 사람들은 풍수지리를 깊이 신봉하고 있었고 고려의 창건자들은 당시의 이데올로기에 맞춰 새 왕조 창건의 정당성을 확립하려 했던 것이다.

중국의 발달된 풍수지리학 도입에 크게 기여

풍수지리학은 삼국시대 초기에도 이미 어느 정도 발달하고 있었다. 그가 엉뚱하게 중국에 유학하여 일행의 가르침을 받았다고 전설이 남은 것을 보더라도 도선은 아마 중국의 더욱 발달된 풍수지리학을 우리나라에 도입하는 데 크게 기여했을 것이라 짐작이 된다.

도선을 더욱 유명히 만든 또 하나의 사건으로는 고려 중기의 묘청(妙淸)의 난을 들어 설명해 둘 필요가 있다. 하기는 묘청 이전에도 이미 도선의 권위를 대변하는 여러 사건이 잇달아 일어났다. 12세기 초부터 풍수지리설은 더욱 중요시되었던 것으로 보이는데 이것은 아마 고려가 개창된 지 2갑자, 즉 120년이 되어서였던 것 같다.

나라의 기초를 다시 튼튼히 해야겠다는 생각에서 문종(文宗)은 예성강가에 장원정(長源亭)이란 정자를 세웠고, 또 남경을 현재의 서울쯤에 두려고 생각했다. 이것이 모두 도선의 예언에 따른 것이라 알려졌기 때문에 권위는 계속 높아갈 수밖에 없다. 언제 지은 책인지도 알 수 없는《도선 비기》,《도선 답산가》,《삼각산 명당기》,《신지비사》 등이 모두 도선의 책으로 유명해졌다.

계속되는 여진족의 침략 아래 국가의 존망을 위협받게 된 상황 속에 예종은 많은 신하들의 반대를 무릅쓰고 1107년 서경에 궁궐을 짓기 시작하여 9년만에 공사를 마쳤다. 때마침 금나라는 그때까지의 형제관계를 군신관계로 바꾸자고 요청해왔다. 고려인들은 그 치욕을 뿌리치기 위해서라도 나라의 운명을 한번 새롭게 볼 필요성을 느꼈다. 게다가 이자겸의 난으로 수도의 궁궐이 타버리자 묘청은 수도를 옮기면 나라의 운이 크게 떨칠 것이라 예언하기 시작했다. 수도를 평양으로만 옮긴다면 고려는 새로운 지덕(地德)의 힘을 얻어 금나라가 오히려 굴복해올 것이고 36개 외국이 조공을 바치러 오게 되어 고려는 세계의 지배자가 된다고 묘청은 주장했다.

도선의 학설은 무학으로 계승

이런 노력은 김부식을 비롯한 학자들의 반대로 수포로 돌아가고 말았다. 이 사건에서 묘청은 스스로 자기의 모든 예언술이 도선을 계승했을 뿐이라고 말했다. 도선의 예언술은 우선 강정화에게 전해졌다가 뒤에는 묘청에게 전파되었다는 주장이다. 여하튼 특히 11세기부터 도선의 주장이라 하여 시도된 한양에의 관심으로 드디어 고려 말에는 한양으로 수도를 옮긴 적도 있었지만 곧 취소되었다. 조선 초에 수도는 정말로 한양으로 옮겨졌으며 여기에는 무학(無學)이 한몫 단단히 한 것으로 알려져 있다. 도선과 묘청, 무학 등 풍수지리의 대가는 모두 승려였다. 그것이 불교 속에 더욱 번창했음을 알려 준다.

　지금 우리에게 풍수지리란 허무맹랑한 미신으로 보일 수밖에 없다. 하지만 옛 선조들에게는 그것은 인간의 생활 환경에 대한 합리적인 이해를 위한 과학이었음이 분명하다. 그리고 그 대표적 인물이 바로 도선이었던 셈이다.

고려 말 단군기원 계산한
백문보 白文寶 ?~1374

우리 역사를 보면 가뭄 때문에 고생이 이만저만 아니었음을 알 수가
있다. 수많은 임금들이 가뭄 때면 뙤약볕에 몸소 나가 하늘에 비를 빌
었고, 바싹바싹 타들어가는 논밭에 자라던 농작물을 보고는 기가 막혀
했음을 알게 된다. 그럴 때 가장 좋은 장치는 물론 낮은 곳에 흐르는
물을 길어다가 더 높은 곳의 논밭에 물을 대는 장치들이다. 그런 장치
의 대표가 바로 수차(水車)이다. 오늘 우리가 양수기(揚水機)라 부르는
장치를 가리킨다.

그런데 이상하게도 우리 역사에는 수차를 만들어 보급하려던 노력
이 삼국시대 이후 고려 때까지 거의 보이지 않는다. 그런 가운데 수차
의 중요성을 말한 최초의 한국 사람으로는 백문보라는 고려 말기의 대

학자를 꼽을 수 있다. 그는 우리 역사상 처음으로 수차의 중요성을 강조한 인물이다. 그뿐만 아니라 단군(檀君)의 기원을 분명하게 계산했던 학자인 것으로도 보인다. 물론 그의 일생을 알아보면 그는 공민왕 시대의 대표적 인물로 여러 가지 관직을 가졌던 당대의 대표적 관료이며 학자임을 알 수 있다.

임금 앞에서 강의한 대학자

백문보는 충숙왕 때 문과(文科)에 급제했으니 1314~1339년 사이가 될 것이다. 이 기간이 충숙왕이 임금 자리에 있던 시기니까 말이다. 과거 급제 후 춘추관 검열로 시작한 관직 생활은 평생 계속되어 여러 고관 자리를 지냈다. 우상시를 거쳐 공민왕 초에는 전리판서 그리고 밀직제학, 정당문학 등을 지냈다. 학자로서 상당한 위치에 있었던 그였기에, 백문보는 공민왕 때에는 임금 앞에서 강의를 하기도 했고, 또 1373년(공민왕 22) 7월 모니노(牟尼奴: 우왕의 어릴적 이름)를 대군으로 봉하고 이름을 우(禑)라고 정할 때에는 그를 가르치는 3명의 학자 가운데 한 사람으로 임명되기도 했다. 우왕이 왕위에 오르기 전의 선생님이었던 셈이다.

우선 수차에 대한 백문보의 의견을 들어 보자. 1362년(공민왕 11) 밀직제학 백문보가 임금에게 상소하여 수차 보급의 중요성을 강조했다. 중국의 강남 지역에서는 가뭄 걱정을 하지 않고 농사를 짓는데, 수차 덕택이라고 말한 그는 우리나라 사람들은 수차의 이로움을 알지 못하여 논 아래 한 길도 안 되는 아래에 웅덩이가 있건만, 그 물을 내려다만 보고 있을 뿐이지 위로 끌어다가 가뭄에 타고 있는 논에 물 댈 줄을 모른다고 한탄하고 있다. 그는 관리들에게 수차를 적극적으로 만들어 보급하여 가뭄의 피해를 줄이자고 건의한 것이다.

이런 수차를 사용하자는 기록이 그 전의 우리 역사에는 보이지 않기 때문에, 백문보의 이 건의는 한국 역사상 최초의 수차 기록으로 여겨지고 있다. 이춘녕(李春寧)의 《한국의 물레방아》라는 조그만 책의 "한국의 수차 역사"에 이 기록을 한국 수차사(水車史)의 첫 사건으로 꼽은 것은 이 때문이다. 그러나 당시 백문보의 건의가 어떻게 처리되었는지는 알기 어렵다. 또 수차가 이때 처음 한국인에게 알려졌다고는 생각하기는 어렵다. 그 훨씬 전부터 수차가 알려져 있었을 것이 분명하기 때문이다. 다만 백문보 시대까지도 수차가 별로 보급되지 못하고 있었던 것은 분명하다.

그리고 수차는 그 후에도 잘 이용되지 못한 채 조선왕조의 시간은 흘러가고 있었던 셈이다. 예를 들면 세종 때에는 수차에 대한 논의와 제작 노력이 두드러지게 나타난다. 특히 1428~1429년 일본에 통신사로 다녀온 박서생(朴瑞生)이 일본에 널리 보급되어 활용되고 있는 수차를 보고 데생까지 했다가 그 보급을 주장한 일은 적지 않은 영향을 남기고 있다. 1431년 그는 공조(工曹) 참의가 되어 수차 보급에 발 벗고 나섰던 일이 있다. 그때까지 알려졌던 중국식 수차, 즉 당(唐)수차와 달라서 왜(倭)수차의 보급이 더 효과적이라고 믿었던 때문이다. 하지만 그 후 여러 차례 수차가 제작되고 여러 곳에서 시험되기도 했지만, 널리 보급되지는 못한 채 조선왕조는 후기에 접어들게 된다.

우리나라에서 당수차나 왜수차가 널리 퍼지지 못한 가장 큰 이유는 기술 부족, 지형적 특성, 그리고 정책의 일관성 부족 등에 그 원인이 있었던 것으로 보인다. 특히 정책의 일관성 부족의 예를 들자면 임금마다 수차 같은 도구에 대한 태도가 일정하지 않았는데, 특히 조선시대에는 지나치게 백성을 닦달하여 무엇이건 강제로 해보려는 태도를 삼가는 것이 관리의 미덕이었다. 그런 강제력은 백성의 원망만 높여서 오히려 정치를 망치는 원인이라 보았기 때문이다. 지금 우리 생각으로는 수차를 개발하려면 서울에서 기술자를 시켜 먼저 성능이 좋은 수차를 만들어 시험해 성공한 다음 그것을 많이 만들어 보급해야 마땅할 것이지만, 당시 수차 보급은 그런 방향이 거의 무시되었던 듯하다. 중앙에서 만들어 성공한 일도 별로 없이 대강 시험해보고 지방에 하라고 지시하기만 했기 때문에 성과는 더욱 날 수 없었던 것으로 보인다. 여하튼 수차가 백문보의 주장으로 널리 보급된 것은 아니었다. 하지만 그의 이름은 우리 역사상 첫 수차 보급 주장자로 오래 기억될 것이다.

단군기원도 분명하게 계산

백문보의 다음 공헌은 단군기원의 계산과 관련이 있다. 그에 의하면 세상 모든 것은 순환하여 새로 시작하기 마련이다. 그래서 그는 700년을 소원(小元)이라 하고 3600년을 대주원(大周元)이라면서, 이것이 세상의 치란성쇠(治亂盛衰)의 주기라고 주장했다. 이 계산에 의하면 그가 살던 시대는 바로 단군 이후 1대주원(3600년)이 지난 시기에 해당한다. 더 정확하게 따지자면 단군의 개국이 기원전 2333년이니까, 그로부터 3600년이면 기원후 1267년이 된다. 이것은 고려 원종 8년에 해당하며,

백문보의 시대로부터 거의 1세기 전이 된다. 그가 이 시대에 대주원 등을 어떤 의미로 해석하고 무엇을 예언하고 있었는지 정확하게 알 수 없다. 《고려사》에 기록된 내용이 너무 빈약하기 때문이다.

하지만 백문보는 그의 시대가 단군 건국 3600년(1 대주원) 이후 한 세기가 지나 나라의 운(運)이 다하고 있다고 보고, 이를 연장하기 위해서는 불교를 배척하고 유교를 세워가자고 건의하고 있음을 알 수 있다. "요순과 육경(六經)의 길을 지키고, 공리화복(功利禍福)의 설에 현혹되지 말아야 한다"고 말한 것이 그 뜻이다. 그는 예종 때 학문 연구기관으로 청연각(淸燕閣), 보문각(寶文閣) 등을 세웠던 일을 말하며 그런 방법으로 유학을 진흥하고, 또 국초에 중앙의 고관을 지방자치의 지도자가 되도록 사심관(事審官)을 임명하던 제도를 부활시켜 지방 관리들의 부패를 막자고도 주장했다.

그가 우주의 순환론을 주장하며 단군 이후 이 나라가 3600년의 주기를 지났다고 주장한 이론은 상수학(象數學)의 전통을 이어 나타난 것으로 보인다. 11세기 이후 중국 송나라에서는 성리학(性理學)이 크게 일어나면서 그 한 분파로 상수학이 성행했다. 그 대표적 학자로는 소옹(邵雍)과 장재(張載) 등을 꼽을 수 있는데, 백문보는 이 전통에 영향 받아 그의 순환설과 단군기원 계산을 했을 것으로 보인다. 그렇게 보자면 고려 말의 성리학 수입은 이미 백문보 때에 시작되었다고도 말할 수 있다. 물론 극히 단편적 지식으로서의 성리학이 들어오고 있었다고 하겠지만……

상수학은 크게 보아 수학적 신비주의 경향을 보여준다고 할 수 있다. 그리스의 피타고라스가 그랬던 것처럼 고대부터 사람들은 수적 질서가 우주의 깊이 숨겨진 어떤 열쇠라 생각했다. 그런 생각에서 인류 역사와 우주 생성 소멸의 질서가 어떤 수학적 규칙에 따르는 것이라는 믿음을 강하게 발전시켜 왔다. 그런 태도가 송나라 때 성리학의 상수학 부분으로 유교 속에 깊이 자리 잡기 시작했던 셈이다. 이 전통은 백문보에게 영향주고, 그리고 조선시대로 들어가 가장 대표적인 학자로 화담(花潭) 서경덕(徐敬德, 1489~1546)의 사상에 절대적 영향을 남기게 된다. 서경덕의 제자 한 사람이 바로 토정(土亭) 이지함(李之菡, 1517~1578)이고, 우리 역사상 가장 인기 있었던 예언서가 바로 그의 호를 따서 《토정비결》이라 이름 붙여졌다는 사실만 보아도 상수학 전통이 어떤 영향을 미쳤는지 짐작할 수 있을 것이다.

백문보의 과학사적 연관은 이 정도가 전부라 하겠다. 하지만 그의 관리로서의 활약은 여러 가지 기록을 《고려사》에 남기고 있다. 우선 그는 역사학자였다. 1363년(공민왕 12) 앞서 일어났던 홍건적의 난으로 사국(史局)의 사초(史草)와 실록이 대부분 없어졌으므로 청주에 머물러 있던 공민왕이 남은 책을 해인사에 옮기도록 명한 일이 있다. 서울(개성)에 있던 그는 난리가 겨우 수습된 마당에 국사(國史)를 옮기면 민심이 동요될 것이라 하여 중단하게 했다. 또 그는 당시 역사 편찬에는 예종과 인종시대를 담당했다고 알려져 있다. 아마 국초에 만들었던 실록이 홍건적의 난리에 불타버리자 국사를 다시 편찬하면서 학자들이 왕대별로 담당을 달리 했고, 백문보는 예종과 인종시대를 맡았던 것으로 보인다. 유감스럽게도 이렇게 다시 만들어둔 고려 왕대의 실록은 조선 초에 다 사라져 지금 우리들에게는 전해지지 않는다.

세금·인재 등용 개혁 제창

그는 세금 문제에도 여러 차례 임금에게 건의한 기록이 보인다. 전제 개혁이나 서울 근처의 목장을 없애 국토를 보다 효율적으로 이용하자고 건의한 일도 있다. 또 소금 만드는 사람들이 자꾸 달아나 나라에 소금이 부족해지는 현상에 대한 대책을 말하기도 했다. 특히 그는 1353년(공민왕 1) 상소에서 10과를 구별하여 인재를 추천하자고 건의한 일도 있는데, 그 방식은 다음과 같다. 그가 말한 10가지 인재 추천 대상은 덕이 있어 남의 모범이 될만한 인재(1과), 학자(2과), 품행이 방정하고 원칙에 충실한 사람(3과), 문장가(4과), 법률가(5과), 청렴한 세무행정가(6과), 공정한 지방 책임자(7과), 백성을 사랑하는 고을 책임자(8과), 장수(9과), 전례(典禮) 전문가(10과) 등이다.

그는 본관이 직산(稷山), 자를 화부(和夫)라 했고, 호는 담암(澹菴)이었다. 아버지는 부사를 지낸 백견(白堅)이었다. 1374년(공민 23)에 죽자 시호를 충간(忠簡)이라 내렸다. 《고려사》에 그의 일대기가 남아 있는데, "성격은 염결 정직하고 이단을 믿지 않고 글을 잘 지었다. 아들이 없었다"고 끝맺고 있다. 또 《대동야승》에 보면 백문보의 만사(挽詞 : 죽은 이를 슬퍼하여 지은 글)에서 윤소종(尹紹宗)이 "'탁월함이 있어서 천리(天理)를 알아 《천형(踐形)》을 저술했도다'라는 구절이 있으니, 《천형》은 담암이 지은 성리론(性理論)"이라고 되어 있다. 하지만 백문보의 글이 지금 남아 있는 것으로는 보이지 않는다.

세종 때 '칠정산' 완성한 두 천문학자
이순지 李純之 1406~1465 · 김담 金淡 1416~1464

이순지

세종 때 총애 받은 천문학자

이순지는 양성(陽城)이 본관이며 1427년 과거에 급제했지만 평생을 서울에서 주로 천문학자로 활약했다. 그러나 이순지보다 꼭 10살 적은 김담은 본관이 예안(禮安)으로 아버지는 현감을 지낸 김효량(金孝良)이었다. 김담이 세종 때에 천문학자로 발탁된 것은 이순지가 모친상을 당해 갑자기 관측 전문가가 없어진 때문이었다.

이순지와 김담의 운명이 함께 전개되는 것은 처음 이순지를 대신해 줄만한 인물로서 김담이 뽑혔다는 사실로도 짐작이 가는 일이다.《세종실록》에 이순지와 김담이 함께 1441년(세종 23) 윤11월 중국 사신을

《칠정산》〈내외편〉(규장각한국학연구원 소장)

따라갔다가 외교상의 실수로 둘 다 의금부의 조사를 받고 장형(杖刑)을
받기로 되었으나 형이 집행되지는 않았다고 기록되어 있다.

바늘과 실처럼 함께 활동

실과 바늘처럼 함께 등장하는 이순지와 김담, 그들의 행적은 그 후에
도 짝을 이뤄 기록에 나타난다. 그들은 이후에도 언제나 천문학의 권
위자라고 조선시대 내내 거론되었다. 세종은 이들이 없으면 천문관측
을 못한다고까지 생각할 정도였다.

이순지와 김담의 가장 중요한 공동업적으로 1442년《칠정산》〈외편〉
을 완성한다. 칠정(七政)이란 말은 7개의 운동하는 천체, 즉 해와 달 그
리고 5행성을 가리킨다. 이들 천체 7개의 운동을 미리 계산할 수 있다
면 당연히 그 가운데 해와 달과 지구가 겹쳐서 일어나는 일식이나 월
식쯤은 간단히 계산할 수가 있을 것이다. 고려 말에 중국의 원나라에
서는 천문역산학이 크게 발달하여 수시력을 채용하고 있었지만 고려

천문학자들은 아직 그 내용을 제대로 연구해 습득하지 못한 채였다. '칠정산'이란 그것을 제대로 받아들여 서울 기준으로 완벽하게 계산할 수 있는 체제를 처음 갖춘 훌륭한 성과였다. 1442년의 세계에서 일식과 월식을 제대로 예보할 수 있는 천문학 수준을 가진 나라는 중국, 아랍, 그리고 조선뿐이었다.

이순지는 이외에도 1445년《제가역상집(諸家曆象集)》, 그리고 비슷한 때 완성된 것으로 보이는《천문유초(天文類抄)》, 1459년에는 세조의 명에 따라《기정도보속편(奇正圖譜續編)》등을 썼다.《제가역상집》은 중국의 여러 천문학자들의 이론들을 천문, 역산, 천문기구, 시계 등으로 나누어 정리·소개한 책이고《천문유초》는 당시의 천문학개론서라 할 수 있다. 두 책이 그 후 줄곧 중요한 참고서로 사용되었으며 지금도 전해지고 있다.《기정도보속편》은 풍수지리에 관한 것인데 지금은 전하지 않는다. 이순지는 조선시대를 대표하는 천문학자로서 손색 없는 작품을 증거로 남겼다고 할 수가 있다.

천문 계산 규장각에 남아

김담은 이순지와 함께 쓴《칠정산》〈외편〉이외에도 많은 천문관련 계산표 등을 썼고 그들 가운데 여럿이 지금도 규장각 등에 남아 있을 정도다. 두 사람은 또한 1443년(세종 25) 정인지 등의 몇몇 다른 사람들과 함께 세종의 명을 받고 경기도 안산에 가서 양전사업 문제에 대해 실제조사를 했다. 양전문제란 당시 국가의 주요 수입이었던 논과 밭에서 세금을 거두는 문제의 기본이 되는 중대한 일이었다. 김담의 문집에는

〈양전사목(量田事目)〉이란 간단한 보고서가 남아 있는데 논밭에 대한 세금을 9등급으로 나누는 제도를 확립했다고 기록되어 있기도 하다.

이렇게 이순지와 김담은 짝이 되어 후세에 이름을 남기고 있다. 하지만 두 사람의 업적을 비교하자면 둘은 서로 다른 특징도 보여준다. 실제 천문역산에 관한 한 김담보다는 이순지의 책이 더 많다. 이순지가 《칠정산》,《천문유초》,《제가역상집》을 대표작으로 한다면 김담에게는 《칠정산》 이외에는 천문학과 관련된 큰 작품은 별로 없는 것으로 보인다. 특히 이순지에게는 문집 같은 것은 남아 있지 않지만, 김담에게는 《무송헌선생문집(撫松軒先生文集)》이 남아 전하고 있다. 글로써는 이순지가 김담만은 못했던 것으로 보이는 것이다. 김담의 문집에는 여러 상소문이 남아 있고 또 조선 초까지의 명문장을 모아 만든《동문선(東文選)》에 무주의 경치를 찬양하는 시를 한 수 담아 놓기도 했다.

김담은 한글 개발에도 한몫

김담은 당대의 젊은 학자들과 상당히 사이좋게 어울렸던 것을 느낄 수가 있어서 성삼문, 박팽년 등과 함께 잘 지냈고 뒷날 서거정이 쓴 글에 보면 김담과 함께 같은 시절 집현전에 있었던 20여 명이 모두 크게 성공했다는 뜻으로 기록하고 있기도 하다. 세종이 집현전을 중시하고 그 학자들을 대우하던 바로 그 시절에 김담은 과거에 급제하자 바로 집현전 학사가 되었던 것이다. 김담은 1440년 25세에는 국어 연구를 한 것으로도 기록되어 있다. 그는 집현전이 중심되어 연구하던 한글 개발에 한몫을 한 것으로도 보인다.

그러면 두 사람은 세조의 찬탈에 대해서는 어떤 태도를 보였을까? 이순지와 김담은 세조 찬탈 얼마 뒤에 공신으로 뽑혔는데 이순지가 원종공신(原從功臣) 1등인데 비해 김담은 3등에 올랐다. 물론 당시 이순지가 서열이 더 높았기 때문이기도 하겠지만 김담이 세조 찬탈에 약간 반발하는 태도가 있었던 것은 아닐까 생각되기도 한다. 왜냐하면 김담은 세조 찬탈 이후 이렇다 할 자리를 얻지 못하고 계속 지방에서 지냈고 그에 비해 이순지는 여전히 서울에서 활동하고 있었기 때문이다. 게다가 김담은 1463년(세조 9) 2월 말을 잘못하여 경주에서 체포된 일이 있는데 혹시 세조 찬탈과 관련된 일인지도 모른다. 과연 그는 이때 무슨 필화사건으로 체포되기까지 했던 것일까?

김담은 과거 급제와 함께 당장 집현전에 들어갔고 또 그의 문집에 보면 수많은 상소문을 남기고 있다. 당시의 젊은 학자들과 함께 불교를 배척하는 상소에서 시작하여 부패 관리들을 탄핵하는 상소까지 많은 상소를 올린 것으로 보인다. 이순지의 경우 이런 정치 활동은 별로 없이 주로 천문학자로서만 활동한 것으로 보여 이 또한 대조적이다.

과학자로서는 이순지가 김담보다는 더 크게 활약했던 것으로 보이기도 하다. 그가 얼마나 큰 과학사의 인물이었던가는 최근의 평가에서 알 수 있다. 이순지는 우리 역사에서 뛰어난 과학기술자를 골라 선양하는 국립과천과학원의 '과학기술 명예의 전당'에 올라 있을 정도이다. 하지만 조선시대에는 이순지와 김담은 거의 같은 무게로 보였던 것 같다. 아니 과학을 중시하지 않던 당대의 기준으로는 이순지보다는 김담이 더 중요한 사람으로 보였을지도 모른다. 뒤에 이긍익이 쓴《연려실기술》이라는 숙종 때까지의 역사책에는 '세종 때의 명신'으로 김담은 넣고 있지만 이순지는 보이지 않는다. 이순지와 김담, 어느 쪽을 더 높이는 것이 '역사 바로 세우기'가 될까? 나로서는 두 사람을 같은 무게로 보고 싶다.

조선 초기 주기론의 창시자
서경덕 徐敬德 1488~1546

'송도삼절'로 유명

'개성(開城)의 세 가지 명물'이란 무엇일까? 500년 전 송도(松都)의 명기 황진이(黃眞伊)는 개성을 대표하는 세 가지 명물로 박연폭포, 황진이 그리고 서화담(徐花潭)을 꼽았다. 이것이 이른바 '송도삼절(松都三絶)'이다. 황진이라면 역사에 남은 미모와 재능을 겸비한 당대의 명물이었던 것 같다. 그녀의 매력 앞에 30년 벽만 보고 수도했다는 지족선사(知足禪士)는 파계하고 말았건만 서화담은 그녀의 온갖 노력에도 불구하고 유혹당하지 않았다고 한다.

서화담의 본명은 서경덕이며 조선 초기의 대표적 자연철학자였다.

그의 학문 내용이 오늘날 우리의 기준으로 보면 순수과학, 특히 이론 물리학에 가까운 모양을 가지고 있다. 바람이 부는 이치와 온천이 뜨거운 까닭을 이론적으로 설명하려는 것이 물리학에 가까운 것 아니고 무엇이겠는가?

몹시 가난했던 그는 들에 자주 나가 나물을 뜯어다가 끼니를 이었다. 한번은 종일 들에 나갔다가 돌아온 어린 서경덕이 나물을 조금밖에 뜯어오지 않았다. 그날 하루만 그랬던 것이 아니라 며칠째 똑같았던 것이다. 이상하게 여긴 어머니가 그 까닭을 묻자 그는 이렇게 대답했다. "나물을 뜯다가 새 새끼가 날아오르는 것을 보게 되었습니다. 첫 날에는 땅에서 한 치밖에 날지 못했고 다음날에는 두 치, 또 다음날에는 세 치, 이처럼 점점 높이 날아오르는 것이었습니다. 그 이치를 알 수가 없어서 생각에 빠진 채 나물은 얼마 뜯지 못했던 것입니다."

43세 때 생원시 합격

그의 공부하는 태도는 이처럼 혼자서 깊이 생각에 빠지는 방법을 통해 이룩된 것이었다. 지금의 개성 화정리(禾井里)에서 1488년 2월 17일 아버지 서호번(徐好蕃)과 어머니 한씨(韓氏) 사이에 태어난 그는 양반 집안이었으나 몇 대째 이렇다 할 벼슬자리에 나간 선조가 없었던 가난한 집안이었다. 기록에 의하면 그는 43세에 이르러서야 어머니의 간곡한 권유를 뿌리치지 못해 생원시(生員試)에 합격한 일이 있다고 되어 있다. 하지만 그는 이어서 응시해야 할 진짜 과거랄 수 있는 대과(大科, 또는 문과(文科))에는 응시하지도 않았다. 혹시 집안의 퇴락이 그의 과거기피

증과도 무슨 관련이 있었을지 모른다. 서경덕은 특히 그의 만년에 개성의 교외 화담(花潭)에 살았기 때문에 화담이란 호를 얻게 되었는데 자를 가구(可久) 또는 복재(復齋)라 했다. 18세가 되던 1508년 서경덕은 《대학(大學)》을 읽고 스스로 그 책에 써 있는대로 격물(格物)을 해보기로 결심했다.

그는 공부하려는 주제를 큼직하게 써서 벽에 붙여 놓고는 불철주야 그 글자만 쳐다보면서 그 의미를 깊게 생각해보기 시작했다. 그 의미를 스스로 어느 정도 깨우쳤다고 자신이 선 다음에서야 그는 다른 제목을 바꿔서 써 붙이고는 같은 명상을 반복했다. 그는 21세 때에는 빈방에 홀로 앉아 잠을 이루지 못하는, 지금으로 치면 신경쇠약증에 걸린 일도 있다고 하는데 아마 이런 공부 태도 때문이었을 것 같다.

이런 연구과정을 통해 얻은 결론은 이 세상에서 가장 근본이 되는 것은 바로 우주를 가득 채우고 있는 '기(氣)'라는 사실이었다. 조선시대에 크게 성했던 성리학에서는 '이(理)'와 '기(氣)'를 기본으로 말했지만 바로 '기'야말로 가장 중심적인 것임을 강조한 학자는 이 땅에서는 서경덕이 처음이었다. 말하자면 그는 조선의 주기설(主氣說)의 창시자였던 셈이다. 그 후의 우리나라 유학계는 이황이 지배해서 주리설(主理說)이 더 성했다고 보이지만 서경덕의 주기적(主氣的) 태도는 이이를 거쳐 실학파의 여러 학자들, 특히 홍대용과 최한기에서 강하게 표출되었다.

온천의 이치 등 해명

그의 주기설에 따르면 인간의 삶과 죽음 그 자체가 기가 모이고 흩어지는 과정에 지나지 않는다. 앞에 소개한 새가 매일 조금씩 높이 날아 오르는 이치나 또 온천이 있는 이치도 기를 가지고 설명하고 있다. 원래 불은 뜨겁고 물은 찬 법이다. 그러나 불 가운데는 찬 불은 없는데 어떻게 물 가운데는 뜨거운 물, 즉 온천이 있을 수 있을까? 서경덕의 주장으로는 원래 땅은 음(陰)이 주가 되지만 그 가운데에는 빈틈이 있고 그 사이로 양(陽)이 흐른다. 이 까닭에 땅속에는 때때로 기가 모이기 마련이다. 그런데 기는 흩어지면 차가워지지만 모이면 더워진다. 그것은 마치 풀을 쌓아 놓으면 저절로 열이 나서 뜨거워지는 이치와 마찬가지이다. 이렇게 서화담은 온천의 물이 뜨거운 이치를 설명하고 있다.

우주는 마치 텅 비어 있다고 생각되기 쉽다. 하지만 원래부터 우주란 빈 곳이 아니라 기로 충만되어 있다. "끝없는 것이 태허(太虛)이고 시작 없는 것이 기(氣)이다. 허(虛)란 다름 아닌 바로 기(氣) 그것이다. 허가 본래 무한이니 기도 또한 무한하다." 그의 글 〈이기설(理氣說)〉에 나오는 말이다. 그의 이와 같은 주기론은 중국 송나라 때에 크게 발달한 성리학의 영향을 받아 나온 것임이 분명한데 그는 특히 송나라의 사상가 장재(張載, 1020~1077)의 글을 많이 읽고 그 사상을 받아들였다. 장재가 주기론이었던 데 비해 그의 후배인 주희[朱熹, 주자(朱子), 1130~1200]는 이기를 함께 말하는 입장을 보였다고 할만하다. 우리 역사에서는 중국의 장재와 주희에 해당하는 인물이 바로 서경덕과 이황이라 할만하다.

이렇게 보면 서경덕은 또 장재와 똑같은 시기 송나라의 철학자 소옹(邵雍, 1011~1077)의 영향도 강하게 받았음을 알 수 있다. 소옹은 소요부(邵堯夫) 또는 소강절(邵康節)이라고도 널리 알려져 있는데 이른바 중국의 전통적인 상수학(象數學)을 크게 발전시킨 사상가였다. 중국의 전설시대에 비롯한 이른바 하도낙서(河圖洛書)는 황하와 낙수에서 나온 말과 거북의 등에 그려져 있었다는 무늬를 근거로 그 의미를 해석하는 과정에서 발달한 것으로 알려져 있다. 원래는 1~9까지의 숫자가 가로 셋, 세로 셋의 배열로 놓였을 때 그 합이 어느 방향으로나 15가 되는 모양을 기본으로 한 무늬에 지나지 않는다. 그러나 이 교묘한 숫자의 배치로부터 사람들은 우주의 수학적 질서에 대해 깊은 신념을 가지기 시작했고 바로 이런 신념이 《주역(周易)》의 세계에 깊은 관심을 모으게 했고 또 1년을 만드는 12달과 1달을 만드는 30일, 그리고 그것을 합쳐 나오는 360일이라는 숫자에 모두 큰 의미를 부여하는 생각을 발전시켰던 것이다.

1기원을 12만년으로

서경덕은 소옹이 이미 발전시켜 놓은 이런 문제를 이 땅에 도입해서 조선의 상수학 기초를 마련했다. 그에 의하면 해, 달, 별들의 운동을 기본으로 이 세상에는 4가지의 기본 시간 단위가 인정된다. 원(元), 회(會), 운(運), 세(世)가 그것인데 그 길이는 각각 다음과 같다. 1원＝12회, 1회＝30운, 1운＝12세, 이것을 보면 1년은 12개월이고 1달은 30일, 그리고 1일은 12시라는 사실을 보다 긴 우주적 시간 개념으로 바꿔 놓은 것을 알 수 있다. 그런데 여기서 1세를 30년으로 잡는다면 1원은 $12 \times 30 \times 12 \times 30$년, 즉 129600년이 된다. 이것이 이 세상이 한번 생겼다가 없어지는 한 과정에 걸리는 시간이라는 것이다.

우리가 오늘 사용하는 단어 가운데 세대(世代)란 말과 기원(紀元)이란 표현은 모두 이런 생각에서 비롯한 것이라 할 수 있으며 우리가 지금 신기원을 말할 때 그것은 새로 천지가 개벽하는 것을 의미한다고 할 수 있다.

어떻게 보면 서경덕의 과학이란 지금 우리가 말하는 과학이라기보다는 자연철학이라 하는 편이 옳다. 실험은커녕 구체적인 증거로 뒷받침한 자연에 대한 생각이 아니라 그저 사변적인 철학적 범위에 머물렀던 생각이었기 때문이다. 여하튼 그는 이 땅에 주기론적 자연관을 심어 주어 이율곡을 통해 실학자들에 영향을 주었고 또 상수학을 도입해 이지함으로 하여금 토정비결을 지을 정신적 터를 마련해 놓았던 것이다.

조선 풍수지리의 예언자
남사고 南師古 1509~1571

풍수지리가 세계적으로 인기이다. 나는 옛날의 대표적 의사과학(擬似科學, psuedoscience)인 풍수지리를 과학사의 주요한 부분으로 다뤄야 한다고 생각해왔다. 옛사람들이 자연에 대해 생각하던 방식이기 때문이다. 지금 우리 기준으로 맞고 틀리는 것이 중요한 것이 아니라 그것이 옛날 사람들에게 자연을 보는 주요한 생각이었느냐가 과학사의 대상인가 아닌가를 결정해주어야 한다고 믿기 때문이다.

옛날 풍수지리는 '땅의 과학'

그런 의미에서 풍수지리는 '과학' 분야의 하나로 꼽을 수밖에 없다. 사람의 살곳을 고르고 죽은 뒤의 묻힐 자리를 선택하는 체계적 지식을 일러 풍수지리라 한다면 그것은 틀림없는 '땅의 과학'일 수밖에 없다. 그래서 나는 1982년에 낸 《한국과학사》라는 책에서 우리 전통적 풍수지리를 한 단원으로 다룬 적이 있다. 하지만 오늘날에는 풍수지리를 '과학'이라 부를 수는 없다고 판단한다. 오히려 요즘은 미신으로 성행하고 있다고 생각한다. 그리고 이런 미신 경향은 좀 사그러 들었으면 좋겠다는 생각까지 든다. 하지만 나의 기대와는 아랑곳 없이 풍수지리는 유행 중인 것으로 보인다.

여하튼 이 '옛날의 과학' 풍수지리에서 우리 역사상 가장 뛰어난 이름을 남긴 옛날의 풍수지리학자, 즉 당시의 과학자 한 사람이 '남사고'이다. 그는 풍수지리에 도통했던 인물로 알려져 있지만, 특히 그는 여러 가지 예언을 해서 적중시킨 것으로 전해진다.

말하자면 그는 풍수지리 이상의 대단한 예언가였다는 것이다. 이수광(李睟光, 1563~1629)의 《지봉유설(芝峰類說)》에 의하면 그는 어느 날 아침 동쪽을 보고 살기(殺氣)가 심하니 좋지 않다며 사람들에게 해설해 말하기를 임진년에 왜구가 반드시 크게 몰려 오리라고 예언했다고 한다. 그는 자기는 그때 없겠지만 여러분들은 삼가라고 당부했는데, 그가 죽고 정말로 임진왜란이 일어났다는 것이다. 이수광은 이 기록을 아무 논평없이 그의 책에 싣고 있다.

이 책에는 또 남사고가 갑자년(1564)에 사람들에게 말하기를 내년에 태산을 봉(封)하리라고 했으나 사람들이 그 뜻을 알지 못하더니, 이듬해 1565년 문정왕후가 죽어 태릉에 임시로 장사지냈으니 그의 예언이 맞았다는 것이다. 남사고는 이수광이 어렸을 때 이미 세상을 떠났으니 이수광이 직접 그를 만난 일은 있을 수 없었을 것이다. 그러나 아마 서로 만났을지도 모르는 같은 시대의 너무나 유명한 학자 이이(李珥, 1536~1584)도 남사고의 뛰어난 예언 능력을 증언하고 있다. 1572년 정월 당대의 뛰어난 학자였던 처사(處士) 조식(曺植, 1501~1572)이 죽었는데, 그 전에 이미 남사고가 "올해는 처사성이 광채가 없다"고 말하더니 드디어 조식이 죽었다고 그의 일기에 기록해 남기고 있다. 이이의 《석담일기(石潭日記)》는 그가 관직에 있던 동안의 기록으로 꽤 긴 자료로 남아 있다.

이런 일화(숨은 이야기)란 사건 당시로부터 한참 뒤에 천천히 생겨난 전설일 경우가 많다. 그러나 조식의 죽음을 미리 예언했다는 이이의 논평을 보면 남사고는 그가 살아 있던 당시에 이미 예언자로서 인정받고 있었다는 사실을 보여주고 있다. 이이 자신이 남사고의 예언을 믿을 만한 것으로 보고 있었음을 알 수 있다.

동인·서인의 당파싸움 예언

풍수지리의 대가로서 남사고는 당파 싸움의 시작을 예언한 것으로도 유명하다. 그는 서울 서쪽의 안산(鞍山)과 동쪽의 낙산(駱山)을 가지고 풍수지리적 해석을 하여 동인과 서인이 나눠져 당파싸움을 벌일 것을 예언했다. 또 여기에 문자 풀이를 더하여 동쪽 낙산의 '낙(駱)'이란 글자는 '말을 각각(馬各)' 타고 헤어진다는 뜻이니 뒤에 다시 파당을 나누어 흩어질 것을 보여주며 서쪽 안산의 '안(鞍)'이란 글자는 바뀐(革) 다음에 편안(安)하리라는 뜻이라 해석했다는 것이다. 그런데 정말로 그 예

남사고 유적지

언대로 나타났다는 것이다.

남사고가 풍수지리의 대가로 오랫동안 인정되어 왔다는 사실은 몇 가지 증거로 알 수가 있다. 우선 그의 글로 전해지는 〈남사고비결 (南師古秘訣)〉과 〈남격암십승지론(南格菴十勝地論)〉이 《정감록(鄭鑑錄)》에 들어 있는데 이것이 모두 풍수지리를 말하고 있다. 둘 다 아주 짧은 예언서들이고 그러기에 《정감록》의 일부로 포함될 수 있었을 것이지만 모두가 풍수지리를 말한 내용이다.

〈남사고비결〉에 의하면 한산(漢山)은 뼈가 많고 한수(漢水)는 여울이 많아서 필시 골육상잔이 많으리라는 것이다. 그러면서 남사고는 소백산 아래의 여주와 마곡 등을 피난할 수 있는 좋은 땅으로 꼽기도 한다. 또 〈남격암십승지론〉에서는 풍기, 화산, 보은, 예천, 운봉, 공주, 영월, 무주, 부안, 가야산 등의 지역을 골라 산수의 특징을 말하고 그곳들이 길지(吉地)인 까닭을 설명하고 있다.

사실은 이 글들이 정말로 남사고의 작품인지는 아무도 장담할 수 없다. 남사고의 이름은 너무나 많은 역사 기록에 나오고 그와 함께 살았던 이름난 이들의 증언이 있으므로 그런 인물이 실제로 살았다는 것은 분명하다. 그럼에도 불구하고 아직도 그의 일생에 대한 기본적 정보조차 제대로 밝혀진 것은 없다. 그는 호를 격암(格菴)이라 했고 본관은 의령(宜寧) 또는 영양(英陽)으로 알려져 있을 뿐이다. 다른 이름난 사람들처럼 아버지와 어머니가 누구이며 조상은 무엇을 했고 또 후손은 어떤 지 그런 것들이 아직 연구되지 않은 상태이다. 그러나 그의 고향이 경상북도 울진이라는 것은 분명해 보인다. 그렇다고 기록되어 있을 뿐 아니라 최근 학자들의 조사를 보더라도 그에 대한 온갖 신비스런 전설은 지금까지 이 지역에 집중적으로 남아 있기 때문이다. 그는 선조가 왕이 될 것을 예언한 것으로도 전해진다. 명종 말년에 그가 사직동 방면에 왕기(王氣)가 서린 것을 보고 이를 예언했다는 것이다. 또 언젠가는 영천(榮川)을 지나고 있었는데 마침 비가 그치고 소백산 허리에 흰구름이 걸쳐 있는 것을 보았다. 그는 이를 보고 '상서로운 구름이라면서 앞으로 전란이 있을 터인데 이 산 아래 사는 사람들은 안전할 것이라고 예언했다. 정말로 왜구가 침략해 들어왔으나 풍기와 영천지방에는 들어오지를 않았다는 것이다.

이런 이야기들은 얼마든지 야사를 통해 널리 사람들의 입으로 전해져 내려왔다. 그러나 그의 이름은 실제로 정치의 한가운데에서도 거론되고 있었다는 사실을 《선조실록》이나 《영조실록》은 알려 준다. 선조 25년(1592) 4월 부산에 상륙하여 북으로 진격하던 왜군은 나라 전체를 집어삼킬 듯 그 기세가 등등했지만 명나라의 원군이 참전하면서 조선군의 저항은 더욱 효과를 내기 시작하여 이듬해 1월에는 평양을 수복했다. 평양 수복과 함께 조정에서는 앞으로 곧 있을 서울 수복과 함께 서울 시민들을 어떻게 먹여 살리고 또 위로하느냐가 걱정거리였다. 이를 논의하던 자리에는 물론 당시의 고관들이 모두 참석하고 있었다. 오늘 우리들에게 유명한 이항복(李恒福, 1556~1618)은 당시 병조판서로서 그 자리에 앉아 있었다.

한참 이야기하던 끝에 선조는 명나라 장군이 망기(望氣: 기를 관찰함)
한 일을 꺼내며 이때의 기라는 것은 구름을 가리키는 것인가 물었다.
그러자 이항복이 나서서 천문가는 구름을 가리킨다고 지적했다. 그러
자 이조판서 이산보(李山甫, 1539~1594)가 나서 "우리나라에서도 남사
고가 망기를 했다"고 보고한 기록이 있다. 22년 전에 죽은 남사고의 이
름이 선조와 대신들 사이에 화제로 등장했음을 보여준다. 《선조실록》
에 보면 이보다 5일 전에 중국의 장군 한 사람이 망기를 한 결과 "세
기(三氣)가 모두 왕성하지만 특히 임금이 머물고 있는 궁궐에 왕기가
특히 왕성하니 국토의 회복은 의심할 바 없다"고 예언했다는 기록이
보인다. 선조와 신하들은 바로 이를 화제로 올리고 있었고 결론적으로
선조는 "심히 이상하도다!"라 말한 것으로 기록되어 있다.

100년 후 이인좌의 난도 예언

남사고의 이름은 그 후에도 이따금 조정에서조차 화제가 되었음이 분
명해 보인다. 예를 들면 1733년(영조 9)의 흉서(凶書)사건 때에도 그 배
경은 바로 《남사고비기》에 있었다고 당시 실록은 상세히 전하고 있다.
그 흉서란 글의 내용은 잘 알 수 없지만 정부로서는 그냥 둘 수 없는
허무맹랑한 예언 등을 근거로 남원(南原) 사람들 사이에 말썽이 일어났
던 사건이다.

이 사건에 연루된 사람들은 팔공암의 주지 태진(太眞)이 제공한 《남
사고비기》를 거론했고 태진은 또 그 책을 1729년 오서산에서 도승(道
僧) 자명(自明)을 만나 베껴주어 가져왔다고 진술했다. 여하튼 이 조사

에는 여러 명의 등장 인물이 나오는데 남사고의 예언을 믿고 행동하다가 사건에 말려든 것으로 되어 있다. 그들의 증언에 의하면 그들은 남사고의 예언이 갑자년의 일부터 예언해 놓았는데 해마다 맞았고, 특히 무신년에는 "피가 흘러 개울을 이루고 길은 막히고 연기가 끊어진다"고 예언되었다는 내용이 보인다.

여기 갑자년이란 1684년을 가리키는데 숙종 10년이다. 또 무신년이란 1728년(영조 4)을 말하는데 이인좌(李麟佐, ?~1728)의 난이 일어난 해다. 아마 당시 흉흉한 인심을 반영한 것이 이 사건이었을 것이다. 영조가 남사고에 대해 묻자 한 신하는 '남사고는 성종 때의 이인(異人)'이라면서 그의 책이 세상에 전해져 퍼져 있는데 거기에 뒷사람들이 붙여 넣고 또는 억지로 해석하여 거짓말을 하는 일이 많다고 지적하고 있다. 실제로 옛 책들은 뒤로 갈수록 알고 모르는 사이에 왜곡되고 억지 해석되어 엉뚱한 역할을 하는 수가 많다. 남사고의 역사적 역할도 그랬던 점이 많은 것으로 보인다.

영조 때의 지식층이 이미 미신이라 제껴 두었던 풍수지리 내지는 그것과 연결된 예언술이 오늘의 한국 땅에서도 성행한다는 것은 어찌보면 한심스런 일이다. 풍수지리란 옛날의 과학은 될 수 있고 그래서 과학사를 하는 나의 관심 대상이기는 하지만 오늘날 남사고의 주장을 따르려는 사람이 있다면 그것은 좀 문제가 아닐 수 없다. 남사고는 옛날의 '과학자'일 수는 있고 또 그런 인물로서 크게 존경받을 수도 있다. 하지만 오늘의 과학과는 너무나 먼 사람이기 때문이다.

새 역법 도입에 힘쓴 개혁정치가
김육 金堉 1580~1658

김육은 서울 마포의 외가에서 1580년 태어났다. 그리고 당시 다른 사람들과 달리 아주 늦게 출세를 시작했지만, 1650년대 초 효종 때에는 영의정까지 지낸 전통적 관료였고, 특히 경제학자로 높이 평가받고 있다. 그런 그는 또 과학자로도 꼽을 만하다. 수차(水車)의 중요성을 강조한 풍수만으로도 그렇지만, 특히 김육은 우리 역사상 중국에서 서양 선교사들이 서양식 천문학으로 계산해 만든 새 역법 '시헌력(時憲曆)'을 도입한 주역이었기 때문이다.

1605년(선조 38) 김육은 사마시(司馬試)에 합격하여 성균관에 들어갔다. 말하자면 25세에 대학생이 된 셈이다. 그런데 그는 4년 뒤 1609년에 동료들과 함께 당시 훌륭한 인사라 추앙되던 다섯 사람들[오현(五賢):

김굉필, 정여창, 조광조, 이언적, 이황을 문묘(文廟)에 모시자는 의론에 동조하여 상소문을 올렸다가 말썽이 되자, 그 주동자의 하나로 처벌을 받았다. 그는 문과(文科) 응시 자격을 박탈당하고 성균관에서 쫓겨났던 것이다. 그 후 경기도 가평 잠곡 청덕동에 은거했다. 그의 호가 잠곡(潛谷)이 된 까닭이 여기에 있다. 여기에 자기 집을 꾸려 살았는데, 그의 서재를 회정당(晦靜堂)이라 했기 때문에 그 당호(堂號)도 그의 호로 전해지지만, 잠곡이 더 널리 알려져 있다. 본관은 청풍(淸風), 자는 백후(伯厚)인 김육은 기묘사화 때의 여덟 희생자(己卯八賢)의 한 사람인 김식(金湜, 1482~1520)의 3대손이며, 참봉 흥우(興宇)와 윤씨 사이의 두 아들 가운데 첫째였다.

영의정 재임시 대동법 확대 실시

김육은 1624년 과거시험에 장원급제하여 제대로 관직의 길로 들어섰다. 성균관에서 축출당한 지 15년 만에 44세 나이에 출세를 시작한 셈이니 어지간히 늦게 출발했다고 할 수밖에 없다. 15년의 재야 생활 동안 그는 온갖 고생을 다한 것으로 전한다. 품팔이와 김매기, 나무하기, 숯 굽기 등 양반 치고는 아주 모진 삶을 살았다고 할 수 있을 듯하다. 그러면서도 밤에는 송진으로 불을 켜고 책을 읽었다는 것이다. 그의 관직 생활은 인조반정(仁祖反正, 1623)으로 광해군이 물러나자 44세에서야 시작된 셈이다. 하지만 실제로 그는 이미 서인의 집권 아래 그 직전 관직에 나가기 시작한 다음의 일이었다. 그 후 그는 거의 모든 벼슬자리를 거쳤을 정도로 평생 요직을 두루 지냈는데, 영의정을 몇 차례

했을 정도였다. 더구나 김육은 1636, 1643, 1646, 1650년 등 적어도 네 차례 중국에 사신으로 다녀오면서 세상 돌아가는 견문을 훨씬 넓힐 수 있었던 것으로 보인다.

그의 이름은 우리 역사에서 대동법(大同法) 시행자로 잘 알려져 있다. 1638년 충청도 관찰사로 재직하면서 공물을 폐지하고 대동법을 실시할 것을 건의했는데, 1651년 영의정에 임명되어 대동법을 충청도에 확장 시행했고, 이는 당시 백성들의 지지를 받았던 것으로 보인다. 그의 죽음과 함께 혜택을 입은 충청도 사람들이 그의 공덕을 기리는 '대동법시행 기념비'를 세운 것은 그 때문이다. 지금 그 비석이 경기도 평택시 소사동에 남아 있다. 때마침 임진왜란(1592~1598)에 이은 병자호란(1636) 등으로 재정이 곤궁해지고 민생이 도탄에 빠지자, 이를 바로잡을 방법으로 실시한 대동법은 토지 1결(結)마다 12말의 쌀 또는 마포·면포를 징수하여 도내의 모든 경비와 그 도에서 부담했던 중앙의 일부 경비에 충당하게 하자는 것이었다. 이는 농민들의 세금부담을 균등하게 하고, 재정을 통제하여 안정시켜 보려는 노력이었다.

하지만 과학사로 볼 때 그의 업적은 지방관으로 근무할 때마다 열심히 수차(水車)를 보급하여 가뭄을 극복하려고 노력했다는 사실, 그리고 이미 1638년 충청도 관찰사일 때《구황촬요(救荒撮要)》와《벽온방(僻瘟方)》등을 편찬해 다른 지방에까지 보급하려 애쓴 사실 등을 들 수 있다.《구황촬요》란 가뭄 등으로 기근이 심하게 될 경우 어떻게 하면 굶는 백성을 줄이고 그들을 구해낼 수 있을까 하는 방법을 소개하는 책으로 구황 식품을 소개·전파하려는 노력이었다.《벽온방》이란 전염병의 예방과 치료 등을 소개한 책이다. 그는 이와 더불어 수차만이 아니라 수레의 중요성도 강조했는데, 우리나라는 산이 많아 수레의 이점을 제대로 활용하기 어려워서 그와 그 후의 여러 학자들의 관심에도 불구하고 수레가 널리 보급되지는 못했다. 수레의 보급이 어려워서 교통과 통신의 발달이 제한적이다 보니 결국 경제 발전에 제약이 되었다는 사실을 알 수 있다.

김육은 또 주전(鑄錢)의 필요성을 아울러 강조하여, 대동법을 연장하여 쌀로 세금을 거둘 뿐 아니라 돈으로 세금 거두는 일이 더 합리적임을 깨닫고 있었던 것으로 보인다. 다만 이 역시 동전 만드는 기술도 제대로 발달하지 않았던 터에, 그 재료로 사용할 구리가 생산되지 않아 일본에서 수입해와야 하는 제약이 동전 보급에 큰 장애가 되었다고 보인다. 그런대로 1651년에는 상평통보의 주조를 건의함으로써 서울·서북 지방에 일부 유통하도록 했다는 기록도 남아 있다.

중국 '시헌력' 도입해 역법 정리

어찌 보면 이 모든 것보다 더 중요한 그의 과학사상의 업적으로는 '시헌력'의 도입을 들 수 있다. 1645년 관상감(觀象監) 제조가 되고, 이해 12월 김육은 사은사(謝恩使)로 청나라의 연경에 다녀왔다. 때마침 중국에서는 왕조가 교체되어 명나라가 망하고 만주족의 청나라가 1644년 베이징을 차지하고 들어섰을 시점이었다. 김육의 글을 보면 바로 이때 중국에 가면서 관상감의 천문학자 김상범(金尙范)을 시켜 중국에서 새 천문계산법을 배워오게 했다는 대목이 있다. 원나라 때에 중국에서는 아주 발달된 새 역법으로 '수시력(授時曆)'을 완성했고, 우리 선조들은 고려 말부터 그것을 받아들이려 노력했으나 그리 간단하지 않았다. 조선 초 세종 때인 1442년(세종 24)에 완성한 '칠정산(七政算)'이 바로 그의 완성판이었던 셈이다. 하지만 옛날의 역법이란 지금으로 치면 천문 계산법이라 할 수 있는데, 그 방법은 시간이 지날수록 조금씩 달라지게 마련이다. '칠정산'이 200년 이상 지났기 때문에 새로 역법을 정리할 때가 되었던 것이다. 다음은 그의 책《잠곡선생필담(潛谷先生筆譚)》에 있는 내용이다.

수시력도 거의 400년이나 지나고 보니 어긋나는 일이 많아졌다. 중국에서는 서양인 탕약망[湯若望, 아담 샬(Adam Schall)]이 새로 만든 시헌력을 청나라 초부터 사용하고 있는데, 그 법이 아주 정밀하다. 내가 관상감 제조로 있던 때 그 채택을 건의했다. 병술년(1646) 중국에 갈 때 역법 관계자 2명을 데리고 가서 탕약망에게서 그 법을 배워오려 했으나, 출입을 엄격히 금지하고 있어서 도저히 접근이 불가능했고(門禁甚嚴 不能出入), 어쩔 수 없이 돈을 써서 그 책만을 구해왔다. 김상범 등에게 열심히 연구하게 해서 겨우 그 대강을 알아낸 상태에서 신묘년(1651) 겨울 김상범을 다시 보내 뇌물을 써서 배워오게 해 그 시헌력을 계사년(1653)부터 사용하게 되었다. 그러나 아직도 정확한 계산법을 알 수가 없어서 을미년(1655)에 다시 김상범을 파견했으나 그는 불행하게도 도중에 사망했고, 그 법은 지금까지 전해지지 못한 채로 남아 있다.

이 글이 정확하게 언제 쓰였는지 확인하기 어렵지만, 실제로 시헌력의 이해는 그의 생전에는 완성되지 못했고, 그가 죽은 다음 다른 천문학자들의 추가 연구로 완성되기에 이른다. 물론 그 시헌력은 1653년부터 채택되어 사용되고 있었다. 그 상세한 과학적 이해와 정확한 계산 방법이 그 후에서야 연구 완결되었다는 뜻이다.

　그는 또 활자를 만들어 책을 인쇄해내는 일에도 열성이었다. 특이하게도 그의 아들과 손자가 모두 활자를 몸소 만들어 책 인쇄를 실시했다는 사실이다. 임진왜란 이후 많은 활자를 왜군이 일본으로 가져가 버려 국내에는 활자가 너무 부족했다. 김육은 교서관에 근무할 때 활자를 만들어 책을 찍어냈고, 그 아들 김좌명(金佐明, 1616~1671)은 1668년 11만 자가 넘는 활자 '무신자(戊申字)'를 만들었으며, 손자 김석주(金錫胄, 1634~1684)는 1679년 개인적으로 '한구자(韓構字)'라는 활자를 만들어 책을 박았다.

　김육은 평생에 수많은 책을 써서 후세에 남긴 것으로도 유명하다. 《유원총보(類苑叢寶)》는 조선시대에 나온 최초의 백과사전으로 꼽을 수 있는 책이고, 《해동명신록(海東名臣錄)》은 임진왜란 즈음까지 우리나라의 여러 인물들에 대해 소개한 책이다. 그 밖에도 중국 여행기도 있고, 이런저런 견문을 기록해 남긴 《잠곡필담》도 그의 문집의 일부로 남아 있다. 그는 죽은 뒤 문정이란 시호를 받았는데, 학문을 사랑하고 좋아한다는 뜻의 '문(文)'에다가 청백하면서도 절개를 지킨다는 의미에서 '정(貞)'이란 설명이 붙어 있다(勤學好問曰文, 淸白守節曰貞).

　문정공 김육은 1658년(효종 9) 9월 서울 남부 회현방에서 79세로 사망했다. 그의 무덤은 경기도 양주 금촌리에 있고, 전국의 네 개 서원이 그를 배향했다. 그리고 1704년(숙종 30)에는 잠곡서원(潛谷書院)이 생기기도 했는데 지금은 경기도 가평에 옛 터만 남아 있다.

조선통신사로 일본에 건너가 천문학 전수한 박안기 朴安期 1608~?

일본 책에 용나산으로 기록

일본의 대표적 과학사 책의 하나인 요시다 미쓰쿠니[吉田光邦]의 《일본 과학사(日本科學史)》에는 다음과 같은 내용이 실려 있다.

간에이[寬永] 20년에는 조선의 용나산(容螺山)이 내조(來朝)했는데 교토[京都] 사람 오카노이 겐테이[岡野井玄貞]는 그로부터 수시력법(授時曆法)을 공부했다. 수시력은 원(元)의 곽수경(郭守敬) 등이 세조(世祖)의 명을 받아 만든 것인데 1281~1287년 동안 시행된 것으로 실제 관측을 중시하여 관측 결과를 충분히 활용함으로써 1태양년을 365245일(日)로 정할 수 있게 된 아주 우수한 역(曆)이었다. 이 수시력을 연구하여 이에 바탕을 둔 새 역법을 만든 사람이 시부카와 하루미[澁川春海]였다. 그는 오카노이로부터 수시력법을 배운 후 1659년에는 이를 근거로 각지의 위도를 측정했다.

이 책은 우리말로 번역되어 나오기도 했는데 번역된 책에도 조선의 용나산이란 인물이 일본 천문학자에게 역법을 가르쳤고 그의 제자인 시부카와 하루미가 일본 천문학사에 빛나는 역법, 정향력(貞享曆)을 만들었다고 그대로 옮겨져 있다. 내가 이 부분을 읽게 된 것은 30여 년 전 세종 때의 천문학에 대한 논문을 준비할 때였다. 용나산이라니 참 괴상한 이름도 다 있다고 생각하며 다른 책을 살펴보았다. 마침 가지고 있던 책 가운데 나카야마 시게루[中山茂]의 《일본의 천문학[日本の天文學]》에도 같은 내용이 있음을 발견하게 되었다. 48쪽에 적혀 있는 내용은 다음과 같다.

1643년 조선의 손님 나산(螺山)이란 인물이 에도[江戶]에 와서 역학에 관해 오카노이 겐테이와 토론했다는 말이 〈춘해선생실기(春海先生實記)〉에 보인다. 시부카와 하루미는 바로 오카노이로부터 역학을 공부했던 것이다. 나산이 어떤 내용을 전해준 것인지는 알 수 없지만 조선에는 15세기 천문학의 최성기에 《칠정산(七政算)》〈내편(內編)〉을 낸 바 있는데 이는 수시력 연구의 뛰어난 텍스트로 꼽히고 있다. 명(明) 말에는 중국의 역산학 전통이 어느 정도 쇠퇴한 다음이었으므로 당시 조선에서 역산학을 배우려던 태도는 올바른 선택이었다고 보인다.

앞의 책에는 '조선의 용나산'이라고 되어 있는데 뒤의 책에는 같은 인물을 '조선의 손님 나산'이라 밝혀 놓았다. 금방 그 잘못의 원인을 찾아낼 수 있었다. 1991년 4월부터 10개월 동안 일본에 가 있으면서 나는 여러 자료를 뒤져 1643년 일본에 갔던 조선의 학자는 용나산이 아니라 나산임을 밝혀낼 수 있었다. 일본인들은 띄어쓰기를 하지 않기 때문에 누군가 '조선의 객나산朝鮮の客螺山'을 '조선의 용나산'으로 한 글자를 잘못 읽었고 그것이 여러 책에 잘못 옮겨졌던 것이다. '객(客)'자는 '용(容)'자와 흡사한데다가 한국 사람은 대개 3자 이름을 갖고 있다는 사실 때문에 이런 실수를 범한 것이 분명하다.

본명 박안기 찾아내

그렇다면 일본 천문학사에 그 이름을 영원히 남긴 '조선의 손님 나산' 이란 누구였던가? 조선시대에는 일본에 대규모 사절단을 파견하고는 했다. 임진왜란으로 잠깐 중단되었던 이 중요한 행사는 전쟁이 끝나자 바로 일본 측의 간곡한 요청으로 다시 시작되어 1607년부터 1811년까지 모두 12회의 '조선통신사'가 거의 500명씩의 대규모 사절단을 거느리고 일본을 방문했다. 그 가운데 일부 기록이 《해행총재(海行摠載)》란 책으로 남아 있고 이 책은 한글 번역판도 나와 있다.

이 기록으로부터 나는 1643년 일본에 파견되었던 사신 일행 가운데 나산이란 호를 가진 인물이 있었고 그의 이름은 박안기임을 알아냈다. 하지만 그의 이름은 몇 번 이 여행기에 등장할 뿐 그가 어떤 사람이고 얼마나 훌륭한 과학자 또는 천문학자인지를 알 길은 전혀 없었다.

조선통신사

　그 밖의 어느 한국사 책에서도 박안기라는 이름이 나오는 일은 없다. 그런데 일본의 과학사나 천문학사 책에는 모두 그의 이름이 등장하는 것이다. 원래 시부카와 하루미의 '정향력'은 일본 역사에서는 '일본인에 의해 만들어진 일본 최초의 역법'이기 때문에 아주 중요하고 이 역법을 말하다가 자연히 시부카와 하루미의 스승에게 무엇인가를 가르쳐 준 '조선의 손님 나산'은 나오기 마련인 것이다.

　일본 책에 자주 그의 이름이 등장하지만, 그것은 언제나 나산이지 그의 이름 박안기는 아니다. 일본 과학사학자들에게 그의 이름을 찾아 알려주는 정도로 만족하고 말았다. 앞으로 일본의 과학사 책에서도 그의 호 나산 대신 박안기라는 이름이 사용되기를 바란다. 앞서 말한 것처럼 1991년 4월부터 일본에 10개월이나 살게 되면서 나는 박안기에 대한 관심을 다시 불태워 몇 가지 새로운 사실을 알아낼 수 있었다. 우선 그는 1643년(인조 21) 일본에 파견되었던 조선통신사 일행 462명 가운데 네 번째로 높은 독축관(讀祝官) 자리를 차지하고 있던 말하자면 상당히 고위층 외교관이었다는 사실이다. 외교관이라지만 직책이 그랬다는 뜻일 뿐 당시에는 아직 전문 외교관이 있을 시절도 아니어서 박안기는 말하자면 고위층 학자였다고 할 수 있다.

조선통신사는 쓰시마섬[對馬島]과 규슈[九州] 지방을 거쳐 일본의 큰 섬들 사이에 있는 바다를 항해하여 오사카[大阪]에 상륙했다가 다시 강을 거슬러 교토[京都]로 가고 다시 육로를 따라 에도[江戶], 즉 지금의 도쿄[東京]로 여행했다. 이 긴 여행기간 동안 조선통신사 일행은 그야말로 일본인들의 극진한 대접을 받으며 그림이나 글씨도 써주고 시와 글을 고쳐주며 또 학문적 질문에 대답도 해주었고 많은 선물도 교환했다. 극히 폐쇄적으로 살고 있던 당시 일본 지식인들에게는 유일한 밖으로 향한 창문인 조선 선비들과의 교류가 일생일대의 영광이며 좋은 공부의 기회라 여겨졌기 때문이다.

일본 여행 중 시 남겨

일본에 있는 동안 나는 박안기가 지나간 발자취를 여러 가지 발견해낼 수 있었다. 도쿄와 나고야[名古屋] 사이에 있는 시즈오카현[靜岡縣]의 시미즈시[淸水市]에 있는 세이켄지[淸見寺]에는 그의 시가 걸려 있는데 그가 돌아가는 길에 다시 이 절에 들러 그 절경을 노래한 글이다.

세이켄지는 해동(海東)의 경승지, 다시 찾으니 정은 더욱 깊어지네.

이미 속세를 뛰어 넘었으니, 어찌 한 조각 티끌인들 침입할 수 있을까?

깊은 계곡 물은 흘러 폭포 이루고, 기화요초 우거져 숲을 이루네.

수레를 문 밖에 세워둔 채, 객은 해가 이미 서산에 진 줄을 모르네.

이 절에 들러보니 뒤뜰에는 아마 박안기가 보았을 그때를 연상하게 해 주는 아름다운 숲이 우거져 있었지만 절 앞에는 기찻길이 나고 바다가 툭 터진 전면은 살벌한 현대판 해안이 전봇대로 더럽혀져 있을 뿐이었다. 하지만 절의 안마당에서 있는 2층짜리 종루(鐘樓)에는 위층 추녀 아래 '경요세계(瓊瑤世界)'라는 넉자의 한자가 잘 쓰여진 현판이 걸렸는데 이것이 바로 당시 박안기가 적어 놓고 간 것이다. '낙원' 또는 '이상향'이란 뜻의 한자 표현이다.

이것 말고도 일본에는 박안기의 자취가 몇 가지는 더 있음을 알 수 있었다. 예를 들면 오카야마현[岡山縣] 우시매[牛窓]에 있는 혼렌지[本蓮寺]라는 절에는 그가 쓴 글씨로 만든 족자가 남아 있다는데 가 보지는 못했다.

그런데 내가 일본에서 귀국한 몇 달 뒤에 일본인 학자 사카데 요시노부[坂出祥伸]가 나의 연구에 관심을 갖고 그가 발견한 자료를 보내주었다. 일본의 대표적 유학자 임나산(林羅山, 1583∼1657)이 박안기와 만나 나눈 대화 내용이 그의 문집에 남아 있는 것을 복사해 보내준 것이다.

이 대화기록에서 알 수 있는 중요한 사실 하나는 1643년 7월 그의 나이는 36세였다는 것이다. 임나산은 그때 자기 나이를 61세라 했으니 박안기는 1608년생임을 알 수 있다. 임나산은 박안기가 약관에 과거에 급제한 진사(進士)라고 밝히고 있는데 여러 조선의 사신과 친했던 이 일본 학자는 그해에는 특히 박안기와 가까워져 그에게 편지 5통과 시 14수를 보냈다는 사실도 일본 학자의 연구에서 알아낼 수 있게 되었다. 박안기는 그 당시 일본의 궁정화가 가노 단유[狩野探幽]에게서 자신의 초상화를 그려 받고 거기에 임나산의 글을 얹어 받아 기뻐했음도 알게 되었다.

하지만 이런 모든 정보에도 불구하고 박안기가 얼마나 당시 과학에 능통했는지를 밝힐 수는 없었다. 1643년 조선통신사의 일행으로 일본에 갔던 박안기는 당시 일본의 최고수준 천문학자에게 무엇인가를 가르쳐줄 수 있었고 그것을 바탕으로 일본의 시부카와 하루미는 일본인이 만든 일본에 맞는 최초의 역법이라는 '정향력'을 만들고 그것이 1684년에 채택되기에 이른다.

일본에 최초로 역법 전수

여하튼 1608년에 태어난 박안기는 일본인에게 천문역산학의 한 수를 가르쳐준 우리 과학사에 길이 이름을 남긴 과학자임이 분명하다. 그에 대한 연구가 진행되면 더 재미있는 사실이 밝혀질지도 모른다. 그러나 우선 일본의 큼직한 책 모두에 잘못 기록된 그의 이름부터 바로 잡는 일이 중요할지도 모르겠다. 《일본인명대사전》, 《일본역사대사전》, 《국사대사전》 등 일본의 큰 사전류에는 모두 그의 이름이 '용나산'이라 되어 있으니 말이다.

17세기 서양식 새 역법 도입한
허원 許遠 1662~?

이웃 나라 일본과 중국에 비해 우리나라에는 서양 과학이 아주 늦게 들어오기 시작했다. 1600년 전후해서 일본과 중국에는 제대로 서양의 과학기술이 들어오기 시작했지만 우리는 그런 기회가 전혀 없이 19세기를 맞았던 것이다. 우리가 중국과 일본에 비해 근대화에 늦을 수밖에 없었던 까닭은 바로 여기에 있다. 당시 사정이야 어쨌거나 서양의 선교사들이 중국과 일본에만 와서 서양 과학기술을 가르쳐주었고 조선에는 오지 않았던 때문이다. 그런 가운데 아주 작은 부분이기는 하지만 서양 천문학의 일부를 국내에 들여온 당시의 대표적 천문학자로 허원을 들 수가 있다.

중국 왕래 서양 천문학 배워

그가 배워 온 서양 천문학 덕택에 서양식으로 만들어진 역법이 18세기 초에는 우리 것이 될 수 있었다. 물론 그것은 당시 서양 천문학 전반이 아니라 달력 만드는 기술에 관한 것이고 주로 수학적 계산의 재주라고 할 수가 있다. 하여튼 그런 기술을 처음으로 국내에 들여온 사람이 숙종 때의 천문학자 허원이다.

허원이라는 이름은 한국의 천문학자를 말할 때 여기저기 나오기는 하지만 아직 그의 일생에 대해 상세한 내용을 연구해 글을 써 놓은 경우는 없다. 조선시대 천문학자를 포함한 과학기술 관리는 주로 관상감 (觀象監) 관리였고 대개 중인(中人)이었다고 할 수가 있다. 양반 축에는 못드는 중인이란 계층의 관리들이 있었다는 것은 대개 잘 알려져 있다. 그들은 본격적인 정치에 가담할 자격이 없지만 그런대로 기술직을 독점하여 그 시대에 비교적 잘 살고 있었다고 알려져 있다.

당시의 기술관리 시험은 잡과(雜科)라고 불렀다. 잡과의 합격자 명단을 뒤져 보아 지금까지 찾아낸 사실은 다음과 같다. 허원은 1662년에 태어났고 본관이 양천(陽川)이다. 크게 보자면 《홍길동전》의 허균이나 《동의보감》의 허준과 같은 집안이 되는 셈이다. 하지만 다른 사람들의 경우 아버지와 할아버지 이름이 밝혀져 있는 수가 많지만 허원의 경우 이런 정보는 보이지 않는다. 또 《홍길동전》을 모를 한국인이 없고 아마 요즘은 《동의보감》을 처음 들어본다는 사람도 드물 것 같다. 하지만 허원이 1710년에 지은 책 《세초유휘(細草類彙)》에 대해 알고 있는 사람은 거의 없다. 역시 이 합격자 명단에 들어 있는 설명에 의하면 허원은 숙종 무자년(1708)에 중국에 가서 처음으로 '시헌칠정표(時憲七政表)'를 얻어 왔다고 적혀 있다. 그리고 그 후 이를 기준으로 천문 계산을 하게 되었다고 적혀 있다.

이것이 무슨 뜻일까? 이에 대해서는 허원 자신이 남긴 글이 도움이 된다. 그의 책《세초유휘》의 서문에서 그는 당시 숙제였던 서양 방식에 의한 새로운 천문계산법을 배워 오게 된 과정을 이렇게 설명하고 있다.

원래 역법, 즉 천문 계산이란 오랜 시간이 지나면 잘 맞지 않게 되기 마련이다. 그래서 전에 사용했던 대통력(大統曆)과 수시력(授時曆)은 그 당시로는 대단히 훌륭하던 역법이지만 오랜 기간이 지나 이제 차이가 나게 되었음을 인정하게 되었다. 그런데 최근 서양 사람 탕약망(湯若望, 아담 샬)이 새로 만든 방식(新法)은 1628년에 시작하여 1636년에 발표된 것으로 우리나라에서도 이를 배우려고 힘쓰게 되었다.

1710년《세초유휘》저술

그래서 임금께서는 관상감 관원인 김상범(金尙范)을 중국에 보내 여러 해 동안 이를 배워오게 했지만 이룩할 수 있었던 것은 해와 달의 운동 대강을 파악하는 수준에 그치고 말았다. 해와 달과 5행성의 운동을 정확히 파악하고, 또 이들 사이에 서로 접근하거나 겹치는 현상을 계산하는 기술에는 아직 미치지 못한 채 그는 중국 땅에서 죽고 말았다. 그러자 이번에는 해와 달의 운동, 그리고 달의 크고 작음을 계산하는 것이 더 차이를 일으키기에 이르렀다. 그 때문에 1705년 정부는 허원을 중국에 파견하여 중국 천문학자 하군석에게서 천문 계산을 배우고 많은 서적을 수입하게 했으나 이런 일이 중국에서는 비밀이기 때문에 금성과 수성의 연근, 태양 운동 일부, 그리고 일식과 월식의 계산 등에 부분적으로 부족한 부분이 있었다. 이에 1708년에 허원은 다시 중국에 가서 이들 부족했던 부분을 보충함으로써 60여 년 만에 이를 성공적으로 완수할 수 있었다. 그동안 이를 배워 오는 데 있었던 여러 가지 자료 수집과 문답 등을 정리하여 책으로 남기게 된 것이 바로《세초유휘》라는 설명이다.

　허원 자신의 말로 그가 한 일은 바로 서양식 새 역법을 배워 오는 일이었음을 알 수가 있다. 서양식 새 역법이란 그동안 중국에서 사용하던 역법이 오랫동안 사용하여 잘못된 구석이 많아지자 이를 새로운 방식으로 고친 것을 말한다. 원래 1644년 중국에 사신으로 갔던 김육(金堉, 1580~1658)이 이를 건의하여 1653년에 이를 채용하기로 결정했던 것이다. 이를 위해서는 이 새로운 계산법 등을 배워야 하는데 당시 천문 계산 등은 중국인들이 조선인에게 가르쳐줄 수 없는 비밀 정보였다. 즉 천문 계산이란 중국의 천자(天子)나 할 수 있는 일이지 중국의 제후국에 불과한 조선의 왕은 그런 계산을 하고 독립적인 역법을 만들어 선포하는 것이 옳지 않다고 여겼던 때문이다. 그 때문에 중국에서 그런 책을 구하는 일도 어려웠고, 더구나 그 원리와 계산 기술을 배운다는 일은 더욱 어려운 일이었다. 당시 조선 정부는 많은 돈을 주어 이를 뇌물로 쓰며 새 역법을 배우게 했고 김상범은 이런 일을 하다가 완전히 배우지 못한 채 중국을 왕래하다가 사망하고 말았던 것이다. 말하자면 김상범은 조선이 중국에 파견한 '과학 스파이'였다.

허원은 그를 계승하여 새 역법의 학술적 수입을 완성하는 공을 세웠다고 할 수 있다. 이것이 그가 남긴 가장 뚜렷한 업적이다. 당시 조선에서 쓰던 역법은 세종 24년(1442) 완성한 '칠정산(七政算)'이었다. 세종 때 만든 이 천문계산법은 당대로서는 세계 세 번째는 될 정도로 발빠르게 당시 최고 수준의 천문학을 서울에 맞게 수정해 들여온 것이었지만 이미 200년 이상이 지나 계산에 잘못이 나오기 시작한 상태였다. 게다가 중국에 들어와 활동하기 시작한 서양 선교사들은 중국인들이 막 앞서기 시작한 서양 천문학에 대단한 관심을 보이자 이를 열심히 소개하고 또 가르치려는 책을 쓰고 있었다.

앞에 말했듯이 서양 선교사 아담 샬은 1636년까지는 서양 천문학이 밝힌 관측 자료를 근거로 중국의 천문 계산을 한 차원 높게 해낼 수가 있게 되었고 그것을 시헌력이라 부르게 된다. 김육의 건의에 따라 조선 정부는 1653년 시헌력을 채택했지만 아직 제대로 계산할 수 있는 기술을 터득하지는 못한 채였다. 바로 김상범과 허원이 반세기에 걸쳐 그런 기술을 완전히 도입하여 서울 기준의 새로운 천문계산법을 완성하게 되었다고 할 수 있다.

자명종 · 수총기 · 지남철 도입

하지만 당시의 실록에는 그가 중국에서 가져온 것이 역법만도 아니라는 사실을 몇 가지 기록에 남기고 있다. 1714년(숙종 40) 기록에 의하면 관상감정(觀象監正) 허원이 연경(燕京: 베이징의 옛 이름)에서 사왔던 《의상지(儀象志)》를 관상감이 간행해 올렸는데 서적이 모두 13책이었고 도본(圖本) 2책도 붙어 있었다고 한다. 이듬해 기록에 의하면 허원은 《일식보유(日食補遺)》,《교식증보(交食證補)》,《역초병지(曆草騈支)》 등 모두 9가지 책과 측산기계 6종을 구해왔다고 적혀 있다. 또 서양의 자명종을 사왔는데 그 제작된 것이 매우 기묘(奇妙)했다고도 적혀 있다. 이를 모두 임금에게 올리고, 특히 자명종을 그 모양대로 만들어 관상감에 두기를 청하니 이를 허락했다.

또 1723년(경종 3) 5월에는 관상감에서 서양의 수총기(水銃器)를 만들 것을 임금에게 요청하면서 그것을 허원이 중국에서 구해온 것이라고 밝히고 있다. 수총기란 것은 불 끄는 기구를 말한다는 설명이 붙어 있다. 임금이 명을 내려 군부대에도 이를 만들어서 비치하도록 했으나 경비가 바닥이 났다며 풍년이 들 때를 기다려 만들자고 청하니, 임금이 역시 허락했다는 기록이 보인다. 1731년(영조 7)에는 풍수지리에 관한 정부의 토론 과정에서 근래 허원이 새로 지남철(指南鐵)을 만들었는데 단지 해의 그림자를 취하여 남북을 정하는 그 방법이 아주 정밀하다고 하는 논평이 보인다. 이상 실록에서 보이는 그가 도입한 새로운 기구들로는 자명종, 수총기, 지남철 등이 있음을 알 수 있다. 천문계산법을 도입하여 새로운 역법 '시헌력'을 뿌리내리게 한 허원은 그 밖의 몇 가지 서양식 기구 도입에도 한몫 했음을 알게 해준다. 또 이렇게 직접 도입한 과학 기구 이외에 그림으로만 알아온 서양식 기구들이 적지 않았을 것도 짐작하게 된다. 중국에서 사다가 국내에서 다시 찍어냈다는 《의상지》에 붙어 있는 도본 2책이란 다름 아닌 그런 기구들의 그림 2책이란 뜻이기 때문이다.

허원은 아직 그의 일생에 대해 상세한 연구가 되어 있지 않지만 17세기 조선이 서양식 새 천문계산법을 도입하는 데 결정적으로 기여한 천문학자였다. 또 그가 가져온 서양식 천문기구에 대한 설명과 그림을 그린 책 《의상지》는 국내에 다시 인쇄되어 나와 천문학 소개에 한몫을 할 수 있었고 그가 가져온 자명종은 관상감에서 흉내 내어 제작되었던 것도 분명하다. 그뿐만 아니라 그는 물을 뿌려 불을 끄는 수총기를 도입하여 국내에 소개했고 햇빛만을 관측하여 남북을 알아내는 지남철도 처음 만들었다고 알려져 있다. 그가 만든 지남철이란 자석을 쓴 보통의 것이 아니라 햇빛의 방향만을 이용한 새로운 장치의 나침반이었다는 사실도 알만하게 해준다. 앞으로 더 연구하여 허원의 일생 그리고 그의 과학사상의 공적을 자세하게 밝힐 필요가 있을 것 같다.

입체적 정보 지리학 착안한
이중환 李重煥 1690~1756

우리 역사상 가장 훌륭한 지도를 만든 사람을 한 명만 고르라면 아마 많은 사람들은 김정호(金正浩: 1804?~1866?)를 꼽기 쉬울 것이다. 그만큼 그의 〈대동여지도〉는 아주 정확하게 우리나라의 모양을 종이 위에 옮겨 준 것이었다. 그러나 아무리 그 지도가 정확하다 해도 지도만 가지고는 우리는 우리가 살고 있는 땅에 대한 충분한 지식을 가졌다고 말할 수는 없을 것이다. 지도에는 우리가 살고 있는 땅에 대한 평면적인 정보만이 그려져 있을 뿐이어서 보다 입체적인 정보가 부족하기 때문이다.

지금도 우리들은 우리가 사는 집을 지을 때나 아니면 우리 조상을 묻을 묘소를 마련할 때에는 각별하게 둘레의 산 모양도 더욱 살펴보고 물

이 흐르는 모양도 관찰하고 또 그 밖의 여
러 조건을 살피기 마련이다. 이런 관심이
지나쳐서 어떤 체계적 이론으로 나타난다
면 그것은 바로 우리 역사에도 풍부했던
풍수지리설이 될 것이다. 극단적인 풍수
지리설이 미신인 것은 분명한 일이지만
그 바탕을 이루는 생각은 모든 사람에 공
통되는 기본적인 것이다.

《택리지》(규장각한국학연구원 소장)

새로운 방향의 지리학에 관심

《택리지(擇里志)》라는 특이한 지리학 책을 후세에 남겨 유명한 이중환
은 바로 전통적인 풍수지리설을 극복하고 새로운 지리학의 길로 들어
서기 시작한 우리나라 근대 지리학의 개척자로 꼽을 수 있다. 이중환
에 대해서는 별로 알려진 것이 없다. 1690년, 즉 숙종 16년에 이진휴
(李震休)의 아들로 태어났고 713년에는 증광별시에 합격하여 벼슬길에
들어갔다. 김천(金泉) 찰방, 주서, 지평 등을 거쳐 병조정랑(兵曹正郎)까
지 지낸 것으로 되어 있다. 호를 청담(淸潭) 또는 청화산인(靑華山人)이
라 했고 자는 혼조(琿祖)였다.

그가 37살 때에 신축(辛丑), 임인(壬寅)의 사화가 일어났다. 소론이
노론을 고발한 1721, 1722년의 사화를 말한다. 그의 장인이 여기 연루
되었던 관계로 이중환도 1726년 먼 섬으로 귀양을 가게 되었고 그의
공직 생활은 이로서 끝을 맺는다. 그 후에 그가 어떻게 살아갔는지는

알 길이 없다. 아마 연구의 날을 보냈던 것이 아닐까 생각되기는 하지만《택리지》이외에는 그의 저술로 알려진 것은 없다.

이 책은 1751년 또는 1752년쯤 완성되었으리라고 생각은 되지만 확실하지 않다. 또 이 책에는 원래 이중환이 이름을 붙여준 것이 아니었던 듯 수많은 이름이 전해진다.

지도 말고도 수많은 지지(地志)가 나왔다는 것은 잘 알려진 일이다. 예를 들면《세종실록》에는 〈지리지〉가 덧붙여 있고《동국여지승람(東國輿地勝覽)》같은 책은 조선시대의 가장 뛰어난 작품으로 손꼽을 수도 있다. 여기에는 지리적인 특징 이외에도 각 지역에서 나는 특산물도 기록되어 있고 그 지역 출신의 유명한 학자도 소개 되었으며 각 지역의 고적까지도 소개되어 있다. 맹자는 정치에 필요한 것으로 천시(天時), 지리(地利), 인화(人和)의 셋을 든 일이 있다. 이런 지리지 등이 만들어지는 배경에는 바로 이런 관심이 강하게 흐르고 있었다.

전국토에 대한 평가 작업 시도

그런 조건 속에 살고 있던 이중환은 지도 또는 지리지가 다루지 않는 어떤 것을 정리해보기로 마음 먹었던 것 같다. 어차피 한 개인으로서는 국가적 사업으로 완성된《동국여지승람》을 수정할 정도로 새로운 조사를 해낼 수는 없는 일이었다. 그가 시도한 작업은 이미 다른 책에 설명되어 있는 자료들 가운데 자기가 필요한 것만을 골라 그를 바탕으로 전에 다른 사람들이 시도하지 못했던 전국토에 대한 평가 작업을 해보려 했던 것이다.

전국을 대상으로 어느 곳이 살기 좋으며 어느 곳이 살기 나쁜가를 결정하고 그 이유를 밝혀주려는 일이었다. 그의 판단 기준은 경제적 조건과 자연적 조건 등 아주 합리적인 것이었다. 물론 여기에는 전통적인 풍수지리적인 조건도 상당히 가미되어 있어서 그 시대의 한계점을 들어내주는 것도 사실이다.

《택리지》의 핵심

《택리지》는 그 구성이 네 부분으로 되어 있다. 첫째, 사민총론(四民總論), 둘째, 팔도총론(八道總論), 셋째, 복거총론(卜居總論), 넷째, 총론(總論) 등이 그것이다. 이 가운데 처음과 마지막 부분은 그 분량도 짧고 별로 중요한 내용도 아니라 할 수 있어서 결국 가운데 두 부분이 이 책의 핵심을 이룬다고 할 수 있을 것이다. 그 가운데에서도 더욱 흥미 있고 독창적인 그의 모습은 셋째 부분에서 들어난다.

먼저 첫째, '사민총론'에서는 우리가 사민(四民)이라 부르는 사(士), 농(農), 공(工), 상(商)의 구분이 어떻게 해서 생기게 되었나를 설명하고 있다. 그리고 끝에 가서 이 책의 목적은 이들 사민 가운데 특히 지배계층인 사대부, 즉 양반계층의 '살만한 곳(可居地)'을 고르는 데 도움을 주기 위한 것임을 밝히고 있다. 이중환이 살고 있던 시대의 형편을 잘 보여준다고 할 수 있다.

둘째, '팔도총론'은 북에서부터 차례로 8도의 형세를 설명한 것으로 다른 지리지와 비슷하면서도 그 분량은 오히려 빈약하다. 각 도의 설명에 앞서 이중환은 우리나라의 역사와 지리를 아주 간략하게 소개하고 있는데 그중에는 다음과 같은 말도 있다. 우리나라는 "산이 많고 평야가 적으며 백성은 유순하고 조심성이 있지만 옹졸하다"는 것이다. 우리의 지형이 이렇고 저렇기 때문에 한국인의 특성이 어떻다는 투의 지리적결정론(地理的決定論)은 그 후의 우리 역사에도 툭하면 나오는 말인데 이미 이중환은 이런 논평을 하고 있었던 것이다. 하지만 이런 해석이 아주 위험한 것임은 물론이다.

여기서 그는 8도를 차례로 예를 들어 각 지방의 역사, 지리, 지세, 기후, 물산, 인물 등을 간략하게 설명하고 각 지역에 따라 '살만한 곳'인지를 판정해준다. 그보다 100년을 앞서 살았던 풍수지리의 대가 남사고(南師古, 1509~1571)의 이름이 여러 차례 등장하는 것만 보더라도 이중환은 이 부분에서 상당히 풍수지리의 영향을 들어내고 있음을 알 수 있다. 그러나 한편 그는 장기 있는 곳을 꼬집어 내어 살기 나쁜 곳의 중요한 근거로 삼고 있기도 하다. 장기(瘴氣: 축축하고 더운 땅에 생기는 독한 기운)가 있다는 것은 요즘 표현으로 한다면 풍토병 또는 전염병이 돈다는 것을 말한 셈인데 아직 병균에 대한 지식이 알려지기 전이었기 때문에 이런 표현이 쓰여진 것이었다.

살기 좋은 곳을 물색하는 방법 기술

《택리지》에서 가장 독창적인 셋째, '복거총론'이란 살기 좋은 곳을 물색하는 방법을 말한 셈인데 이중환은 그 구비 조건으로 지리(地理), 생리(生利), 인심(人心), 산수(山水)의 넷을 들고 있다.

먼저 그가 지리라고 내세운 부분은 다분히 예로부터 내려온 풍수지리의 이론에 따라 산의 모양과 물의 흐름이 어떤 곳이 살기 좋은지를 설명한 것이다. 그는 사람은 양기를 받아야 살 수 있는데 하늘은 곧 양광(陽光)이므로 하늘이 너무 산으로 가려진 곳에서는 살 것이 아니라고 경고하고 햇빛이 잘 드는 곳에 살 것을 권한다.

그가 생리라고 강조한 부분은 경제적 조건을 가리킨 것이다. 그는 우선 생산성이 높을 것과 다음은 교역이 활발한 곳을 좋은 곳이라 판단했다. 그는 우리나라에서 비옥한 땅으로 전라도의 남원, 구례, 경상도의 정주, 진주 등을 꼽았다. 또 목화가 잘 되는 지방으로 충청도의 황간, 영동, 옥천, 회덕, 공주를 들고 그 밖의 특수작물이 잘 되는 곳도 지적했다.

또 교역이 잘 되기 위해서는 말보다는 수레가, 수레보다는 배가 좋다고도 썼다. 해상무역으로 백만금을 모은 부자들이 서울, 개성, 평양, 안주 등에 있다면서 그는 상업의 중요성을 말하고 있는데 이것은 당시로서는 상당히 앞선 주장이었다. 그 밖에도 8도의 인심에 대한 논평이 있고 산수라는 부분에서는 다시 한번 우리 지형과 우리역사 및 민족성과의 관계가 조명된다. 이중환의 이러한 노력은 당시로서는 아주 새로웠기 때문에 많은 사람들의 관심을 끌었던 것 같다. 《동국산수록》, 《팔역지》, 《팔도가거지》 등 갖가지 이름 아래 이 책은 아주 넓은 독자층을 얻게 되었다.

1881년에는 일본어로 번역된 일도 있고 그것을 대본으로 중국어 번역본이 나오기도 했다. 이중환은 인간이 살고 있는 지리적 조건이 얼마나 그의 정치, 경제, 심리적 생활에까지 깊은 영향을 미치는가를 그 나름대로 정리해보려 애쓴 인문지리학자이며 환경학자였다.

굶어 죽었다는 조선 후기 주역 담당관
김영 金泳 1721~1803

천재 수학자로서 정신분열증으로 고생했던 미국의 존 내쉬(John F. Nash.
jr. 1928~)는 1994년 노벨경제학상을 받았다. 그리고 그의 일생을 영화
로 그린 작품이 바로 2001년 개봉한 〈뷰티풀 마인드〉인데, 이 영화는
우리나라의 수학자이며 천문학자인 김영을 떠오르게 한다. 그는 산술
에 미쳐 그야말로 정신병에 걸릴 정도였다고 옛 사람들은 전하고 있다.
더욱 안타까운 것은 극도의 불운에 허덕이던 김영이 '굶어서 죽었다'
는 기록이다. 명백히 그는 1803년 그가 죽을 때까지 대단한 천문학자
로 많은 업적을 전한다.

　이규경(李圭景, 1788~1856)은 김영이 "천재가 아주 뛰어나 …… 많은
책을 써서 다른 사람이 생각하지 못했던 바를 발표했다"고 말하고, 그

러나 그는 끝내 모화관(慕華館)의 허물어진 집에서 굶어 죽었고, 아들 하나를 남겼지만 그의 뒤를 계승할 수는 없었다고 기록하고 있다. 이 말은 이규경의 《오주연문장전산고(五洲衍文長箋散稿)》에 들어 있는 〈기하원본에 대하여〉라는 글 속에 있다.

《국조역상고》 등 천문학 책 저술

김영이 썼다는 많은 책 가운데에는 《국조역상고(國朝曆象考)》가 있고, 《신법중성기(新法中星記)》와 《신법누주통의(新法漏籌通義)》 등이 있다. 또 그는 손재주가 비상하여 적도경위의(赤道經緯儀)와 지평일구(地平日晷) 등 천문기구를 제작했다는 기록도 남아 있다. 먼저 책에 대해 설명해보자.

관상감에서 같이 천문학자로 일하던 성주덕(成周悳, 1759~?)과 함께 쓴 책이 《국조역상고》 4권으로, 이 책은 상하 2책으로 지금 영인본이 나와 있다. 이 책은 정조 20년(1796)에 관상감 제조였던 서호수(徐浩修, 1736~1799)가 천문관 성주덕과 김영을 시켜 편찬한 책으로 조선시대 천문학과 역산학의 기록을 수집·정리해 놓은 책이다. 말하자면 조선시대 천문학사(天文學史)인 셈이다. 1권에 관상감 제조 민종현(閔鍾顯, 1745~1798)과 서호수의 서문 그리고 이어서 범례와 총 목록이 있다. 그 다음 역법연혁(曆法沿革), 북극고도(北極高度)가 있고, 북극고도에는 주야시각(晝夜時刻)과 월식보법(月食步法)이 붙어 있다. 2권에는 동서편도(東西偏度)와 이에 붙은 절기시각(節氣時刻)과 월식보법(月食步法)과 중성(中星)이 역시 표를 주로 하여 기재되어 있다. 3권에는 의상(儀象), 4권

지평일구(서울대학교 박물관 소장)

에는 경루(更漏)가 기술되어 있다.

요컨대 1권은 천문역산의 역사를 쓰고, 한양과 각 도 감영 소재지에서의 해 뜨는 시각과 해 지는 시각을 설명하고 있다. 또 일식의 계산법도 나온다. 2권은 서울이 베이징보다 동 쪽으로 10도 30분 치우친 것을 말하면서 역시 각도의 경우도 설명하고 있다. 월식 계산법도 나온다. 3권의 의상이란 천문기구 일체를 말하는 것이며, 4권의 경루란 주로 물시계를 가리킨다.

다음은 역시 김영이 썼다는 《신법중성기》에 대해 알아보자. 지금 서울대학교에 속해 있는 옛날의 궁중 도서관 규장각(奎章閣)의 보관 도서(奎 2925)로 들어 있는데 총 41쪽의 길지 않은 책이다. 규장각 도서 해제에는 이 책이 "천문역법에 관한 것으로 매년 24절후에 매 시각 성좌의 동태[중성기(中星記)]를 기록한 표이다"라고 적고 있다. 또 1789년에 간행되었는데 관상감 제조 김종수(金鍾秀)의 서문이 있고 이 책을 만든 인물들의 이름으로 이덕성, 안사행, 김영, 최광진, 정충은, 김상우, 홍구성 등이 들어 있다. 당시 관상감 영사가 임금에게 경루를 교정하기를 건의하고 그 담당자로 김영을 추천했다는 기록이 보인다. 이 명령에 따라 김영 등은 《신법중성기》와 《신법누주통의》를 짓고 적도경위의 같은 기구를 만들어냈다는 것이다.

1년 12달, 24절기, 72후 등 수록

자궁십오도입춘초후(子宮十五度立春初候)부터 자궁십도대한삼후(子宮十度大寒三候)까지 24절기에 따라 해당일의 일출 일몰시간 및 주야의 시각, 28수(宿)와 도수(度數)의 대조가 차례로 기록되었고, 2권에는《성동분야기(盛東分野記)》가 수록되었다. 1년은 12달이며 그것은 다시 24절기로 나타내게 된다. 그리고 24절기를 다시 각각 3등분하면 72후(候)가 된다. 72후는 동지(冬至) 초후(初候), 동지 1후, 동지 2후, 소한(小寒) 초후(初候), 소한 1후, 소한 2후, 대한(大寒) 초후(初候)……로 이어진다.

중성이란 바로 이 시기에 남중(南中)하는 별자리를 말한다. 그것도 황혼에 남중하는 별과 새벽에 남중하는 별을 각각 저녁중성(昏中星)과 새벽중성(旦中星)이라 하는데, 이 별자리를 관측하는 일은 대단히 중요한 일이었다. 중성은 시대에 따라 조금씩 변하기 때문에 정확한 중성관측을 바탕으로 정확한 천체운동의 예보가 가능해지기 때문이다. 중성을 관측하는 일은 중국에서는 이미 춘추시대부터 시행되어 온 것으로 밝혀져 있다. 춘추 말기의 책인《하소정(夏小正)》에 이미 그런 기록이 남아 있기 때문이다. 물론 그 후의《서경》이나《사기》에도 중성 기록이 남아 있다. 우리나라에서는 언제 중성 관측을 해서 우리에게 맞는 천문 계산을 하게 되었을까? 늦으면 고려 말에서나 시작되었을 것으로 보인다. 고려 초에 이미 그랬을 개연성은 있지만, 증거가 남아 있지는 않다.

늦어도 고려 말에는 중성 관측을 한 것이 분명하다. 특히 조선왕조가 개창되자 만든 '천상열차분야지도(天象列次分野之圖)'에는 그런 설명이 남아 있기도 하다. 그 전에 고구려 때 남아 있던 천문도가 시대가 지나 천문 현상이 달라졌기 때문에 새로 중성기를 만들고 이에 따라 수정한 내용으로 만든 것이 이 천문도라는 설명이다. 조선시대에는 가끔 한 번씩은 중성을 관측하고 기록했던 것으로 보이고, 김영의 《신법중성기》란 바로 1700년대 말의 기록을 가리킨다고 하겠다. 또 규장각 도서 가운데에는 남병길(南秉吉)의 《중성신표(中星新表)》(奎5646)란 것도 남아 있는데, 이것은 1853년(철종 4) 여름에 완성된 것이다.

다음 역시 김영이 편찬했다는 《신법누주통의》(奎3158)를 보자. 36장 짜리의 이 책은 간단히 말하면 물시계를 제대로 사용하기 위해 어느 때에는 어느 막대를 사용할 것인가를 정리해 놓은 책이다. 물시계는 물통 속에 올라오는 수위(水位)에 따라 떠오르는 화살 같은 막대(漏箭)를 사용하여 그 막대가 가리키는 눈금을 읽도록 만들었다. 계절에 따라 밤과 낮의 시간이 달라지는 것은 우리 모두 잘 아는 일이다. 그런데 옛 사람들에게는 특히 밤 시간의 경우 '절대 시간'을 측정하는 것이 아니라 '상대 시간'을 아는 것이 훨씬 중요한 일이었다. 즉 지금 밤 시간이 얼마나 지났고, 또 밤이 얼마나 더 남았느냐는 것이다. 이를 알기 위해서는 계절에 따라 여러 개의 막대자, 즉 누전(漏箭)을 사용하게 된다. 이 막대자는 눈금이 서로 달리 그려져 있다.

여기에는 11전(箭)의 목록이 적혀 있는데 화살과 같은 막대에 눈금을 새긴 물시계의 수위 측정을 위한 일종의 막대자이다. 당시의 밤 시간은 경점법(更點法)을 썼다. 즉 하룻밤을 5경(更)으로 등분하고, 1경을 5점(點)으로 세분하는데, 밤의 길이가 계절의 변동에 따라서 달라지므로 수시로 누전을 바꿔서 사용하지 않을 수 없었다. 물론 누전의 눈금은 각각 다르다. 따라서 전은 절기에 따라 바꾸어 사용하도록 되어 있다. 책의 끝머리에는 24기에서의 혼(昏)·효(曉)·파(罷)와 1·2·3·4·5경 때의 중성을 28수로 나타내어서 마치 5언시(五言詩)와 같은 형식으로 적어 놓아 외우기 편하게 했다. 아울러 중성 부근의 별자리를 본문에 맞추어 그려 놓았다.

김영은 이런 책들을 완성하는 데 주역을 담당했던 것이다. 또 1789년 (정조 13) 그는 왕명을 받아 적도경위의와 지평일구를 만들었다. 그리고 그 생김새와 사용 방법이 자세히 설명되어 남아 있다. 이 기구는 그 당시에는 관상감에 보관되었다고 하나 지금은 지평일구만 서울대학교 박물관에 보관되어 있다.

대대로 천문관 집안

그는 조선 후기의 천문학자와 수학자 등의 잡과 합격자 명단 등에 기록을 남기고 있다. 이 자료에 의하면 그는 용궁(龍宮) 김씨라 되어 있다. 아버지는 역시 천문학자 겸 수학자인 김선흥(金善興)이지만, 할아버지와 증조부는 무과(武科)의 관직에 있었다고 밝혀져 있다. 무인에서 수학, 천문학으로 옮긴 집안으로 보인다. 김영의 자는 자함(子涵)인데 신축년(1721)에 태어났다고도 밝혀져 있다. 또 아들 인택(仁宅)과 의택 (義宅) 둘은 두었는데 의택은 1777년(건륭 42)에 천문학에 입격했고, 인택의 아들이며 김영의 손자인 상락(尙洛)은 1817년(가경 22)에 입격했다고 기록되어 있다. 이렇게 그의 집안은 대대로 천문관으로 활동한 것으로 보인다.

그렇다면 김영이 만년에 굶어 죽었다는 이야기는 무엇일까? 이 이야기는 이규경의 글에도 나오지만, 유재건(劉在建, 1793~1880)의 책《이향견문록(里鄕見聞錄)》에도 보인다. 이 책은 번역되어 1997년 출간되었는데, 그 가운데 상당히 상세하게 김영을 소개하고 그가 굶어 죽은 것으로 기록한 것이다. 아들도 둘이나 있고 또 아들 하나는 이미 1777년에 천문관이 되었을 터인데, 어찌하여 그는 굶어 죽었단 말인가? 좀 과장된 기록이 지금 남은 것은 아닐까 하는 느낌도 받게 된다.

여하간 유재건에 의하면 그는 영남 출신으로 호를 석천(石泉)이라 했다. 어려서부터 수학을 좋아하고 밤을 낮 삼아 연구했지만, 뒤에는《주역》에 빠졌다는 사실도 알 수 있다. 부서진 몇 칸의 집은 바람과 햇빛을 가리지 못할 정도였지만 김영은《주역》연구에 몰두하여 있었으므로 사람들이 그를 '주역 선생'이라 불렀다는 것이다. 전설 속의 인물이기도 하지만 그는 우리 역사의 존 내쉬라 할 수도 있을 듯하다.

조선 후기 최고의 천문역산학자
서호수 徐浩修 1736~1799

아버지 이래 3대에 걸친 과학자 집안

서호수는 그의 아버지 서명응(徐命膺, 1716~1787)과 아들 서유구(徐有榘, 1764~1845) 등 3대에 걸쳐 우리 역사상 위대한 '과학기술자 3대'에 해당한다고 할만하다.

1765년(영조 14) 문과(文科)에 장원급제했을 때의 방목(榜目: 과거 급제자 명단)을 보면 그의 아버지 이름은 서명익(徐命翼)으로 되어 있다. 그의 큰 아버지에게 양자로 갔던 까닭에 공식적으로는 그의 큰아버지 이름이 아버지로 밝혀져 있는 것임을 알 수 있다. 당시에는 양자 제도가 제법 많아서 서호수의 둘째 아들인 서유구는 역시 작은 집으로 양자를 보내 집안이 달라진다. 하지만 서명응-서호수-서유구는 실질적인 부자관계로 이어진 3대이고, 이 세 사람이 모두 우리 과학사에 뚜렷한 자취를 남기고 있다.

대대로 높은 관직을 지낸 이들 집안은 특이하게도 당시 천문학과 수학, 농학 등 지금으로 치면 과학기술에 특히 관심을 많이 가졌고, 또 그런 분야에 대해 많은 저술을 남겼다. 서호수의 아버지 서명응은 박제가(朴齊家)의 대표적 저서인 《북학의》에 서문을 써주었고, 스스로 천문학과 농학 등에 대한 많은 글을 남겼는데, 그의 작품은 《보만재총서(保晩齋叢書)》(1783)로 남아 있다. 그는 특히 당시 조선에 들어오기 시작한 서양 천문학에 대해 깊은 이해를 가졌던 것으로 알려져 있고, 그런 새로운 지식을 소화하여 천문학에 대해 글을 썼고, 그 밖에도 역학(易學), 농학, 음악 등을 망라한 대저작을 남긴 것이다. 그런가하면 그의 아들 서유구는 《임원경제지(林園經濟志)》를 써서 남긴 것으로 특히 유명하다. 당시 중국과 조선의 농서를 모두 참고하여 쓴 이 책은 조선 후기의 가장 크고도 상세한 대표적 농서로 알려져 있다. 또 한 가지 덧붙여 둘 사실은 서호수의 며느리이며 서유구의 형수인 빙허각(憑虛閣) 이씨(李氏, 1759~1824)도 오늘날까지 널리 알려진 조선시대의 대표적 부녀를 위해 한글로 쓴 생활지침 백과전서 《규합총서(閨閤叢書)》(1809)의 저자라는 점이다. 《규합총서》는 부녀자를 위해 한글로 쓴 조선시대의 대표적인 생활지침 백과사전이다.

전국의 위도 계산 직접 맡아

1756년 생원 시험에 합격하고, 1765년(영조 41) 문과에 장원급제한 그는 바로 관직에 나아갔다. 사간원, 사헌부, 홍문관 등 여러 관직을 거쳤으나, 지방 여러 곳의 수령이나 감사 등을 나간 기록은 별로 없다. 주로 서울에서 학자에게 어울림 직한 관직에 주로 복무했다고 할만하다. 또 정조 초기에는 도승지를 지낸 일도 있고, 말년에는 우의정의 물망에도 올랐다지만, 실제로 그가 오른 최고 관직은 이조판서였다.

《규합총서》

그가 남긴 여러 업적 중 천문학 분야에서 그의 업적은 가장 두드러지다. 실제로 당시는 서양 천문학이 중국에 들어와 새로운 역법을 만들어 낸 다음이었다. 1644년 아담 샬[Adam Schall, 1591~1666] 등이 완성한 서양식 역법 체계인 '시헌력(時憲曆)'은 조선에서도 그 직후 1653년에 이미 수입하여 사용하기 시작했다. 그전에 사용하던 역법, 예를 들면 세종 때 우리나라에 맞게 정비했던 칠정산(七政算)이 오랜 기간 동안 어긋나기 시작했기 때문에 새로운 역법을 채택하는 일은 불가피한 일이었을 것이다. 하지만 이렇게 형식상 중국에서 새 역법 시헌력을 수입은 했지만, 아직 그 구체적 계산 방법이나 의미 등을 터득하지는 못한 상태였다. 중국은 그 구체적인 내용을 비밀로 하고 있었기 때문에 이 내용을 속속들이 배워 익힌다는 일은 어려웠다. 그렇기에 여러 해에 걸쳐 조선의 천문학자들은 중국에 파견되어 이를 배워 오려 노력했다. 서호수는 바로 그런 시기에 새로운 천문학을 배워 익히는 일에 앞장섰던 인물 중 하나였다. 그는 구체적인 기술적 측면은 관상감 소속의 천문학자들에게 맡겼지만, 그 이론적 배경 등에 대해서는 나름대로 이를 충분히 알고 있었던 것이다. 1791년 관상감 제조(提調)를 맡고 있던 서호수는 전국의 위도(緯度) 계산을 맡아 해낸 일도 있다. 직접 관찰을 통한 측량은 하지 않은 듯하지만, 정밀지도를 바탕으로 계산에 의한 전국 주요 도시의 위도를 계산해 밝힌 것이다.

특히 그는 1796년(정조 20) 완성된《국조역상고(國朝曆象考)》를 주로 맡아 펴낸 것으로 보인다. 서문에도 밝혀져 있는 것처럼 이 책은 조선시대 천문역산학의 역사를 기술하고 있는데, 그가 성주덕(成周悳), 김영(金泳) 등과 함께 지은 것이라 밝혀져 있다. 당시 조선의 천문관서인 서운관 또는 관상감에는 대표적인 천문학자로 성주덕과 김영 등이 있었으니 이들과 협조하여 이 책이 완성된 것은 당연한 일이다. 이 책은 4권으로 구성된 조선시대 천문역산학의 역사서라 할 수 있다. 1권은 천문학의 역사(曆法沿革), 위도의 계산(北極高度), 낮과 밤의 시각(晝夜時刻), 일식의 계산(日食步法)을 담고 있다. 2권은 전국의 동서편도(東西偏度)를 설명하여 서울 기준으로 어느 지방이 동으로 또는 서로 얼마나 치우쳐 있는지 계산해 보여준다. 당연히 지방 위치에 따라 절기의 시각도 달라진다(節氣時刻). 그리고 월식 계산법과 중성(中星)에 관한 정보가 붙여져 있다. 3권은 천문기구의 발달사(儀象)이며, 4권은 물시계(更漏)에 관한 내용이다.

1818년에 성주덕이 편찬한《서운관지(書雲觀志)》는 서호수가 죽은 지 19년이나 뒤에 완성된 책이므로 당연히 그의 직접적 영향을 말하기는 어렵다. 하지만 조선시대 천문역산 담당 기관이던 서운관 또는 관상감의 역사를 상세하게 다룬 이 책은 바로《국조역상고》의 후속편이라고도 할 수 있어서 서호수의 입김을 느끼게 된다.

우리 실정에 맞는 농업기술서《해동농서》펴내

천문학 다음으로 그가 진력했던 분야로는 역시 아버지가 힘썼던 농학 분야를 들 수 있다. 그는 아버지의 농업기술 중시 사상을 계승하여 농업기술에 대해 여러 가지 주장을 펼쳤다. 그의《해동농서(海東農書)》는 정조의 1798년 윤음(綸音: 임금이 신하나 백성에게 내리는 말)에 따라 지어 올린 것인데, 대부분은 중국 명나라 때의 서광계(徐光啓)가 지은《농정전서(農政全書)》를 참고해 만든 것이 드러나지만, 그 나름의 독창적 주장도 들어 있다. 전제(田制)의 개혁에서 농기구, 수리(水利) 문제까지 폭넓은 문제를 다루고 있는데, 특히 농사에 있어서의 관개(灌漑)의 중요성을 강조하여 용미차(龍尾車) 등의 중요성을 강조하며 수차(水車)의 제조 보급을 설명하고 있다. 그의 아들 서유구가 보다 본격적인 농업기술서라 할 수 있는《임원경제지》를 지어낸 것도 바로 이런 가문의 전통을 계승한 것이라 할 수 있다.

그는 특히 여러 가지 문헌의 편찬에 탁월한 공을 남겼다. 규장각의 당상관 벼슬인 직제학(直提學)으로 있으면서 그리고 그 전후에 수많은 책의 저술에 관여했던 것이다. 정조의 즉위와 함께 1776년 3월에 시작된 규장각은 정조 재위 기간 동안 궁궐의 도서관, 출판부, 임금의 정치적 자문 기관 등을 겸한 막강한 기능을 수행했다고 해석된다. 원래 그런 기구의 필요성이 제기된 적도 있고, 실제로 규장각이란 기관을 세운 적도 있지만, 제대로 이 기관이 출범한 것은 이때가 처음이다. 그러나 정조의 죽음과 함께 규장각은 약화되고 점차 도서관 역할을 하게 되어 지금은 서울대학교의 부속기관으로 남게 되었다. 1781년 2월에 규장각의 체제를 새로 고쳐 정조의 개혁정치를 돕기 위한 정책 연구와 이를 위한 도서 수집, 그리고 개혁 동조세력의 결집 등을 위한 활동을 본격화했다. 규장각이 정조의 개혁정치를 위한 중추기관이었던 까닭에 규장각 각신(閣臣)은 광범한 기능을 가졌고 권력의 핵심에 머물렀다고도 여겨진다. 바로 이 기능을 강화하는 데 아이디어를 냈던 사람 하나가 서호수의 아버지 서명응으로 알려져 있기도 하다.

그런데 바로 같은 해인 1781년 서호수는 왕명을 받아 규장각의 도서목록을 작성하게 된다. 지금 규장각에 남아 있는 그의 《규장총목(奎章叢目)》은 전통적인 도서 분류 방식인 경(經), 사(史), 자(子), 집(集)으로 각각 1권에서 4권까지로 나눠 특히 중국에서 수입해 온 책들을 설명을 붙여 소개하고 있다. 조선시대에 나온 규장각 도서 소개서로는 가장 훌륭한 것으로 꼽힌다. 물론 지금은 현대판의 보다 상세한 규장각 도서해제 등이 나와 있다.

서양 과학지식 익혀 농학·수학 등 다방면 기술

서호수는 정조의 문집 《홍재전서(弘齋全書)》의 편집에도 참여했을 뿐 아니라, 당시 기획되어 출판된 조선시대 최고의 백과사전이랄 수 있는 《동국문헌비고(東國文獻備考)》(1770) 편찬에는 아버지 서명응과 함께 했다. 이 책은 지금도 널리 애용되는 전통시대의 백과사전인 셈인데, 흔히《문헌비고》라 부르고, 사실은 그 후 몇 차례 개정 증보되어 오늘에 이르고 있다. 그는 또한《영조실록》과《국조보감》등 역사서 편찬에도 가담했고, 아버지 서명응의 문집《보만재집》을 편찬해 후세에 남기기도 했다. 이미 앞에 소개한 것처럼 그는《국조역상집》《서운관지》등 천문학 관련 서적의 편찬에 깊이 관여된 것도 설명한 바와 같다. 그런데 그의 아들 서유구가 남긴 자기 아버지에 대한 저서 목록을 보면《혼개통헌집전(渾蓋通憲集箋)》,《수리정온보해(數理精蘊補解)》《율려통의(律呂通義)》등 지금은 남아 있지 않은 것으로 보이는 책 제목들이 보인다. 이들은 중국의 천문학, 수학, 음악학 등의 서적을 바탕으로 해설한 책인 것으로 보인다. 특히 첫 책은 서양식 해시계에 대한 설명을 바탕으로 한 천문학 책, 둘째는 역시 중국에서 대규모로 편찬되어 나온 수학 책《수리정온》에 관한 것이 분명하며, 셋째는 역시 중국의 음악 책《율려정의(律呂正義)》를 바탕으로 쓴 책으로 보인다.

이 모두가 중국에서 서양 과학 지식을 흡수하는 과정에서 특히 서양 선교사 학자들의 노력에 힘입어 저술된 것임을 알 수가 있다. 이미 아버지 서명응이 그랬듯이 중국을 두 차례(1776~1777, 1790) 방문한 적이 있는 서호수는 당시 중국에 수용되고 있던 서양 과학에 대해서 깊은 관심을 갖고 주목하고 있었던 것을 알게 된다. 하지만 막상 그가 써서 남긴 중국 여행기《연행기(燕行記)》에는 당시의 과학기술에 관한 내용은 거의 없어서 유감스럽다. 이 기행문은 이미 한글로 번역되어《국역 연행록선집》5권에 들어 있다.

〈대동여지도〉 만든 조선의 지리학자
김정호 金正浩 1804?~1866?

김정호와 그의 〈대동여지도(大東輿地圖)〉는 한국 사람이라면 거의 다 알고 있을 만큼 유명하다. 그를 위대한 지리학자로 만든 것은 누구인 가? 분명히 김정호의 이름과 그의 〈대동여지도〉는 19세기 말까지는 거의 알려져 있지 않았다. 아마 1세기 전까지는 아무도 지도가 중요하 다고 생각하지 못했기 때문일 것이다.

그는 전국 지도인 〈청구도(靑邱圖)〉를 1834년에 제작했으며 이어서 서울의 지도인 〈수선전도(首善全圖)〉를 1840년대에 만들었다. 그 후 〈동여도(東輿圖)〉(1857), 〈대동여지도〉(1861, 1864)를 제작했으며 전국 지 리지인 〈동여도지(東輿圖志)〉(1834~1844), 〈여도비지(輿圖備志)〉(1853 ~1856), 〈대동지지(大東地誌)〉(1861~1856)를 편찬했다. 알려져 있거나 남아 있는 지도만 그렇다는 말이니 알려지지 않은 채 사라진 것도 있을지 모르는 일이다.

그런데 이렇게 대단한 지리학자, 지도 제작자 김정호가 1세기 전 정도만 해도 아무도 모르는 존재였고, 그 후 이름이 알려지면서 엉뚱한 전설 속의 인물이 되어 갔다. 첫 번째 오해로는 그가 지도를 만들기 위해 백두산을 일곱 번 올랐다거나 전국을 세 차례 답사했다는 이야기이다. 그런 개연성을 말하는 것이기는 하겠지만 역사 자료 속에는 이런 증거가 전혀 없다. 어쩌면 김정호는 전혀 답사는 해보지도 못한 채 지도를 만들었을지도 모른다. 또 그렇게도 할 수 있을 정도로 19세기 초에는 그 전에 만든 많은 지도가 있었다. 두 번째 오해는 그가 〈대동여지도〉를 만든 줄 알게 된 대원군은 그의 쇄국정책과 어긋나는 이런 지도를 그냥 둘 수가 없어서 김정호를 처형했다는 설이다. 어떤 경우에는 김정호의 딸도 함께 처벌받은 것으로 되어 있다. 역시 근거 없는 전설일 뿐이다. 여하튼 이런 이상한 과정을 거쳐 지금 김정호는 우리 모두에게 친숙한 인물로 자리잡았다. 그렇다면 우선 그가 남긴 지도들의 훌륭한 점은 무엇인가?

우리나라에 대한 근대적 지도로는 일본 육군이 1898년 실제 측량하여 만든 5만 분의 1 지도 〈군용비도(軍用秘圖)〉가 있다. 바로 이런 근대식 지도가 나오기 전에 만들어진 가장 뛰어난 전통적 지도가 김정호의 〈대동여지도〉이다. 〈대동여지도〉는 옛날의 전국 지도 가운데 크기가 제일 크다. 22쪽으로 나눠 만든 이 지도 전체를 이으면 세로 6.6미터, 가로 4미터의 대형지도가 된다. 또 그의 지도들은 축척이 명시된 축척 지도이며 경위선 표식 지도이다. 경위선 표식 지도란 비교적 일정한

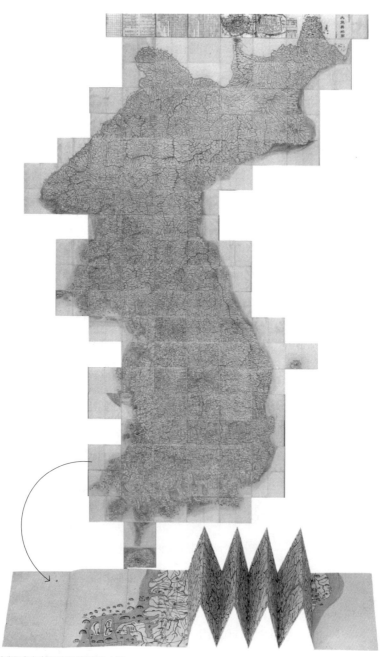

〈대동여지도〉(국립중앙박물관 소장)

크기의 방안(方眼)을 바탕에 그림으로써 축척을 적용하여 그린 지도로 서 〈선표도(線表圖)〉, 〈방안좌표지도(方眼座標地圖)〉 등으로 불려 왔다. 또 〈대동여지도〉는 한 면을 남북 120리, 동서 80리로 나누어 쉽게 거리를 짐작할 수 있도록 고안되었다. 축척은 지도 내용 속에도 표시되었다. 즉 도로 위 10리마다 점을 찍어 거리를 나타냈다. 특히 도로상의 10리점은 그 간격이 일정하지 않아 지형적인 조건을 알려준다.

〈방안좌표지도〉 10리마다 길이 표시

〈대동여지도〉는 분첩절첩식(分貼折疊式) 형태인데 책 모양으로 만든 것보다 휴대하고 다니기에 매우 편리하다. 우리나라를 남북으로 120리 간격, 22층으로 구분하여 1층을 1첩(帖)으로 만들고 22첩의 지도를 위 아래로 이으면 전국 지도가 되도록 했다. 1층(첩)의 지도는 동서로 80리 간격마다 1절(折) 또는 1판(版)으로 1절을 병풍 또는 아코디언처럼 접고 펼 수 있다. 22첩을 연결하면 전체 지도가 되고 하나의 첩은 다시 병풍처럼 접고 펼 수 있다. 또 그것은 목판본 인쇄로 널리 보급될 수가 있었던 것으로 보인다.

그의 〈청구도〉는 인구, 전답, 군정(軍丁), 곡식, 별칭, 군현, 서울까지의 거리 등을 써 넣어 지도가 복잡하게 보였다. 그러나 〈대동여지도〉는 글씨를 가능한 한 줄이고 표현할 내용을 기호로 보여 주어 현대 지도처럼 세련된 모양이다. 〈대동여지도〉를 보면 산이 가장 강하게 눈에 들어 온다. 그 이유는 산을 독립된 하나의 봉우리로 표현하지 않고 이어진 산줄기(산맥)로 나타냈기 때문이다. 더욱이 산줄기를 가늘고 굵게 표현함으로써 산의 크기와 높이를 알 수 있도록 했다. 백두산에서 이어지는 대간(大幹)을 가장 굵게, 다음으로는 대간에서 갈라져 나간 줄기를 그 다음으로 굵게 표현하는 등 산줄기의 중요성을 굵기로 나타냈다.

그 밖에도 도로, 군현의 경계, 봉수, 역원, 1010여 개에 달하는 섬(島嶼), 목장, 그리고 역사지리적인 옛 지명들이 기록되었다. 조선시대 국토와 자연에 대한 조상들의 생각을 잘 반영했던 셈이다. 김정호의 대표작 〈대동여지도〉는 1861년 처음 제작되고 1864년(고종 1)에 수정판이 간행되었다. 그 후 약 90만 분의 1 소축척 전도로 〈대동여지전도〉가 목판본으로 간행되기도 했다. 이 지도가 그에 관한 온갖 전설의 근원이 되었음은 물론이다.

대개의 전설은 그저 전설일 뿐이고, 우리는 아직도 그의 출생이나 가문, 그리고 언제 나서 언제 죽었는지조차 확실하게 아는 것이 없다. 게다가 그와 교류했던 당시의 인물로도 서너 명 이름만이 밝혀져 있을 뿐이다.

그러면 언제 누가 김정호를 주목하기 시작했던 걸까? 2001년 12월 국립지리원이 조사한 〈고산자 김정호 기념사업 연구보고서〉에 의하면 1925년 10월 8~9일 《동아일보》가 〈고산자를 회(懷)함〉이란 제목으로 2회에 걸쳐 쓴 기사를 처음으로 꼽는다. 이 기사는 이 지도를 조선의 최대 국보라고 평가하면서 전국 답사설, 백두산 등정설, 〈대동여지도〉판목본 몰수설, 청일전쟁시 양군의 〈대동여지도〉 사용설, 남문 밖 기념비 건립안 등을 다루고 있다는 것이다. 그 후 당시 국학 연구자로 유명한 정인보(鄭寅普)의 노력으로 고산자의 성은 김(金)이요, 자는 백원(伯元)임을 밝혔다(《조선일보》 1931년 3월 16일자).

전설 속 인물, 정인보가 실존 밝혀

일제시대 말기에 처음으로《조선과학사》를 쓴 홍이섭은 그의 책 속에서 "가장 위대한 사람의 하나인 고산자 김정호가 27년간 고난의 길을 걸어 갖가지 신고를 겪으며 독력으로 조선전도를 답사, 철종 12년(1861) 〈대동여지도〉로 개정 간행케 되었다"고 높이 평가했다. 그리고 이런 사실은 그의 스승인 문일평의《조선명인전》에 들어 있는 김정호의 전기에 상세하게 나온다고 소개하고 있다. 실제로 문일평은 김정호, 최한기와 친구 사이이며 최한기는 천문학을 김정호는 지리학을 연구하기에 서로 협조하기로 약속했다는 주장을 펴기도 했다. 문일평은 또한 이 글에서 유재건의《이향견문록(異鄕見聞錄)》에 김정호에 대한 부분이 있음을 소개했다. 그리고 지난 1980년대 이상태의 연구로 최성환, 신헌 등이 김정호를 도와준 유력한 인물들이었음이 밝혀지기도 했다.

그러면 이들 김정호와 관련된 사람들은 누구인가? 최한기는 오늘날 가장 잘 알려진 실학자이며 엄청나게 많은 책을 저술해 남긴 인물이다. 최한기는 김정호의 〈청구도〉에 서문을 썼는데 "친우 김정호는 어려서부터 지도와 지리지에 깊은 관심을 가지고 오랜 세월 동안 지도와 지리지를 수집하여 이들 여러 지도의 도법을 상호 비교해서 〈청구도〉를 만들었다"고 밝히고 있다. 김정호와 최한기는 당시 중국에 알려진 세계지도를 함께 목판에 새겨 만들기도 했는데 1834년(순조 34)의 〈지구전후도(地球前後圖)〉가 그것이다. 이규경의《오주연문장전산고(五洲衍文長箋散稿)》에 있는 기사 〈만국경위지구도변증설(萬國經緯地球圖辨證說)〉에 기록되어 있다.

그런가하면《이향견문록》에도 간단한 소개가 있다. "김정호는 자신의 호를 고산자(古山子)라 했다. 본디 공교한 재주가 많았고 특히 여지학(輿地學, 즉 지리학)에 깊이 열중했다. 그는 두루 찾아보고 널리 수집하여 일찍이 〈지구도(地球圖)〉를 제작하고 또 〈대동여지도〉를 손수 판각하여 세상에 인포했다. 세상에 그 정밀하고 상세한 것은 고금에 그 짝을 찾을 수 없다. 내가 한 질을 구해보았더니 진실로 보배로 삼을 만한 것이었다.《동국여지고(東國輿地攷)》10권을 편집했는데 탈고하기 전에 죽었으니 정말 애석한 일이다."

　또 구한말에 훈련대장을 지낸 신헌(申櫶) 〈대동방여전도(大東方輿全圖)〉 서문에는 이런 말도 남아 있다. "나는 우리나라 지도 제작에 뜻이 있어 비변사나 규장각에 소장되어 있는 지도나 고가에 좀먹다 남은 지도들을 널리 수집하고 이를 상호 비교하고 또 지리서를 참고하여 이들 지도를 합쳐서 하나의 지도를 만들고자 했으며 이 일을 김정호에게 위촉하여 완성시켰다. 또 무관이던 최성환이 짓고 김정호가 도편(圖編)을 담당했다고 밝혀진 〈여도비지(輿圖備志)〉가 알려져 있다. 최성환은 품계는 높지 않으나 궁중 수호 직책을 담당하여 임금과 독대할 수 있는 지위에 있었다는 것도 알려졌다. 대원군 시절의 고위 국방 책임자였던 신헌과는 대조적인 자리에 있었으나 급변하는 세상에 대한 많은 정보를 접할 수 있었다는 점에서는 둘이 모두 비슷한 위치에 있었을 것으로 보인다.

　김정호는 주로 신분이 높지 않은 사람들과 교류하면서 1850년 전후의 이 땅에서 크게 활약한 지리학자이고 지도 제작자였음이 확실하다. 그렇다고 그가 백두산을 일곱 번 오르내리고 전국을 세 차례 답사한 일은 없었던 것 같다. 또 당연히 대원군이 그를 박해하거나 감옥에 넣은 일도 없다. 이 잘못된 이야기는 1934년 일제가 발행한 《조선어독본(朝鮮語讀本)》에서부터 시작된다고 밝혀져 있다. 이를 근거로 일제가 일부러 이런 전설을 조작하여 〈대동여지도〉 같은 훌륭한 업적을 알아보지 못한 지배층 때문에 조선은 망할 수밖에 없었다는 역사 해석을 유도했다는 주장도 있다.

하지만 김정호에 얽힌 전설이 일제의 조작이라는 해석도 잘못된 것으로 보인다. 일제시대 때 김정호가 주목받기 시작하면서 마침 일본의 비슷한 지도학자 이노우 타다타카(伊能忠敬, 1745~1818)와 비교하다가 그런 오해가 저절로 만들어졌을 가능성이 크기 때문이다. 이노우는 19세기 초에 18년 동안이나 전국을 누비며 온갖 고초를 겪고 1818년 당시 가장 정확한 일본 지도인 〈대일본연해여지전도(大日本沿海輿地全圖)〉로 큰 지도 214장 등을 완성했다. 일제시대에 김정호를 이노우와 비교하여 그 업적을 강조하다가 일본에서 있었던 일이 조선의 김정호와 연관된 것으로 전설화되었을 것으로 보인다.

의학

백성 치료 나선 '임금님 주치의'
허준 許浚 1546~1615

우리 전통의학의 명저 《동의보감》이 크게 주목받는 시대가 되었다. 최근 우리 전통문화에 대한 관심이 높아져 각광을 받는 경향이 있는데다가 극작가 이은성의 소설 《동의보감》이 이 책을 더욱 유명하게 만들어 준 것이다. 게다가 TV 드라마까지 방송된 적이 있어 허준의 명성이 더욱 높아졌다.

대의로 왕자 살려

임진왜란 직전인 1590년(선조 23)의 일이다. 어느 날 왕자가 몹시 심하게 앓다가 허준의 치료로 낫게 되자 선조는 기뻐서 허준에게 특별 가자(加資: 임금이 관원들에게 특별히 내린 품계)를 내렸다. 그러자 신하들의 반대가 빗발치듯 했다. 허준이 치료에 공을 세운 것은 사실이지만 임금의 기분에 따라 전례 없는 상을 준다는 것은 옳지 않다는 주장이었다. 12월 말에 시작된 이 반대의 여론은 사간원과 사헌부가 거의 매일 번갈아가며 반대상소를 올려 1월 7일까지 12일 동안 끈질기게 계속되었다. 왕자의 병을 고치는 일은 의사로서 주어진 직분의 일부일 따름인데 그 공로로 허준을 당상관(堂上官)으로 올려주는 일은 옳지 않다는 것이었다. 선조는 이 반대론을 끝까지 받아들이지 않았다. 그 왕자의 누나도 두창에 걸려 죽고 그 열흘 이내에 이 왕자의 두창이 위급해져서 실로 소생할 희망이 없었던 터에 다행히 허준의 노력으로 그 아이를 구할 수 있었다는 것이다.

이상은 《선조실록》에 기록된 내용이다. 두창은 여기에는 한자가 두창(豆瘡)이라 되어 있지만 원래는 두창(痘瘡)이라 쓰는데 지금으로 말하자면 천연두를 가리킨다. 이미 여러해 전에 세계보건기구(WHO)는 세상에서 천연두가 사라진 것으로 선언한 일이 있지만 우두가 나오기 전에는 천연두란 정말 무시무시한 전염병이었다.

28세 때 의과에 합격

허준은 바로 선조 때의 대표적 시의(侍醫)로 왕과 왕실의 건강을 담당하고 있던 의학자였다. 그런데 그가 당상관으로 승진하는 문제가 큰 반발을 얻고 있었다는 기록에서도 그가 정상적인 양반 자식이 아니라 서얼 출신이었음을 알 수 있다. 본관이 양천(陽川)인 그는 아버지 허륜

(計倫)의 첩 자식으로 세상에 태어났다. 과거를 보아 출세하는 대신 의사가 된 것도 아마 그가 서출(庶出)이었다는 사실과 관계가 있을 것이다. 어차피 서출에게는 천문학, 수학, 의학 등의 전문 분야 공부만이 권장되고 또 그런 관직만이 열려 있던 시절이었다.

허준은 지금의 경기도 김포에서 태어나 경상남도 산청에서 자랐다. 28세에서야 의과에 합격하여 내의원에 근무하기 시작했다. 1592년 임진왜란이 일어나자 선조를 따라 의주까지 피난을 했고 당시의 고생을 인정받아 뒤에 다른 많은 신하들과 함께 호종(扈從) 공신의 줄에 들게 된 일도 있다.

약품 이름 한글 표기

왕자의 천연두를 고치는 데 공을 세웠다거나 왕과 피난의 고생을 함께 했고 또 수시로 임금의 건강을 담당했다는 등의 관계로 그는 선조의 신임을 굳혀갈 수 있었다. 그가 그의 명저로 알려진 《동의보감》 집필을 하게 된 것도 이와 같은 임금의 신임 덕분이었다. 처음 선조는 《동의보감》 편찬을 당대 의학계의 대표적 인물을 망라하여 만들 생각이었다. 1596년(선조 29) 선조는 허준, 정석, 양예수, 김응탁, 이병원, 정예남 등에게 이 책의 편찬을 맡겼던 것이다. 그러나 곧 1597년 정유재란이 일어나자 이 일은 흐지부지되면서, 결국은 허준 혼자의 일로 바뀌어갔다. 오늘날 《동의보감》을 대개 허준의 책이라 하게 된 까닭이 여기에 있다. 그러나 얼마만큼이 정말로 허준 단독의 연구와 노력으로 완성된 것이고 얼마나 되는 분량이 다른 원래의 참가자들에 의해 이미 완성됐던

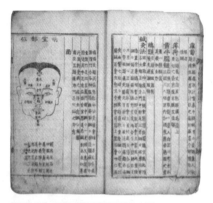
《동의보감》 초간본(한독의약박물관 소장)

것인지는 지금 알 길이 없다. 어쨌든 이 책의 편찬지침으로 선조는 그때까지의 모든 의학 서적을 다시 정리하여 실용적인 의학서를 만들되 누구나 쉽게 찾아볼 수 있고 또 국산 약재를 활용할 수 있게 하라는 지시를 내린 것이다. 또 이 책의 편찬에 참고하도록 선조는 궁중에 있던 의학서 500권을 내주었다고도 기록되어 있다. 바로 이와 같은 지침이 가장 잘 나타난 부분이 이 책의 탕액편(湯液篇)이라 할 수 있다. 여기에는 여러 가지 약품 이름이 한글로 표기되어 있고 많은 국산 약재를 소개하고 있는 것이다. 그야말로 '동의(東醫)'에 관한 책임을 아주 분명하게 밝히고 있는 셈이라 하겠다. 물론 그가 책 제목으로 사용한 '동의'란 '중국 의학'이란 말의 상대적 표현이다. 중국에서 수입한 의학이란 뜻에서 일반적으로 한약(漢藥) 또는 당약(唐藥)이라 알려진 말 대신에 고려 후기부터는 '우리의 의학'을 외치는 소리가 높아졌고, 그 결과가 세종 때의 《향약집성방》을 낳은 것이다. 그리고 허준의 《동의보감》은 바로 이와 같은 향약(鄕藥) 운동의 결과인 셈이기도 하다. 다만 그전까지 시용하던 향약이란 말 대신 허준은 동의란 표현을 도입하고 있다. 그리고 이 표현은 그 후 계승되어 조선 말기의 가장 유명한 의학자 이제마의 《동의수세보원》이란 책을 낳았다.

《동의보감》 5편으로 나눠

조선시대 민족의학의 대표적 작품인 허준의 《동의보감》은 5편으로 구성되어 있다. 1편 내경(內景), 2편 외형(外形), 3편 잡병(雜病), 4편 탕액(湯液), 5편 침구(針灸)가 그것이다. 1편 내경은 인체의 모양에서부터 일종의 생리학 개론 그리고 오장육부의 설명을 거쳐 지금의 내과질환에 관한 것을 다루고 있다. 2편 외형에는 지금의 외과, 이비인후과, 피부과, 비뇨기과, 성병 등이 포함되어 있다. 3편 잡병에서는 여러 가지 진단과 진맥의 방법도 소개하고 구토, 땀, 설사, 열 등의 증세에 따른 진단문제도 다루고 있다. 4편 탕액은 앞에서 이미 지적한 것처럼 약품에 대한 소개인데 약물의 분류방식이 물, 흙, 곡식, 사람, 새, 짐승, 물고기, 벌레, 과일, 채소, 풀, 나무, 옥, 돌, 쇠(水土穀人禽獸魚蟲果茱草木玉石金)로 나눠져 있는 것이 특이하다. 마지막으로 5편 침구는 침과 뜸에 대한 부분이다. 허준이 《동의보감》 편찬을 완료한 것은 1610년의 일로 되어 있다. 그러나 그 이전에 이미 그는 여러 가지 책을 저술한 것으로 밝혀져 있다. 1581년(선조 14) 35세의 허준은 《찬도방론맥결집성(贊圖方論脈訣集成)》을 펴냈고, 곧이어 《창진집(瘡疹集)》의 개정판을 냈다. 세조에서 성종까지 의학의 대가였던 임원준의 《창진집》을 고치고 바로 잡은 것이라고 한다. 또 1591년에는 전에 노중례가 지었던 《태산요록(胎産要錄)》을 개정해 냈고, 산부인과 책이라 할 수 있는 《태산집요(胎産集要)》의 번역판을 써 놓았다.

전염병예방서 펴내

임진, 정유의 왜란과 이어서 이 땅을 피폐화시킨 병자호란 등의 외침은 우리 의학사에 큰 변화의 계기가 되기도 했다. 그것은 전에 없이 많은 전염병이 이 땅에 흘러들어왔던 때문이다. 허준의 의학자로서의 관심도 자연히 이들 전염병 문제로 집중되어 갔다. 1612~1631년에 걸쳐 전염병은 아주 극심한 지경에 이르렀고 수많은 사람들이 거리에 쓰러져 시체가 거리를 채웠다. 허준은 이때에 《신찬벽온방》과 《벽역신방》 등의 전염병에 관한 책을 써냈는데 바로 전염병의 위협으로부터 한 사람이라도 더 구해내려는 노력이었다.

《동의보감》이외에도 허준이 남긴 의학상의 업적은 적지 않다는 것을 알 수 있다. 하지만 허준의 이름은 소설의 주인공으로 오늘 우리들에게 가까워지고 있다. 조금 엉뚱한 출세를 하고 있다고 할까? 여하튼 그는 일생을 아주 행복한 의사이며 학자로 살다가 1615년(광해군 7) 8월 13일 세상을 떠났다. 70세를 살고 간 그에게는 외아들 허겸(許謙)이 있었다지만 그의 후손에 대해서는 잘 알려져 있지 않다.

서양의 의학 발달이 상당 부분 해부학 발전과 관련되었던 것과는 달리, 동양 의학은 해부학과는 거리가 멀다. 허준이 편찬한 《동의보감》에는 '신체와 내장 그림'이 하나 있으나 그 내용이 보잘 것 없다. 그만큼 동양 의학의 인체 구조에 대한 지식은 초라했던 것이다. 특히 이 그림을 서양에서 이미 발달하고 있던 인체에 대한 지식과 비교하기 위해서는 1543년에 나온 베살리우스의 《인체 구조에 대하여》라는 해부학 책을 살펴보면 당장 알 수가 있다. 1610년에 나온 《동의보감》의 인체 해부도 한 장과 300장의 상세한 인체 각 부분의 그림을 가진 1543년의 《인체 구조에 대하여》와는 비교할 수가 없을 정도다.

《성호사설》, '전유형이 시체 세 번 해부' 기록

《학송일기》 서문(동국대학교 도서관 소장)

이렇게 동양에서 해부학이 발달하지 못한 것은 효도에 대한 지나친 생각이 한몫을 했다. 사람의 몸은 모두 부모님이 주신 것이니 함부로 훼손하지 않는 것이 바로 효의 근본이라고 귀에 못이 박힐 정도로 반복해 가르쳐 왔기 때문이다. 당연히 시체를 해부하는 일조차 금기로 여겨져 왔고, 16세기까지 우리 역사에는 아예 시체 해부 기록이 보이지 않는다.

당연히 조선의 선비 전유형이 임진왜란 (1592~1598) 중에 시체 3구를 해부했다는 기록은 놀랄 만한 일이다. 이런 사실을 처음 기록해 남긴 사람은 실학자로 널리 알려진 이익이다. 전유형의 문집 《학송일기》가 남아 있지만, 막상 본인은 이에 대해 아무 말이 없다. 이익은 그의 글을 모아둔 《성호사설》 가운데 이 사실을 기록해두고 있다. 이 문집에는 아주 방대한 내용이 수많은 항목으로 정리되어 있는데, 그 가운데 〈오장도〉라는 글 속에 전유형의 해부 사실이 전해진다. 중국에서의 시체 해부에 관한 기록을 조금 전한 다음, 이익은 우리나라에서는 임진왜란 때 전유형이 시체를 세 번 해부했다고 전한 것이다.

참판 전유형은 원래 의술에 밝아 책을 짓기도 했는데, 특히 임진왜란 때는 시체 해부를 세 번해서 그 방면의 지식을 크게 넓혔다는 것이 이익의 글 내용이다. 하지만 전유형이 비명에 죽임을 당한 것도 사실은 이런 시체 해부를 했기 때문이라는 말도 있었다고 이익은 쓰고 있다. 바로 《성호사설》의 이 기록 때문에 20세기의 필자들은 전유형이 '일본군' 시체 3구를 해부했다는 해석을 덧붙인 경우가 많다. 하지만 그가 해부했다는 시체가 일본군이었는지, 조선인이었는지는 분명하지 않다. 또 그가 이 해부 경험을 기록해 남겼는지도 분명하지 않다. 다만 《성호사설》에 〈오장도〉라는 제목 아래 중국의 경우를 말하면서 이 내용이 나오는 것으로 볼 때, 또 그가 의학에 밝고 의학책도 썼다는 같은 항목에서의 기록으로 볼 때 전유형은 해부를 했고, 그 결과를 기록으로도 남겼던 것으로 보인다. 하지만 그의 간단한 문집 《학송일기》에는 그런 흔적은 없고, 또 그가 지은 의학책이 따로 남아 있지도 않다. 그가 그렸을지 모르는 해부도가 남아 있지 않은 것은 물론이다.

상소문으로 선조 주목받고 관직 올라

여하튼 우리 역사에 특이한 해부학의 창시자로 남을 전유형은 어떤 사람이었을까? 그는 광해군 때 형조참판(차관급)까지 올랐던 조선시대의 전형적 유학자이며 관리였다. 평강 전씨인 그는 충청북도 괴산의 유생으로 1592년 임진왜란이 일어나자 조헌과 함께 의병을 일으켰고, 1594년(선조 27) 청안현감에 임명되었다. 청안은 지금 괴산군의 일부지만 당시에는 독립된 현이었다.

그가 주목을 받은 것은 그가 올린 상소문이 선조 임금의 눈에 띄었기 때문이다. 《선조실록》을 보면 1593년(선조 26) 7월 20일 괴산의 유생 전유형이 왜적을 막는 일 등 10개조에 걸친 상소문을 올렸고, 선조가 "학식이 해박하고 병기까지 통달하여 근래의 다른 상소에 비할 바가 아니니 어찌 초야의 기사가 아니겠는가"라면서 그를 불러 쓰자고 한 것으로 기록되어 있다. 그에게 선조는 군자감 참봉 자리를 주었고, 당대의 재상 유성룡도 그를 추천한 것으로 전한다. 그가 조헌과 함께 의병을 일으켜 왜군에 대항했다는 것도 이때의 일이다. 그런데 이 시기 왜란이 1년을 지난 상태에서 그는 아주 특이한 계략을 내놓기도 했다.

그의 주장에 의하면, 가토 기요마사[加藤淸正]는 도요토미 히데요시[豊臣秀吉]에게 심복하지 않는 인물이니, 스파이를 동원하여 그를 후원하면 일본군은 스스로 내분을 일으켜 자멸할 것이라는 주장이었다. 가토의 군대는 고니시 유키나가[小西行長]의 군대보다 2배나 되는데, 조선이 가토를 지원하면 가토는 고니시의 군대를 흡수할 수 있게 될 것이라 예측했다. 그리되면 위협을 느낀 도요토미는 가토의 부모와 처자식을 죽여 없애버릴 터이고, 두 사람은 죽기 살기의 싸움을 하게 될 터이니, 어느 겨를에 우리를 도모할 수 있겠느냐는 것이다. 이 계책에 대해 비변사는 아직 일본군의 내부 사정을 잘 알 수도 없고, 마침 명나라에서 군대가 와있으니 아직 그런 계책을 써볼 단계는 아니라고 임금에게 자문했다. 1595년 5월 26일의 《선조실록》이 전하는 내용이다.

그 직전 이미 그는 청안 현감에 임명되었고, 충청도 조방장을 겸하게 되었다. 임진왜란 초기에 상당히 국방에 공을 세웠음을 알 수 있다. 그때까지 과거에 급제한 일이 없었던 전유형은 나이 40세가 되던 1605년(선조 38) 6월 문과 정시에 장원급제했고 바로 감찰에 임명되었다. 하지만 그의 과거 합격은 바로 그를 비난의 대상으로 만들었다. 그는 선조의 주목을 받아 관직에 오르던 초기에 연달아 아버지와 어머니의 상을 당했는데, 기복(起復)시키라는 임금의 핑계를 대며 계속 관직을 받았기 때문이다. 부모의 상을 당하면 관직에서 물러나게 되어 있던 시절이었다. 그는 부모의 죽음에도 불구하고 관직을 받아 챙겼다는 것이다. 결국 그는 사간원의 탄핵 아래 관직에서 밀려났고, 광해군(1575~1641, 재위 1608~1623)의 즉위와 함께 다시 관직에 나섰다. 그 후 함흥판관 등 외직을 거쳐 병조참의, 광주목사, 형조참판 등을 지냈다. 이이첨을 탄핵하는 소를 올리기도 했다.

의학자로 두각 나타내 광해군 치료하기도

특히 그는 바로 이 시기에 의학자로서 두각을 나타냈다. 1612년(광해 4) 10월 7일 기록에 의하면 그때 전유형은 이미 광해군의 질병 치료에 참여하고 있었고, 또 의사 양성에도 큰 몫을 하고 있었다. 이미 당시의 대표적 의사 허준은 나이가 많아서 다른 사람에게 의사 교육을 시켜야 한다는 의론을 근거로, "전 군수 전유형은 의술이 가장 정치하고 밝으니 …… 뽑은 의관 등을 이들에게 나누어 교육시키자"고 내의원에 건의한 기록이 남아 있다. 1623년까지 그의 이름은 의사로서 계속 등장한다. 그는 왕과 왕비의 치료를 담당해 상을 받기도 했다. 이렇게 전유형은 유능한 의사로 기록을 남기고 있지만, 그가 인체를 해부했다는 기록은 실록 등에도 보이지 않는다.

1623년 3월 광해군이 쫓겨가고 인조(1595~1649, 재위 1623~1649)가 왕위에 오른 다음 전유형은 문안사로 발탁되어 명나라 장군 모문룡에게 가서 조선이 중국군의 군량을 계속 대기 어렵다며 그 감면을 청해 성과를 얻기도 했다. 하지만 이듬해 이괄의 난이 일어나자 거기 내응했다 하여 아무 절차 없이 전유형 등 37명이 참형을 당하고 말았다. 4년 뒤 신원되어 그에게는 이조판서가 추증되고, 1742년(영조 18)에는 괴산의 화암서원에 배향되었다. 자는 숙가(叔嘉), 호는 학송(鶴松)이며 저서로는《학송일기》1권이 있다. 시호는 의민(義敏)이다.

전유형이 시체를 해부한 일이 있다는 기록은 우리 역사에 아주 희귀한 사건임이 분명하다. 하지만 그의 흔적 어느 곳에도 그가 시체를 해부했다는 사실을 전하는 내용은 보이지 않는다. 그보다 한참 뒤에 살았던 이익만이 그런 사실을 간단하게 기록해 남겼을 뿐이다. 그에게 보낸 편지는 비록 아주 간단한 편지 정도지만 유성룡의《서애집》에도, 김충선의《모하당집》에도 보인다. 유성룡은 당시의 대표적 재상이었고, 김충선은 원래 사야가라는 일본 군인이었는데, 임진왜란에 가토 기요마사의 좌선봉장으로 침입했다가 조선의 풍속과 문물에 반해 조선인이 되어버렸다는 사람으로 유명하다. 또 실학자 황윤석은 전유형의 문집에 글을 써주기도 했다. 여러 가지로 이름을 남기고는 있지만, 이괄의 난에 연루되어 갑자기 죽은 전유형에게는 자신의 해부학을 기록해 남길 시간이 없었을지도 모른다. 유감스러운 역사의 한 장면이다.

《동의수세보원》 펴낸 의학사상가
이제마 李濟馬 1837~1900

독창적 이론 내세워

허준과 《동의보감》은 아주 유명해졌다. 그의 책을 제목으로 한 소설과 드라마 덕분이다. 그러나 그에 못지않은 의학자이고, 최근에 살았던 이제마는 허준에 비해 훨씬 덜 알려져 있다. 허준의 《동의보감》이 백과사전 같은 편리한 책이기 때문에 널리 애용되는 것과는 달리, 이제마의 책 《동의수세보원(東醫壽世保元)》은 독창적 이론을 내세운 것이지만 모든 의사들이 참고하는 책은 아니다.

　사람은 서로 다른 체질을 가지고 있다. 뚱뚱하거나 가냘프거나 또 위장이 튼튼하거나 그렇지 못하거나 이렇게 서로 다른 사람들은 병에 걸리는 확률도 다르고 당연히 치료법도 달라야 더 효과적일 것이다. 이미 한 세기 전에 이제마는 바로 이런 이론을 정립하여 동양 의학 전통에서 는 아주 희귀한 의학사상가로 등장했던 것이다. 그의 '사상(四象)의학' 은 바로 인간의 체질을 4가지로 나누고 그에 알맞은 의약(醫藥) 체계를 확립하려는 것이었다. 인간의 체질에는 4가지가 있는데 태양인(太陽 人), 태음인(太陰人), 소양인(少陽人), 소음인(少陰人)이 그것이다.

콩팥이 크면 소음인

이제마가 인간의 체질을 4가지로 나눈 근거는 인체의 내장이 가진 특 성 때문이다. 그의 주장에 의하면 허파가 크고 간이 작은 사람은 태양 인, 거꾸로 간이 크고 허파가 작으면 태음인이다. 또 소양인은 비장이 크고 콩팥이 작지만, 소음인은 정반대로 콩팥이 크고 비장이 작다. 허 파(폐장), 간, 비장, 콩팥(신장)은 동양의 전통적인 '오장' 가운데 4가지 를 가리키는데 나머지 하나는 염통(심장)이다. 실제로 오장이란 염통, 허파, 간, 비장, 콩팥을 말하는데 이제마는 이 가운데 염통을 태극(太 極)에 해당한다는 이유로 제쳐 놓고 나머지 넷을 가지고 체질을 분류했 다. 이는《주역(周易)》의 사상과 태극을 의학 이론으로 동원한 것 같이 보인다. 그러면 이들 사상인(四象人)의 구별을 만들어주는 원인은 어디 에 있을까? 이제마는 그 원인이 모든 인간이 갖고 있는 욕망의 문제에 직결된다고 생각한다. 희로애락(喜怒哀樂)이 어느 기관의 크기를 결정 해주어 사상인의 구별을 만들어준다는 것이다.

그의《동의수세보원》은 성명론(性命論), 사단론(四端論), 확충론(擴充

論), 장부론(藏腑論), 의원론(醫
源論), 광제설(廣濟說) 사상인변
증론(四象人辨證論)의 7편으로
구성되어 있다. 이제마가 인간
의 감정이 4가지 체질을 만들
어준다고 설명한 대목은 바로
둘째 부분, 즉 사단론에 나온

《동의수세보원》(한독의약박물관 소장)

다. 1편에서 이제마는 인체의
각 기관에는 인간의 사회적인 성격 같은 것도 관계가 되어 있음을 주
장하여 사교성, 도량, 식견, 경륜, 계책 등이 각 기관과 연계되었다고
주장한다. 또 5편 의원론은 동양 의학사에 해당한다 할 수 있는 부분
으로 중국의 여러 의학자를 소개하고 우리나라에서도 허준을 들고 있
다. 그런데 그는 특히 후한 때의 유명한 의학자 장중경(張仲景)을 존경
한 것이 분명한데 그는 일찍이 질병을 태양병, 소양병, 양명병, 태음병,
소음병, 궐음병 등 6가지로 나눈 일이 있다. 이 가운데 넷은 이제마의
사상인과 명칭이 서로 통한다. 그러나 장중경이 병명(病名)으로 이를
사용한 것과 달리 이제마는 인간의 체질을 구별한 것이다. 광제설에서
는 나이와 직업 등에 따라서도 사람이 서로 다른 성격을 가지는 현상
을 설명한다. 끝으로 7편에서 그는 한 개 군(郡)의 인구를 1만 명이라
면 그 가운데 태양인은 3~4명에서 10여 명밖에 되지 않고, 대개는 나
머지에 속한다고 주장한다. 그에 의하면 태음인이 가장 많아서 5000
명, 소양인이 3000명, 소음인이 2000명쯤이라는 것이다.

함흥 반룡산 출신

이제마는 1837년 음력으로 3월 19일 함경도 함흥의 반룡산(蟠龍山) 아래에서 이반오(李攀五)의 아들로 태어났다. 그의 어머니는 주막집의 노처녀였다고 알려져 있는 것으로 보아 그의 아버지는 양반이었지만 서자 출신이어서 관직에 나가 출세할 뜻을 당초부터 포기했던 것이 아닐까 생각된다. 그의 이름 '제마(濟馬)'란 그의 어머니가 그를 잉태하고 있을 때 제주도의 말을 얻는 꿈을 꾸었다 하여 지은 이름으로 그대로 '제주도 말'이란 뜻이다. 또 그의 호는 동무(東武)인데 이 또한 그가 어려서 공부보다는 칼싸움 같은 전쟁놀이를 좋아했다고 하여 붙여진 것으로 전해진다. 대원군 이래 서자에 대한 차별이 적어지면서 그는 1888년 잠깐 장군 김기석(金基錫)의 추천으로 군관직을 맡았던 일이 있고 1892년에는 진해 현감을 지냈다. 특히 이때에 그는 그의 사상의학의 구상을 발전시켜가고 있었던 것으로 보인다.

이제마는 평생에 역사와 철학 등 여러 방면의 책을 읽었고《동의수세보원》이외에도《격치고(格致藁)》라는 책도 남긴 것으로 전해지지만, 그의 일생에 대한 자세한 정보는 그 이상 전하지 않는다. 불과 1세기 전의 인물이고 제상에 널리 알려질 만큼 뛰어난 책을 남긴 사람에 대해 이정도밖에 알려진 사실이 없다는 것은 안타까운 일이다. 1893년 7월, 진해 현감을 물러난 그는 사상의학에 대한 책을 쓰기 시작하여 이듬해 4월 13일 마쳤다고 전해진다. 일단 상하 2책으로 된《동의수세보원》을 내놓은 그는 1895년에 고향으로 돌아가 어머니 병환을 돌보며 환자를 보기 시작했다. 1900년 다시 이 책을 수정하는 작업을 시작했으나 일을 많이 진행하지 못하고 그해에 고향에서 작고했다. 그의 수정판《동의수세보원》은 이듬해 6월 함흥에서 그의 문인들의 모임인 율동계에서 발간했다.

"질병은 감정에서 비롯"

그의 '사상의학'은 과학 방법으로는 이해하기 어렵고 또 증명할 수 없는 주장이다. 그러나 그의 주장이 아주 흥미 있으며 또 앞으로도 이 방면의 연구가 필요하다는 느낌을 준다. 사상인의 장기가 커지고 작아지는 이치를 설명하면서 그는 사람이 노여움을 자주 느끼게 되면 허리와 늑골이 서로 닿았다 떨어지는 수가 많아 그 자리에 있는 간을 상하거나 작아지게 만든다는 식으로 설명을 하고 있다. 같은 방법으로 기쁨은 비장을, 슬픔은 콩팥을, 즐거움은 허파를 크거나 작게 만들 수 있다는 논리를 펴고 있다.

이제마의 영향을 받은 사상의학자들에 따르면 병에 걸리는 경향을 볼 때 태음인은 기관지염, 폐렴, 결핵, 천식 등의 호흡기 질환에 많이 걸리고 고혈압, 변비, 치질 등도 많은 편이라는 것이다. 그런데 소음인에게는 위장에 관한 질환이 많다고 보고 있다. 각기 알맞은 약품도 서로 달라서 녹용은 태음인에게 맞고 인삼도 모든 사람에게 좋은 것이 아니라 소음인에게 가장 좋다는 것이다. 음식물도 서로 달라 대체로 태양인에게는 포도, 앵두 같은 과일과 조개 등이 좋고 소양인에게는 돼지고기, 해삼, 참외 등이 좋다. 태음인에게는 쇠고기, 무, 콩 등이 좋은가 하면 소음인에게는 개고기, 닭고기, 당근 등이 좋다고 한다.

이제마는 예방의학적인 측면에도 나름대로의 영양과 섭생에 대한 체계를 세웠다. 건강을 지키기 위해서는 욕심을 줄여야 한다. 인간의 욕망이야 말로 인간을 가두는 감옥이어서 욕망을 어떻게 다스리는가에 건강이 달려 있다는 것이다. 가장 도덕적인 삶을 사는 사람이 건강을 제일 잘 지킬 수 있다는 그의 뜻을 오늘 되새길 필요가 있지 않을까?

우두 보급으로 천연두 퇴치한
지석영 池錫永 1855~1935

우두를 이 땅에 처음 보급한 지석영이 우두를 처음으로 실시한 것은 1879년 12월이니 지금으로부터 100년도 훨씬 전의 일이다. 오래전에 이미 세계보건기구(WHO)는 지구상에서 천연두(마마)가 사라졌음을 공표했고 지금은 이를 겁내는 사람도 거의 없다.

천연두 퇴치한 의학자

실제로 지금은 얼굴 얽은 사람이 별로 없지만, 옛날에는 '곰보'란 현상이 거의 흉이 될 것도 없을 정도로 얼굴 얽은 사람이 많았다. 아니 얼굴에 자국만 남고 지나가는 것이 아니라 천연두는 그야말로 모든 사람이 거치지 않으면 안 되는 일종의 통과의례인 양 여겨졌고 여기서 살아남아야 한참 더 살아갈 수 있으려니 생각할 정도로 천연두란 공포의 대상이었다. 역사상 가장 무서운 전염병의 하나였던 천연두는 동양에서만이 아니라 서양에서도 마찬가지로 무서운 전염병이었고 근대 의학이 발달하면서 맨 처음 천연두에서 해방되기 시작한 것은 1798년 영국 의사 에드워드 제너가 우두법을 개발해 보급하기 시작하면서 부터였다.

한국의 에드워드 제너로 명성

지석영은 제너의 우두법을 처음으로 국내에 체계적으로 소개 보급하여 1세기만에 이 땅에서 가장 무섭던 전염병 천연두의 피해를 완전히 물리칠 수 있게 해주었다. 그의 우두보급 50주년에 해당하던 1928년 12월 6일 서울에서는 그 사실을 기념하는 행사가 열린 일이 있었다. 그리고 이 행사를 즈음해서 《동아일보》는 논설에서 지석영을 '조선의 제너'라고 선언한 일이 있다. 그가 아직 74세로 생존하고 있을 때의 일이다.

'한국의 제너' 지석영은 서울 낙원동에서 중인 집안의 4남 가운데 막내로 태어났다. 아버지는 가난한 선비 지익룡(池翼龍)이었고 그의 셋째 형 지운영(池運永, 뒤에 雲英, 1852~1935)은 아우 못지않게 우리 역사에 유명하다. 지운영은 당대의 뛰어난 화가로 잘 알려져 있지만 김옥균을 암살하겠다고 일본에 가서 암약하다가 돌아온 것으로 더 널리 알려져 있다. 지석영이 우두법을 익히기 시작한 것은 박영선(朴永善)으로부터 일본의 우두 책을 얻어 보면서부터의 일이다. 1876년 나라 문을 처음으로 열게 된 조선왕조는 그 첫 사절로 김기수를 일본에 파견했는데, 이때 박영선은 그를 수행해서 일본에 갔다. 일본에서 박영선은 우두법을 대강 익히고 《종두귀감(種痘龜鑑)》이란 책을 얻어 가지고 귀국했던 것이다. 박영선으로부터 이 책을 얻어 자습한 지석영은 우두에 크게 흥미를 느꼈지만 독학만으로 우두를 시험할 수는 없었다.

생각다 못한 그는 이미 부산에서 문을 열고 있던 일본병원을 찾아가 그곳에서 1879년 10월 우두에 대한 공부를 더 하게 되었다. 2개월간의 실습과 공부로 우두를 익힌 그는 12월 말 서울로 돌아오는 길에 처가가 있는 충주에 들러 장인의 허가를 얻어 2살짜리 처남에게 우두를 시술해 성공했다. 소문이 퍼지자 그 마을 40명의 어린이에게 우두를 시술했다. 한국 최초의 우두 성공의 예가 된다.

2살 처남에 우두 실험

그러나 일본인 의사에게 얻어온 우두약인 두묘(痘苗)가 떨어지자 그는 그 약을 만드는 방법부터 배울 필요를 느껴 1880년 수신사 김홍집의 수행원으로 일본에 가서 보다 본격적인 수업을 했고 1882년 봄 김옥균이 일본에 갈 때도 수행했던 것으로 보인다. 1882년 여름 임오군란이 일어나 반일 분위기가 퍼지자 일본에서 우두를 배워 보급시킨다는 지석영에게는 체포령이 내려지기도 했다. 그러나 곧 사태는 진정되고 이듬해 9월에는 박영효의 형으로 전라도 어사로 나가 있던 박영교(朴泳敎)의 부탁으로 전주에 처음 우두국이 설치되었다. 이어 공주에 우두국

《우두신설》(고려대학교 도서관 소장)

이 설치되어 그 기술이 정식으로 교육되어 우두 보급이 정부 사업으로 확대되기에 이른다.

1885년 지석영은 《우두신설(牛痘新說)》을 지어 우두 보급에 더욱 박차를 가했다. 그런데 그와 그의 형은 1887년 5월 체포되어 조사를 받고 귀양을 가게 된다. 형제가 김옥균과 내통한 혐의를 받았기 때문이다. 그의 형 지운영은 바로 그 전해에 일본에 건너가 김옥균을 암살하겠다고 기회를 엿보다가 일본 관헌에 알려져 강제 출국당한 것으로 되어 있다. 이들 형제는 개화파 여러 인물과 가까웠던 것이 사실이어서, 지운영이 김옥균 암살에 나섰다는 것부터가 의심스런 구석이 있기는 하다. 여하튼 김옥균을 암살하려 했다는 부분과 김옥균 일당으로 체포되어 귀양가게 된다는 대목은 서로 잘 맞지가 않는 역사의 수수께끼이다.

귀양가 있는 동안에도 그는 의학문제에 관심이 계속되어 1888년 중맥설(重麥說)이란 글을 썼다. 여름의 가뭄에도 상관없이 잘 기를 수 있고 영양도 많은 보리와 밀을 많이 먹자는 주장을 담은 책이다. 1891년 전라도 강진의 신지도에서 풀려나온 그의 의학 보급 운동은 더 열심히 계속되었다. 특히 1894년의 갑오개혁으로 우두와 의학보급 운동은 더 활력을 얻게 되었다.

그가 일본에 갈 때 수행했던 김홍집 내각이 들어서자 지석영은 벼슬자리를 얻기 시작하여 형조참의, 동래부사, 중추원 의관 등을 지내기도 했다. 그러나 그의 주관심은 여전히 의학에 있었다. 갑오개혁의 한 부분으로 1894년 7월 내무아문에 위생국(衛生局)이 생긴 것은 우두 보급의 파급효과였다. 그리고 이어서 1898년 6월에는 처음으로 종두의(種痘醫) 양성소가 생겨 초빙한 일본인 교사가 50명의 청년에게 우두 방법을 교육하기에 이른다.

한성의학교 초대교장

바로 이때 종로에서는 독립협회의 만민공동회가 열렸는데 이곳에서 여론은 우리나라에도 의학교를 시작해야겠다는 것이었다. 당시 정부도 의학교육의 필요성을 인식하고는 있었지만 예산 부족으로 꼼짝할 수도 없는 형편이었다. 그러나 결국 의학교육의 시작이 급하다고 판단하여 1899년 한성의학교가 설립되고 첫 교장으로 지석영이 임명되기에 이른다. 얼마 전까지 창덕여고가 있던 종로구 재동이 그 장소였고 그는 나라가 일본에 망하기까지 10년 남짓 이 학교 교장으로 한국의 초기 의학교육의 지도자로 일했다. 뒤에는 대한의학교로 이름이 바뀐 이 학교에서는 1903년 첫 졸업생 19명을 배출했다. 지석영은 한국 근대사에서 우두 보급과 의학교육에서 너무나 뚜렷한 공을 남긴 인물이다. 1902년 고종은 그의 공을 인정하여 훈5등에 8괘장(八卦章)을 수여했고 1908년과 1910년에도 8괘장과 태극장(太極章) 등의 훈장이 수여되었다.

그는 의학사에만 이름을 남긴 인물만도 아니다. 그는 1882년 개화의 중요성을 강조하고, 개화에 필요한 여러 가지 책을 추천하는 상소문을 올린 것으로 역사가들 사이에 널리 알려져 있다. 그는 특히 개화에 필요한 책과 정보 그리고 기계 등을 한곳에 모아 개화에 필요한 지식과 기술을 가르치는 훈련원을 만들자는 주장을 내기도 했다.

지석영은 특히 초기의 한글 학자로도 이름을 뚜렷이 남기고 있다. 주시경(周時經)과 함께 가로쓰기를 주장한 선구자였고 한문만 쓰기 때문에 문명개화가 느리다면서 한글 사용을 강력하게 주장했다. 《신정국문》,《언문》 등의 책을 냈고 1907년에는 국문연구회(國文研究會)를 조직하는 데 주역을 담당했다.

그는 또 1897년의 상소문에서 음력을 다시 쓰고 양력은 곁에 표기만 하자는 주장도 내놓았다. 1년 전에서야 쓰기 시작한 양력을 버리고 다시 음력 중심으로 나가자는 그의 주장은 그의 주체성을 반영한 것이었다. 나라의 부강을 위해 과학기술은 모두 서양 것을 배울 수밖에 없지만 부강과 관계없는 것만은 우리 옛 것을 지켜야 옳다는 생각이었다.

한국인 최초의 서양 의사
서재필 徐載弼 1864~1951

1948년에 김도태(金道泰)가 지은 《서재필박사 자서전》이란 책이 있다. 이 책은 서재필에 대해 글 쓴 사람들마다 참고한 것으로 보이는데 그 제목이 우리나라에 잘못 퍼져 있는 의식의 근원이 되는 책이라 생각되기도 했다고 생각된다.

서재필은 미국에서 의학 '박사학위'를 받고 귀국했던 것이 아니다. 하지만 한국인으로서는 최초의 서양 의사가 되어 귀국한 그를 사람들은 박사라고 불렀고, 그런 관행이 굳어져 해방 직후에는 그런 제목의 책까지 나오게 되었다. 그리고 그 책은 다시 그를 대중적인 '박사'로 임명하여 오늘에 이르고 있다. 재미있게도 그 후의 우리나라에 수입되는 미국과 영국 영화는 의사만 보면 덮어 놓고 '박사님'이라고 부르게도 되었다. 영어로 의사와 박사는 모두 doctor이기 때문에 이 혼란은 계속되는 것이다. 그리고 그 때문에 일어난 한 가지 못된 풍조 하나는 우리나라에서는 의사 노릇을 하려면 박사학위를 받지 않고서는 힘들게 되어 버렸다는 사실이다. 미국에서는 의사가 박사학위를 받지 않고도 일을 할 수 있다. 하지만 우리나라에서는 사정이 그렇지 못하다. 의사마다 쓸데없이 박사를 따야 하는 한국적 풍토 때문에 생기는 부작용은 아마 대단할 것이라 생각된다. 그것은 영어 단어 하나의 잘못된 번역에서 시작되고, 영화 번역 잘못 때문에 지속되었으며 그 원조가 바로 서재필인 셈이다. 물론 서재필 본인은 알지도 못하는 일이지만……

분명히 서재필은 우리나라가 낳은 최초의 서양 의사다. 즉 그는 미국에 유학하여 의학을 제대로 공부하고 귀국한 첫 한국인이었던 것이다. 그러나 오늘날 그를 의사로서 기억하는 사람은 거의 없다. 그는 한국에서 활동하는 동안 독립협회 활동과《독립신문》으로 너무나 유명하기 때문이다. 그래서 그는 한국의 과학사에 들어가야 할 인물이면서도 과학사보다는 사회 정치사 쪽에 주역으로 보여진다.

1896년《독립신문》창간

잘 알려진 것처럼 서재필은 1896년 4월 우리나라 최초의 근대 신문《독립신문》을 창간한 사람이다. 하지만 그는 '신문의 아버지'로서만 기억될 인물이 아니다. 그는 한국인으로는 최초로 근대 의학을 공부한 사람이어서 보기에 따라서는 바로 한국 근대 의학의 최선구자로 볼 수 있기 때문이다. 게다가 한걸음 더 나가면 서재필은 바로 한국 근대 과학의 창시자 가운데 한 사람으로도 꼽을 수가 있다. 그야말로 1세기 전에 한국인으로는 처음으로 근대 과학을 제대로 교육받은 인물이기도 하기 때문이다. 말하자면 서재필은 우리 과학사에서도 빼놓을 수 없는 중요한 인물이다. 다만 그의 근대 신문 창간이 너무나 강조되다 보니 그의 과학사에서의 위치는 자연히 작은 일로 보일 뿐이다.

20세에 과거 급제, 망명길 올라

충청남도 논산이 고향인 서재필은 김옥균의 권유에 따라 처음에는 일본에 군사기술을 배우러 유학했던 청년이었다. 그러나 유학 비용이 없어 9달 만에 귀국하고, 곧 1884년 갑신정변에는 그의 스승인 김옥균을 따라 가담했다가 일본으로 망명할 수밖에 없게 되었다. 그의 가족은 반역죄에 걸려 모두 음독자살하거나 사형당하고 말았고 그는 일본을 거쳐 1885년 미국에 도착했다. 그리고 미국에서 처음으로 영어를 배우며 고등학교 학생이 되었다. 이미 조선에서 20세의 나이에 과거에 급제했고 또 일본에 유학하여 군사기술을 조금 배웠던 서재필이 이번에는 미국에서 고등학교 학생으로 강등당한 처지가 된 셈이다.

이렇게 그는 착실하게 미국의 고등 교육을 받기 시작하여 고등학교를 나온 다음에는 컬럼비아 의과대학에 입학했던 것이다. 컬럼비아 의과대학은 지금의 컬럼비아대학교가 아니라 지금의 조지워싱턴대학교 의과대학의 전신이었다. 여하튼 그는 1893년 6월 의과대학을 졸업한 것으로 보이는데 이로써 한국인 최초의 근대 의학을 공부한 의사가 되었다. 서재필은 우리나라에 역사상 처음으로 근대 대학 교육을 받은

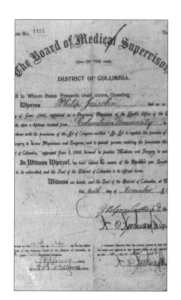

서재필의 미국병원 개업 면허증
(1898.11.10)

인물로도 꼽을 수 있다. 특히 그가 의과대학을 나왔다는 사실은 그를 한국 의학사 또는 한국 과학사의 첫 등장인물로 꼽을 수 있게 해 준다.

그러나 의과대학을 나와 바로 미국인 여성과 결혼하고 개업했던 '서양 의사' 서재필은 1895년 말에는 조국으로 돌아온다. 그는 이미 학교를 다닐 때인 1888년 6월 한국인 최초로 미국에 귀화하여 이름도 필립 제이슨(Philip Jaisohn)이라 부르고 있었다. 마침 미국에 갔던 박영효의 권유를 받고 조국의 근대화를 위해 그가 해야 할 일이 있다고 판단했기 때문에 귀국을 결심했던 것으로 보인다. 그가 귀국하여 곧 시작한 것이 1896년 4월부터의 《독립신문》 창간이었다. 그리고 그는 여러 가지로 활약했지만, 그것은 주로 국민의 계몽과 사회의 개혁을 위한 운동이 중심이었다. 1898년 5월 미국으로 들어갈 때까지 서재필이 온갖 정열을 기울였던 일은 바로 《독립신문》이었던 것이 분명하다. 물론 그는 그 후 독립협회를 만들고 사회운동을 주도한 것도 사실이다.

하지만 한국 최초의 의사 서재필이 한국에 근대 의학을 도입하는 데에는 이렇다 할 공헌을 남기지 못했다. 또 최초의 의사였던 그는 당시로서는 거의 최초로 서양 근대 과학을 본바닥에서 공부하고 귀국한 인물이었건만, 당시 조선의 과학 발달이나 과학 교육에 이렇다 할 역할을 담당하지도 않았다. 1세기 전의 우리나라에서는 과학자가 필요 없었다는 사실을 가장 잘 보여주는 예를 여기서 볼 수가 있다.

　그가 한 일 가운데 그런대로 과학 보급과 관계되는 일이 있다면 그것은 아주 드물게 《독립신문》을 통해 과학 지식을 국내에 소개했다는 점을 들 수 있을 뿐이다. 《독립신문》은 1896년 4월 7일 창간되어 3년 반 뒤인 1899년 12월 5일 폐간되었다. 이 신문은 처음에는 당연히 서재필 혼자의 노력으로 모든 것이 진행되었을 것으로 보이는데 당시 조선에는 아직 제대로 글을 쓸 수 있는 사람도 거의 없었기 때문이다. 특히 어쩌다가 실려 있는 과학 기사는 모두 그가 미국에서 배워 들은 내용을 그런대로 소개하는 기사로 서재필의 과학에 대한 실력을 보여주는 것이다.

《독립신문》에 '박테리아' 소개

아마 서재필은 이 땅에 '박테리아'란 말을 처음 들여온 인물일지 모른다. 《독립신문》 1896년 5월 19일자 '논설'에는 바로 위생에 대해 말하면서 서울의 우물 물속에는 여러 가지 생물이 있는데 그것을 서양 말로 '박테리아'라 부른다고 써 놓고 있다. 이 논설에서 서재필은 국민들은 각각 목욕을 해서 몸을 청결하게 하고, 적당한 운동을 해야 한다고 강조하고 있다. 그는 특히 날씨가 지금 더워지고 있어서 채소를 먹을 때 조심하고 우물물은 반드시 끓여서 식혔다가 마시게 하라고 권하고 있다. 바로 이렇게 채소나 우물 물속에 들어 있는 박테리아가 우리 몸에 들어가면 괴질, 열병, 학질, 이질 등의 질병을 일으키는데 그 생물은 기계 없이는 맨눈으로는 볼 수도 없다고 말하고 있다. 여기 기계라한 것은 물론 현미경을 뜻한 말이다. 의사로서의 서재필이 처음으로자기 의학적 지식을 《독립신문》을 통해 국민에게 전해주고 있는 모습을 보게 된다. 위생을 강조하여 물을 반드시 끓여 먹으라는 권고는 같은 해 5월 2일자의 '논설'에도 보인다.

서양 의학을 설명하는 논설은

1896년 12월 1일자 《독립신문》에도 보인다. 우리나라에서는 의사가 무지하여 많은 사람이 죽는다면서 서양에서는 의사가 되려면 적어도 7년의 교육을 받고 내과, 외과, 산부인과 등은 물론 화학과 약물학 등의시험에 합격한 다음 시장의 허가를 얻어야 의사 노릇을 한다고 소개하고 있다. 그러나 우리나라에서는 의사가 제일 위태로운 사람이어서 함부로 침을 놓아 사람을 죽이는 수가 많다고 비판하고 있다.

사람의 살을 베려면 그에 알맞은 교육을 받고 또 그 기구들을 끓는물에 넣고 끓여 박테리아를 죽인 다음에 사용해야 하건만 그런 지식도없는 사람들이 침을 함부로 놓는다는 것이다. 서재필은 정부가 아직 근대적인 의학교와 병원은 짓지 못하더라도 우선 침 놓는 것을 금지할 것이고, 아울러 무당과 판수(점치는 일을 직업으로 삼는 맹인)의 의료행위도금지시키라고 주장하고 있다.

서재필은 《독립신문》을 국민의 과학 교육에도 활용할 수 있다고 뒤늦게 생각한 모양이다. 1897년 6월 17일자 '논설'에서 시작한 그의 '생물학'에 관한 기사는 14회나 계속되는데 그런 길게 기획된 기사는 처음이다. 이 기사에서 그는 앞으로 틈이 나는 대로 학문의 여러 분야를 소개하겠다고 말하고 먼저 '생물학'을 소개한다고 말하고 있다. 생물학이 이 땅에 그런대로 체계적으로 소개되는 첫 기록이 될 것 같다. 《독립신문》은 순한글로 쓴 것으로도 유명하지만 이 글에서 서재필은 생물을 우선 금수, 초목, 금석의 세 가지로 나누고, 각 종류에 대해 상세하게 설명을 해나갔다. 14회나 계속된 기사는 전부 동물을 소개하는 것으로 끝나고, 다음 기회에 식물(초목)에 대해 쓰겠다고 말하고 있지만 그런 기사가 계속된 것으로는 보이지 않는다.

어쨌든 그는 당시의 조선 정부와 틈이 벌어져 1897년 말에는 중추원 고문 자리에서 해고당했고 5개월 뒤인 1898년 5월 14일 서울을 떠나 미국에 돌아가고 말았다. 서재필은 《독립신문》의 창간과 독립협회의 건설자로만 널리 알려져 있지만, 의사였던 그는 1세기 전에 이 땅에 근대 생물학의 기초를 전해준 과학 계몽가로서도 작은 몫을 했던 것이 분명하다. 이 부분이 완전히 무시되고 있다는 사실이 과학사를 하는 나로서는 대단히 유감스러울 뿐이다.

조선 최초의 서양 유학한 여의사
김점동 金點童 1877?~1910

우리나라에서 가장 유명한 여성 과학자는 아마도 퀴리일 것이다. 퀴리의 상대가 됨직한 우리나라의 여성 과학자는 없을까 생각한 결과 김점동(또는 박에스터)이 생각났다. 김점동은 세계의 첫 유명 여성 과학자 퀴리(Marie Curie, 1867~1934)와 거의 비슷한 시기에 세상을 살았다. 더 엄격하게 말하자면 김점동은 퀴리보다 12년 늦은 1879년에 태어나서 67세를 살았던 퀴리보다 훨씬 젊은 31세의 나이로 1910년 세상을 떠났다. 퀴리는 김점동보다 훨씬 더 오래 살았던 셈이니, 그것만으로도 둘은 비교가 안 된다.

그렇기는 하지만 한국 사람조차 김점동 또는 박에스터가 누구인지 아는 경우란 극히 드물다. 그에 비하면 한국 사람치고 퀴리를 모르는 사람은 극히 드물다. 겨우 31년을 살다간 이 한국 여성보다는 36년을 더 살고 산 퀴리가 기억에 남기 쉬워서일까? 물론 그렇지 않다는 것을 우리는 모두 잘 알고 있다. 퀴리는 세계 과학사상 중요한 대목에서 위대한 발견을 하여 노벨상을 두 번이나 탄 인물인데 비해, 우리의 김점동은 거의 무명인으로 세상을 짧고 조용히 살다갔기 때문이다. 하지만 역사란 주어진 범위에서 서술될 수밖에 없고, 그렇다면 한국 역사에서는 퀴리보다는 김점동이 더 중요한 인물로 평가될 수도 있지 않을까?

김점동은 아마 극히 가난한 집안의 딸로 태어났던 것으로 보인다. 아버지 이름만 겨우 김홍택이라 알려진 그녀는 1877년 3월 16일 태어났다. 사실은 그녀의 출생일은 아직 확실하게는 밝혀져 있지 않다. 앞에서 내가 일부러 가장 늦은 그녀의 출생 연도를 1879년으로 써 놓은 것도 이 때문이다. 서울 정동에서 태어났다는데 언니가 적어도 한 명 있었던 것은 분명해 보이지만 정확한 형제자매의 수는 밝혀진 바 없다.

어려서 선교사와 인연

김점동은 서양식 이름 박에스터(朴愛施德, Esther Park)로도 알려져 있는데 서양식 이름 붙이기 덕분이었음을 알게 된다. 그녀는 10세 이전에 서양 선교사의 눈에 띄기 시작했다고 알려져 있다. 1886년 전후의 일이다. 우리나라는 1876년 강화도조약을 통해 정식으로 개국했으며, 서양과 정식으로 교류가 시작된 것은 그로부터 다시 6년 뒤인 1882년 조미수호조약의 결과였다. 미국과 통상수호조약을 맺으면서 서양 사람들이 밀려들기 시작했던 것이다. 1886년(고종 23)에 미국 선교사 스크랜턴 부인(Scranton)이 서울 황화방(皇華坊), 즉 지금의 서울 중구 정동에 창설한 것이 이화학당이었다. 김점동이 이때 쯤 선교사를 돕는 일을 하고 있던 아버지 손에 이끌려 스크랜턴 부인을 만났다. 당시 기록으로 다음과 같은 말이 남아 있다. "아주 추운 때였는데 그 선교사 부인은 나를 스토브 가까이 오라고 불렀다. 나는 전에 스토브를 본 적도 없었기 때문에 그 부인이 나를 그 스토브 안에 집어 넣으려는 줄 알고 겁을 잔뜩 먹었다."

이 일화는 1886년쯤의 일이다. 아무튼 김점동은 이렇게 하여 이화학당 학생이 되었다. 그리고 영어를 잘하여 여자 선교사이며 이화학당 선생님이던 몇몇 미국인 여성 선교사들을 도와 통역으로 일하게 되었다. 그녀가 박유산과 결혼한 1893년에는 영어를 어느 정도 할 수 있었을 것으로 보인다. 그들은 선교사의 주선으로 결혼했는데, 장소는 정동교회였고 결혼 비용은 이화학당이 부담했다. 당시 이화학당은 이렇게 주선한 결혼이 성사될 경우 비용을 학교가 부담했다고 한다. 그리고 이들의 결혼은 우리 역사상 최초의 서양식 교회 결혼식으로도 전해진다.

볼티모어 여자의과대학 졸업

김점동은 그로부터 2년 뒤인 1895년 초 미국 감리교 여성 선교사 로제타 셔우드 홀(Rosetta Sherwood Hall, 1865~1951)을 따라 미국에 건너갔다. 뉴욕주 리버티에서 2월부터 공립학교를 다니며 영어를 공부한 다음, 9월부터 1년 동안 간호학교를 다니고, 1896년 10월 1일 볼티모어 여자의과대학(현 존스홉킨스 의과대학)에 입학했다. 여기서 그녀는 조선 여성으로는 처음으로 라틴어도 공부하고, 물리학과 수학을 공부하게 되었다. 그리고 1900년 5월 15일 이 대학을 졸업하여 조선인 최초의 여성 의사가 된다. 물론 남자 의사도 몇 명 없을 때이기는 하지만 여성으로서는 최초의 의사였다. 더구나 여성으로서 과학을 공부한 일이 전혀 없을 때이

김점동 부부와 로제타 홀 가족(1890년대)

니 당연히 조선 최초의 여성 과학자라 꼽을 만하다.

어찌 보면 퀴리와 비슷하게 김점동 역시 헌신적이고 협조적인 남편을 만났다. 오히려 퀴리와는 비교도 할 수 없을 정도의 자기희생적인 훌륭한 남편이었던 것이 분명해 보인다. 김점동의 남편 박유산은 아내와 함께 미국에 갔지만, 당장 생계가 어려워 곧장 리버티의 농장에 취직하여 막노동을 하며 아내의 볼티모어 여자의과대학 공부를 뒷바라지했다. 그리고 1899년에서야 겨우 아내를 따라 볼티모어로 가서 함께 살면서 그곳 식당 일을 얻어 돈벌이를 했다. 하지만 그는 이미 폐결핵으로 온전한 몸이 아니었다. 박유산은 아내의 대학 졸업을 반년 남긴 채 1899년 가을 세상을 떠나고 말았다. 퀴리보다는 1세 어리고, 그 남편 피에르 보다는 9세 어렸던 박유산은 미국 생활 4년 반 남짓을 아내를 돌보는 데 바친 채 병으로 쓰러져 갔던 것이다.

이렇게 공부를 마친 김점동은 1900년 귀국한다. 조선 역사상 최초의

서양 의학을 공부한 여자 의사가 되어 귀국한 그녀는 곧 정동에 있었던 보구여관(保救女館)의 의사로서 맹활약하게 된다. 한자 이름에서 짐작할 수 있는 것처럼, 보구여관은 지금의 이화여자대학교 부속병원의 전신에 해당하는 여성전문병원으로 서양 선교 여의사가 경영하고 있었다. 하지만 곧 그녀는 장소를 평양으로 옮겼는데, 그녀의 후원자였던 홀이 조선에서 선교사로 활동하다 죽은 남편을 기념하여 세운 기홀병원(起忽病院)에서 일하기 위해서였다.

김점동은 평안도와 황해도 일대를 순회하며 무료 진료를 베풀면서 여성교육의 필요성을 역설하는 한편, 맹아학교와 간호학교를 설립하여 고종 황제로부터 은메달을 받았다. 귀국한 후 10년 동안 전국 방방곡곡을 누비며 약 3000명의 환자를 돌보았다고 기록은 전한다. 지금 생각하면 아주 간단한 수술이었지만 그녀가 수술로 환자를 간단히 치료하는 모습을 보고서는 귀신같은 인술을 가진 여성이라 칭송하는 수도 있었다.

이렇게 바쁜 치료활동을 벌이던 그녀는 폐결핵을 앓고 있었다. 남편과 똑같은 질병으로 고생하다 선교사들의 도움으로 베이징으로 요양을 떠나기도 했지만 효과를 보지 못한 채 1910년 4월 13일 서울의 둘째 언니 김마리아의 집에서 영양실조와 폐침윤(肺浸潤: 결핵균이 폐 조직에 침입한 병)으로 사망하고 말았다. 생전에 그녀는 홀을 도와 조선에 처음으로 간호학교를 만드는 데 나서기도 했다. 하지만 학생을 가르치거나 의학 연구를 할 만한 그런 수준에 있었던 것이 아님은 물론이다.

귀국 후 여성 환자 3000명 돌봐

사실 김점동의 공적을 꼽는다면 귀국 후 10년 동안 3000명의 여성 환자를 돌보았다는 사실밖에 그리 크게 거론할 것이 없다. 퀴리도 김점동처럼 결핵을 앓았지만 죽지 않고, 67세까지 장수하면서 딸들을 낳았다. 이에 비해 김점동은 아무런 소생을 남기지도 못했고 31세의 짧은 생애를 살다갔을 뿐이다. 1909년 4월 28일 초대 여자 외국 유학생 환국 환영회가 서울 서궐(西闕, 경희궁)에서 열렸다. 고종, 순종, 윤치호 등 당대 명사들이 주최한 이날 행사에는 이미 9년 전 귀국한 김점동이 첫 주인공이었다. 또 16세 때부터 일본을 거쳐 벨기에, 영국, 프랑스, 독일, 미국을 유학하며 음악과 외국어를 배우던 중 관립한성고등여자학교 설립으로 귀국한 윤정원(尹貞媛)과 1900년에 미국 웨슬리안 대학에서 미국의 학사학위를 받고 귀국하여 이화학당 기숙사 사감과 영어 교사가 된 하란사(河蘭史) 등 세 명이 주인공이었다. 그 정도로 김점동은 한국 여성 과학사의 첫 장을 장식한 인물이었던 셈이다.

우리나라 첫 피부과 전문의
오긍선 吳兢善 1878~1963

우리나라에서 처음으로 근대식 의사로 꼽을 수 있는 사람은 아마 지석영(池錫永, 1855~1935)일 것이다. 하지만 엄격히 말하자면 그는 정식으로 의사 자격을 얻은 일은 없었던 것으로 보인다. 근대 국가가 세워지면서 의사는 정식 교육과 훈련을 거쳐 자격을 얻어야 할 수 있게 되었는데, 그런 의미라면 첫 의사 자격을 얻은 인물로는 미국에서 1892년 의과대학을 졸업한 서재필(徐載弼, 1864~1951)을 꼽아야 할 것 같다.

우리나라 첫 현대적 의학자

지석영은 우두 도입자로 유명하고, 서재필은 의사보다는 독립협회와

《독립신문》으로 더욱 널리 알려진 개화기의 대표적 인사이다. 그리고 1900년부터는 일본에서 교육받고 정식 의사 자격을 얻은 조선인이 나오기 시작했다. 이런 가운데 1909년 미국에서 세 번째로 의사가 되어 귀국한 인물이 오긍선이다. 본격적인 의사 또는 현대적인 의학자로 꼽힐 수 있는 대표적 인물은 바로 오긍선이라 할 수 있을 것이다. 그는 귀국 후 오랜 일생 동안을 의학자 및 교육자로 일관했고 수많은 의학도를 길러냈기 때문이다. 게다가 실제로 근대 의료제도가 확립된 다음 오긍선은 조선인으로서 의사 면허 1호를 얻기도 했다. 또 그는 우리 의학사에서 첫 전문의(피부과)로도 꼽힐 수 있다. 지금은 의사라면 모두 전문 분야를 나눠 말하게 되었지만, 물론 개화기와 일제시대 초기에는 그런 구별이 있을 수 없었다. 처음 이 땅에 들어와 현대 의학을 실시한 서양 의사들은 치과의사마저 따로 없던 시절 치과까지 겸했을 정도였으니 말이다.

충청남도 공주에서 1875년 10월 4일 태어난 오긍선은 본관이 해주(海州), 호를 해관(海觀)이라 했다. 사곡면 운암리에서 감찰 벼슬을 지낸 오인묵(吳仁黙)과 한산 이씨 사이에 1남 3녀 가운데 장남으로 태어났다. 장남이라지만, 사실은 그에 앞서 어려서 죽은 여러 형제자매들도 있었다니, 여러 자녀를 일찍 잃은 다음에 태어난 아들이었던 모양이다. 당연히 대단히 귀한 자식으로 키워졌다. 10세 때에는 이미 《동몽선습》,《통감》을 공부했고, 12세 이후에는 이미 한시를 쓰기 시작했다. 당시로서는 전통적인 한학 교육을 제대로 받았음을 알 수 있다. 그가 평생 기독교인으로 살면서도 동양 고전을 읽고 또 옛 성현의 말씀대로 살려고 힘쓴 것도 이런 어린 시절의 경험 때문일 것이다.

14세에는 밀양 박씨와 결혼했으며 18세에 서울로 올라왔다. 서울에서 그는 바로 신학문을 배우려고 배재학당에 입학했고, 협성회 간부가 되어《협성회보》를 시작하는 데 관여하기도 했다. 또 1898년에는 독립협회 간사가 되기도 했다. 그가 신학문을 시작하면서 그는 스스로 상투를 잘라 집으로 보냈다고 한다. 이렇게 신학문과 개화운동에 참여하던 청년 오긍선은 1899년 독립협회와 그 모임이 주최하여 많은 사람들을 불러 모았던 만민공동회가 조선 정부의 탄압을 받게 되면서 시골로 피할 수밖에 없게 되었다. 고향으로 내려간 그는 공주 침례교 선교사 스테드만의 집에서 2년 동안 숨어 살면서 점점 더 기독교에 기울게 되었다. 또 이 기간 동안 그는 선교사에게 우리말을 가르치면서 그로부터 영어를 배우게 되었다. 그는 1900년 금강에 나가 스테드만 선교사로부터 세례를 받기도 했다. 이렇게 하여 그의 일생의 기독교 생활은 확실하게 자리 잡게 되었다.

스테드만은 강경(江景)으로 옮겨 선교사업을 계속했는데, 그와 함께 갔던 오긍선은 거기서 역시 미국 선교사 알렉산더와 친하게 되었다. 스테드만이 일본으로 떠나면서 그를 알렉산더에게 소개했기 때문이기도 했다. 그런데 알렉산더는 바로 그의 아버지가 사망했기 때문에 미국으로 돌아가게 되었다. 오긍선이 미국에 유학갈 수 있었던 것은 이런 사건과도 관련이 있다. 알렉산더의 후원으로 그는 1902년 미국에 건너가 센트럴대학 교양학부를 수료하고, 켄터키주 루이빌의과대학을 졸업하여 의사가 된 것은 1907년의 일이다. 지금까지 밝혀진 것으로는 그는 한국인 남자로는 최초의 미국 의사가 된 것이었다. 1900년에 여자로서는 김점동이 처음 의사가 되었고 그 보다 앞서 서재필이 미국 의대를 졸업했지만 서재필은 미국에 귀화했으므로 미국인 의사였다.

오긍선이 뒤에 피부과를 전공으로 택하게 된 것은 바로 1907년 루이빌시립병원 인턴으로 들어가 6개월간 피부과에 근무했다는 것과 관련이 있는 듯하다. 또 그는 서재필과는 달리 분명한 조선 국적이었지만, 의사가 되어 1907년 10월 귀국할 때에는 미국 남장로회 선교부로부터 한국 파견 선교사 자격을 얻어 귀국했다고 되어 있다. 그는 조선인이었지만 미국 선교사의 한 사람으로 전라북도 군산 야소병원장에 취임하여 본격적인 의료봉사사업을 시작한 것이었다. 1909년 그는 군산에 영명중학교(永明中學校)를 설립하여 교장직을 맡아가며 청소년 교육을 실시하는 한편 구암교회도 설립했다. 1910년 봄 군산을 떠나 전라남도 광주로 가서 광주 야소교병원장에 취임하고. 1911년에는 목포 야소교병원장, 목포 정명여학교(貞明女學校) 교장직도 겸임했다. 그가 초기 기독교 선교사업과 관련되어 활동하게 된 것은 그가 미국 유학을 선교사의 도움으로 할 수 있었기 때문임은 물론이다.

세브란스의 첫 조선인 교수

오긍선은 1912년 서울로 올라왔다. 남장로회 선교부 대표 자격으로 세브란스의학전문학교 조교수 겸 진료의사로 취임했다. 의학교의 첫 조선인 교수가 된 것이었다. 1916년 4월부터 1년간 일본 도쿄제국대학 의학부에서 피부비뇨기과학을 전공하고 돌아와 1917년 5월 세브란스의학전문학교에 피부과를 신설하여 과장 겸 주임교수가 되었다. 또 1930년 2월 오스트리아 빈대학에서 피부과학을 연구했으나 미국, 오

세브란스의전 교장 취임 기사
오긍선이 에비슨의 후임으로 세브란스의학전문학교 교장으로 결정되었다는 《동아일보》 1934년 2월 17일자 기사이다.

스트리아, 일본에서 피부과를 연구한 당대로서는 조선에는 아주 드문 경력을 가진 의학자, 특히 피부과 전문의가 되었음을 알 수 있다.

그는 1934년 4월 세브란스의학전문학교 2대 교장에 취임했다. 에비슨의 뒤를 이어 조선 사람으로는 첫 세브란스의학전문학교 교장이 된 것이다. 한 가지 특이한 점은 그는 1942년 6월 65세 정년제를 제정하여 스스로 교장직을 사임하고 명예교장이 되었다. 그는 일생을 본인 자신에게 가장 엄격하게 살았던 인물임이 분명하다.

오긍선은 그의 안방에 액자 하나를 걸어 두었는데, 거기에는 조선은행권 지폐가 한 장 붙어 있고, 그 옆에 '돈을 사랑함은 모든 악의 뿌리'라는 《성경》(디모데 전서 6장 10절) 말을 적어 넣었다. 자식들에게 의사가 개인병원을 열어 돈을 버는 일을 경계했기 때문에 그 아들과 손자들이 의사는 많지만, 거의 다 개업하지 않고 대학 병원이나 정부 병원에서 근무했다는 특징을 보인다.

그는 2남 3녀를 두었는데, 장남 오한영(吳漢泳, 1898~1952)은 세브란스의학전문학교를 거쳐 미국 에모리대학에 유학한 내과의사로 세브란스의학전문학교 교수가 되었다. 해방 후 경찰병원 원장을 거쳐 보건부

장관을 지내다가 건강을 해쳐 물러나 바로 서거했다. 55살에 그의 아버지 보다 먼저 떠난 것이다. 차남 오진영(吳震泳, 1911~)은 경성제국대학 사학과를 거쳐 법학과로 재입학하여 홍익대학교 교수가 된 법제사(法制史) 학자였다.

보육원 설립 고아들 돌봐

오긍선은 자신에게 그리고 가족에게도 엄격한 인품이었지만, 대단히 유머 감각이 넘치는 즐거운 사람이기도 했다. 하루는 외손녀가 "왜 서양 사람들은 털이 많으냐?"고 묻자, "그러기에 서양 사람들은 '젠(全)틀맨'이라고 하지 않더냐?"고 대답했다. '젠틀맨(gentlemen)'이란 영어를 이용한 피부과 의사의 농담이었다. 또 그는 대단히 독실한 기독교 신자였지만, 어느 틀에 얽매인 사람은 아니었다. 적당히 술도 마시고, 담배도 피우는 그런 기독교 신자였던 것만 보아도 이를 알 수 있다. 또 그는 당시의 교육받은 다른 선구자들과는 달리 나이가 6세나 많았고, 마마를 앓다가 얼굴을 얽은 아내와 평생을 해로했으며 자식들에게도 이혼이란 있을 수 없다고 선언했다.

그는 1918년에 이미 보육원을 시작하여 고아들을 정성껏 돌보기 시작했다. 1962년 11월 그는 새싹회의 '소파상(小波賞)'을 받았는데, 바로 불우한 어린이들을 위한 평생의 봉사가 인정받게 되었던 때문이다. 그는 정년퇴임한 이후에는 더욱 열심히 보육원 일에 매달렸다. 그리고 그가 시작한 보육원은 지금도 안양에 남아 있다. 1963년 5월 18일 86세를 일기로 오긍선이 죽자 많은 사람들이 그를 추모했다. 연세대학교는 그를 여러 가지로 기념하여 오늘에 이르고 있기도 하다. 1977년 이래 '해관 오긍선 선생 기념 학술강연회'를 해마다 9월 말~10월 초쯤 개최해 왔으며 학교 안에는 동상과 흉상이 세워져 있다. 오긍선은 세계 의학계에 어떤 새로운 것을 발견해 보고한 일은 없지만 한국 의학사에서 여러 가지로 첫 번째인 인물이었다. 그리고 그런 사실만으로도 그는 우리 역사에 남는 대표적인 의학자로 꼽힐만 하다.

몽골 임금의 주치의에 오른
이태준 李泰俊 1883~1921

의사가 모두 과학자일 수는 없다. 하지만 특히 1세기 전 우리나라에서는 의학 교육을 받은 정도만으로도 조선에는 대단한 과학자였다. 그렇게 의학 교육을 받았던 이태준은 아직 한국에도 의사가 드물던 그 시대에 멀리 몽골에 가서 의사 노릇을 했다. 특히 그는 몽골에서 당시 임금의 주치의 노릇을 했고, 특히 당시 몽골 사람들에게 심했던 매독을 비롯한 화류병 치료에 크게 공헌하여 훈장을 받았다. 그러나 그는 울란바토르(Ulan Bataar, 庫倫)에서 누군가에 의해 총살당하여 죽고 그의 기념비가 지금 그곳에 남아 있다. 울란바토르 남쪽 자이산 작은 공원에 그의 기념비가 있다. 세브란스의학전문학교를 1911년 2회로 졸업한 지 꼭 10년 만에 이태준은 38세의 나이에 총살당하고 말았다. 앞으로 역사가들의 연구가 깊어질수록 과학자로 독립운동에 가담했던 인사들도 더러 발견될 것 같다. 이태준의 경우만 해도 최근에서야 그의 일생이 조금씩 밝혀지기 시작한 셈이다. 반병률의 논문 〈의사(醫師) 이태준의 항일민족운동과 몽골〉은 《역사문화연구》(박성래교수정년기념특별호, 2005, 277~302쪽)에 실려 있는데, 이 논문이 바로 이태준의 일생을 소개하고 있다.

중국 신해혁명에 감명받아 망명 결심

인천 이씨인 이태준은 1883년 11월 23일 경상남도 함안에서 태어났다. 아버지는 이찬(李瓚), 어머니는 박평암(朴平岩)이다. 그의 자는 원일(元一), 호를 대암(大岩)이라 했다. 그의 호 때문에 그의 이름은 몽골에서는 '리다인'으로 알려졌고, 그래서 그의 훈장에도 그런 이름으로 기록되어 있다. 그의 성이 '리'가 되고, 그의 호 '대암'이 '다인'으로 표기되었을 것으로 보인다. 우리 역사에서는 똑같은 이름을 가진 소설가 이태준이 더 유명한 셈이지만, 한자로도 똑같은 이름을 가진 소설가 이태준은 1904년생이니 의사 이태준보다는 19년 후배였다.

그의 어린 시절은 아직 밝혀진 것이 없다. 여하튼 그는 1907년 10월, 24세에 세브란스의학전문학교에 입학하여 1911년 6월, 2회로 졸업했다. 2회 졸업생은 6명이었다. 그런데 이태준이 독립운동에 가담하게 된 것은 이미 학생 때의 일로 보인다. 그는 안창호(安昌浩, 1878~1938)의 권유를 받아 비밀청년단체인 청년학우회에 가입했는데, 안창호가 이태준을 알게 된 것은 1910년 2월 이후의 일이다. 왜냐하면 안창호는

1909년 10월 안중근이 이토 히로부미[伊藤博文]를 죽인 후 일본 헌병대에 체포되었다가 1910년 2월 풀려나 세브란스병원에 입원했고, 거기서 그를 만났기 때문이다. 지금《도산안창호 자료집》에는 이태준이 안창호에게 보낸 편지가 남아 있다. 그 편지를 보면 그는 1911년 10월 중국에서 신해혁명이 일어나자 여기 크게 감동하여 중국으로 망명을 결심하게 되었다. 일본 식민지로 떨어져 버린 나라를 구하는 일이 우선이라 생각했기 때문이다. 그런데 그는 바로 세브란스의학전문학교 선배인 1회 졸업생 김필순(金弼淳, 1878~1919)과 함께 중국 망명을 결심했다. 이들 둘은 안창호와 편지를 교환한 점도 공통점이다. 김필순은 안창호와 같은 나이였고 이태준은 이들 보다 5살 아래였다. 또 김필순이 안창호에게 보낸 편지를 보면, 그 역시 중국의 신해혁명에 감명받아 망명을 결심한 것으로 나타난다. 혁명운동에 위생대(衛生隊)로 참가하기를 바란다는 김필순이 1911년의 섣달 그믐 날 기차를 타고 의주로 떠나자 이태준은 그를 배웅하고 돌아왔다. 하지만 세브란스병원에 돌아온 그는 병원 안에 이미 그들의 망명 소문이 퍼져 있다는 사실을 알게 되어 그 역시 황급히 서울을 떠났다.

중국 군대에 근무하면서 조선 독립군 창설을 위해 힘쓰던 김필순은 만주일대를 돌아다니다가 1919년 여름 콜레라에 걸려 사망하고 말았다. 한편 김필순을 뒤따라 망명한 이태준은 만주가 아니라 난징[南京]으로 갔다. 난징에서 기독회의원(基督會醫院) 의사로 일하던 그는 1914년에는 몽골의 고륜(庫倫)으로 떠났다. 고륜은 그 후 울란바토르라 이름을 바꾼 지금 몽골의 수도를 가리킨다. 이태준은 난징에 있는 동안 안창호와 연락하여 김필순과의 접촉을 부탁하기도 했고, 중국 혁명가들과 사귀었으며, 또 독립운동을 꾀하던 김규식(金奎植, ?~1929)과도 알게 되었다. 그리고 바로 김규식의 권유로 이태준은 몽골로 갔고, 거기에 동의의국(同義醫局)을 개원했다. 김규식은 몽골에 독립군 장교양성소를 만들어보려던 계획이었다. 2년 뒤인 1918년 6월 그는 다시 몽골을 방문했는데, 이때 김규식은 6살짜리 아들과 그의 사촌여동생 김은식을 동반하고 있었다. 이를 인연으로 이태준은 뒷날 김은식과 결혼했고, 김규식은 이태준의 사촌처남이 됐다.

성병 치료에 공헌해 몽골 최고 훈장 받아

몽골에서 이태준은 두 가지 활동을 계속하게 된다. 하나는 독립운동을 위해 돈을 모으고 이를 독립운동 단체에 보내는 일이고, 다른 하나는 당연히 의사로서 몽골인들을 돌보는 일이다. 바로 이 의사로서의 일로 그는 많은 몽골 사람들의 칭송을 받게 된다. 청나라의 속국이던 몽골은 1911년 청조가 망하고 중화민국이 탄생하자 독립을 선언한다. 이태준이 신해혁명으로 크게 자극받았던 것과 마찬가지였다. 이미 몽골 지도자였던 8대 활불(活佛)을 국가수반(보그드칸)으로 추대해 말하자면 몽골 왕국이 된 셈이었다. 하지만 독립 선언한 외몽골 지역을 중국 영토라 주장하는 중화민국이 침략해오자 몽골은 독립을 취소하고, 몽골, 중국, 러시아의 3국 조약에 따라 1915년 중국의 자치국으로 전락했다. 또 1917년 러시아가 레닌의 혁명세력에 의해 장악되자, 이에 반대하는 이른바 백(白)러시아군이 몽골로 피해 들어오기도 한다.

이런 혼란기에 이태준은 몽골 수반의 주치의로 활약했고, 또 몽골에

번지는 화류병(성병) 치료에
크게 성공해, 몽골인들의 칭송
을 받게 된다. '신통한 의술을
지닌 까레이 의사(고려인 의사)'
로 알려지면서 보그드칸의 주
치의가 됐다. 또 몽골에 만연
한 '매독'을 치료하여 수많은

이태준에게 수여된 건국훈장 애족장(1990. 12. 26)

사람들을 구해냈고, 1919년에는 몽골 최고 훈장 '에르테닌오치르'를
받았다. 사실 그는 중국군 사령관, 러시아군 장군 운게른 남작의 주치
의도 모두 맡았는데, 당시 거기에는 그럴만한 자격의 의사가 없었던
때문이다.

인술 베풀며 독립운동 자금 조달하기도

이 시기는 몽골 현대사에서 가장 혼란한 시기였다. 1919년 중국군이 다
시 침략해오자 몽골 민족주의자들은 두 개의 단체를 만들어 항전했고,
1920년에는 이들이 힘을 합쳐 몽골인민당을 만들기도 했다. 그리고 이
조직의 대표가 보그드칸의 편지를 가지고 러시아로 가서 레닌과 만나
지원을 요청하기도 했다. 그런가하면 러시아혁명에 반대하는 백러시
아군대가 진입하여 중국군을 격퇴하고 1921년 보그드칸이 1924년까
지 임금 노릇을 한다. 그 후 몽골은 1924년 새 헌법을 공포하고 '몽골
인민공화국'을 선포했으며, 인민당이 인민혁명당으로 이름을 바꾸기
도 한다. 또 수도를 울란바토르로 고친 것도 이때부터였다. 물론 공산

정권이 물러간 다음 한국은 1990년 외교관계를 수립하고, 한국대사관을 두었다. 한편 독립운동을 위해서 이태준은 이미 지하독립단체인 의열단(義烈團)에 가입하고 있었다. 그 역할을 맡아 그는 열심히 중국을 드나들며 독립 운동자금을 조달해주었다. 또 그는 독립운동 단체를 위해 폭탄제조 기술자를 상하이의 독립운동 지도자에게 보내준 일도 있다. 마자르란 이름의 헝가리인 폭탄 기술자는 마침 포로가 되어 운전기사로 일하며 이태준을 돕고 있었는데, 이태준이 죽은 다음 혼자서 상하이로 가서 조선인 독립운동 단체를 찾아갔던 것이 당시 기록에 남아 있다. 정말로 그의 기술로 독립단체의 폭탄이 제조되었던지는 아직 확인되지 않았지만 이태준이 어떻게 죽음을 맞이했던가는 아직 확실하게는 밝혀지지 않았다. 그는 중국, 러시아, 일본, 그리고 몽골의 군대가 섞여 들락거리며 혼란을 거듭하던 몽골을 떠나지 않고 인술을 베풀며 독립운동을 돕고 있었다. 그러던 그는 1921년 2월 모스크바에서 제공하는 독립운동 자금 4만 달러어치의 금을 가지고 마자르와 함께 베이징으로 향했다. 독립자금을 전하고 마자르는 의열단장 김원봉(金元鳳, 1898~1958)에게 데려가기 위해서였다. 하지만 그는 아직 몽골을 탈출하여 중국 땅으로 들어가기도 전에 러시아 백군에 붙잡혀버리고 말았다. 러시아 반혁명군은 그를 울란바토르로 데려갔고 거기서 그는 총살당한 것으로 보인다. 하지만 누가 그를 처형했던가는 분명하지 않다. 1947년에 나온 독립운동을 설명한 책 《약산과 의열단》에는 그들 러시아군 속에 요시다(吉田)란 참모가 있었는데, 그가 이태준을 알아보고 불령선인(不逞鮮人)을 그냥 둘 수 없다 하여 그의 손에 의해 비통한 최후를 맞았다고 기록하고 있다.

하지만 반병률의 연구에 의하면 그 러시아군 속에 요시다란 일본인은 없었다는 것이다. 그 대신 이미 울란바토르에는 일본인 의사 요시다 도요죠[吉田豊三]가 있었다. 그렇

이태준 기념공원 입구

다면 한국의 책에 기록된 '吉田'가 바로 이 '吉田豊三'일지도 모른다. 또 그는 이태준을 잘 알고 있었을 터이니 혼란 중에 그를 제거할 기회를 잡았을지도 모르는 일이다. 하지만 더 많은 방증은 그를 총살한 사람은 러시아 반혁명군이라 보는 듯하다. 일제시대 우리 민족의 대표적 지도자의 하나였던 여운형(呂運亨, 1886~1947)은 1936년 모스크바로 가던 도중 몽골에서 8일간을 대기하면서 '동포의 무덤'이란 글을 남겼는데, "웅겐남작(러시아 백군)의 패잔군이 고륜(울란바토르)을 노략할 때에 고륜의 주민뿐만 아니라 이태준 병원을 약탈하고 이군을 학살"했다면서, "부근 부락의 주민들까지도 이 유명한 카우리[Cauli, 고려(高麗)] 의사를 모르는 사람이 없다고 동무들은 나에게 설명해 주었다"고 기록해 놓고 있다(여운형, 〈몽고사막 여행기〉, 《중앙》 1936년 5월호).

울란바토르 이태준 기념공원

울란바토르의 남쪽 시가를 내려다 볼 수 있는 전망대 아래에 작은 공

원이 있는데 이것이 '이태준 기념공원'이다. 그의 무덤은 아직 확인되지 않았지만, 그는 학살당한 다음 그 근처에 묻혔을 것으로 보인다. 1998년 연세대학교는 '한국 최초 의사 배출 90주년 기념강연회'를 열었는데, 그때 반병률이 〈세브란스와 독립운동〉을 발표하면서 이태준을 소개하여 그에 대한 관심을 높였다.

몽골에 연세친선병원을 열고 있던 연세대학교는 이태준에 대한 자료를 더 조사하면서, 몽골 정부에서 2000여 평의 땅을 얻어 여기에 그의 기념공원을 세우게 되었다. 추모비에는 이태준의 일생이 간단히 소개되어 있는데, 뒤에는 조금 간략하게 영어와 러시아어 설명문이 있다. 그런데 이 뒷면의 러시아 백군에게 살해당했다는 부분은 언젠가 훼손되어 있다는 여행기록이 인터넷에 떠있기도 하다. 몽골 사람들은 한국을 '솔롱고스(Solongos)'라고 부른다. '무지개 뜨는 나라'라 하여 현재는 인기가 좋은 나라로 꼽힌다. 이태준의 의료봉사가 아직도 조금 그 몫을 하고 있는 듯하다.

한국 최초의 치과의사
함석태 咸錫泰 1889~?

도시라면 어느 동네거나 치과가 없는 곳이 없게 된 지금이다. 하지만 우리나라에 처음 한국인 의사가 치과의원을 시작한 것은 지금부터 거의 100년 전인 1914년이었다. 그리고 이 땅에서 최초의 치과의사로 치과 의학의 문을 열어준 사람은 함석태였다. 일단 한국 치의학의 아버지로 불러도 좋을지 모른다.

그런데 지금은 이미 1만 명이나 된다는 한국의 치과의사들이지만 함석태의 이름을 아는 사람은 아마 별로 많지 않을 것이다. 하물며 다른 의사들이나 일반인들이야 한국 최초의 치과의사에게 관심이 있을 까닭이 없다.

서울 삼각정에서 개업

사실 함석태의 이름을 내가 알게 된 것도 그동안 우리 의학사와 특히 치과의학사를 연구해온 기창덕의 책을 통해서이다. 기창덕은 1993년 《대한치과의사협회지》에 발표했던 글 등을 모아 《의학·치과의학의 선구자들》(아카데미아, 1995)이란 제목의 책을 출판했는데 함석태의 이야기가 여기 소개되어 있는 것이다.

내가 따로 연구해 놓은 것이 전혀 없는 상태에서는 기창덕의 글을 중심으로 여기 소개할 수밖에 없다. 1914년 그는 서울 삼각정에 '함석태 치과의원'을 개업했다. 그 개업 안내광고가 바로 기창덕의 책에 실려 있다. 이 광고에 의하면 진찰은 매일하며 수술은 무료라는 말이 적혀 있다. 또 재미있는 정보 한 가지로 전화번호가 79번이라고도 기록되어 있다 1914년 서울의 전화가 전부 몇 대나 되었을지를 짐작하게 하는 대목이다. 이상한 것은 수술이 공짜라는 사실인데 이에 대해 기창덕은 이렇게 평가하고 있다. 당시 이미 약간의 훈련을 받은 몇 명의 입치사 (入齒士)들이 있었는데 그들은 준치과의사 노릇을 하고 있었다는 것이다. 그 때문에 함석태는 입치사들은 할 수 없는 구강 외과 치료까지 할 수 있음을 강조했을 것이라는 해석이다.

이들 입치사들과 달리 함석태는 일본에서 치의학 교육을 정식으로 받아 한국 최초의 치과의사가 되었다. 언제 도쿄 유학을 떠났는지 아직 밝혀져 있지 않은데 아마 1909년 일본 치과의학전문학교에 입학하여 1912년 졸업한 것으로 보인다. 일본에서도 치과의사가 제대로 독립된 교육을 받기 시작한 것은 1905년 치과의사법이 만들어지고 그에 따라 치과의학교가 생기면서부터의 일이었다. 함석태가 다닌 도쿄의 일본 치과의학전문학교는 1907년 2년제로 생겨 1909년에는 3년제로 바뀌었는데 함석태는 말하자면 3년제 때에 입학하여 정식 치과의학교를 다닌 것으로 보인다.

총독부치과의사 면허 1호

그런데 함석태가 총독부의 치과의사 면허 1호로 등록된 것은 1914년 2월이었고 그 사실이 그해 3월 11일자 관보에 실려 있다. 도쿄에서 치과전문학교를 졸업한 것이 1912년이고 1914년에서야 치과의사로서 등록하고 치과를 개업했으니 그는 2년 동안 어디 있었고 무엇을 했던 것일까?

한국 치과의사 면허 1호라는 사실만으로도 함석태가 한국의 첫 치과의사라는 데에는 의문의 여지가 없을지 모른다. 하지만 엄밀히 말하자면 한국에는 이미 치과의사가 몇 명이나 있었고 또 버젓이 개업하고 있었다. 일본인 치과의사가 5~6명, 미국인 치과의사 1명이 서울에서 활동하고 있었다. 이들 외국인 치과의사의 역사를 더듬어보자면 그 첫째로는 1893년에 이미 제물포(인천)에서 정식으로 치과를 개업하고 있던 일본인 의사를 들 수 있다. 그는 아직 '전문학교'라는 간판을 달기 전의 일본 치과학교를 졸업한 이름이 노다 오지[野田應治]였다. 물론 당시 치과를 찾는 환자란 아주 드문 것이 사실이었다. 아직 이가 아프다고 병원을 찾을 생각을 하는 사람이란 거의 없던 시절이었기 때문이다. 물론 이를 닦아야 한다는 생각도 거의 없었을 것이고 아침에 소금을

이 해 박는 집
1926년 6월 10일 순종의 상여가 지나가는 모습이다. 상여 뒤로 1920년대의 치과 모습을 볼 수 있는 간판
이 보인다.

손가락 끝에 찍어 이를 문지르는 것이 고작이던 그런 때였다. 칫솔이나 치약을 사용한다는 것은 상상하기도 전의 일이었다.

허준의 《동의보감》에 보면 이가 아픈 원인으로는 여러 가지를 들고 있고 수많은 처치법도 소개되고 있다. 하지만 지금 우리도 쓰는 말처럼 '충치(蟲齒)'라 하며 마치 이가 벌레 먹는다고 하는 표현이 거기서 시작했음을 알 수 있을 뿐이지 지금의 치의학 지식에는 너무나 미치지 못한다. 이때에는 이미 많은 일본인들이 국내에 들어와 있었고 또 서양 사람들도 조금 있었기 때문에 그들을 상대하는 외국인 치과의사가 있었을 뿐이었지 그들이 한국인 치료를 담당했다고는 보기 어렵다. 함석태는 이런 환경 속에 최초의 한국 치과를 개업하여 몇 년 동안은 한국 유일의 한국인 치과로 군림할 수가 있었다.

국내에서 개업한 한국 치과의사 2호는 1919년 역시 일본에서 공부하고 돌아와 개업한 김창규이고 3호는 함석태와 같은 도쿄의 치과전문학교를 졸업하고 돌아와 1921년에 개업한 이희창이었다. 이렇게 조금씩 늘어가기 시작한 한국의 치과의사는 1923년까지 모두 12명이 되었다.

1925년 '한성치과의사회' 조직

이런 가운데 1922년 4월에는 한국에도 처음으로 경성치과의학교가 문을 열었다. 서울에서도 치의학 교육이 시작된 것이다. 그리고 3년 뒤에는 첫 졸업생이 배출되었는데 28명의 졸업생 가운데 20명이 한국인이었다. 이들이 졸업하고 한국인 치과의사가 30명을 넘어가는 이 시점은 한국 치의학사에서 큰 전환점이었다고 할만하다. 당연히 1925년 이들은 '한성치과의사회'를 조직하고 초대회장으로 함석태를 뽑았다.

이들은 처음으로 조직적인 활동을 통해 국민에게 구강위생의 계몽을 펼치기 시작했다. 1919년 기미독립운동 이후 특히 한국인 지식층 사이에는 민중의 계몽을 통한 국력 양성이나 국민의식 개혁운동이 활발해지고 있었다. 치과의사들 역시 이런 당시의 기운에 동참하고 있었던 셈이다. 또 구강위생에 대한 지식 없이는 치과의사들은 할 일을 잃게 될 수 있는 일이었음은 물론이다.

사실은 서양 의사들 역시 한국의 치의학 발달에 큰 몫을 해냈다. 특히 1921년 세브란스의학전문학교에 부임해 온 미국인 치과의사 부츠(J. L. Boots, 1894~1983)가 한국인 학생들을 가르치기 시작했던 때문이다. 특히 경성의학전문학교를 졸업한 이유경(李有慶, 1907~1987)은 바로 부츠의 조수로 일하다가 1935년 미국에 유학가 한국 최초로 미국 교육을 받은 치과의사가 되었다. 1937년 6월 그는 미국 피츠버그대학교에서 치과의사 학위(DDS, Doctor of Dental Surgery)를 받고 귀국하며 세브란스 치과에서 일하다가 1943년에 이유경 치과를 개업했다.

그 후에도 미국에서 치과교육을 받은 다른 치과의사가 있었지만 그 후의 한국 치의학은 주로 경성치과전문학교에서 진행되어 1945년까지 이어졌다. 경성치과전문학교는 일본인에 의해 시작되었고 일본인들이 주도한 학교였지만 여기서 교육받은 한국인 치과의사들이 결국 해방 후 한국 치과의학계를 주도하게 되었다. 그래서 오늘의 서울대학교 치과대학은 그 시작을 경성치과전문학교에서 찾고 있는 모양이다.

우리 치과의학의 역사는 이렇게 다양화되면서 오늘에 이른 것을 알 수 있다. 그러나 유감스럽게도 아직 우리는 한국인 최초의 치과의사 함석태에 대해서조차 별로 아는 것이 없다. 기창덕의 연구를 중심으로 이상 소개한 정도 밖에는 알 수가 없는 것이다. 그는 언제 어디서 누구의 아들로 태어났을까? 그는 어떻게 일본에 가서 남들이 생각하지 않았던 치과 공부를 하려고 결심했던 것일까? 그리고 그는 1925년 이후 어떻게 활동하고 또 언제 어디서 죽었던 것일까? 그의 후손은 어딘가 있을 텐데 혹시 그 후손조차 자기 조상의 역사적 가치를 모른 채 살고 있는 것이나 아닌지? 이런 여러 가지 안타까운 생각이 든다.

의학 봉사로 평생 바친
한국의 슈바이처
장기려 張起呂 1911~1995

장기려는 한국 최초로 간암 절제 수술을 한 외과의사라고 알려져 있으
나, 그보다 훨씬 더 중요한 사실은 그는 가끔 '한국의 슈바이처'라는
별명으로 불리고 있다는 데에서 찾을 수 있을 듯하다. 과학상의 대단
한 업적 때문에 유명하다기보다 그는 그의 의학 지식을 어려운 사람을
위해 쓰다 간 박애주의 의사로 널리 알려져 있다. 또 그는 한국전쟁 가
운데 북쪽에 아내와 2남 3녀를 남기고 차남만 데리고 남하하여 평생
가족을 그리며 애달프게 살아 세상을 안타깝게 한 인물로도 널리 알려
져 있다.

일평생 '봉사하는 착한 의사'로 봉직

장기려는 1911년 평안북도 용천에서 아버지인 한학자 장운섭과 어머니인 최윤경 사이에서 차남으로 태어났다. 그는 상당한 부잣집에 태어난 것으로 보이는데, 남의 집 마름이었다던 그의 할아버지가 부자를 이룩해 놓았다고 전해진다. 장기려 자신은 그가 400석지기 '벼락부잣집' 출신이었음을 그리 자랑스럽게 여기지는 않았다고도 알려져 있다.

그의 아버지는 1917년에 의성학교를 세웠고, 그는 이 학교에서 5년 동안 공부한 후 1923년에 졸업했다. 졸업과 함께 개성으로 간 그는 당시 유명한 학교였던 송도고등보통학교에 진학, 5년간의 과정을 마치고 1928년에 졸업했다. 한때 모교인 의성학교 교원으로 일할 것을 고려하기도 했으나, 상급학교에 진학하기로 하고 경성의학전문학교에 지원했다. 이때에는 가정 사정이 전만 못하여 단순히 학비가 싼 학교를 선택한 것이었다고 한다. 이때 그는 이 학교에 들어가게만 해준다면 의사를 한번도 못보고 죽어가는 사람들을 위해 평생을 바치겠다고 다짐했다는 전설이 남아 있기도 하다. 이 전설처럼 그는 평생을 '봉사하는 착한 의사'로 살았다. 그가 의학교를 졸업한 것은 1932년 3월이었고 그해 4월 9일 김봉숙과 결혼했다. 이때 그의 나이는 22세였다. 그의 장인 김하식은 내과의사였다.

바로 이 장인의 권고에 따라 장기려는 당대의 최고 외과의사였던 백인제 아래에서 외과를 공부하게 되었다. 평안북도 정주 출신의 백인제는 오산학교와 경성의학전문학교를 나와 1928년 도쿄제국대학에서 박사학위를 받고 경성의학전문학교 교수를 거치면서 독일 등에서도 연구한 일이 있는 한국 외과의학의 개척자다. 1950년 한국전쟁 중에 북으로 끌려간 것으로 알려져 있지만, 그전에 지금도 있는 백병원을 시작했으며 그를 토대로 인제대학교가 생겨나 있음은 잘 알려진 일이다.

　장기려는 백인제의 조수가 되어 의학자의 길을 걷기 시작했다. 1936년까지 그는 270건의 실험을 마치고, 이를 바탕으로 쓴 논문 〈충수염 및 충수염성 복막염의 세균학적 연구〉가 1940년 일본 나고야대학에서 통과돼 의학박사학위를 받았다. 젊은 외과의사 장기려는 모교이기도 한 경성의학전문학교의 병원에서 근무하면서 많은 환자들을 치료했다. 기독교적 봉사를 강조했던 할머니의 영향을 받은 그는 이 시절에도 이미 희생적 봉사정신에 철저했던 것으로 보인다. 그가 이 시기의 처신 때문에 이광수의 소설 《사랑》(1938)의 주인공인 의사 안빈의 실제 모델이라는 설이 나온 것으로 보인다. 당대 최고의 명사였던 춘원 이광수는 《사랑》이 나올 때쯤에 척추결핵으로 경성의학전문학교 부속병원에 입원한 일이 있는데 6개월 동안 장기려가 그의 주치의였다고 한다. 소설의 주인공 안빈의 모델이 그였다는 추측이 나온 것은 이 때문이다. 하지만 주인공 장기려는 이를 '사실과 좀 다른 이야기'로 돌렸다고도 전한다. 자신을 내세우기를 피하는 그의 겸손 때문인지는 알 수 없지만 말이다.

김일성대학에서 근무, 한국전쟁 중 남하

경성의학전문학교 외과에서 근무했던 그는 1940년부터는 평양연합기독병원의 외과 과장으로 자리를 옮겼다. 이 병원은 구한말 선교의사로

영도 복음병원에서(1950년대)

내한했던 로제타 셔우드 홀(Rosetta Sherwood Hall, 1865~1951)이 자신의 남편을 기념하기 위해 시작한 기홀병원(紀忽病院)에서 비롯한다. 원래 감리교회의 것이었지만 장로교와 연합했던 까닭에 '연합' 병원이란 이름을 얻게 된 것이다. 그해 11월에는 원장이던 선교사 앤더슨이 귀국하게 되는 바람에 얼마 동안 원장을 맡은 일도 있다. 그가 유일한 박사학위 소지자였던 때문이었다. 기독교인으로서 또 의사로서 그는 상당히 행복한 삶을 살고 있었던 것으로 보인다. 또 의학자로서《조선의학회지》에 논문을 발표하고, 의학도들의 학술 모임에서 논문을 발표하는 등의 활동을 이어갔다.

1945년 해방을 평양에서 맞은 그는 그해 11월부터 평양도립병원의 원장 겸 외과 과장을 맡았다. 그러던 그에게 북쪽을 장악한 정권에서는 김일성대학을 만들고 그를 이 대학의 의과대학 교수로 임명했다. 1947년 1월부터 그는 이 대학의 외과 과장 겸 외과 교수로 일하기 시작했던 것이다. 그때 그는 주일에는 일하지 않는다는 조건 아래 그 자리에 들어갔다고 전한다. 1948년 그는 북한과학원에서 수여하는 첫 의학박사가 되기도 했다.

장기려는 1950년 12월 한국전쟁의 소용돌이에서 남쪽으로 피난했다. 잠시 전쟁의 포화를 피하면 바로 돌아올 수 있다고 생각했던 그는 총망 중에 둘째 아들은 데리고 남하했으나, 부인과 2남 3녀는 그대로 북에 남겨둔 채였다. 안타까운 일은 그는 피난의 와중에서 그날 부인과 애들을 자신의 눈으로 보면서도 데리고 오지 못했던 일이었다. 그가 평생 이를 회한으로 재혼도 하지 않은 채 고독하게 살아갔던 사실은 눈물겨운 일로 많은 사람들의 감동을 불러일으키기도 했다.

부산에 도착한 그는 곧 제3육군병원에서 근무하기 시작했다. 그리고 곧 전쟁의 상처 속에서 영도구의 교회 창고에서 무료병원을 시작했고, 이것이 바로 그의 평생 의료봉사의 본거지가 되었던 '영도 복음병원'의 시작으로 여겨진다. 그는 1976년 6월까지 25년 동안 이 병원의 원장을 맡았는데, 그 사이에도 1970년대까지 서울대학교, 부산대학교, 가톨릭대학교 등 대학 의과대학의 외과 교수로, 서울과 부산을 오가는 삶을 살기도 했다. 하지만 그가 평생 봉직한 복음병원은 뒤에 고신대학교 부속병원이 되었기 때문에, 그곳에는 오늘날 그의 흉상이 세워져 있기도 하다.

'행려병자의 아버지'이자 '성스러운 산'

그는 1961년 간암에 대한 연구를 인정받아 대한의학회의 학술상을 받은 일이 있다. 하지만 그가 받은 상은 부산시민상, 국민훈장, 막사이사이상, 호암상 등 헤아릴 수 없이 많은데, 이들은 대개 학술상이기보다는 사회봉사상으로 주어진 것들이다. 그만큼 피난지 부산에서 '행려병자의 아버지'로 시작한 그의 일생은 청십자조합을 시작한 한국 의료보험의 창시자로도 꼽힌다. 언제 누가 지었는지, 그에게는 '성산(聖山)'이란 호가 주어져 있다. 기독교 정신에 평생 투철했던 그의 봉사정신은 그야말로 그의 존재를 '성스러운 산'처럼 많은 사람들이 우러러보게 만들었으니 알맞은 호가 아닐 수 없다.

장기려는 1995년 12월 25일 84세로 세상을 떠났다. 기독교에 독실했던 의사 장기려로서는 기독교의 명절에 세상을 떠난 것도 우연치고는 신기한 일이란 생각도 든다. 그는 복음병원 원장을 하면서 치료를 거의 마친 환자가 병원비가 없어서 퇴원하지 못하고, 자기의 농사일은 돌볼 수가 없어서 안타까워하는 것을 보고는 밤에 몰래 병원을 빠져나가라며 병원 뒷문을 열어 놓은 일도 있다는 얘기로도 유명하다. 농부의 사정을 딱하게 여긴 그는 말했다. "그럼 이렇게 합시다. 내가 밤에 문을 열어 놓을 테니 살짝 도망치세요." 환자의 도망을 방조했던 의사 장기려는 말년을 그가 봉직했던 복음병원의 10층에 있는 20평 남짓의 아파트에서 살았다. 평생 검소한 삶을 살다간 모습을 여기서도 엿보게 된다. 1985년 9월 그는 정부로부터 북한 방문을 제안받았다. 남북 고향 방문단 및 예술단이 서울과 평양을 오갈 때 그에게 특혜를 주려던 것이었다. 하지만 그는 그 제안을 거절했다.

"내가 평양에 간다면 그곳에서 내 생명이 다할 때까지 함께 살 수 있든지 아니면 내가 아내를 데리고 남쪽에서 살 수 있든지, 두 가지 가운데 하나라면 가겠지만 이도 저도 아니라면 사양하겠습니다." 이북에 가족을 두고 온 사람이 많은데 자신만이 그런 특혜를 받을 수 없다는 뜻도 있었다. 세상을 떠나기 직전 그는 아내에게 전해 달라는 마지막 말을 남겼다. 그것은 두고 온 2남 3녀의 자식들을 잘 키워준 것을 감사하면서 하늘나라에서의 영원한 만남을 기약한다는 내용이었다.

경락 연구로 북한을 떠들썩하게 했던
김봉한 金鳳漢 1916~1967?

필자가 미국에서 유학하고 있던 1960년대에 북한의 의학자가 세계적인 발견을 했다는 소식을 어디선가 읽은 기억이 있다. 바로 김봉한의 경락(經絡)에 대한 발견이었음을 나중에서야 알 수 있었다. 경락이란 한의학 또는 동의학의 가장 중심이 되는 개념이다. 우리 몸에는 온몸을 이어주는 경맥(經脈)과 낙맥(絡脈)이 있다는 것이다. 이 경락이란 단어를 북한에서는 이렇게 해석하고 있다:

몸 안에서 기혈이 순환하는 통로, 경맥과 낙맥으로 이루어진다. 곧게 가는 줄기를 경맥이라 하고, 경맥에서 갈라져 나와 온몸 각 부위를 그물처럼 얽은 가지를 낙맥이라고 한다. 기혈이 통하는 통로로 온몸에 기혈을 공급하여 몸을 영양하며 하나의 통일체로 연결시켜 주는 기능을 수행한다. 병적 인자의 통로로, 병적 현상을 반영하는 역할도 한다. 경락이 장애되면 병이 생기는데 이때 경락에 있는 침혈을 자극하면 병이 낫는다. 이로부터 동의학의 모든 분야에서 생리와 병리에 대한 해석과 진단, 치료에 경락 이론을 응용하고 있다. 그러나 아직 경락의 해부조직학적 바탕은 밝혀지지 못했다.

평양백과사전종합출판사가 1988년에 출간한《동의학사전》은 1990년 까치출판사에서 한국에 맞도록 재편집하여 출판했다. 경락에 대한 위에 인용한 설명은 이 사전에 나오는 전문(全文)을 옮긴 것이다. 이 설명만 읽어 보더라도 1960년대 북한의 의학계를 흔들고, 세계에 자랑했던 김봉한의 경락 이론이 지금은 전혀 신용할 수 없는 이론이었다고 말하고 있음을 알 수 있다.《동의학사전》의 설명처럼 지금 북한에서는 경락 이론의 "해부조직학적 바탕은 밝혀지지 못했다"는 것이다.

서울에서 약종상의 아들로 태어나

바로 그 경락의 해부조직학적 설명을 하고 나섰던 것이 1960년대의 김봉한이었다. 김봉한은 1916년 서울에서 약종상의 아들로 태어났다. 한약방에서 한의학을 보고 자란 인물이었다고 할 수 있다. 그리고 그것이 뒤에 그의 한의학에 대한 관심과 상당한 관련이 있을지 모른다. 그리고 그는 경성제2고등보통학교(지금의 경복고등학교)를 마친 다음 1934년 경성제국대학에 입학했다. 당시 조선 안에는 대학이 없어서 식민지 조선의 청년들은 일본에 유학가기 마련이었다. 그런 가운데 경성제국대학이 만들어져 몇 사람의 수재만이 여기 합격할 수 있게 되었으니, 김봉한 역시 그런 수재의 한 사람으로 발탁되었던 것을 알 수 있다.

지금 서울대학교의 전신이라고 할 수도 있는 당시의 경성제국대학 이과에는 1934년 조선인 21명이 합격했는데, 같은 해에 문과에 합격했던 사람 가운데에는 김석형(金錫亨)과 박시형(朴時亨)의 이름도 보인다. 이들은 모두 유명한 북한의 역사학자가 되었는데, 김봉한은 이들과는 달리 생리학을 공부하여 뒤에 의학자가 되었던 셈이다. 그는 1941년 졸업하여 생리학 조교를 하다가 월북하기 직전까지는 서울여자의과대학(현 고려대학교 의과대학) 교수를 지냈다.

양의사였던 그가 한의학에 매진하게 된 것은 아마 6·25에 월북한 다음부터 바로 시작되었던 것 같다. 1956년 그가 북한에서 발표한 연구논문을 보면 〈일시적 기온이 골격근의 흥분성에 미치는 영향에 대한 기전 분석〉이라 되어 있다. 분명히 서양 의학의 생리학 분야에 속하는 연구 결과를 발표하고 있음을 알 수 있다. 그러나 바로 그 시기에 북한 의학계에는 한의학을 동의학(東醫學)으로 존중하는 경향이 자라고 있었다. 그것은 또한 주체사상의 성장과도 맥을 통하는 셈이다. 서양 의학이 아닌 우리식 의학을 향한 노력이 시작되고 있었던 것이다.

경락 실체 규명한 '봉한관설' 발표

1956년 4월 노동당 3차 대회에서 김일성은 "우리 인민들이 오랜 기간 사용하고 습관화된 한의학을 깊이 연구하고 분석하며 그 우수한 점을 섭취하여 대중보건사업에 인입하도록" 할 것을 강조했고, 당연히 과학원 의학연구소에는 바로 동방의학연구실이 세워졌다. 북한과 중국 등 사회주의 국가에는 처음부터 의료문제가 심각하게 되었다. 그것은 원래 서양 의학의 보급이 아주 빈약했기 때문이기도 하지만, 갑자기 사회주의 이념에 따라 국민에게 고르게 의료 혜택을 주려했기 때문이기도 하다. 절대부족한 양의의 의료 활동을 보충하기 위해서라도 한의사들을 흡수하지 않으면 안 되었던 점은 중국과 북한이 마찬가지였다.

김봉한이 어떻게 동의학에 기울게 되었는지는 확실하지 않지만, 이 때쯤에는 자연스럽게 그의 연구가 동의학으로 향해 있었던 것이 분명하다. 그리고 연구 결과가 발표되기 시작했다. 북한 사람들이 화학자 리승기(李升基)와 함께 노벨상 감이라고 주저 없이 말했던 김봉한의 업적은 '봉한관설'에 집약돼 있다. 이 학설은 두 개의 기둥으로 이루어져 있다. 하나는 전통 동양의학의 핵심개념인 경락의 실체를 규명한 '봉한관설(鳳漢管說)'이다. 다른 하나는 세포보다 작은 미세한 조직인 산알('살아 있는 알'이라는 뜻)이 봉한관 속을 돌아다니며 세포가 되고, 세포는 다시 산알로 변하기를 반복하면서 순환체제 속에서 생명현상의 근본적인 기능을 수행한다는 '산알학설'이다.

이 이론은 1961년 8월 조선의학자대회에서 처음 발표된 이래 1965년까지 전후 다섯 차례에 걸쳐 학술논문으로 발표됐다. 김봉한의 연구결과를 두고 북한당국은 흥분해 마지않았다. 북한은 "이 위대한 발견은 현대생물학과 의학발전의 새로운 단계를 개척한 혁명적 사변이며 세계 과학사에 금자탑을 이루어 놓았다(조선중앙통신, 1964)"고 극찬을 아끼지 않았다. 그의 연구논문은 조선중앙통신을 통해 외부세계에 타전됐고 《노동신문》을 비롯한 매체들은 그의 업적을 대대적으로 선전했다.

평양의학대학 교수였던 김봉한이 새로운 논문을 발표할 때마다 매체들은 앞다투어 대서특필했고 그의 이름을 모르는 사람은 적어도 북한 내에서는 없을 정도가 됐다. 그에게는 1962년 1월 박사학위가 수여되었다. 그때까지 북한에서 의학 박사는 7명 정도뿐이었다니, 대단한 영광이었음이 분명하다. 그러나 조금 이상한 것은 그해 1월 23일 국가학위학직위원회 상무위원회가 학위 수여자를 결정할 때에는 그의 이름이 빠져있었는데, 6일 뒤인 29일 다시 회의를 열고 김봉한 한 사람만의 학위를 추가하는 결정을 내린 기록이 있다.

그의 연구는 1964년에 그 절정에 이른다. 그를 전후하여 평양에는 경락연구원, 경락학회가 생기고 그의 이론은 영어를 비롯한 몇 가지 외국어로도 출판되어 세계 각국에 이를 보급했던 것 같다. 아마 노벨상을 겨냥했거나 그와 비슷한 국제적 평가를 받으려고 노력했던 모양이다. 구체적인 내용은 알 수 없지만, 이에 대해서는 내부적으로도 반발이 없지 않았던 것 같다. 북한의 의학계만이 아니라 중국 한의학계가 이에 대해 호의적으로 보지 않았을 것으로 보인다. 의학계의 반발만이 아니라 정치적 후원 문제까지 얽혔을 가능성이 있다. 마치 소련에서 리센코 사건이 과학계의 스캔들로 후세에 이름을 날리듯이, 북한 사회주의에서는 김봉한 학설이 비슷한 역할을 담당했던 것으로 보이기도 한다.

소련 과학계에서 불인정 후 자취 감춰

여하튼 1966년에는 봉학학설 등은 사라지고, 경락연구원과 경락학회가 폐지되었으며, 북한의 보건상과 의학연구원상이 교체되는 등의 일대 변화가 나타났다. 또 1967년에는 소련 의학계가 경락의 발견을 과학적으로 인정할 수 없다고 통고했다고도 전한다. 이후 북한의 모든 공식 문건이나 서적에서 김봉한과 그의 이론은 완전히 자취를 감췄다. 북한의 젊은이들은 그의 이름마저 모를 만큼 제거는 철저했다.

봉한학설의 폐기와 함께 김봉한은 하루 아침에 나라와 민족을 팔아먹은 배신자쯤으로 낙인찍힌 것으로 보인다. 탄광이나 어느 시골 농장으로 쫓겨났다는 설이 있는가 하면, 얼마 후 자살한 것으로도 알려져 있다. 북쪽 정보가 상당히 자유롭게 알려지기 시작하면서 한국에서는 특히 공동철(孔東徹)이 《김봉한》(1992)과 《소설 김봉한》(1997)을 썼고, 이 책들에서 상상력을 한껏 발휘하여 그의 일생을 재구성한 일이 있다. 그러나 그 내용을 모두 믿기란 어려울 정도로 상상적인 구성이 많다. 보다 학문적인 연구로는 전북대학교의 김근배(金根培)가 그 학설의 위치를 평가하고, 북한의 과학 모습을 밝히려는 연구를 발표한 일도 있다. 〈과학과 이데올로기의 사이에서: 북한 '봉한학설'의 부침〉《한국과학사학회지》21-2, 1999)이 그것이다.

점차 북한에서는 침묵하고 있는 김봉한의 역사적 평가가 오히려 남쪽에서 진행되기 시작하고 있음을 알 수 있다. 하지만 한때 북한 사회를 요란하게 만들었던 위대한 의학상의 발견자 김봉한의 이후 행적을 확실하게 알기에는 더 시간이 필요할 것으로 보인다.

장애인 전문치과 열고
나환자 치료에 앞장선
기창덕 奇昌德 1924~2000

서초구에 첫 장애인 전용 치과 설립

기창덕은 어느 장애인 교육원 행사에서 당시 서울 서초구청장을 만나
장애인 전문치과의 필요성을 역설한 적이 있다. "장애인들은 이가 썩
어 뿌리만 남아 있는 경우가 많다. 이들은 다른 사람 앞에서 입을 벌리
는 것에 대해 본능적 공포심을 갖고 있기 때문에 입을 벌리는 것이 치
료의 90퍼센트라고 할 수 있을 정도로 치료과정이 어렵다. 자연히 일
반 치과에서는 장애인을 거의 받지 않는다"면서 또 "장애인의 몸을 묶
는 특수 장비가 없으면 치료 도중에 입안을 다치는 경우가 많아 장애
인 전문치과가 꼭 필요하다"고 강조했다.

그 결과로 서초구에는 장애인 전문치과가 생겨 지금도 자원봉사 의사들이 돌아가며 진료를 맡고 있다. 1996년 9월 설립 이래 2011년 초까지 진료한 건수가 3만 건으로 매년 2만 명이 넘는 환자가 내원하고 있다. 평소 기창덕의 학덕은 나도 기려오기는 했지만, 그가 어려운 이들을 돌보는 데에 앞장서고 있었다는 사실은 새삼 감동을 전해준다.

치과의사 기창덕은 서울 종로구 필운동에서 평생 치과의사로 일하다 2000년 3월 20일 췌장암으로 작고했다. 그는 그냥 단순한 치과의사가 아니라 나환자의 치료에 나섰던 의사였으며, 장애인 치과를 처음 설립한 주인공이며 납골당 운동을 솔선하기도 하다.

기창덕의 일생은 의사학자(醫史學者)로서 더 길고도 분명하게 기억될 것이 확실하다. '의사학' 또는 '의학사'란 아주 재미있고도 중요한 과학사의 한 분야이다. 기창덕은 바로 이 분야에서 탁월한 업적을 남긴 것이다. 그런데 아주 특이하게도 그는 그의 대표작을 모두 1995년 한 해 동안에 발표했다. 많은 책을 쓴 것은 아니기 때문에, 기창덕이 한 해 동안에 책을 냈다고 해도 지나친 표현이 아닐 것이다. 아마 그는 대한의사학회 회장을 지내는 동안 자신의 살날이 얼마 남지 않음을 알고 1995년에 한꺼번에 책을 쓴 것으로 보인다.

평생 모은 자료 3권의 책 출간

그의 저서에 대해 간단한 소개를 해본다. 첫 번째로 조금 대중적인 책으로 《의학·치과의학의 선구자들》(아카데미아, 1995)이 있다. 이 책에서는 특히 한국 치의학계의 선구자로서 한국에 온 최초의 서양 치과의사한(D. E. Hahn), 최초의 한국인 치과의사 함석태 등에 대해 소개하고 있다. 그 밖에도 일본인 치과의사들이나 처음으로 미국 유학을 갔던 한국의 치과의사 이유경 등도 소개되어 있다. 이 책에는 현대 치과의학의 개척자들에 대한 소개뿐만 아니라 일반 의사들 가운데 대표적인 사람들에 관한 내용도 들어 있다. 심지어는 일반 의학 속의 중요 인물에 대한 소개도 있다. 나는 1995년 말 28회 '문화부 추천 도서'로 이 책을 추천한 기억이 있다. 치과의학의 역사를 소개하는 대중적인 책은 거의 없어 보였기 때문에 이 책이 아주 반갑게 여겨졌던 까닭이다.

물론 이런 대중적인 책 말고 기창덕의 가장 귀중한 업적은 《한국치과의학사》(아카데미아, 1995)를 꼽아야 옳을 것이다. 구석기·신석기 시대부터 현대까지의 우리나라 치과의학에 관한 모든 자료를 수집하고 정리해 놓은 대작이다. 당연히 석기 시대의 치과 또는 치의학 문제는 극히 사소한 증거밖에 나올 것이 없다. 하지만 고분이나 고고학적 발굴에서 치아 하나라도 발견되어 그에 관한 소개가 있는 논문은 모두 읽어 보고 이를 책 속에 소화한 열정은 그저 놀라울 지경이다. 이 책에는 그야말로 치과에 관한 모든 자료가 정리되어 있기도 하다. 이 책 끝부분에는 심지어 치의학계의 여러 가지 수상 기록도 있고, 치과 의료인 단체들의 간단한 역사와 그 역대 임원들의 명단까지 실려 있다. 일단 한국 치과의학의 역사가 거의 완전하게 수집되어 정리된 것으로 보인다.

다음으로는 역시 같은 해에 출간된 《한국근대의학교육사》(아카데미아, 1995)가 있다. 이 책 역시 그 자료의 충실함이 아주 돋보이는 대작이다. 우리나라 의학사의 정리로는 김두종(金斗鍾, 1896~1989)의 《한국의학사》와 일본의 미키 사카에(三木榮)의 《조선의학사 및 질병사》기 있다. 두 의학사에 대해 기창덕은 모두 불만이었음이 분명하다. 이 책을 낸 다음 《한겨레신문》에 실린 인터뷰를 보면 그의 불만을 짐작할 수 있다. 그는 일본인 미키 사카에의 《조선의학사 및 질병사》는 일본인 중심의 서술이 많았고, 김두종의 《한국의학사》에는 잘못된 부분이 상당히 많았다고 회고하고 있다. 특히 《한국의학사》의 잘못된 부분을 고쳐 보냈을 때 김두종이 화를 내는 바람에 자신이 직접 의학사를 써야겠다고 결심했다는 말도 남아 있다.

  하지만 이 책은 미키 사카에나 김두종의 의학사 같이 우리나라의 일반 의학사 전부를 훑어보는 저작이 아니라 우리나라의 근대 의학 교육의 역사서이다. 한국 의학사의 아주 좁은 한 부분에 관한 것만을 상세하게 연구하여 정리한 셈이다. 예를 들면 일제시대 동안 일본의 의과대학에서 공부한 조선 유학생 전부를 이름까지 밝혀내고 있다. 이 연구에 의하면 일제시대에 일본에서 의사가 된 조선 사람은 모두 369명이라는 결론을 얻고 있다. 아주 적은 수라는 생각을 얼핏하게 된다. 하지만 몇 년 전 조사된 일제시대 일본에서 이공계를 공부하여 대학을 졸업한 조선인은 모두 204명뿐임을 밝혀낸 적이 있다. 이공계 졸업생 수에 비교한다면 의과 졸업생은 훨씬 많았음을 알 수 있다. 그리고 이를 당시 일본인으로 일본에서 의학을 공부했거나 이공계를 졸업한 사람 수를 생각한다면, 식민지 조선인에 대한 의학 및 이공계 교육이 얼마나 참담했던가를 이해하기 쉬울 것으로 보인다.

옛 문헌 등 서울대학교에 4500점 기증

기창덕은 어느 기자와의 대담에서 자신의 호 소암(素岩)에 대해 '돌대가리'란 뜻이라고 웃으며 풀이한 적이 있다. 그만큼 그는 우직하게 의학사 자료를 찾아내 정리하는 데 평생을 바쳤다. 그는 1944년 경성치과의학전문학교로 입학했으나 해방되자 서울대학교 치과대학을 1948년 졸업하게 된다. 공군 장교로 군을 마치고 그는 1960년부터 1967년까지 가톨릭대학교 의과대학의 치과학 교수를 거쳐 1967년 개업하여 작고할 때까지 가톨릭대학교 의과대학의 외래 교수라는 직함은 그대로 유지하면서 종로구 필운동에서 치과의사로 활동했다.

그는 하루 진료 시간인 오전 9시부터 오후 5시 사이를 제외하고, 그 이전의 아침 2시간과 진료를 마친 다음 저녁 4시간을 의학사 연구에 이용했다고 회고한 바 있다. 그의 의학사 연구와 집필이 이 시간에 이루어진 셈이다. 자료 수집을 위해 그는 일본을 수도 없이 다녔고, 또 나이와는 달리 일찍부터 컴퓨터를 이용하여 자료를 수집하고 정리하고 있었다. 일본을 그리도 많이 다니면서도 그는 한번도 온천에 가지 못했을 정도로 연구에만 전념했다고도 회고했다. 그야말로 '돌대가리' 같은 고집으로 의학사 연구를 계속했음을 알 수 있다.

그의 병원에는 '소암의문화사연구소(素岩醫文化史研究所)'라는 또 하나의 간판이 붙어 있었다. 하지만 그는 작고하기 1년 전에 모교인 서울대학교에 귀중한 옛 책과 문헌 등 평생 그가 수집했던 자료 4500점을 기증했다. 바로 이 자료가 1999년 서울대학교 의과대학에 세워진 의학사연구소의 중심 자료가 된 셈이다. 이제 '소암의문화사연구소'가 서울대학교 의과대학으로 옮겨간 셈이다.

그는 생전에 고려 말의 문인 이규보(李奎報)가 남긴 '치통의 노래'를 발견해 소개하면서 이를 아주 기뻐했다. 또 그가 돌본 많은 명사들에 대해서도 간단히 논평한 일도 있다. 윤보선은 왕진을 너무 자주 요구했고, 김재규는 좋은 인상에 예의도 바르더란 논평 등 재미있는 일화도 있다.

기술·발명

우리나라 화약의 아버지
최무선 崔茂宣 1328~1395

우리나라 '화약의 아버지' 최무선은 《고려사》와 조선 초기의 실록 그리고 그 밖의 옛 기록에 이름을 많이 남기고는 있지만 그의 생애에 대해 자세한 것은 잘 알려져 있지 않다. 그는 1328년쯤 지금 경상북도 영천시 오계동 마단에서 광흥창사(廣興倉使)를 지낸 최동순(崔東洵)의 아들로 태어났다. 광흥창사란 광흥창을 책임 맡은 관리를 말하는데 당시 관리들의 봉급을 맡아 관리한 관청이었다. 그의 집안은 영천 최씨로 그 시조 최한(崔漢)의 6세손이 바로 최동순이었으니 최무선은 그 7세손이 된다.

고려 때 경북 영천서 태어나

최무선의 어린 시절에 대해서는 알려진 것은 거의 없다. 그러나 그가 청년시절에는 왜구가 고려 해안지방에 심하게 출몰하며 많은 피해를 주고 있었다. 1350년에는 왜구가 전라도와 경상도 해안지역에 나타나 막심한 피해를 주었고, 이런 왜구의 피해는 그 이후 해가 갈수록 줄어들 줄 모르고 반복됐다. 그 시절에는 전국에서 거둔 세금은 돈이 아니라 곡식이었고 그것은 조운선(漕運船)에 실려 전국에서 수도 개성으로 운반되었다. 바로 이 때문에 왜구는 예성강으로 통하는 서해안 여러 항구의 쌀과 곡식 등을 노렸다.

아버지의 일이 왜구의 피해를 가장 직접적으로 느끼는 것이었으므로 최무선은 일찍부터 왜구의 피해에 대해 심각하게 생각하게 되었을 것으로 보인다. 그가 언제 어떻게 관리가 되었던가는 밝혀져 있지 않다. 여하튼 그는 관직에 나갈 수가 있었고 그 후 오랫동안 화약무기의 개발에 골몰한 끝에 화약을 처음으로 만들어내는 기술을 개발할 수 있었다.

하지만 최무선의 화약은 처음에는 별로 사람들의 관심을 끌지 못했던 모양이다. 중국에서 수입하는 화약을 불꽃놀이에 쓰고 있던 사람들은 그 중요성을 잘 알지 못했기 때문이다. 그는 사람들에게 고려에서도 화약공장을 차리고 화약을 국산화하고 화약을 이용한 무기도 개발하여 왜구 소탕에 이를 널리 활용하자고 설득하기 시작했다.

그의 설득이 성과를 거둔 것은 1377년 10월의 일이었다. 이 역사적 사건에 대해 《고려사》에는 이렇게 간단한 기록만이 남아 있다. 처음으

로 화통도감을 설치했
는데 판사 최무선의 주
장을 받아들인 것이라
는 설명이 전부인 것이
다. 또 이 기록을 보면
그는 화약을 혼자서 만
들었던 것이 아니라 원
나라에서 온 염초장(焰
硝匠) 이원(李元)에게서

진포대첩비

그 비법을 배워 화약을 만들 수 있었다고 적혀 있다.

최무선은 이원과 같은 동네에 살며 그와 친하게 지내며 그에게서 화약 만드는 방법을 알게 된 다음 그의 종 몇 명을 시켜 화약제조법을 완전히 익히게 만들었다는 것이다. 최무선은 원나라 기술자로부터 화약 기술을 도입했다는 뜻이다.

《고려사》는 또 3년 뒤인 1380년(우왕 6) 8월 화약무기가 어떻게 유용하게 사용되었던가를 설명하는 기록도 남겨 놓고 있다. 그때 나라에서는 해도(海道) 원수 나세(羅世), 심덕부(沈德符), 최무선 세 명을 시켜 전함 100척을 가지고 왜구를 소탕하라고 명했다는 기록이 있고 이어 이들이 진포에서 왜구를 물리치고 사로잡혔던 334명을 구했다고 적혀 있다.

그런데《고려사》에는 많은 사람들의 전기가 따로 〈열전(列傳)〉이란 부분에 모아져 있지만 여기에 최무선의 전기는 따로 들어 있지는 않다. 이들 세 명의 장군 가운데《고려사》〈열전〉에 이름을 올려준 사람은 나

세 한 명뿐이다. 원래 나세는 원나라 사람이었는데 고려로 귀화해서 홍건적을 물리치는 데 공을 남겼고 왜적과의 싸움에서도 공을 많이 남긴 장군이었다. 이에 의하면 나세는 심덕부, 최무선 등과 함께 전함 100척을 가지고 왜구를 추격하여 그들이 진포로 모였을 때 이를 공격했다.

전공으로 금 50냥 하사받아

당시 왜구는 진포 항구에 배를 서로 끌어매어 정박시키고 군대가 이를 지키게 만든 다음 근처 고을을 닥치는 대로 약탈하고 불태워 시체가 산과 들을 덮었다. 왜구가 곡식을 실어 배에 채우고 있을 때 진포에 당도한 이들 세 장군은 최무선이 만든 화포로 그 배들을 불태웠고 그 불길과 연기 속에 배를 지키던 왜구들은 거의 타 죽었고 바다에 빠져 죽은 자도 수없이 많았다. 나세 등 세 장군은 진무 몇 명을 보내 승전의 보고를 임금에게 올렸고 임금은 이들에게 은 50냥씩을 내렸으며 백관이 임금께 축하를 드렸다. 이들이 서울로 돌아오자 임금은 크게 잔치를 벌려 이들을 환영했고 세 장군에게는 금 50냥, 비장 3명에게는 은 50냥씩을 하사했다.

그런데 최무선이 열심히 만들어낸 화통도감은 창왕 때(1388~1389)에는 없어져 군기시(軍器寺)에 흡수되었다. 최무선이 열심히 사람들을 설득해서 1377년 화약무기를 전문 생산하고 관리하는 국가 기관으로 화통도감을 만들었지만 왜 그런지 11년이나 12년 뒤에는 이를 없앤 것이다. 그것도 아직 최무선이 죽기 6, 7년 전에 말이다. 왜 그랬던 것일까?

물론 최무선의 화약무기 덕택에 왜구는 웬만큼 성공적으로 소탕했기 때문에 국가기관으로 더 이상 화통도감을 차려 놓을 필요까지는 없었을지 모른다. 게다가 이때쯤에는 그의 나이가 거의 65세가 되었을 터이니 병에 걸렸거나 쇠약한 노인이 되었을지도 모른다. 그리고 그를 계승할 마땅한 인물도 없어서 화통도감을 없애고 군기시에서 화약무기를 담당하게 했을지 모른다. 그러나 또 한 가지 가능성은 기술을 천시하는 풍조 때문에 최무선 같은 열성파가 사라지면서 저절로 이런 기술기관이 사라질 수밖에 없었을지도 모른다.

　최무선의 아들 최해산(崔海山, 1380~1443)은 바로 아버지가 진포싸움에서 왜구를 물리친 그해에 세상에 태어났다. 최무선이 죽었을 때 그는 나이가 겨우 15살 밖에 되지 않았을 때였다. 전설에 의하면 아버지 최무선은 아내 이씨에게 아들이 크면 전해주라면서 화약 만드는 방법을 기록한 비밀스런 책을 남겼는데 이것을 받아 공부해서 최해산 역시 화약의 전문가가 된 것이라고 알려져 있다.

　여하튼 최해산은 아버지가 세상을 떠난 뒤 한참 뒤에서야 태종의 명을 받아 관직에 나아갈 수 있게 되었으니 바로 아버지 최무선의 덕택에 가능했던 일이다. 최해산은 1401년(태종 1) 군기시에 특채되어 화포개발시험에 주동적 역할을 계속했으나 화약 실험 중 사고로 목숨을 잃었다는 것이다.

　최무선이 우리 역사에 남긴 업적에 대해서는 그와 같은 시대를 살고 간 당시의 대학자 권근(權近, 1352~1409)의 평가가 있다. 지금까지 주목받은 일이 없는 권근의 시 속에서 실마리를 풀어보자. 권근이 최무선의 업적을 찬양하여 남긴 시는 〈친포에서 왜군의 배를 격파한 최무선

원수를 축하하며 …… 최공은 처음으로 화포를 만들었음……〉이란 제
목이며 아래와 같다.

　　님의 재략이 때맞추어 태어나니

　　30년 왜란이 하루만에 평정되도다

　　바람실은 전선은 새들도 못 따라가고

　　화차는 우레소리를 울리며 진(陳)을 독촉하네

　　이제 공의 업적은 만세에 전해지고……

　　공의 화약무기 제조는 하늘의 도움이니

　　한번 바다싸움에 흉포한 무리 쓸어버리네

　　하늘에 뻗치던 도적의 기세 연기와 함께 사라지고

　　세상을 덮은 공과 이름은 해와 더불어 영원하리……

서울은 이제 세계적 도시가 되어 있다. 그리고 여러 과정을 거치기는 했지만 서울은 조선시대의 모습을 되찾으려고 안간힘을 쏟기도 한다. 성곽과 성문들이 복원되는가 하면 궁궐도 다듬어졌다. 그리고 그 때마다 조선왕조가 세워진 직후 이 도시를 도시답게 만드는 책임을 맡았던 인물로 박자청을 떠올리게 된다.

최고위직 군인으로서 왕실의 온갖 건축 일 도맡아

박자청은 고려 말 무신으로 조선 초에는 공조판서 등의 고위관직에까지 올랐고, 새 수도 서울을 건설하는 데 크게 기여한 기술자다. 그는 국보 224호로 지정되어 있는 경복궁의 경회루를 지금 모양으로 지은 사람이다. 또 한양대학교 옆의 옛 다리인 살곶이다리[전곶교(箭串橋)]는 조선 초에 만든 가장 긴 다리로 알려져 있는데, 이 또한 박자청의 작품이다. 그뿐만 아니라 청계천을 정비한 다음, 서울의 종로 일대와 남대문로 일대에 행랑을 짓고, 상설상가를 조성하여 오늘의 서울 시가지 모양을 만든 것도 그의 공으로 여겨진다. 그는 또 당대의 최고 학부인 성균관을 지었고, 왕실의 온갖 건축 일을 도맡아 시행했던 인물이다.

원래 박자청은 고려 말 위화도회군을 지지했고 이성계의 새 왕조 개창을 지지하여 개국공신이 되었던 무신 황희석의 밑에서 성장한 무인이었다. 황희석은 이성계를 도와 정몽주 일파와의 대결에서 이성계를 승리로 이끌어준 주요 인물의 하나이기도 하다. 박자청은 그의 후견자인 황희석의 도움으로 고려 말의 왕궁에서 내시(內侍)로 출발하여, 낭장(郎將)의 벼슬까지 올랐다. 이성계가 새 왕조를 세우자 박자청은 중랑장으로 승진했다.

1393년(태조 2)의 사건은 그의 출세의 계기가 된 중요한 일화로 전해진다. 때마침 궁궐 문을 지키는 입직 당번 군사였던 박자청은 임금의 아우(의안대군)가 왕명도 없이 궁에 들어가려 하자 얻어맞으면서까지 이를 제지한 일이 있다. 이 사건으로 그는 태조 이성계의 눈에 들고 신임을 받게 되었고, 곧 호군(護軍)으로 승진해 어전(御前) 밖에서 숙위(宿衛)하는 소임을 맡았다는 것이다. 낭장, 중랑장, 호군으로 승진을 계속했다는 것은 그가 지금으로 치면 장군의 직위까지 올라갔음을 의미한다. 호군이란 고려시대 장군을 부른 다른 이름이기도 하다. 《태조실록》을 보면 박자청은 1397년(태조 6) 왕명에 따라 고위 관리의 죽음에 조의를 표하러 갔는데 당시 그의 직함이 '대장군'으로 나온다.

그는 조선의 개국과 함께 이미 최고위직 군인이 되어 있었다. 태종 때는 줄곧 도총제(都總制)를 맡았던 것으로 당시 실록에는 적혀 있다. 고려 말 공양왕 3년(1391) 5군 편제를 고쳐 삼군도총제부를 만들고 실권을 잡은 이성계가 도총제사가 되었다. 그러다가 조선시대로 들어와 그 이름을 도총제로 바꾸고 좌군, 우군, 중군에 각각 '도총제'를 두었다. 박자청은 1407년 중군 도총제를 맡았던 기록을 시작으로 태종대에서 세종대에 걸쳐 좌, 우, 중군 도총제를 두루 역임했다. 당대의 최고 사령관 가운데 한 사람이 되었음을 보여준다.

경회루 연못 물 새자 검은 흙으로 메워 수리

박자청은 그런 군사적 지위를 가진 채 나라의 온갖 건설을 도맡았던 것으로 보인다. 하기는 당시의 국토 건설 사업은 궁궐을 짓거나 산능 작업을 하거나 군대가 동원되는 경우가 대부분이었으니 군사지도자가 당연히 건설책임자로 적임이었을 것이다.

경회루를 지금처럼 짓게 된 것은 1411년(태종 11) 8월 임금이 그에게 경복궁을 수리하도록 명함으로써 시작된 일이다. 태종은 공조판서 박자청에게 경복궁은 원래 아버지 태조가 만든 것으로 자신이 거기 살아야만 후손이 살게 될 것이라며 수리할 것을 명했고, 특히 북루 아래에 연못을 파라고 지시했다고 《태종실록》에 기록되어 있다. 그 연못이 바로 경회루의 연못이다. 그리고 이듬해(1412) 4월 2일자 《태종실록》은 이렇게 기록하고 있다.

경회루

새로 큰 누각을 경복궁 서쪽 모퉁이에 지었다. 공조 판서 박자청에게 명하여 감독하게 했는데, 제도가 굉장하고 창활했다. 또 못을 파서 사방으로 둘렀다. 궁궐의 서북쪽에 본래 작은 누각이 있었는데, 태조가 창건한 것이었다. 임금이 협착하다고 하여 명하여 고쳐 지은 것이다.

그리고 9일 뒤인 4월 11일에 임금은 경복궁에 거둥하여 누각과 못을 보고 술자리를 베풀어 공사를 감독한 박자청 등을 위로했다고 전한다. 경회루에서 열린 이 파티에는 종친과 부마들이 참여했다고 하니 왕실 내부의 잔치였던 모양이다. 이 경회루 연못은 곧 말썽이 나기도 했다. 물이 새어 물을 연못에 채울 수 없었던 때문이다. 7월 19일 기록을 보면 이 문제는 박자청이 해결했다. 물을 다 뺀 다음 물새는 곳으로 의심되는 곳은 모두 검은 흙으로 때운 다음 물을 채워 문제를 해결한 것이다.

이듬해 1413년(태종 13) 1월에는 박자청이 군대 1000명을 동원하여 1만 5000근짜리의 쇠종을 운반하여 돈화문에 달았다. 돈화문은 창덕궁의 정문을 가리키는데, 그 종은 지금은 사라지고 없다. 그리 크지 않지만 역사상 중요한 종의 하나임이 분명하다.

또 그는 1415년 11월에는 중국에 사신으로 가서 명나라가 조선에 동인도(銅人圖)를 보내준 것을 감사한 대목도 보인다. '동인도'란 침과 뜸의 자리를 보여주는 청동으로 만든 인형을 가리키는데, 한의학의 기초가 된다. 그의 중국 여행에 대해서는 그 이상 내용은 알 수가 없다. 1408년 왕명에 의해 태조 이성계의 무덤인 건원릉에 소나무 등을 심은 그는 1411년에는 남산과 태평관 북쪽에도 소나무를 심었다는 기록도 보인다. 또 같은 1411년에는 창덕궁에 누각을 짓고 침실을 만들었으며, 진선문 밖에는 돌다리를 놓기도 했다.

이처럼 특히 태종 일대를 통해 왕의 각별한 대우를 받자 그를 비난하는 의논도 분분했다. 1411년(태종 11) 10월 4일 사간원의 상소문을 보면 공조판서 박자청은 원래 재덕이 없는 사람이지만 높은 벼슬자리에 앉아 국가의 건설 사업을 모두 도맡다시피 하고 있다고 비판하고 있다. 다른 인물을 발탁하여 공사를 맡기고, 중요하거나 급하지 않은 공사는 벌리지 않아서 백성들의 고통스러움을 덜어주어야 한다고 나섰다. 이에 대해 태종은 "박자청이 배우지는 못했으나, 다만 부지런하고 곧기만 하다. 종묘·사직을 수리하는 일은 내가 모두 명하여 역사를 동독(董督)한 것이다"라면서 그를 두둔하고 있다. 또 그해 겨울에는 그의 술주정이 말썽이 되었지만, 태종은 그는 원래 술주정하는 사람이라며 역시 그를 현직에 그대로 두었다. 또 1412년 5월에는 하급 관리를 구타했다 하여 역시 말썽이 났지만, 문제없이 넘어간 일도 있다.

천수만과 가로림만 잇는 태안운하 계획하기도

1413년(태종 13) 8월 좌정승 하륜(河崙, 1347~1416)의 태안운하 건설 제안은 흥미롭다. 화폐가 발달하지 않은 당시 전국에서 세금으로 거둬들인 쌀은 배로 운반하여 서울로 가져갔다. 해마다 조운선(漕運船)의 사고는 끊이지 않았다. 태종 3년(1403)에는 34척이 침몰하여 쌀 1만 석 이상을 잃고, 죽은 사람이 1000명이 넘는 사고도 있었다. 박자청이 한참 건설 관계를 담당하는 고급관리로 성장할 때였다. 그런데 이 뱃길에서 가장 험난한 코스는 바로 태안반도 서쪽 끝 안흥 앞 바다였다. 그러나 안면도 동쪽으로 눈을 돌리면 남쪽에는 천수만, 북쪽에는 가로림만이 겨우 7킬로미터 떨어져 있을 뿐이다. 여기를 운하로 연결하려는 계획이었다.

그 계획은 고려 때부터 있었다. 지금 서산시와 태안군의 경계를 따른 이 운하는 제대로 된 운하가 아니라, 천수만과 가로림만 사이에 몇 개의 호수를 파서 쌀을 실었다 풀었다 하는 과정을 여섯 차례 거듭하는 방식이었다. 이듬해까지 이 계단식 운하는 시험 운영되었지만, 그대로는 효과가 없었던 모양이다. 정말로 두 만 사이를 물길로 이어주는 정식 운하를 파려는 논의가 계속되었다. 1413년 가을에는 왕명을 받고 여러 신하들이 현장에 다녀왔는데, 박자청이 현지답사를 하고 그림을 그려 보고했고 임금도 가보겠다는 뜻을 밝혔다. 하지만 그 운하 계획은 흐지부지되고 말았고 지금도 그 흔적이 남아 있다.

　태종 말엽에 한성부 판사가 되었던 그는 세종의 즉위와 함께 의정부 참찬이 되기도 했다. 세종 2년 9월 왕실의 장례를 위해 마전나루에 배다리를 놓았는데, 마치 평지처럼 편하게 강을 건너게 해 사람들의 칭송을 받기도 했다. 처음에는 불가능하다고 반대가 심했던 다리를 박자청의 건의로 놓게 되었던 것이다. 그는 세종 2년(1423) 11월 사망했다. 세종은 3일간 정사를 폐하고, 종이 100권을 내렸으며 시호를 익위(翼魏)라고 했다. 그는 본관이 영해(寧海)이고 아들 하나가 있었는데 이름은 박질이라 한다.

금속활자 개발한 인쇄기술 개척자
이천 李蕆, 1376~1451

이천은 우선 금속활자 인쇄기술을 주도했던 인물이다. 세종 때는 우리 역사상 가장 인쇄술이 발달했던 기간이라 할 수 있다. 그는 바로 이 인쇄술의 발달에 주역을 담당했던 것이다. 이천은 또한 무기개발에도 나름대로의 공을 남겼다. 그리고 그는 당시 가장 많이 제작되었던 천문기구들의 제작을 담당했던 것으로 밝혀져 있기도 하다. 요약해 말하자면 이천은 세종 때의 천문기구 제작, 인쇄기술, 그리고 무기제조에 공을 남긴 대표적 기술자였음을 알 수 있다

무기·천문기구도 제작

그는 세종 때의 대표적 과학기술자였을 뿐만 아니라 당대 최고의 무장 가운데 한 사람이었던 것이 분명하다. 이천은 경회루 둘레에 천문기구를 제작하는 일을 맡아 하다가도 북방에서 오랑캐 침입이 있으면 언제나 불려나가 야인 토벌을 주도한 장군이었다. 실제로 《세종실록》에 많이 나오는 그의 활약 기록을 살펴보면 이천이 과학기술자로 더 중요한 인물이었는지 아니면 장군으로 더 중요한 인물이었는지 판단하기가 쉽지 않을 정도로 그의 군사 지도자로서의 위상은 높다.

1376년 고려 말 우왕 때 이천은 경상도 예안현에서 군부판서 이송(李竦)의 아들로 태어났다. 지금은 경상북도 안동군 도산면 동부동이라고 한다. 그의 본관은 예안, 그의 할아버지는 이름을 이승이라 하고 성균관 좨주(祭酒)¹를 지냈으며 아버지는 군부판서와 전법(典法)판서 등을 지냈고 그의 어머니는 고려 말의 유명한 인물 염제신(廉悌臣)의 딸이었다. 이천은 1393년 17세 때 별장(別將)이 되었고 1402년에는 무과(武科)에 급제하여 무인으로의 길로 접어들었다. 이어 1410년에는 무과 중시(重試)에 합격하여 무인으로서의 자격을 더 갖출 수 있었던 것으로 보인다. 그러나 그의 아우 이온은 1401년 문과(文科)에 급제해서 문신으로 입신하기도 했다.

금속활자 개발

이천의 업적은 몇 가지로 간추려 말할 수 있다. 첫째, 그는 조선 초기에 크게 발달했던 금속활자 인쇄기술의 개척자였다. 금속활자 인쇄술은 고려 때 우리나라에서 처음 시작된 것으로 특히 조선 초에 더욱 높은 수준으로 발달했다. 이천은 경자자(庚子字)와 갑인자(甲寅字) 등의 활자를 만들었는데 이들 활자는 각각 세종 때인 1420년(庚子), 1434년(甲寅)에 만들어졌다 해서 이런 이름으로 알려져 있다. 1420년부터 2년 동안에 만든 새로운 금속활자 경자자는 활자의 크기를 아주 이가 잘 맞게 만들었기 때문에 하루에 수십 장까지 찍어도 끄떡없을 정도였다. 고려 이후의 금속활자는 이가 잘 맞지 않아서 활자 사이를 납을 부어 고정시켜 사용했지만 한 장 찍을 때마다 판을 다시 고정해야 했으므로 전혀 능률적인 인쇄가 될 수 없었다. 그러나 아직 경자자는 활자수가 절대 부족했던 것으로 보인다. 세종은 1434년 이천에게 다시 더 아름다운 활자 20만 자를 주조하게 했는데 그 자본(字本)으로는 진양대군의 글씨를 썼다.

인쇄기술 서양에 전파

인쇄술은 우리가 세계에 자랑하는 기술분야이다. 이미 8세기 초에는 목판인쇄술을 시작하여 불경을 인쇄했던 것으로 보이고 그 증거로 지금 남아 있는 것은 국보로 지정되어 있는 '무구정광대다라니경'이다. 목판 인쇄기술의 발달은 결국 고려 초기 동안 대장경의 조판을 물려와 지금까지 해인사에 남게 된 팔만대장경을 후세에 전하게 되었다. 그리고 이런 목판인쇄술의 전통이 바로 13세기 초에는 금속활자의 발명과 이용을 불러온 것으로 보인다. 세종 때 이천은 바로 이런 한국의 인쇄술 전통을 계승해서 한 단계 높은 수준으로 끌어 올리는 데 이바지한 인물로 기록될 만한 것을 알 수 있다.

하지만 우리의 인쇄기술은 세종 때의 개량으로 보다 좋은 금속활자를 대량으로 제조할 수 있게 되고 또 그 활자들을 단단하게 조판해서 더 효과적으로 여러 장을 인쇄할 수 있는 단계까지 끌어올릴 수는 있었지만 인쇄술이 제대로 자리 잡을 수 있는 환경을 만들어내지는 못했다. 이천의 노력에도 불구하고 세종 때와 그 후에 이르기까지 한국 인쇄술은 아직 활자들을 식자한 다음 그 판을 압축해서 아주 튼튼하게 만드는 기술을 사용할 줄 모르고 있는 채였다. 바로 조금 뒤 몇 십 년이내에 인쇄기술은 서양에 전해졌고 이를 알게 된 독일의 구텐베르크(1398~1468)는 바로 이런 압축기술을 써서 활자인쇄술을 압축장치에 연결하여 훨씬 능률적인 인쇄기를 발명했던 것이다. 게다가 동양에서의 활자인쇄술은 한자를 사용한 때문에 스스로 그 발전에 제약이 있을 수 밖에 없었다. 이천이 인쇄술에서 남긴 공적은 바로 이런 배경 속에서 평가될 일이다.

더 능률적이고 아름다운 활자를 만들어 인쇄기술을 한 단계 높인 이천은 또한 세종 때에 가장 열심히 개발했던 여러 가지 천문기구들을 제작하는 데에도 중심 역할을 담당했다. 당시 하늘의 별들을 관측하는 기구로는 혼천의와 간의(簡儀) 등이 있었는데 이천은 1633년 이들을 만드는 데 다른 학자들과 함께 참가했다. 특히 이 가운데 간의는 지름이 2미터는 되는 몇 개의 고리로 구성된 관측장치로 세종 때에는 간의를 만들어 경복궁의 경회루 북쪽에 높은 대를 만들어 그 위에 간의를 세워 하늘을 관측했다. 간의대는 높이가 6미터 이상이며 대 위는 가로

6미터, 세로 10미터쯤이 되는 넓이로 그곳에서 매일 밤 천문학자 다섯 명이 번갈아 간의로 하늘을 관측했다.

이 간의대 바로 서쪽에는 높이가 거의 10미터나 되는 동표(銅表)도 세웠는데 특히 동지 때 태양의 높이를 측정하기 위한 것이었다. 구리로 만든 규표(圭表)란 뜻에서 '동표'라 부르는데 높은 막대를 세우고 그 그림자를 측정하여 천문 계산의 기준으로 삼는다. 이천은 천문학자로 활약한 것은 아니었던 것 같지만 기계나 그 밖의 장치의 설계와 제작 등에 뛰어난 재능을 가졌던 것으로 보인다.

무쇠로 대포도 만들어

금속기술에 대한 전문가로서 이미 활자개량에 큰 공을 남긴 이천은 원래가 문과가 아니라 무과 출신이었다. 1402년의 과거에서 무과로 급제하여 관직에 나섰던 그는 평생 벼슬로 장군으로서의 무관직이 더 많았다. 특히 세종 때의 천문학이 크게 발달하던 1430년대에는 초기에만 여기 가담했고 1436년 이후에는 북쪽의 야인을 다스리기 위해 평안도 도절제사(都節制使)의 자리에서 무공을 세운 인물이다. 그러나 무관으로 활약하는 사이에도 이천은 기술자로서의 태도를 잘 지켰음이 분명하다. 1444년 군기감(軍器監) 제조로 무기제조 책임을 맡고 있던 이천은 무쇠를 이용해서 대포 만들 것을 건의해 실천에 옮기기도 했다.

당시 대포류는 모두 청동으로 만드는 것을 원칙으로 하고 있었는데 여기 필요한 구리는 쇠보다 값도 비싸고 쓸모도 많았다. 그러나 쇠를 대포 만드는 데 이용하기에는 아직 제철기술이 발달하지 못한 때여서 어려움이 많았을 것으로 보인다. 이천도 당시에 이미 말한 것처럼 무쇠는 작은 충격에도 부서지므로 이런 결점을 고치기 위해서는 상당한 연구가 필요했다. 그는 북방 야인들이 무쇠를 더 잘 이용하는 것을 보고 그 기술을 도입해서 쇠로 무기를 만드는 일에 착수했던 것이다. 이렇게 생각해 볼 때 이천은 세종 때의 대표적 금속기술자였음이 분명하다. 무쇠를 연철 등으로 만드는 기술 그리고 활자주조에 알맞은 청동 기술 등이 모두 그의 전문분야였던 것이다.

이천은 호를 불곡(佛谷)이라 했고 자는 자견(子見)이라 했다. 1451년 문종 원년 11월에 서거했는데 그의 묘소는 경기도 양주 동산의 건지동(乾池洞)이었으나 지금은 그 흔적을 찾을 길이 없다. 다만 그의 후손들이 살던 충청북도 보은의 오창리(梧倉里)에는 1792년에 세운 실기비(實記碑)와 추원단(追遠壇)이 남아 있고 그의 출생지 경상북도 안동의 예안에는 1982년에 후손들에 의해 유허비(遺墟碑)가 건립되어 있다.

세종 때의 북방개척을 위해 활약한 장군 이천은 우리 역사에 길이 남을 세종 때의 대표적 과학기술자이기도 했다. 그에게는 죽은 다음 익양공(翼襄公)이란 시호가 내려졌는데 그의 생각이 깊고 멀리 미친다는 뜻(翼)과 군사상의 공로가 컸다는 의미(襄)라는 설명이 붙어 있다. 1977년 육군사관학교는 과학관을 지으면서 그 건물 이름을 '익양관'으로 붙였다. 우리 역사에 가장 뛰어난 장군이며 과학기술자였던 이천에게 가장 알맞은 기념이 아닐 수 없다.

---

1 쫴주(祭酒): 고려시대 나라에서 지내는 제사를 맡아보던 종3품 벼슬로 국자감, 성균관, 성균감에 두었다.

화차 만들어 행주대첩 승리로 이끈
변이중 邊以中 1546~1611

1592년 시작된 임진왜란은 우리 역사상 가장 장기간의 참혹한 싸움이었다. 이 7년 전쟁에서 이순신(李舜臣, 1545~1598)의 해군이 크게 활약하여 전쟁을 승리로 이끈 공로는 잘 알려진 일이다. 그리고 육상 전투에서는 권율(權慄, 1537~1599)의 행주산성 싸움이 유명하다. 임진왜란의 삼대첩(三大捷: 세 가지 큰 승리)으로 이순신의 한산도 싸움, 권율의 행주산성 싸움, 그리고 김시민(金時敏, 1554~1592)의 진주성 싸움을 들 정도이다.

우차 실패 딛고 화차 개발

바로 행주산성 싸움에서 권율은 변이중이 제공한 화차(火車)의 도움으로 전투에서 승리를 거둔 것으로 알려져 있다. 왜란이 일어나자 바로 변이중은 화차 300대를 만들었는데, 그중 40대를 권율의 행주산성에 보내주었다. 1593년 2월 초 전쟁을 승리로 이끈 권율은 그후 자신의 승리에 화차가 큰 몫을 했다고 인정한 바 있다. 변이중이 역사상 유명하게 되어 길이 기억되는 것은 바로 이 화차의 발명과 그 이용 때문이다.

변이중을 배향한 봉암서원의 묘정비

변이중의 화차는 그가 처음 발명한 것은 아니다. 이미 고려 말 최무선(崔茂宣)이 처음으로 화약을 만들었을 때부터 '화차'란 말은 있었다. 하지만 해전에 사용한 최무선의 화차란 화포를 실어 배위에서 적선에 발사하는 장치로서 등장한 것이었다. 그의 아들 최해산(崔海山)은 이를 개량하여 육상에서 사용할 수 있는 이동식 화차를 만들었는데, 이 역시 대형 화포를 발사하는 장치였다. 당연히 이때까지는 화차에서 발사할 수 있는 것은 대형화포 몇 개 정도였을 것으로 보인다. 1451년 문종은 다시 이를 개량하여 중신기전(中神機箭) 100개 또는 사전총통(四箭銃筒) 50개를 꽂아 불을 심지에 붙이면 차례로 발사하게 새로운 화차를 고안했다.

변이중의 화차는 문종 때 나온 화차를 다시 개량한 말하자면 신제품이었다. 당시 새로 나온 승자총통(勝字銃筒) 40개를 설치하고, 3면으로 이를 발사할 수 있게 고친 것이었다. 그때까지는 화살을 쏘게 만든 화차를 탄환을 쏠 수 있게 개량한 셈이고, 앞으로만 쏘던 장치를 옆으로도 발사할 수 있도록 만들었으며, 게다가 필요에 따라서는 화차 둘레를 덮어 군사들을 보호하게 만든 것도 변이중 화차의 특징이었다.

사실 변이중의 화차가 성공적인 무기로 발달한 것은 그가 만든 우차(牛車)의 실패가 밑걸음이 되었던 것으로 보인다. 임진왜란이 일어나자 바로 그는 전라도 소모사(召募使), 그리고 조도어사(調度御使) 등으로 발탁되어 전쟁 수행에서 중요한 역할을 맡게 되었다. 군사를 모집하는 일과 군량과 군수품을 조달하는 임무를 주로 맡게 되었음을 알겠다. 처음 이런 임무를 띠고 전라도 지방에서 모집한 군대 2000명 정도를 이끌고 전쟁에 참가한 그는 전쟁 발발 이듬해인 1593년 1월 30일 죽산(竹山)에서 직접 전투에 참가한다. 지금의 경기도 안성시 죽산면으로 보인다. 당시 죽산에서는 4500명의 군사를 거느린 왜장 후쿠시마 마사노리[福島正則]가 성을 굳게 지키고 있어 공격이 쉽지 않았다. 변이중은 2000명 정도의 자기 군사를 지휘하여 홍계남(洪季男)의 군사 500명과 함께 왜군을 공격하게 되었다. 이 공격에서 그는 우차를 만들어 적진으로 돌진할 구상을 한 것이다. 성 밖 5리 거리에서 군사들을 태운 우차를 돌진시켜 성 가까이에서 군사들이 밖으로 나와 전투를 벌이게 할 생각이었다. 하지만 많은 우차로 학익진을 만들어 공격했으나, 성위에서 쏜 불화살, 돌, 탄환 등으로 우차에 불이 붙는 바람에 소들이 날뛰어 혼란이 시작되고, 마주 나온 왜군과의 접근전에서 크게 패하여 퇴각하고 말았다. 이때 동원한 우차를 당시 다른 기록은 방차(防車)라 표현하고 있다. 군사를 방어하기 위해 우차 둘레를 덮었기 때문에 생긴 이름으로 보인다.

변이중의 화차는 둘레를 덮어 군사들을 보호할 수도 있도록 만든 수레였다. 이 점에서는 우차를 흉내낸 것이 분명해 보인다. 그리고 우차에 없는 화약무기를 설치한 것이 그의 화차였다. 또 그의 화차가 권율의 행주산성 싸움에 유용하게 쓰인 것은 당시 전장의 배치와도 관련이 있다.

1월 30일 죽산 싸움에서 패한 변이중은 2월 초에는 행주산성 건너 양천(陽川)에 주둔하고 있었다. 임진왜란 당시의 상황을 기록한 신경(申炅, 1613~1653)의 《재조번방지(再造藩邦志)》를 보면 다음과 같다.

전라도 순찰사 권율이 수원 독성(禿城)으로부터 휘하 장병 4000명을 나누어서, 전라도 절도사 선거이(宣居怡)로 선봉장을 삼았는데, 자신은 조방장 조경(趙儆)의 군사 2300명을 거느리고 양천(陽川)을 경유하여 진군하여 고양(高陽)의 행주산성에 진을 쳤으며, 선거이는 금천산(衿川山)에 영채(營寨)를 설치하여 멀리서 도움을 주었다. 전라도 소모사 변이중이 역시 정병 수천 명을 거느리고 양천산에 주둔해 있으면서 자신이 감독·제조한 화차 300대를 나누어서 권율의 진중으로 보냈다. 서울 안의 왜적이 권율의 군사가 적은 것을 탐지하고 마음에 두지도 않으며, 발끝으로 차서 거꾸러뜨릴 계획으로 군사들을 다 거느리고 나왔다.

변이중이 권율을 도울 수 있었던 것도 따지고 보면 그가 행주산성의 가까이에 진치고 있었기에 가능했음을 알겠다. 위 인용문에서도 알 수

화차(한국민족문화대백과사전)

있는 것처럼 그는 자신의 화차를 바로 한강 건너편에 주둔해 있던 권율에게 보냈던 것이다. 그리고 그해 2월 12일 시작된 싸움에서 권율은 크게 승리했음을 알 수 있다.

임진왜란의 대표적 발명품 화차

변이중의 화차는 임진왜란의 대표적 발명으로 꼽혀 오늘에 이른다. 변이중이 직접 참가한 전투에서 그의 화차를 활용해 성공했다는 기록은 보이지 않지만, 권율의 행주산성 싸움에서 그 역할이 높이 평가되었기 때문이다. 예를 들면 홍봉한(洪鳳漢, 1713~1778)은 "임진왜란 때 소모사 변이중이 처음으로 화차를 만들어 한 차에 총구 40개를 뚫어서 연속 발사가 되게 했는데, 순찰사(巡察使) 권율이 행주대첩을 거두는 데 그 화차의 힘이 컸다"고 평가하고 있다. 홍봉한은 영조의 사돈이며 사도세자의 장인으로 당대의 군사 제도를 모아《군려류(軍旅類)》란 책자로 편찬했는데, 그 무기편에 들어 있는 말이다. 이 글은 또 그의 외손자인 정조의 문집인《홍제전서(弘齋全書)》13권에도 포함되어 있다.

사정이 이렇다 보니 그의 화차는 그 후 줄곧 임진왜란의 대표적 발명품으로 널리 이야기 되어 오늘에 이른 것이다. 예를 들면 1930년 전후에 역사가로 크게 활약한 최남선(崔南善, 1890~1957)은 여러 차례 화차를 거론했는데, 우리 역사상의 대표적 발명품으로 변이중의 화차를 들었을 뿐 아니라, 그것은 근대 탱크의 원조이고 기관총의 선구자라고 칭송하고 있다. 좀 지나친 평가라고 할 수 있지만, 일제시대 우리 선조들이 변이중의 화차를 얼마나 높이 평가하고 있었던가를 잘 드러내 준다.

비슷한 논평은 같은 시기 한글학자 이윤재(李允宰, 1888~1943)도 보여주고 있다.《동아일보》1934년 12월 29일자에 그는 우리 민족의 독창과 발명 26가지를 소개하면서 그 열다섯 번째로 화차를 이렇게 소개했다.

화차는 싸움[戰]에 쓰는 병기(兵器)니, 지금으로부터 340여 년 전 선조(宣祖) 25년(1592)에 전라도 소모사 변이중이 창제한 것이다. 크닿게 전차(戰車)를 맨들고 1차에 49혈(穴)을 뚫어 승자총(勝字銃) 40을 걸고 연심(連心)으로써 발화(發火)하게 하여 계속부절(繼續不絶)하게 하는 것이다. 성위(聲威)의 웅장함과 최격(催擊)의 맹렬함이 이에 견줄자가 없었다. 화차는 오늘날 기관총과 탱크의 원조라할 것이다. 변이중이 화차 300량(輛) 맨들어 권율에게 나누어 주엇다. 유명한 권율의 행주대첩은 이 화차의 힘을 입음이 많았다.

이에 이어서는 이장손의 비격진천뢰(飛擊震天雷), 그리고 이제마의 사상의술(四象醫術) 등을 말하고 있다. 또 해방 이후에도 그런 평가는 계속되었다. 예를 들면 진단학회(震檀學會)가 펴낸 해방 이후의 대표적 한국사 개설서《한국사》〈근세전기편〉(을유문화사, 1962)은 이상백(李相佰, 1904~1966)의 대표집필로 되어 있는데, 791쪽에서 최남선의 평가를 그대로 인용하고 있을 정도다.

문신출신, 이이와 성혼의 문인

이처럼 변이중은 임진왜란 직후부터 일제시대를 거쳐 해방 이후까지 화차 발명자로 역사에 이름을 남겼다. 하지만 얼핏 무신으로 보이는 그는 사실 문신이어서 율곡(栗谷) 이이(李珥, 1536~1584)와 우계(牛溪) 성혼(成渾, 1535~1598)의 문인으로, 1573년 문과에 급제한 문신이었다. 본관이 황주인 그의 자는 언시(彦時), 호는 망암(望菴)으로 전라도 장성(長城) 출신이다. 1568년(선조 1) 사마시(司馬試)를 거쳐, 1573년 식년문과에 급제했다. 전쟁 중에는 여러 직책을 맡아서 주로 군사 모집과 군량미 조달 등에 노력한 그는 1593년 12월에는 군기시정(軍器寺正)을 맡은 일도 있다. 그의 화차와 여러 가지 화약 무기 제조에 대한 관심과 열정이 알려져서 나라의 무기 담당관서 책임을 맡게 되었을 것이다. 하지만 어느 자리에도 오래 있은 일은 없다. 이천 부사, 상주 목사, 선산 부사 등 관직을 거쳐 성균관 전적, 사헌부 장령 등에 오르기도 했고, 1605년에는 임진왜란에서의 공을 인정받아 호성(扈聖) 1등, 선무(宣撫) 2등 공신으로 이름을 올리기도 했다.

1605년 6월 함안군수를 마지막으로 자리에서 물러나 고향 장성으로 돌아와 여생을 보내며 고향 마을의 향약(鄕約) 운동에 열심이었다. 1611년 지금부터 꼭 400년 전에 세상을 떠나자 나라에서는 그에게 승정원 도승지, 이조참판 등의 벼슬을 추증했다. 1905년(광무 9) 11월 11일 이경하(李敬夏, 1847~?) 등이 상소하여 "처음으로 화차를 만들어 군수물자를 운반했고 적의 보루를 쳤으며, 공은 도원수(都元帥) 권율(權慄)과 함께 군대의 형세를 도왔는데 권율의 행주대첩은 실제로 화차의 위력에 힘입은 것"이었다며 변이중에게 높은 벼슬을 추증하고 시호를 내리자고 건의했고, 임금은 비답하기를, "상소의 내용은 예식원(禮式院)이 품처(稟處)하도록 하겠다"했다고 《고종실록》은 전하고 있다. 그러나 그에게 시호가 내릴 겨를은 없었던 것으로 보인다. 나라가 이미 망하고 있는 때였으니 말이다.

　고향 전라남도 장성에는 1697년(숙종 23) 봉암서원(鳳巖書院)이 세워졌고, 처음부터 변이중은 아들 변경윤(邊慶胤, 1574~?)과 함께 제향되어 오늘에 이른다. 2011년 그의 서거 400년을 맞아 봉암서원(이사장 변온섭)은 문집 《망암집(望菴集)》을 한글 번역 부분을 넣어 출판했고, 가을 몇 가지 기념행사를 펴기도 했다.

임진왜란 때 비거 개발한
정평구 鄭平九 생몰 연대 미상

비행기라면 누구나 미국의 라이트 형제를 떠올릴 것이다. 하지만 우리
나라의 일부 책에 비행기의 첫 발명자가 거의 우리 선조인 것처럼 쓰
여 있다면 아마 깜짝 놀랄 사람들이 없지 않을 것이다. 그런데 실제로
임진왜란 때인 조선 선조 때에 정평구라는 발명가가 처음으로 비행기
를 만들었다는 기록이 있다. 우선 그 결론부터 말하자면 아직 정평구
가 언제 어디서 누구 아들로 태어나서 언제 죽었는지 모른다. 물론 그
의 비행기가 어떤 것이었는지도 확실하지 않다.

1923년 조선어 강독 교재에 기록

그럼에도 불구하고 우리 옛 글 가운데에는 그가 비행기의 발명자라고 써 놓은 대목이 있고 그 때문에 가끔은 심심치 않은 화제가 생긴다. 예를 들면 1995년 초의 일이다. 우리나라 신문들에는 신기한 기사가 하나 실린 일이 있다. 조선 선조 때 발명가 정평구가 세계 최초로 비행기를 발명했다는 것이다.

이 기사는 우리나라의 《연합통신》이 중국에서 취재해 보도한 것을 신문들이 받아 실은 기사였는데, 1923년 한글 학자 권덕규(權悳奎)가 쓴 책에 그런 기록이 있다는 내용이다. 이 기사를 국내 몇 가지 신문의 사회면에 화젯거리로 실었던 것이다. 권덕규의 조선어 강독 교재《조선어문경위(朝鮮語文經緯)》라는 책에는 "정평구는 조선의 비거(飛車) 발명가로 임진왜란 때 진주성이 위태할 때 비거로 친구를 구출해서 30리 밖에 내렸다"는 기록이 있다는 것이다. 조선족 동포 노인이 가지고 있는 이 책에서 이런 부분을 읽어보고 중국에 특파되어 있는 한국인 기자가 써 보낸 기사였다. 그로서는 당연히 놀랍기도 하고 재미있는 기사라 생각해 이런 글을 써서 보냈을 터이다. 그 조선족 동포 노인은 일제시대 때 서울에서 자기에게 조선어를 가르친 선생이 "우리의 자랑스런 조상인 정평구 선생이 임진왜란 때 새가 나는 까닭을 연구한 끝에 비거를 발명해 하늘을 날아다니며 적장을 해치는 등 왜군들의 간담을 서늘하게 했다는 얘기를 들었던 기억이 난다"고도 증언했다.

비거
임진왜란 당시 활약했던 비거를 만들어 재현하는 모습이다.(공군사관학교 박물관 소장)

임진왜란에 얽혀 생겨난 전설

이 내용이 사실이라면 지난 1903년 세계 최초로 비행기를 발명한 미국의 라이트 형제보다 무려 300년 이상이나 앞서 비행기를 발명한 셈이라는 논평까지 덧붙여 놓았다. 그런데 이 발명가 정평구에 대해서는 백과사전 등에는 전혀 써 있는 것이 없다. 과연 그는 누구일까? 정말로 300년도 더 전에 세계 최초의 비행기를 발명했던 걸까? 그러면 그 비거는 그 후 어떻게 되었단 말인가? 아니 그렇다면 그 유명한 미국의 라이트형제는 비행기 발명의 영광을 이제 한국인에게 돌려야 한단 말인가?

하지만 이것은 임진왜란에 얽혀 생겨난 전설이 잘못 확대된 것에 지나지 않는다. 정평구가 비행기를 발명했다는 것은 전혀 믿기 어려운 일이다. 그리고 이 전설은 권덕규의 책에 처음 기록된 것도 아니고, 이미 우리 주변에 있는 다른 책에도 써 있는 '알려진' 이야기에 불과하다. 일제시대 교육자들은 이런 전설이라도 들먹이며 학생들에게 우리 민족이 얼마나 발명에 능하고 창조적 민족이었던가를 가르치려고 힘썼던 것이다. 그래서 이런 전설은 실제 비행기가 발명되었던 것처럼 사람들의 입에 오르내리게 되었을 뿐이다. 정평구의 비거(또는 비차)에 대해서는 진단학회에서 반세기 전에 내놓아 아직도 사용되는 7권 짜리 《한국사》에도 기록되어 있다.

《한국사》〈근세 전기편〉에 임진왜란 때에 발달했던 여러 가지 무기들을 소개하는 대목에는 몇 가지 대포 종류와 화차(火車) 등을 소개한 다음 "또 비차가 발명되었었다는 전설도 있다"는 내용이 적혀 있다. 그리고 이 비차에 대해 추가 설명이 주(註)로 달려 있는데 거기에 정평구의 일화가 들어 있다. 임진왜란 때 영남의 어느 성이 적에게 포위당해 있을 때 그 성주(城主)와 친한 정평구가 비차를 만들어 타고 들어가 성주를 구해 30리 밖으로 비행해 나왔다는 것이다. 그리고 이 전설에 대해 전라도에서는 그 사람이 김제(金堤) 사람 정평구라고 전해진다는 것이다. 이 정보는 최남선(崔南善)의 《고사통(故事通)》에서 얻은 것이라고 진단학회 《한국사》는 밝히고 있다. 최남선이라면 우리가 잘 아는 일제시대의 대표적 조선인 학자이며 문필가였고 진단학회의 《한국사》 역시 학술적 저서이니 그런 과정을 거쳐 걸러진 정보를 마냥 모른 척할 수만도 없게 되었다.

그러면 앞에 중국의 교포가 갖고 있는 권덕규의 책이나 최남선의 책은 거의 비슷한 일제시대의 글들인데 권덕규와 최남선은 또 어디서 이런 전설을 전해 들어 적어 놓은 것일까? 아마 그들은 1830년대쯤 쓴 것으로 보이는 실학자 이규경의 《오주연문장전산고》라는 책에서 이를 발견했을 것으로 보인다. 그런데 이규경은 이 책에서 앞에 나온 그 전설을 소개하고 있지만 정평구 이름을 말하지는 않고 있다. 오히려 당시 서양에도 그런 것이 있었다는 말을 기록하고 있고 또 우리나라에서 임진란 때 만들어 성주를 구해내는 데 사용했다는 비거에 대해서는 호남 순창사람 신경준이 과거시험 문제로 교통기관에 대한 문제가 나오자 그 답안을 작성할 때 비거에 대해 썼다는 말이 붙여져 있다.

그러나 불행하게도 비거 만드는 방법은 전해지지 않는다고 이규경은 써 놓고 있다. 이규경은 이어서 자기가 들었다는 다른 소문을 소개하고 있다. 즉 원주의 어떤 사람이 책을 가지고 있는데 거기에도 비거 만드는 방법이 나와 있다는 것이다. 이에 의하면 풀을 엮어 만든 이 비거에는 4명이 탈 수 있는데 새 모양을 하고 바람을 일으키면 공중으로 올라가 날아간다는 것이다. 또한 전주사람 김시양(金時讓)의 말에 의하면 호서의 노성(魯城) 사람 윤달규는 여러 가지 교묘한 장치들을 잘 만드는데, 비거 만드는 방법도 잘 기록해 두고 있지만 사람들에게 보여주지는 않는다는 것이다. 아마 정평구에 대해서는 앞으로 더 정보를 얻어낼 길이 있겠지만, 지금으로서는 그 인물에 대해 상세한 것을 알 수는 없다.

다만 더욱 흥미로운 사실로 19세기 초에 충청도 사람 윤달규도 비거에 대해 무언가를 알고 있었다는 사실이다. 정평구, 윤달규 등 이렇게 발견되는 우리의 옛 발명 기술자들의 배경을 연구해 보는 것은 앞으로 우리의 과학기술사를 밝히는 데 중요한 과제가 아닐 수 없다. 혹시 그 후손이 나타나 무슨 자료라도 제시한다면 재미있는 새 정보를 얻을 수 있을지 모른다. 그들이 정말로 지금의 비행기에 해당할만한 새 발명을 했다고는 생각되지 않는다. 하지만 정평구와 윤달규 등의 재능이 당시 어떤 신기한 기구를 만들어내려고 했던 우리 선조들의 창조 정신을 드러내 줄 것만은 틀림없지 않을까?

대원군도 수상용 비행선 제조

비슷한 잘못된 비행기 발명의 전설에는 이런 것도 있다. 이 경우는 앞에 인용한 진단학회 《한국사》〈최근세편〉에 엉뚱한 기록이 들어 있는 것이다. 대원군이 수상용 비행선을 만들었는데 그것이 비록 실제 비행에는 실패했지만 라이트 형제보다 30여 년 앞섰다는 설명이 이 책의 본문에 들어 있다. 이는 대원군이 1867년쯤에 만들어 실험했던 비선(飛船)을 가리킨다. 얼핏 보아 틀림없는 비행선의 원조로 오인되기 쉬워서 이 책에만 그렇게 써 있는 것이 아니다. 우리 옛 문물과 역사에 대해 훌륭한 글을 많이 남긴 《조선일보》의 이규태(李圭泰, 1933~2006) 기자도 똑같이 잘못된 기사를 쓴 적이 있다. 하지만 대원군의 비선 역시 비행기나 비행선과는 아무 관련도 없다. 이름에 '날 비(飛)'자가 붙어 그런 오해를 받을 뿐이지 그것은 조금 특이하게 만들어 본 배에 불과하다. 대원군은 서양 대포의 위력 앞에 어떻게 하면 구멍 뚫린 배가 가라앉지 않게 할 수 없을까 궁리하던 끝에 비선을 만들어 보았다. 두루미나 학 등의 깃털을 배 옆에 잔뜩 붙여서 배가 포탄을 맞아 구멍이 뚫려도 깃털 덕택에 가라앉지 않게 해보려던 노력이었다. 전국의 포수들을 못살게 해서 깃털을 잔뜩 수집해다가 비선을 만들었지만 막상 배를 물에 띄웠더니 아교가 녹아 깃털이 떨어져 제대로 실험도 못했다는 기록이 남아 있다. 정평구와 윤달규의 비거(또는 비차)도 대원군의 비선도 비행기의 조상이라 하기는 어렵다. 앞의 경우는 전혀 확실한 증거를 남기지 않은 전설에 지나지 않으며 뒤의 경우는 배를 잘못 생각해서 온 오해일 뿐이다.

진짜 비행기가 우리나라에 등장한 것은 라이트형제의 비행기가 성공한 지 10년 뒤인 1913년의 일이었다. 1913년 일본 해군 기술장교 나라히라(奈良原三次)가 일본 정부의 명으로 만든 비행기를 몰고 와서 서울 용산의 연병장에서 시험 비행을 했다. 그 당시 수준이란 '사람을 태운 기계 장치가 하늘에 떴다가 내리는' 정도에 지나지 않았지만 조선 땅에 처음 비행기가 나른 사건이었다. 다음에는 역시 일본인들에 의해 1914년 8월, 1916년 10월 시험 비행이 있었다. 이 가운데 세 번째 비행은 수많은 조선인에게 깊은 인상을 주었는데 때마침 서울에서는 박람회가 열려 이 비행 시범이 전국적으로 선전되었기 때문이었다.

이런 배경 속에 1917년 5월 미국인 아트 스미스의 곡예비행은 여의도에 모인 5만의 조선인들을 놀라게 하기에 충분했다. 스미스의 '붉은 날개'는 하늘에서 공중돌기에다가 스핀 비행을 거듭하여 사람들의 혼을 빼놓고 말았다. 손에 땀을 쥐게하는 연기 끝에 착륙한 그는 맥주 한 병을 들고 자동차를 타고 장내를 돌며 관중의 환호에 손들어 대답했다. 이 하늘의 영웅에 감탄한 조선의 젊은이 하나가 일본에 건너가 비행사가 되어 귀국 비행을 한 것은 그로부터 5년 뒤의 일이었다. 안창남(安昌男, 1900~1930)이 1922년 12월 10일 여의도를 떠나 서울 상공을 일주하며 갖가지 곡예를 펴자 조선인들은 흥분했다. 그리고 그것은 과학의 상징인양 당시 조선인들에게 과학기술에 대한 열광적 관심을 높여주기까지 했다.

"떴다 보아라. 안창남 비행기. 굽어 보아라. 엄복동 자전거"라는 노래가 유행하는 시절이었다. 자전거 판매상의 점원이었던 엄복동(?福童, 1892~1951)은 1913년 전조선 자전거 경기대회에서 일본 선수 등을 물리치고 우수하고 그 후에도 자전거 선수로 크게 활약했기 때문이다. 이런 우리의 비행 역사 속에 정평구와 윤달규 등의 자리는 아직 확실하지가 않은 셈이다.

화약제조법《신전자초방》저술한
김지남 金指南 1654~1718

《통문관지》저술

김지남은 역관(譯官)이었다. 그런 그가 남긴 대표적인 책은《신전자초방(新傳煮硝方)》으로 화약 제조법에 관한 내용이다. 이 책 말고도 아들과 함께《통문관지(通文館志)》를 저술했고, 또 일본을 다녀와 쓴 기행문을 후세에 전하고 있기도 하다. 통문관이란 조선시대의 통역 담당기관이던 사역원(司譯院)의 고려 때 이름이다. 그러니까 '통문관지'란 '사역원지'란 뜻이 되는 셈이다.

하지만《신전자초방》이라니? 이는 분명히 그 자신의 전공과는 달리 당시 무기 기술에 대한 책을 쓴 것임을 알 수 있다. 책 이름을 풀면 '새

로 전하는 염초를 구워 만드는 방법'이
란 말이다. 화약의 기본 원료인 염초(焰
硝)는 요즘 말로는 초석(硝石)에 해당하
는데 여기에 숯가루와 황을 알맞은 비
율로 섞어 만든 것이 옛날 동아시아의
화약이었다.

김지남의 묘

　이런 화약을 우리는 '흑색 화약'이라
부르기도 하는데 서양 역사에서도 이
렇게 만든 것이 첫 화약이었기 때문에
서양 사람들이 여기에다 '검은 화약
(black powder)'이란 이름을 붙였던 까
닭이다. 1377년 화통도감을 두어 화약무기를 만들었던 주인공이 최무
선(崔茂宣, 1326~1395)이었다는 사실은 우리 모두 잘 아는 일이다. 그때
이후 화약이 국내에서 만들어져 고려 말기의 왜구 소탕은 순조롭게 해
낼 수가 있었다.

　또 바로 그런 화약무기의 우월성 때문에 왜구 소탕에 공을 많이 세운
이성계가 인심을 얻어 결국 새 나라를 세우기까지 되었던 것이다. 하지
만 일단 새 나라가 세워져 안정된 왕정체제가 구축되면서 조선 왕실은
화약과 무기 개발에 일부러 외면하는 경향을 보였다. 무기 개발이 누
군가 새 무기를 이용하여 현재의 정권에 도전하는 일로 이어질까봐 걱
정했던 까닭이다. 또 조선 왕조는 유교를 국시로 굳건한 토대를 삼고
있었던 때문에 실제로 일체의 무력 개발이나 군사적 문화를 배척하는
경향을 가졌기 때문이기도 했다.

그런데 무기 개발에 등한하던 조선왕조가 김지남의 화약 만드는 신기술을 책으로 내게 된 것은 김지남이 1692년(숙종 18) 판서 민취도(閔就道)를 따라 베이징에 다녀오게 된 이후의 일이다. 그는 민취도의 지시를 받아 화약 제조법을 새로 배워왔고, 그 방법을 귀국 후 재상 남구만(南九萬, 1629~1711)에게 보고하여 남구만이 그것을 무기 담당기관인 군기시(軍器寺)에서 실험해보고 성공하자 1698년 책으로 써내게 된 것이었다.

그러나 지금 남아 있는 책은 첫 판이 아니라 1세기 뒤인 1796년(정조 20)에 중간(重刊)된 것이다. 여기 써 있는 남구만의 설명을 보면 조선 초기에는 화약의 제조 기술을 몰라서 중국에서 도입하려고 애썼으나 뜻을 이루지 못해 고심했고 그 뒤에 성근(成根)이란 인물이 실험해보고 새로 책을 낸 일이 있다. 또 다시 한세룡(韓世龍)이란 사람이 일본인에게서 배워온 것이 성근의 방법보다 우수해서 대치했으나 아직도 만족스럽지 않았다는 것이다.

우수한 화약 제조로 포상 받아

김지남이 도입한 새 방법은 아무데서나 재료를 얻을 수 있고, 제품을 오래 보관할 수 있으면서도 재료가 적게 들어 비용이 절약된다는 등의 장점을 가지고 있었다. 실제로 당시 그의 화약 제조법은 우수하다는 칭찬을 받았고 그 공로에 대한 특별한 포상과 그 제조법의 간행을 남구만이 건의했고 임금이 허락했다는 기록이 있다.

여기에 설명된 내용을 보면 먼저 길바닥 같은 곳의 찰기가 없고 검어진 표면 흙을 긁고 볏짚이나 푸성귀 등의 재를 만들고 그 흙과 재를 같은 비율로 섞은 다음 대발에 얹어 물을 받쳐내고 그 잿물을 달이고 식혔다가 다시 달이면 고슴도치의 털 같은 모양이 되는데 이것을 아교물에 다시 녹여 달여서 정제된 염초를 얻는다. 이렇게 해서 얻은 염초 1근, 버드나무 숯가루 3냥, 황 1냥 4돈을 섞고 뜨물에 반죽해서 찧으면 화약이 된다는 것이다.

1635년에 쓰여진 이서(李曙)의 《신전자취염초방》이란 바로 여기서 김지남이 말한 성근의 방법을 가리킨다. 성근의 염초 제조의 기본 원료는 역시 흙이다. 가마 밑에 있는 흙, 마루 바닥 밑의 흙, 담벽 밑의 흙 또는 온돌 밑의 흙을 긁어내서 쓰는데 그 흙 맛이 짜거나 시거나 또는 달거나 쓴 것이 더 좋다고 했다.

이제 이 흙과 따로 준비한 재와 오줌을 섞는다. 이렇게 섞여진 흙을 말똥으로 덮는다. 말똥이 마르기를 기다려 거기에 불을 붙여 태운다. 그 흙을 다시 잘 섞어서 나무통 속에 담고 물을 붓는다. 이 책에 의하면 이렇게 해서 초석을 만들며 기술자 3명, 잡역부 7명이 1개월에 1000근을 생산할 수 있다고 했다.

염초와 화약 제조의 보다 더 뚜렷한 발전은 1698년 김지남이 이루어 놓은 셈이다. 염초와 재와 황의 조성비를 78:15:7로 하고 있다. 이 비율은 현재 화약을 만드는 데 대충 6:1:1의 비율로 섞는 것과 비교할 만하다. 이 혼합물을 쌀 씻은 맑은 뜨물로 반죽하여 방아에 찧어서 떡과 같은 상태로 만들었다. 이 공정은 현재 사용되고 있는 흑색 화약의 제조법과 매우 비슷하다.

염초(saltpetre)는 요즘 화학에서는 KNO_3, $NaNO_3$, $Ca(NO_3)_2$, 세 가

지를 가리킨다. 서양 역사에서 흑색 화약은 300년 동안 염초(KNO3) 75퍼센트, 숯가루 15퍼센트, 황 10퍼센트로 만들어졌다고 밝혀져 있다. 김지남의 비율이나 거의 비슷한 것을 알 수 있다.

조선통신사로 일본 기행

김지남은 우봉(牛峰) 김씨로 자는 계명(季明)이며 호는 광천(廣川)이라 했다. 1672년(현종 12) 역과에 급제하고, 1682년(숙종 8) 사역원정(正)이 되어 역관으로 일본을 다녀왔다. 일본어 통역이 아니라 한어(漢語) 통역, 그러니까 중국어 통역으로 일본에 갔던 셈이다.

물론 당시 조선통신사란 대개 몇 십 년에 한 번 꼴로 일본에 파견되었는데, 일본을 여행하면서 그야말로 융숭한 대접을 받았다. 일본은 철저하게 쇄국을 하면서 다만 조선통신사 일행만은 일본 땅에서 위풍당당하게 행진하게 했기 때문이다. 일본 지식층은 조선 학자들과 만나 필담하고 글 교환하는 것을 일생의 영광으로 생각했고 실제로 김지남에게도 글을 써달라고 조르는 경우가 아주 많았다. 그가 돌아와 지은 《동사일록(東槎日錄)》이라는 기행문은 일본 기행문을 모은 《해행총재(海行摠載)》라는 책에 들어 있기도 한데 우리말로 번역되어 있다.

그는 이로부터 꼭 10년 뒤에 중국에 갔다가 염초 만드는 법을 연구했던 것이다. 그리고 그의 일생에는 한 가지 더 중요한 과학사와 관련된 업적이 있다. 1712년 그는 중국에서 파견된 과학자 목극등(穆克登)과 함께 백두산에 가서 측량하여 중국과 우리나라 사이의 국경을 처음으로 확정했고 그 기념으로 '백두산정계비'를 세웠다. 또 그는 이때의 여행을 기록으로 남겼는데《북정록(北征錄)》이 바로 그것이다. 그해 2월 24일부터 6월 30일까지의 약 석달 동안의 기록이다. 그리고 보면 김지남은 움직일 때마다 자신의 행적을 기록으로 남긴 뛰어난 역사가라고도 할만하다.

최초의 한글 전신부호 고안한
김학우 金鶴羽 1862~1894

이제는 아무도 전신이나 전보의 고마움을 알지 못할 지경이다. 휴대전화가 세상을 덮고 있으니 그 옛 시절의 통신 수단을 고맙게 기억할 수가 없게도 되었다. 30년쯤 전만 해도 전보는 중요한 통신 수단이었다. 지금도 전보는 결혼이나 승진 등을 축하할 때는 더러 사용되는 수단이다. 하지만 지금의 전보가 옛날의 전보나 전신과 가장 다른 점은 모스 부호의 사용이 필요하지 않게 되었다는 점이다.

옛날에는 바로 모스 부호란 것을 써서 전기 통신이 가능했는데 이제 그런 부호는 필요하지 않게 되었다. 모스(Samuel Morse, 1791~1872)라면 물론 미국의 미술 교사로 처음으로 전신기를 발명한 사람을 가리킨다. 1835년 말 처음 전신기를 발명했고 그것은 곧 선풍적 관심을 일으켜

세계 통신의 혁명을 일으켰다. 그것이
반세기 만에 조선 땅에 들어 왔고 우리
한글 자모의 '모스 부호'를 만드는 일을
담당했던 사람이 바로 김학우였다.

전신을 보내고 있는 전신기사

　김학우를 소개한 이 대목을 읽으면서
주의 깊은 독자는 당장 그가 겨우 32세
의 나이밖에 세상을 살지 않았다는 점에
주목하게 될지 모른다. 사실 김학우는
겨우 32세의 나이에 서울에서 암살당하
여 세상을 떠났다. 한글 최초의 전신부
호를 고안해냈던 발명가라 할 수 있는
김학우는 도대체 무슨 연고로 암살을 당할 지경까지 갔더란 말인가?

　그가 암살당한 1894년은 지금부터 100여 년 전이고 바로 유명한
갑오경장(또는 갑오개혁)이 일어난 해인데 그는 왜 그런 때에 암살당하
게 되었던 것일까? 그를 살해한 사람은 누구였고, 그 동기는 무엇이었
을까?

어렸을 때 러시아로 이주

1862년 함경도에서 태어난 그는 일찍 아버지를 여의고 홀어머니 밑에
서 살았다. 가뭄으로 살기가 더욱 어려워지자 그의 어머니를 따라 작
은 아버지 김인승(金麟昇)이 10년쯤 전에 이미 이주해 살고 있던 러시
아로 떠났다. 함경도 사람들은 이미 1860년대 초부터 러시아의 블라디

보스토크 근처로 많이 이주해 살고 있던 시절이었다. 김학우가 러시아에서 무슨 교육을 받았는지는 아직 밝혀져 있지 않다.

여하튼 그는 작은 아버지의 도움으로 15살 때인 1876년에 일본 도쿄에 가서 일본인의 외국어 교사로 1년 반 동안 살았다. 바로 그해에 일본은 강화도에 들어와 조선과의 개국 조약을 맺었고 그 조약을 체결하는 데 김학우의 숙부는 일본 측 자문위원격으로 강화도에 일본 배를 타고 왔던 인물이다. 당연히 그의 숙부가 그를 일본에 보내는 일에 앞장섰을 터이다. 그가 일본에서 무슨 외국어를 가르쳤는지 지금은 밝혀져 있지 않다. 아마 조선어보다는 중국어나 러시아어를 가르쳤는지도 모른다.

그러다가 다시 러시아로 돌아가 지내다 조선에서 가는 손님들을 잘 대접해 준 연고로 1882년 가을 서울을 찾아오게 되었다. 말하자면 러시아 교포의 모국 방문 같은 것이 이루어진 셈이랄까? 그리고 바로 그때부터 김학우는 조선 정부의 필요에 따라 주로 기술적 자문을 담당하기 시작했다.

그가 기술자였기 때문이 아니라 재주 좋은 김학우가 이것저것 경험이 많아 쉽게 기술에 적응할 수 있었고 특히 그의 러시아어, 중국어, 일본어 실력이 그의 활약에 크게 도움되었기 때문이었을 것 같다. 그래서 그는 1884년 가을 일본에 파견되어 전신기술도 배우고 그러는 동안 처음으로 한국어 모스 부호를 만들게 된 것이다.

1884년 말 그는 모스 부호를 일본 땅에서 완성했다. 그가 한국어 모스 부호를 만들고 있던 1884년 12월 서울에서는 우정국 사건이 일어났고 그것은 뒷날 갑신정변이라 불리게 된다. 김옥균 등 개화파 젊은이들은 이 혁명의 실패로 죽거나 일본으로 망명하게 되었지만 마침 일본에 가 있던 김학우는 그 피해를 면할 수 있었다.

그는 개화파 청년들과 아주 가까웠고 아마 서울에 있었다면 갑신정변에 한몫 하다가 화를 당했을지도 모른다. 김학우가 조선을 떠난 것은 우리나라에 전신이 설치되기 직전인 1884년 가을이었다. 그리고 그것은 또한 갑신정변의 직전이기도 하다. 김학우는 그해 5월 새로 세워진 기기국(機器局) 위원이 되어 일본에 파견되었는데 도쿄에서 일본의 전신설비 등을 연구했다. 고종에게 그 자신이 전신기술의 도입을 역설하여 임금의 허락을 얻어 일본에 갔던 것으로 보인다. 당시 일본 신문에 보도된 것을 보면 그는 어렸을 때 러시아로 갔다가 뒤에 일본에도 갔던 인물이며 1884년 가을에는 다시 다른 조선인 한 명과 함께 일본에 전신기술을 습득하러 갔다는 것이다.

서울-인천 간 첫 전신 개통

김학우는 1885년 1월 26일 일본을 떠나 귀국했고 서울로 돌아오자 바로 다른 조선 청년들 7명에게 전신기술을 교육하기 시작했다. 그 후 7월, 조선 정부는 중국과 전신시설을 계약하여 10월 3일에는 서울과 인천 사이의 전신이 개통된다. 그리고 11월에는 서울과 의주 사이에도 전신이 개통된다. 바로 이 전신시설의 협상 때에도 김학우는 기술자의 대표로 중국인들과 만나고 또 공사 현장에도 나가게 되었다.

1882년 톈진[天津]에 유학하여 우리 역사상 처음으로 전기기술을 배우고 돌아 온 상운(尚澐)도 그와 함께 전신시설의 설비공사와 감독에 나섰다. 그러나 상운과는 달리 김학우는 특별히 전기에 대해 공부한 것으로는 보이지 않는다. 김학우는 전신기술을 도입하고 전신시설을 감독했으며 또 '조선국 전신부호', 즉 모스 부호를 만드는 등 1세기 전의 전신 도입에 가장 중요한 역할을 했던 기술자였다.

하지만 김학우는 전신기술만 관계가 있었던 것이 아니다. 1885년 가을에는 중국의 상하이(上海)에서 윤치호를 일주일 동안 여러 차례 만난 기록이 '윤치호 일기'에 적혀 있다. 윤치호보다 3살이 많았던 그는 당시 고종의 명을 받아 총의 부속품을 구입하러 중국 상하이에 갔던 것이다. 당시 조선은 서울 삼청동에 기기창(機器廠)이란 것을 만들어 서양에서 구입한 총을 수리도 하고 조립도 하고 있었기 때문에 그 기술과 부품을 도입하려던 것이었다.

일본에서 공부했고 미국에도 잠깐 다녀온 적이 있는 윤치호는 우리나라 최초의 영어 해독자였다. 그는 1883년 일본에서 서울로 돌아와 처음으로 한국에 부임한 최초의 미국 영사 루시어스 푸트(Lucius H. Foote)의 통역으로 일했다. 그 후 그 자리를 떠나 상하이에서 중서서원(中西書院)이라는 학원에 다니며 서양 근대 학문을 공부하던 중이었다.

당시 상하이에는 조선 사람들이 많이 살고 있었는데, 더 젊은 청년들인 민주호(閔周鎬)와 윤정식(尹定植)도 근처에 살면서 같은 학원에 다니고 있었다. 김학우가 언제 상하이에 도착했는지 알 수 없지만, 1885년 9월 13일에 이들 두 사람의 집에서 만난 이후 19일까지 이들은 매일 만나 함께 술을 마시고 식사를 하고 다닌 것으로 윤치호의 일기에 적혀 있다.

주로 그 비용은 김학우가 담당하고 있었다. 그가 실제로 돈을 좀 가지고 있었던 것은 분명한데 윤치호가 돈을 좀 꾸어주고 고국에 돌아가 자기 아버지에게 받아달라고 하자 공금이라면서 거절했다는 대목도 보인다.

윤치호 일기에는 그 후에도 김학우에 관한 기록이 남아 있다. 1886년 8월에는 김학우가 서울에서 아주 잘 지내고 있고 고종 임금의 총애를 받는다는 소문이 적혀 있고, 곧 이어 10월에는 그가 러시아로 간다는 소문도 적혀 있다. 그는 청나라의 실권자이며 당시 중국의 조선 정책에 중요 인물이던 위안스카이[袁世凱]가 그를 죽이려 한다는 말에 분개하여 러시아로 돌아간다고 했다는 소문이다.

하지만 1887년 2월에는 다시 자기자리로 돌아왔다는 기록도 보인다. 위안스카이가 그를 죽이려고 했다는 말은 1886년 8월 그가 러시아의 미움을 사서 전라도 순천으로 유배당했던 사실을 가리킨다. 당시 조선 정부는 전신시설 등을 중국에 의존하여 건설하려 했는데 김학우는 이를 반대하면서 중국에 의존하지 말고 조선 정부 스스로 이를 추진할 것을 강력하게 건의했다.

때마침 조선에서는 청나라와 러시아 사이의 세력 싸움도 시작되고 있던 시기였다. 청나라의 위안스카이와 러시아의 웨버 공사가 부임한 것도 그 전 해였고 1886년 2월에는 서울-부산 사이의 전신시설을 중국이 대신 맡아 건설하기로 약정이 되어 있었다.

김학우는 이를 반대한 것이고 중국이 그를 미워한 것은 당연한 일이었다. 그는 또 1886년에는 다시 일본에 파견되어 일본에서 기선을 구입해 오는 일을 담당하기도 했다. 그는 1세기 전에 기술담당 관리라고는 전혀 없던 시대에 그런대로 기술적 적응력이 높았던 인물로서 당시 조선의 기술 수용 노력을 담당해 그야말로 세계로 뛰어다녔던 인물이었던 셈이다.

그러나 그의 개화 노력은 보수파와 여러 갈등을 낳았고 그들의 시샘을 받기도 했다. 여하튼 근대적 과학도 기술도 전혀 없었던 1세기 전의 이 나라에서 기술 도입을 주도했던 김학우는 보수파와 틈이 벌어져 결국 암살당하게 된 것으로 보인다. 1894년 10월 31일 서울 전동의 자기 집에서 깡패들에게 살해당하고 말았다.

갑오개혁 때 32세로 암살

구한말에 정교(鄭喬, 1856~1925)가 지은 《대한계년사(大韓季年史)》에 의하면 김학우는 1894년 음력 10월 3일 밤 술시(戌時)에 이준용(李埈鎔) 무리의 한 사람이던 전동석(田東錫)의 지시에 따라 최형식(崔亨植) 등이 칼로 찔러 살해했다고 적혀 있다.

대원군의 손자인 이준용은 정변을 통해 권력을 잡으려다가 거의 실패하고 있었는데 그를 추종하던 무리들이 개별적인 정치 깡패 활동을 벌였고 그 가운데 개화파 사람의 하나였던 김학우가 희생된 것으로 보인다. 최형식 이외에도 이때 함께 칼질을 하거나 암살에 직접 가담한 6명이 또 밝혀져 있다. 그때 김학우는 법무협판(法務協辦)이었는데 찾아온 손님 김건행 등 2명과 술을 마시고 있었다고 적혀 있다.

또 이어서 설명하기를 그에 앞서 대원군이 그에게 편지를 보내 아는 사람의 벼슬자리를 부탁했는데 마침 이 편지를 받은 김학우가 군국기무처에서 큰 소리로 "이 어른이 옛 습관을 버리지 못하는군!"하면서 그의 청을 들어주지 않았고 이에 대원군이 그를 원망하게 되었다는 설명이 있다. 결국 대원군 등의 수구파가 김학우를 암살했다는 뜻이 담겨져 있는 셈이다. 유능한 기술관료 한 사람이 젊은 나이에 비운에 숨지고 말았던 안타까움을 느끼게 된다.

최초 기술 유학생 전기·통신의 아버지
상운 尙澐 생몰 연대 미상

한국 최초의 근대 전기기술자

우리나라 최초의 전기기술자는 누구였을까? 상운은 1882년 중국에서 전기기술을 배우고 돌아온 한국 최초의 근대 전기기술자였다. 그런데 아직 우리는 이 사람에 대해 아는 것이 거의 없다. 아직 근대 과학의 성립과정을 제대로 연구한 일이 없고 또 과학기술자들은 과학에 거의 관심을 보이지 않고 있기 때문이다. 하지만 분명한 사실은 머지않아 상운이란 이름을 놓고 관계자들 사이에는 쟁탈전이 벌어질 것이 분명해 보인다. '한국 최초의 전기기술자', '한국 최초의 전기공학자', '한국 최초의 근대 과학자', '한국의 첫 기술자' 등으로……

상운이 언제 어디서 태어났는지 그리고 언제 죽었는지는 아직 알 수가 없다. 그가 1881년(고종 18) 중국 유학을 떠났을 때 아직 젊은 나이였던 것 같기는 하지만 정확한 나이는 밝혀지지 않았다. 당시 유학길에 오른 일행은 모두 38명인데 학도(學徒)가 25명, 공장(工匠)이 13명이었다. 상운은 학도 25명의 하나로 들어 있다. 그런데 학도와 공장이 어떻게 다른 사람들이었는지는 설명되어 있지 않다. 아마 이 구별은 신분의 차이 때문에 붙여졌던 것으로 보이는데 과연 학도는 어느 신분층에서 선발된 사람들이었을까? 아마도 학도는 중인(中人)이고, 공장은 그 아래 신분이었을 것 같다.

김윤식 인솔하에 톈진 기기국 방문

이들 한국 최초의 기술 유학생을 역사에서는 영선사행(領選使行)이라 부른다. 선발된 유학생을 이끌고 가는 사신이란 뜻에서 '영선사'란 직함을 얻은 인솔자는 뒷날 온건한 개화주의자로 고관이 된 김윤식(金允植, 1835~1922)이었다. 영선사가 이끄는 일행이라는 뜻에서 이들 학생들은 '영선사행'으로 알려진 것이다. 당시 중국에서 청나라는 이른바 자강(自强) 운동을 크게 벌여 서양의 과학기술 등을 배우기에 안간힘을 쏟고 있었고 이 운동의 주도자 가운데 이홍장(李鴻章, 1823~1901)은 특히 동북지방에서 여러 기관을 세워 서양의 무기기술과 서양 언어의 습득을 추진하고 있었다. 그 한 가지가 톈진[天津]에 세웠던 기기국(機器局)이었다. 김윤식이 상운 등 38명의 유학생을 이끌고 간 곳은 바로 여기 톈진 기기국이었다.

별로 많이 알려져 있지 않지만, 1876년 나라의 문을 처음으로 연 조선왕조는 서양의 과학기술을 배워야겠다는 필요성을 절실하게 느끼기 시작했다. 그래서 같은 해에 일본에는 대규모의 시찰단이 파견되었고 중국에는 이들 기술유학생이 파견되었던 것이다. 일본에 갔던 '일본국 정시찰단'은 흔히 '신사유람단'이란 명칭을 얻고 있고 그 일행에는 쟁쟁한 양반집안 출신의 고관이 들어 있었다. 이와는 달리 중국에 파견된 유학생들은 양반층은 없었던 것으로 보인다.

처음 김윤식은 고종으로부터 영선사로 임명받고는 바로 20세 미만의 똑똑한 청년을 고르려 했지만, 지원자가 없어서 애를 먹었다. 결국 그는 중국으로 가는 도중에도 지원자를 골라 인원을 채웠을 지경이었다. 또 20세 정도의 학생만으로는 숫자를 맞출 수 없었던 김윤식은 결국 16세부터 40세가 넘는 사람까지 섞어 선발할 수밖에 없었을 정도로 지원자가 없었는데 그들도 외국어 공부를 원했지 과학기술을 공부하겠다는 지원자는 적었다. 1881년의 시점에서 조선 사람들이 얼마나 과학기술에 무지했던가를 나타낸다.

이런 사정으로 볼 때 영선사행에 들어 있는 25명의 학도와 13명의 공장은 아무래도 중인과 그 이하 출신으로 볼 수 있을 것 같다. 양반은 아무도 과학기술을 공부할 생각은 하지 않았고, 이미 조선시대에도 천문학, 수학, 의학 등의 과학기술 분야를 전담했던 중인층에서 지원자가 있었을 것 같기 때문이다. 그렇다면 상운이란 학도 역시 중인집안의 출신이지 않을까 생각된다. 1881년 연말에나 겨우 톈진에 도착한 일행은 유학생 38명과 영선사 김윤식 이외에도 사무직, 통역, 의사 그리고 하인 14명 등 모두 83명이었다.

양반 아닌 중인 출신

중국의 텐진 기기국은 마
침 연말 휴가 중이어서 실
제 공부는 다음해 1월 초
부터 시작했는데 이들 유
학생은 간단한 시험을 치
르고 공부할 곳이 배정되
었다. 그런데 이 시험이란
것은 다름 아닌 외국어 발
음시험이었던 것으로 기

기기국 번사창
영선사 일행이 텐진 기기국을 시찰하고 돌아와 1884년 6월 9일
건축한 조선 말기 근대식 무기 제작 관청인 기기국의 무기고 건물
이다. 현재 서울 종로구 삼청동에 있다.

록에 적혀 있다. 당시의 상황을 영선사 김윤식이 일기로 써서 남긴 기
록이 그것이다. 외국어의 발음시험이란 지금 생각하면 우스운 일이 아
닐 수 없다. 아마 당시 외국어란 것은 영어였던 것으로 보이는데 평생
영어 한 단어도 들어본 일이 없는 조선의 학생들에게 발음시험이라니!
여하튼 이 시험에서 3명만이 합격하여 영어를 공부하는데 상운은 여
기 들어 있지 않다.

상운이 처음부터 전기를 지원했는지는 알 수가 없다. 아마 그렇지는
않았을 것 같다. 왜냐하면 텐진 기기국에는 디자인, 기계, 무기, 화약,
산(酸), 증기기관, 전기 등 과학기술 분야 11개 전공으로 나누어 있었
다. 그 어느 분야에 대해서도 당시의 조선 청년들은 아무 사전지식을
갖고 있지 않았을 것 같다. 전기에 대해서도 이렇다 할 지식을 갖고 있
었을 까닭이 없다. 18세기의 실학자 이익의 글에 보면 한밤에 비단 옷

자락이 스치면서 번쩍번쩍 불을 낸다는 정도의 기록이 있다. 정전기 현상을 조금 알고 있었던 것으로 볼 수 있다. 또 1830년쯤에 쓴 글로 보이는 이규경의 글 가운데에는 당시 이미 일본으로부터 정전기 발생 장치가 수입되어 한양에 있었던 것도 알 수 있다. 그러나 그 정도의 지식이 일부에게 알려져 있을 뿐인데 상운이 특히 전기공부를 지원했을 까닭은 없을 것 같다. 상운 역시 영어 공부를 지원했지만 발음시험에 떨어져 전기 전공으로 배치된 것일지도 모른다.

어떤 과정을 거쳤거나 상운은 전기기술을 나름대로 열심히 공부한 것이 분명하다. 그는 남보다 먼저 공부를 마치고 3월 22일 1차로 귀국길에 올랐다. 이때 그는 축전지와 코일을 비롯하여 모두 21가지의 전기기구들과 관련된 책 등을 가지고 돌아왔는데 아마 이것이 이 땅에 들어온 첫 전기기구들이었을 것이다. 근대 과학기술에 대해 전혀 무지했던 것이 분명한데 어떻게 상운은 4개월도 되지 않아 이미 전기 공부를 마칠수가 있었던 것일까? 이런 의문을 가질 수도 있을 것이다. 그러나 돌이켜보면 아마 당시에는 전기 분야에서도 그리 대단한 발달이 있었던 것은 아니어서 배울 내용은 비교적 간단한 것이었을 것이다. 게다가 텐진 기기국의 교사들이 가르칠 수 있는 내용에는 한계가 있었을 것이므로 상운은 4개월 이내에 그것을 다 배우고 돌아온 것으로 보인다.

그러나 다른 유학생들도 모두 상운처럼 성공적으로 과학기술 공부를 마치고 돌아온 것은 아니었다. 실제로 유학생 가운데에는 처음부터 공부할만한 건강을 갖추지 못한 사람도 있었고 아마 지능이 모자란 사람도 있었던 모양이다. 급하게 아무 지원자나 데리고 간 때문일지도 모르겠다. 38명 가운데 반이 넘는 20명은 공부를 마치지 못하고 도중에 탈락하고 말았는데 죽은 사람이 1명, 무재자(無才者)란 딱지를 얻어 공부를 못한 사람도 1명이 있었고, 정신병자만도 5명이나 되었다. 한 유학생은 자기가 원하지 않던 전공으로 배치되자 미친 증상을 보이기 시작하여 밤에 잠을 못자고 갑자기 뛰어나가기도 하고 때로는 죽여달 라고 애원을 하는가 하면 어떤 때는 누가 자기를 죽이려 한다고 무서 워하기도 했다.

이들 일행의 고생은 정부의 송금이 제대로 되지 않아서 더욱 심했다. 나라 형편이 말이 아니던 당시로서는 누가 이들 유학생의 경비를 제대 로 챙겨줄 수도 없었던 형편이었다. 김윤식은 돈을 꾸러 다니기 바빴 고 유학생들의 끼니가 걱정일 지경이었다. 게다가 1882년 6월에는 국 내에서 임오군란이 일어나 유학생 일행은 불안감에 더 있을 기분도 아 니었다. 그해 여름 이들 모두가 철수함으로써 우리 역사에서 첫 국비 해외 과학기술 유학생 파견은 끝났다. 전체적으로 볼 때 이 유학생이 배워온 과학기술이란 아직 미미한 수준에 불과했다.

1883년 첫 기기국 설립

전기기술을 배운 상운은 1883년 삼청동에 기기국이 세워지자 그 위원 으로 발탁되었다. 중국의 것을 흉내내어 만든 조선의 기기국은 형식적 으로만 시작했을 뿐 실제 공장이 세워진 것은 1887년이었고 그 후에도 별로 활동은 없었다. 그 후 전보국이 설립되자 상운은 이 기관의 위원 으로도 일했는데 이 땅에 전기·통신기술을 도입하는 데 한몫을 했음 을 알 수 있다. 상운은 '한국 전기·통신의 아버지'라고 불릴 수 있을 것

같다. 그러나 그의 그 후의 활약에 대해서는 아직 구체적인 것을 알 수
가 없어 유감이다.

우리나라 최초의 일본 대학 졸업자
상호 尚灝 1879?~?

29세 이후 활약기록 없어

우리 역사상 최초의 일본 대학 졸업자는 상호였다. 그는 1906년 7월 도쿄제국대학 공과대학 조선학과를 졸업했으니까 우리나라 최초의 과학기술계 일본 대학 졸업생이기도 하다. 이 사실만으로도 그는 우리 역사상 중요한 인물의 하나로 꼽을 수가 있다. 그의 일생에 대해서는 아직 연구된 것이 거의 없어서 자세한 것을 알기 어렵다. 그러나 지금 문서로 남아 있는 관리이력서에 의하면 상호는 융희(隆熙) 원년에 쓴 관리이력서에 29살이라 적혀 있다. 1878년이나 1879년 출생이라는 것을 알 수 있다.

상호가 일본에 유학한 것은 1898년(광무 2) 11월 4일이라 구한말 관리이력서에 적혀 있다. 원래 그는 사비로 일본 유학을 떠나 산술과 일본어를 공부하고 있다가 거의 1년 뒤인 1899년 9월에 도쿄에 있는 코슈(工手) 학교에 입학하게 된다. 1900년 6월 이 학교를 마친 그는 바로 당시 일본의 명문 제일고등학교의 대학 예비과를 들어갔고 3년 뒤에 이 고등학교를 나와서 바로 1903년 9월 도쿄제국대학 공과대학 조선학과에 입학한 것이다.

그는 왜 조선기술을 배울 생각을 하게 되었던 걸까? 일본에서 대학 시험을 준비하던 1900년대 초는 일본에서 선박기술 발달이 아주 활발하던 시절이었다. 게다가 어린 시절을 보내면서 느낀 것 역시 당시로서는 선박기술이 무기기술과 더불어 가장 중요한 근대 기술이라는 인상이었을 것은 분명하다. 이런 연고로 상호는 일찍부터 선박기술을 배울 생각을 가지게 되었으리라는 느낌이 든다.

1996년 11월 하순 일본의 새과학기술 연구단지 '게이한나(京阪奈)에 있는 국제고등연구소의 학술회의가 있었다. '비(非)유럽세계에 있어서의 자연과학 수용의 문화적 배경'을 주제로 했는데 마쓰모토 미와오(松本三和夫)의 발표에 의하면 상호가 도쿄제국대학 학생이던 때에 일본은 영국에서 새로 개발되었던 당시 세계 최고 수준의 선박용 증기터빈을 도입하는 일에 성공하고 있었다.

당시 일본 선박기술 최고 수준

그전까지 기선을 움직이는 원동기는 증기기관이었다. 그러나 1894년 영국에서는 처음으로 파슨스가 발명한 증기터빈이 등장하여 증기기관을 대체하기 시작했다는 것이다. 일본의 선박기술자들은 이를 잘 주목하고 있다가 1905년에는 이를 수입하기로 결정하고 그 계약에 따라 1907년 일본에는 영국에서 만든 첫 증기터빈선이 도착하여 운행되기 시작했다. 마쓰모토가 발표한 중요한 사실은 이 과정에서 그에 앞장섰던 미쓰비시[三菱] 조선소 측은 선박기술자들을 영국에 파견하여 그 사이에 이미 그 증기터빈 제작기술을 모두 배워왔다는 점이다.

또 이 기술진은 바로 당시 도쿄제국대학 조선학과 졸업생들이었다고 지적하고 있었다. 바로 상호의 선배라 할 수 있는 일본인 기술자들은 1906년 상호가 그 대학을 졸업할 쯤에는 이미 세계적 선박기술자가 되어 일본의 선박기술 선진화에 큰 몫을 하고 있었음을 보여준다. 그 후 일본은 1911년부터 영국의 파슨스 터빈기술을 로열티를 지불하고 생산하기 시작했다. 이렇게 상호가 조선기술을 처음 익혀가지고 귀국했을 쯤 일본은 이미 당시 선박기술의 최고 수준에 도달하고 있었던 것을 알 수 있다.

1905년 11월부터 일본과 한국 사이에는 이른바 관부(關釜) 연락선이 운행되기 시작하고 있었다. 아마 상호가 유학을 마치고 1906년 10월 귀국했을 때 그는 일본의 시모노세키[下關]를 떠나 바로 이 연락선을 타고 부산에 도착했을 것으로 보인다. 당시 한국 사람들은 서양 기선의 놀라움에 가슴을 쓸어내리고 있었고 1876년 결국 일본에 나라 문을 열고 말았다. 1881년 처음으로 일본의 사정을 시찰하던 신사유람단을 따라 갔던 한 청년은 일본에 남아 선박기술을 배운 적도 있다. 김양한(金亮漢)이란 이름의 이 청년은 1881년 일본의 요코스카[橫須賀]에 있는 조선소에 남아 기본적인 기술을 습득하고 이듬해 귀국한 것으로 보이는데 그 후의 그의 활동은 아직 알 길이 없다.

이런 가운데 상호는 1906년 첫 대학 졸업자가 되어 귀국했던 것이다. 김양한에 비하면 정규대학의 졸업자로 조선기술자가 되어 귀국한 그는 그야말로 한국에서는 대단한 선구자일 수밖에 없었을 것이다. 당시의 신문이 그의 대학졸업 귀국을 크게 환영한 것은 물론이다.

《만세보》도 졸업 귀국 환영 보도

1906년 7월 12일의 《만세보(萬歲報)》에는 "이는 처음 있는 성사(盛事)이니 상(尚)씨를 위해서도 축하하는 마음을 이기지 못하노라"고 쓰고 있다. 하지만 상호 한 사람의 선박기술자가 한국 선박의 근대화를 갑자기 이뤄낼 수는 없는 형편이었다. 일본에서 구해온 상호의 대학 졸업 학위논문은 제목이 〈선박구조에 관한 몇 가지 실험 노트(Notes on Structural Arrangements with a Few Experiments)〉라 되어 있다. 놀라운 것은 본문 35쪽에 몇 장의 그림 설명으로 된 이 학위논문은 영어로 되었고 그 영어가 아주 예쁜 필기체로 정서되었다는 점이다. 그 기술적 내용은 서론에 의하면 상호는 '로이드의 실험 기록(Lloyd's Register)'을 소개하고 있는 것으로 밝혀져 있다.

당시 세계적인 해운회사인 로이드의 선박 실험자료를 가지고 논문을 쓴 것으로 보인다. 당시 일본 선박회사(미쓰비시)가 영국 증기터빈기술을 도입하고 있었고 그 주역을 맡은 사람들이 바로 도쿄제국대학 조선학과 출신들이었다는 앞의 사실과 일치하는 경향을 보이는 것이다.

당시 도쿄제국대학 학생들은 상호 말고도 모든 학생들이 영어로 졸업 논문을 쓰게 되어 있었을 것으로 보이고 또 그 논문들이 주로 영국의 기술을 소화하려는 노력이었을 것으로도 여겨진다.

이렇게 공부하고 돌아온 상호는 귀국하자마자 바로 농상공부의 참서관주임(參書官奏任)이란 자리에 앉게 되었는데 관리이력서에는 그 자리가 4등 8급이라 적혀 있다. 그 후 그는 바로 1907년 경성박람회 고문, 문관전고소(文官詮考所) 위원 등을 맡기도 했는데 당시 서울에서는 처음으로 박람회란 것을 개최하게 되어 그 고문을 맡았다는 뜻이다. 그리고 1907년 9월에 상호는 농상공부의 공무국장이 되었으니 대단한 출세 가도를 달렸다고 할만하다.

상호가 그의 졸업논문을 영어로 써내는 데에는 그리 어려움은 없었을 것이란 생각이 든다. 그는 1894년 관립영어학교에 입학하며 4년 뒤인 1898년 9월 이를 졸업하고 바로 그 학교의 부교사가 된 일이 있다. 게다가 그는 1897년 6월의 시험에서 우등하여 은시계를 상으로 받았다는 기록도 보인다.

상호의 영어실력은 당시로서는 드문 수준이었음을 알 수 있다. 그는 또 일본에 있는 마지막 해에는 마침 1906년 7월 새로 구성된 대한유학생회의 회장을 맡기도 했다. 그러나 그의 1907년 이후 행적에 대해 우리는 아직 연구를 못한 채이다. 다만 최근 조사된 바로는 일제시대의 친일 인사의 하나로 그의 이름이 들어 있는 듯하다.

식민지 조선의 못다 핀 과학기술자
나경석 羅景錫 1890~1959

이화여자대학교의 영문학자 나영균 교수의 회고록《일제시대, 우리 가
족은》(2004)을 보면 그의 아버지가 기술자 나경석임을 알게 된다. 수원
에서 대단한 부잣집 아들로 태어난 그는 1910년 스물의 나이에 일본에
건너갔다. 조선왕조가 망하고 일본의 식민지로 선포된 그해의 일이다.
그는 세이소쿠영어학교正則英語學校를 거쳐 1911년 도쿄고등공업학교
에 입학하여 기술자로 훈련을 받았다. 아직 국내에 대학이라고는 전혀
없었고, 더구나 과학기술계 고등교육은 전혀 없었던 때에 일본의 대표
적 고등공업학교에 입학한 사실만 보더라도 그는 식민지 조선의 대표
적 기술자로 성장할 수 있는 위치에 있었다고 할 만하다. 20세기 초 조
선의 과학기술 수준이나 그 교육 사정에 대해서는 아직 연구가 잘 되

어 있지는 않지만 당시 이 땅의 과학기술 수준이 말할 수 없을 정도로 낙후되어 있었던 것은 분명하다.

과학기술의 후진성 때문에 나라를 잃은 조선으로서는 하루 속히 과학기술을 발달시키지 않으면 안 됐지만 세상은 그리 돌아가고 있지 않았다. 아직 전문학교에 대해서는 통계가 분명하지 않지만, 1910~1920년대 중반까지도 조선 학생으로 일본에 유학하여 이공계의 정규 대학을 나온 사람은 단 한 명도 없었다. 그 사이 일본에 유학하여 전문학교를 다닌 사람은 몇 있을 터이지만, 그 자세한 내용은 아직 연구되어 있지 않다.

김근배의 《한국 근대 과학기술인력의 출현》(2005)을 보면 1923년까지 일본의 이공계 대학에 입학한 조선 학생은 14명뿐이었다. 그런데 당시 조선 청년으로 일본의 전체 대학 수학자는 620여 명이었다고 한다. 이 통계에 의하면 이공계 대학생이 겨우 전체의 2퍼센트밖에 되지 않았음을 보여준다. 실제로 일제시대에 조선 청소년들의 진학 희망은 문과 중심이었지 이공계에 있지 않았다.

도쿄고등공업학교 유학 후 각종 사업 추진

1910년 일본에 간 나경석은 그 많지 않은 기술계 유학생이 되었다. 집이 부자였던 그가 왜 문과로 진학하지 않고 기술계통으로 나갈 결심을 한 것인지는 알 수가 없다. 그가 처음 다닌 세이소쿠영어학교는 이광수, 최남선, 신익희, 장덕수, 조만식, 박렬, 조소앙 등 수많은 조선 청년들과 중국 학생들이 많았다. 1896년 이 학교를 세운 사이토 히데사

나경석의 **일본 유학 시절**(1915년경)

부뢰[齋藤秀三郎]는 뒤에 일본의 대표적 영어사전을 지은 것으로 유명하다. 나경석은 이 학교를 다니는 동안 기술자가 되기로 마음을 굳힌 것으로 보인다.

1914년 7월 도쿄고등공업학교를 졸업한 그는 서울의 중앙학교 교사가 되었다. 그가 담당한 과목은 화학과 물리였으니, 과학 교사 생활을 시작한 셈이다. 그러나 세상은 그를 과학 교사로 차분하게 앉혀두지 않았다. 우선 그는 1913년쯤부터 도쿄에서 사회주의 사상에 깊이 빠지기 시작했다. 1914년 10월에는 일본에 있으면서 조선인 친구를 일본의 사회주의자에게 소개시켜주어 일본 경찰의 조사를 받은 것처럼 보이는 문건이 남아 있기도 하다. 일본 무정부주의의 선구자로 알려진 오스기 사카에[大杉榮]와도 접촉하며 지냈던 것으로 보인다.

물론 그에 못지않게 중요한 일 한 가지도 이 시기에 일어났다. '한국 최초의 여류 서양화가' 나혜석(羅蕙錫, 1896~1948)을 일본여자미술전문학교에 입학시켜 미술 공부를 계속하게 해준 것이다. 나혜석은 나경석의 여동생이다. 나혜석에 대해서는 전기 작품도 몇 나와 있고, 고향인 수원에는 '나혜석 거리'까지 생겨나 있으니, 그의 오빠보다는 한참 더 유명해진 셈이다. 하지만 1914년 진명여자고등학교를 최우등으로 졸업한 그녀를 일본 유학까지 시킨 것은 시대를 앞선 그의 오빠 나경석이었다.

1917년 2월 8일 목요일의 '윤치호 일기'를 보면 나경석은 종로에 있는 기독청년회관(YMCA)으로 윤치호를 만나러 갔고, 거기서 윤치호는 그를 도요나가(豊永) 박사에게 소개했다. 도요나가 박사가 누군지는 아직 밝히지 못했지만, 이 일본인은 나경석에게 우선 비누와 양초 만드는 작은 일에 집중할 것을 권유했다고 한다. 아마 기술자로서의 나경석에게 공장 경영을 권한 것으로 보인다. 이 시기에 조선총독부의 보고서에 의하면 나경석은 도쿄고등공업학교를 졸업한 다음 1915년에 제약업에 실패했다는 대목도 보인다.

나경석은 1921년 2월에는 블라디보스토크를 방문했음을 알 수 있다. 당시 일본 현지 총영사의 보고서 〈기독청년회의 활동과 나경석에 관한 건〉이 남아 있는데, 이 자료에 의하면 그는 1월 27일 블라디보스토크에 도착했는데 자기 돈을 들여 러시아의 음악단을 조선에 데려가는 일을 추진하고 있었다. 또 블라디보스토크 일대의 조선인 유력자들을 모아 '원동수농주식회사'를 차려 논농사를 사업으로 벌여보려는 노력을 한 것으로 되어 있다. 이 사업을 위해 그는 수원에 있는 자신의 부동산 중에서 반을 팔아 러시아에 갔던 것으로 기록돼 있다.

그는 분명히 중앙학교의 화학·물리 교사로 안주할 수 없는 형편이었다. 그리고 그 배경에는 그가 남다른 부자였다는 것과 사회주의 사상에 물들었다는 것도 한몫을 했다. 1923년 그가 조선물산장려회에 가담하여 활약한 것은 이런 맥락에서 이해할 수 있다. 그는 물산장려운동의 일환으로 발행한 《산업계》에 여러 번 글을 썼는데, "조선 사람들은 간장, 된장, 고추장, 김치 등에 너무 시간을 낭비하니 공업적 생산으로 개혁하자"는 주장을 하기도 했다. 당시 사회주의자들은 강력한 투쟁을 내세웠기 때문에 그의 미온적인 주장은 별로 환영받지는 못했다.

그는 결국 1924년 6월 물산장려운동의 이사 자리를 사임하고 만주로 떠났다. 나경석이 만주 봉천으로 이주한 배경에는 일본에서 간퇴[關東] 대지진 때 일어난 사회주의자 오스기의 살해사건에 영향을 받은 것으로 보인다. 국내에서 소극적으로나마 사회주의운동을 하고 있던 그는 이를 계기로 만주에서 기업가로 활동할 결심을 한 것이다. 만주에서 그는 동아일보 봉천지국장을 겸하면서 큰돈을 빌리고, 농민 20여 가구를 이주시켜 농업회사를 크게 경영했지만, 1930년대에 이미 망하고 말았다. 그 후 '삼창고무공장'을 세워 60여 명의 조선인 직공을 쓰며 '지까다비'를 생산해 사업에 어느 정도 성공할 수 있었다. '지까다비'란 일제시대에 널리 사용된 고무로 바닥의 창을 하고 질긴 천으로 만든 양말 같은 신발이다.

식민지 시대적 환경이 기술자로서 성장 막아

1941년 봄 그는 서울로 이사했다. 청운동에 한옥을 사고 황해도 해주에 과수원과 정미소를 사서 경영했다. 창씨를 강요하는 분위기 속에서 나경석은 성을 '전'자만 붙여 나전(羅田)이라 고치고 '라뎅'이라 읽기로 했다. 이 시기에 그의 가족은 춘원 이광수 일가와도 친해 함께 휴가를 가기도 했다. 그는 수많은 사람들과 사귀기를 좋아했던 듯하다. 해방 후 그는 자기 집을 특히 한민당 관련 정치인들의 모임에 제공하기도 했으나, 직접 정치에 관여한 일은 없었던 것으로 보인다.

그러나 기술자들의 모임에는 조금 더 적극적이었던 것 같다. 1945년 10월 2일자《매일신보》에 우리 공업은 우리 손으로 건설해야 한다면서 나경석이 '조선전재기술자협회'를 결성했다는 소식이 실려 있는데, 해외에서 귀국할 기술자들을 도와 해방 후의 우리 공업을 건설하자는 취지였다.

남북의 분단으로 그는 해주의 재산을 잃었고, 서울에서 하던 공장도 실패로 돌아갔다. 하지만 말년의 나경석은 끊임없이 새로운 아이디어를 생각해내기도 했다. 고무로 만든 타일, 수놓은 한복 치마저고리, 연결 무늬를 날염한 옥양목(玉洋木), 구두 모양 개량 고무신, 곱슬머리 펴는 약 등 기술 개발의 가능성을 말하고는 했다. 1954년 봄에 고무 타일 사업은 실제로 시작했으나 결국 실패로 끝났다.

나경석은 일제 초기에 기술자로 교육받은 조선인이 식민지 상황에서 기술자로서의 성공도, 식민지 조선의 기술발전에도 제대로 기여하기 어려웠던 암울했던 일제시대의 모습을 잘 보여준다.

우리나라 최초의 근대 건축가
박길룡 朴吉龍 1898~1943

서울 여기저기에는 아직 몇 개의 옛 건물이 우리 눈을 끈다. 우리 전통
적 옛 건물이 아니라, 서양식 내지 근대식 건물 말이다. 그런 건물 가
운데 내가 개인적으로 기억하는 가장 친근한 건물 하나는 바로 화신백
화점 건물이었다. 문화재로 보전하자는 의견이 없지 않았지만, 지금은
그것은 통째로 사라져 버렸고, 그 자리에는 국세청 건물이 웅장하게
들어서 있다. 지하철 종각역이 얽히는 복잡한 이 거리는 지하에서 하
늘 위까지 수많은 젊은이들을 끌어드리고 있지만, 그들 누가 옛날 그
자리에 있던 화신백화점을 기억할까 의문이 든다.

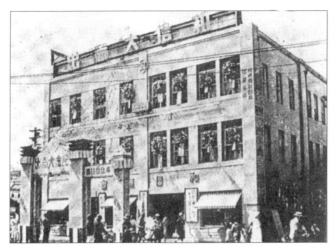

화신백화점

옛 화신백화점 설계한 주인공

그런데 이 옛 화신백화점 건물을 설계한 건축가가 박길룡이다. 엄격히 말하자면 그는 이 건물의 설계 책임자는 아니고, 몇 명 가운데 한 사람이었다. 1930년대 초 한국의 건축가가 처음으로 태어나 활동을 시작했고 박길룡은 그런 사람 가운데 한 사람이었다. 당연히 당시로서는 아직 일본인 이외에는 건축을 알만한 조선인은 없었고, 화신도 일본인이 주 건축가였고, 그 아래 몇 사람의 건축가들이 함께 일했는데, 박길룡은 그 가운데 한 사람이었다. 하지만 그때쯤부터 그가 주(主)건축가로 설계한 건물은 여럿이었다. 그는 우리 역사상 최초의 근대 건축가였을 뿐 아니라, 1930년대 과학대중화운동에도 열성이었다.

우선 건축가로서의 박길룡에 대해 살펴보자. 그의 일생을 크게 빛나게 한 건축가 박길룡의 생애와 업적에 대해서는 한국 건축사에 잘 기록되고 있다. 건축이 우리 현대문화의 대표적 분야로 주목받고 있을 뿐 아니라, 많은 건축학사 학자들이 활약하고 있어서 건축가 박길룡은 제법 알려지기 시작하고 있기도 하다. 우리나라에 근대식 건물이 처음 세워진 것은 1876년 개국 직후부터의 일이었다. 당연히 당시 조선에 처음 들어와 서양식 건축을 지은 첫 사람들은 일본인과 서양인이었다. 그리고 그들이 지은 근대식 건물로는 먼저 개항지마다 세운 일본 공사관 건물 등을 들 수 있다. 원산(1880), 인천(1883), 서울(1884), 부산(1884) 등에 영사관과 공사관이 세워졌는데, 그것은 이른바 의양풍(儀洋風)의 목조 2층 건물이었다. 1882년에는 미국과의 국교를 시작으로 서양 나라들에게도 나라 문은 열렸다. 1890년 이후에는 서양 각국의 외교 공관도 건축되기 시작했는데, 러시아(1890), 영국(1890), 프랑스(1896), 벨기에(1905), 독일(1900년경)의 영사관 등이 르네상스식 벽돌 2층 건물로 세워졌다.

대체로 이것이 한국에서 근대식 건축의 역사가 시작하는 모습을 보여준다. 그 다음을 이은 근대식 건축물로는 학교와 교회가 있다. 1886년에는 배재학당이 세워졌고 이어서 정동교회(1898), 명동주교관(1890), 약현성당(1892), 명동성당(1892~1898) 등 고딕양식의 건물도 세워졌다. 이 무렵 인천 외국인거류지에는 주택 모양 외국인 상용(商用) 건축도 세워졌고, 독립협회 주관으로 서울 서대문에 독립문(1897)이 건립되기도 했다. 고종이 러시아 공관으로 피했던 아관파천을 끝내고 환궁할 때 경운궁(덕수궁)을 중건하면서 1900년을 전후하여 몇 채의 서양식 건물을 세웠고, 석조전은 그중 가장 큰 것으로 고전주의적인 세련된 건물로 지금도 남아 있다.

천주교의 본산인 명동성당은 1892년에 8월 5일 공사를 시삭해서 1898년 5월 29일에 완성된 우리나라 최초의 벽돌로 지은 교회당이다. 벽돌 모양이 20여 종이며 붉은색과 회색 2종류가 있어 이들을 요소요소에 구분 사용함으로써 조화 있고 아름다운 모습을 띤다. 본당의 높이는 23미터, 탑의 높이는 45미터이다. 명동성당의 건물은 고딕양식의 장식적 요소를 배제하여 장중하게 건립되었다. 1898년 프랑스 신부 코스트에 의해 설계되고 중국인 미장공들에 의해 지어졌다.

관철동에 최초의 건축사무소 차려

덕수궁 석조전은 기본설계와 내부설계 모두 영국인(하딩, 로벨)이 맡았고 1900년 착공하여 10년에 완공되었다. 3층 석조건물로 정면 54.2미터, 측면 31미터이며, 1층은 거실, 2층은 접견실 및 홀, 3층은 황제와 황후의 침실, 거실, 욕실 등으로 사용되었다. 기단 위에 장중한 도리스식 오더(Doric order)로 기둥을 설치하고 앞면과 옆면에 현관을 만들었다. 이 건물은 앞에 있는 정원과 함께 18세기 신고전주의 유럽의 궁전 건축 양식을 본뜬 것이며, 1세기 전의 서양식 건물 가운데 규모가 가장 큰 건물이다. 여기서 해방 직후 미소공동위원회가 열렸으며, 그 후 1986년까지 국립현대미술관으로 사용되었고, 현재는 한국문화예술진흥원이 사용하고 있다

이런 건물들이 모두 서양인 아니면 일본인 건축가에 의해 설계되던 시기에 조선인 건축가로 처음 그 길에 들어서 활약한 대표적 인물이 바로 박길룡이다. 그는 1898년 11월 20일 서울시 종로구 예지동 278번지

에서 쌀집 주인 박명옥(朴明玉)의 2남 3녀 가운데 장남으로 태어났다. 지금으로 치면 종로 4가 카메라 상점 등의 점포가 가득한 곳쯤이다. 아마 어려서 별로 가정이 넉넉하지는 못했던 모양이어서, 물장수와 쌀 배달을 했다고도 전한다. 신흥초등학교를 졸업한 그는 경성공업전문 학교에 들어가 1919년 건축과를 졸업하여 바로 총독부의 건축 기수(技 手)가 되었다. 기수란 일제시대 초급기술자에게 붙인 직책이다. 그는 1932년에서야 다음 단계인 건축 기사로 승진했지만, 이틀만에 그 자리 를 사직하고 7월 7일 종로구 관철동에 사무소를 차렸다.

이렇게 시작한 박길룡건축사무소는 우리 역사상 최초의 건축사무소 로 알려져 있다. 1층은 그의 집이고, 2층에 건축사무소를 두었는데, 직 원 8명은 전부 조선인이었다. 1922년 일본인을 중심으로 '조선건축회' 를 조직했으나, 회원 122명중 조선인은 한 사람뿐이었고, 다음해 10명 이 가입했는데 대부분 1919년 첫 졸업생을 낸 경성공업전문학교 출신 들이었다. 그 가운데 한 사람이 바로 박길룡이었음은 물론이다. 그러 나 이들이 작품활동을 한 것은 1930년대 초부터이다. 박길룡의 대표작 으로는 성북동 김연수 저택(1929), 조선생명보험 사옥(1930), 경성제국 대학 본관(1931), 동일은행 남대문지점(1931), 한청빌딩(1935), 화신백 화점(1937) 등으로 경박한 기능주의에 흐르지 않는 무게 있는 건물로 평가된다고 건축학사는 기록하고 있다.

그가 건축가로 활약하던 초기부터 그는 과학운동에도 남다른 열정 을 보였던 것이 분명하다. 1930년대 초의 과학대중화운동을 앞서 이끈 사람은 박길룡의 경성고등보통학교 동창이기도 했던 김용관(金容瓘, 1897~1967)이었는데, 나이도 한 살 차이밖에 나지 않는 친한 친구였던 것으로 보인다.

이런저런 연고로 그는 김용관이 주동했던 1930년대 과학대중화운동에 아주 열성이었다. 1933년 6월 처음으로 《과학조선》이 창간되었을 때 박길룡은 발명학회 이사장이란 직함으로 창간사를 쓰고 있을 정도였다. 2쪽에 걸친 그의 〈창간(創刊)에 제(際)하야〉란 글을 보면 그들이 왜 이 과학잡지를 시작하는지 잘 나타난다.

그는 세계가 서로 다투며 잘 살기 위해 노력하고 있으나 조선 사람들만 조용하다고 진단했다. 그러나 이제 조선 사람들도 세계 경쟁에 뛰어들지 않을 수가 없는데, 그러기 위해서는 과학기술이 절대로 필요하다는 것이다. 그래서 발명 정신을 고취하기 위해 발명학회가 《과학조선》을 창간한다면서, 이제 과학을 일반에 보급하고 발명가에게 과학상식을 증진케하고 학생들에게는 발명정신을 기르게 하기 위한 것이라고 선언하고 있다. 또 이를 위해 전임이사 김용관의 열성이 컸음을 인정하고 있다.

《과학조선》 창간, 과학대중화 열어

그 후에도 자주 그는 《과학조선》에 글을 썼다. 2호에는 〈지구생성사(地球生成史)〉라는 지구의 역사를 소개한 글, 그리고 〈우주에 대한 고찰〉(1935년 3월호), 〈생활의 과학화에 대하야〉(1935년 6호, 8~9월호)도 보인다. 특히 지금 남아 있는 잡지 《과학조선》에는 여기저기 그의 사무실 광고가 나와 있다. 2호에는 '건축공사설계감독/박길룡건축사무소/경성부관훈동 197의8/전화(광화문)1564번'이란 4줄짜리 광고도 보인다.

특히 그는 여러 차례 기부금을 발명학회, 그리고 이를 뒤이은 과학지식
보급회 또는《과학조선》에 내놓은 것을 알 수 있다. 특히 1934년 과학
데이 행사가 거국적으로 열렸을 때는 최대 기부자 3등에 들 정도였음
을 알 수 있다. 윤치호(尹致昊)와 이인(李仁)이 각기 300원을 냈고, 그
다음으로 박길룡이 200원, 그리고 그 뒤를 이어 유홍(柳鴻) 20원, 이강
현(李康賢) 30원으로 총액 850원을 거둔 것으로 당시《과학조선》3권
1호(1935년 2월호)에는 밝혀져 있다. 당시《과학조선》1부가 20전이었으
니까 말하자면 박길룡은 혼자서 잡지 1000부의 값을 기증한 셈이다.

이 기회 말고도 여러 차례《과학조선》을 위해 기부한 것을 알 수 있
는데, 그걸로 볼 때 당시 박길룡은 상당한 수입을 올리고 있었던 것도
짐작이 된다. 원래 부유한 집 아들 같지는 않고 보면 혹시 그가 건축가
로 이미 성공하여 아주 좋은 수입을 얻고 있었던 것 같다. 특히 1930년
대의 과학운동에서 그는 거의 김용관 다음 가는 중요한 자리를 지키고
있었음을 알 수 있다. 건축가로서만 평가되어 온 그의 일생은 과학 계
몽가로서 다시 잘 조명되어야 마땅하다.

박길룡은 일제시대 말기에는 동구능 근처에 전원주택을 가지고 있
어서 가족들과 나들이 가기도 한 것으로 알려져 있다. 그의 아들 박용
철(한국선박기술 고문)의 회고에 의하면 그는 겨울에도 냉수 마찰로 몸을
단련한 것으로도 알려져 있다. 건축사무소를 이끌면서 그는 우리나라
최초의 건축 잡지《건축조선》을 1941년 4월에 아주 간단한 팸플릿으
로 창간했다. 그런데 건강하던 그는 1943년 4월 27일 오전에 이화여자
전문학교(지금 이화여자대학교)에서 강의하던 중에 쓰러져 공평동 사무
실로 옮겼으나 깨어나지 못한 채 그대로 세상을 떠나고 말았다. 그전

해부터 그는 이화여자전문학교에서 촉탁강사로 강의를 맡기 시작했기 때문이다. 겨우 나이 45세였다. 종로초등학교에서 장례식을 마친 그는 서울 망우리 묘역(109709번)에 잠들어 있다.

그의 작품 화신백화점은 1988년 이후 사라져 버렸지만, 경성제국대학 본부 건물은 지금도 문예진흥원에서 사용하고 있다. 그 겉모양에서 박길룡의 자취를 조금은 느낄 수가 있다. 또 그는 《과학조선》에 많은 활약상이 기록되어 있을 뿐 아니라, 당시의 언론에도 많은 글을 쓰고 보도되었던 것으로 보인다. 그러나 아직 이 부분에 대해서는 연구를 해보지 못하고 있다.

한국 최초의 기계시계 기술자
유흥발 劉興發 생몰 연대 미상

휴대전화가 일상화되면서 시계를 차고 다니지 않는 사람이 오히려 늘고 있는 듯하다. 휴대전화 속에 디지털시계가 내장되어 있기 때문이다. 그러나 디지털시계가 퍼지기 전에는 태엽이 장착된 기계시계가 사람들 손목마다 채여 있었다. 시간을 조금 더 거슬러 올라가면 집안에 괘종시계를 걸어 놓고 살던 때가 있었고 그 앞엔 자명종시계가 있었다.

김육의 《잠곡필담》에 시계 기술자로 이름 올라

이 자명종을 처음 만든 우리 조상의 한 사람이 유흥발이다. 김육(金堉, 1580~1658)의 문집 《잠곡필담(潛谷筆談)》에 유흥발의 이름이 처음 보인다. 괘종시계의 원조격이라 할 수 있는 자명종이 우리나라에 처음 들어온 것은 1631년(인조 9) 중국에 사신으로 갔던 진주사(陳奏使) 정두원(鄭斗源)이 베이징으로부터 돌아와 임금에게 바친 것으로 알려져 있다. 그는 서양식 총, 지도, 천문서, 망원경 등 서양 문물 여러 가지를 가져왔는데, 서양의 자명종이 들어오기는 그때가 처음으로 기록되어 있다. 당시 자명종이라 불리던 시계는 지금으로 치면 종이 달려서 일정한 시각이 되면 저절로 종을 필요한 만큼 울려주는 그런 시계로 괘종시계를 아주 작게 만든 것이라 볼 수 있다. 옛날의 '자명종'은 정해 놓은 시각에 우리를 잠에서 깨워주는 지금의 '자명종'과는 다른 셈이다.

자명종이 처음 국내에 들어온 이후 중국에 간 조선의 사신들은 베이징에서 그것을 호기심 어린 눈빛으로 구경도 하고 사오기도 했다. 1732년까지 중국에 수입된 서양 자명종은 4000개 이상이나 되었다는 기록도 남아 있다. 해마다 중국에 가는 조선 사신들에 의해 그 가운데 몇 개쯤은 조선에 수입되었을 것은 짐작하기 어렵지 않은 일이다. 유흥발이란 이름을 우리 과학기술사에 올려준 김육은 1636년 이후 적어도 4차례 중국에 사신으로 다녀왔는데, 1645년 관상감 제조가 된 그는 이해 12월 사은사(謝恩使)로 청나라에 다녀왔다. 그때는 마침 중국이 명(明)이 망하고, 청(淸)이 들어선 시기이며 또 그와 함께 새 역법 시헌력(時憲曆)이 실시된 직후가 된다. 그는 관상감의 천문학자들을 중국에 파견하여 이 새 천문계산법을 배워오도록 노력한 기록이 많이 남아 있기도 하다. 유흥발은 천문학자가 아니라 시계 기술자였다. 그의 이름이 김육의 글 속에 남아 있는 것은 김육이 천문학 내지 시간의 과학에 대한 관심이 높았기 때문에 당시의 시계 기술자 이름이나마 기록하게 되었을 것으로 보인다. 김육의 글은 다음과 같다.

서양 사람들이 만든 자명종을 중국에 갔던 정두원 지사(知事)가 얻어가지고 왔으나 그 움직임의 이치를 알지 못하여 사람들의 웃음거리가 되었다. 병자년(1636)에 중국에 갔다가 나 역시 그것을 구경해보았는데 그 기계가 움직여 저절로 종을 울려주는 것이 신기했으나 어떻게 시간을 맞추는 것인지는 알 수가 없었다

밀양에 기술이 출중한 기술자 유흥발이란 사람이 있어 일본에서 파는 자명종을 구해다가 깊이 연구한 끝에 그 움직이는 이치를 터득하게 되었다. 그는 기계를 만들어 돌게 하여 12시에 각각 종을 스스로 울리게 했으니, 자오시(子午時)에는 9회, 축(丑)과 미(未)에는 8회, 인신(寅申)에 7회, 묘유(卯酉)에 6회, 진술(辰戌)에 5회, 기해(己亥)에 4회 친다. 매시간의 정중(正中)에는 1회만 종을 친다. 그 둘레에는 둥근 장식이 있는데, 12시를 새겨 넣었으며 그 안에서는 해와 달이 움직이는데 그 속도가 전혀 차이가 없이 정확하고 달의 모양 변화도 그대로 나타낸 것이 더욱 기묘하다.

유흥발이 만든 자명종을 실제로 보고 이런 기록을 남긴 듯한데, 막상 그 주인공 유흥발에 대해서는 밀양 사람이고 재주 좋은 기술자라고만 밝혀 놓았을 뿐이다. 아직 유흥발에 대한 다른 기록이 없기 때문에, 그의 이름만을 한국 역사상 최초의 기계시계 기술자로 소개할 수 있을 뿐이다. 그런데 앞에 소개한 김육의 소개만으로는 유흥발의 자명종이 구체적으로 어떤 모양이었는지 크기는 또 얼마만한지 알 수가 없다. 다만 문자판에는 12시(時)가 12지(支)로 표기되어 있었고, 각 시각마다

저절로 종이 울리는데 그 횟수가 달랐다. 자(子)시와 오(午)시에는 9회씩 가장 많은 횟수의 종이 울리지만, 점차 종치는 수가 줄어들어 사(巳)시와 해(亥)시에는 4회로 줄었다가 다시 9회로 많아진다. 그리고 그 사이 시각에는 1회씩만 울린다.

이 시계의 종치는 수를 지금 시각으로 고쳐 설명하면 다음과 같다. 자시란 지금으로 치면 밤 11시부터 새벽 1시까지의 두 시간을 가리킨다. 따라서 자시에 9회를 쳤다는 말은 밤 11시에 9회란 뜻이 된다. 그렇다면 자정(밤 12시)에는 1회만 종이 울리고, 새벽 1시(축시)에는 8회 울린다. 그리고 새벽 2시에 1회, 3시에 7회, 4시에 1회 울린다. 지금 시각으로 바꿔 써 보면, 12시 자정(1회), 새벽 1시(8회), 새벽 2시(1회), 새벽 3시(7회), 새벽 4시(1회), 새벽 5시(6회), 새벽 6시(1회), 오전 7시(5회), 오전 8시(1회), 오전 9시(4회), 오전 10시(1회), 오전 11시(9회), 오후 12시(1회), 오후 1시(8회), 오후 2시(1회), 오후 3시(7회), 오후 4시(1회), 오후 5시(6회), 오후 6시(1회), 오후 7시(5회), 오후 8시(1회), 오후 9시(4회), 오후 10시(1회), 오후 11시(9회) 등의 차례로 돌아간다. 당시의 자명종이 모두 이런 식으로 종 울리는 횟수를 정했던 것인지는 확인해보지 못했지만, 지금과는 전혀 다르게 종이 울리고 있었음을 알 수 있다.

일본 자명종 연구해 정교한 천문시계 제작

김육의 글에서 특히 주목되는 부분은 이 자명종의 문자판에는 해와 달의 운동이 묘사되어 있었다는 사실이다. 정말로 해와 달 모형을 시계의 앞부분에 달아 두고 그것들을 정확하게 움직이게 했다면 이는 대단히 정교한 천문시계라고 할 수 있을 듯하다. 지금 고려대학교 박물관에는 국보 230호로 지정된 '혼천시계'가 남아 있다. 보통의 자명종보다 크고 복잡한 구조를 가진 이 기계시계는 1669년(현종 10) 관상감의 천문학자 송이영이 만들었다. 추시계에 혼천의까지 옆에 달려 있는 이 시계는 서양의 기계시계 기술의 영향을 받아 제작되었을 것으로 보인다. 그런가하면 유흥발의 자명종은 1650년 전후에 제작되었던 것으로 여겨진다. 왜냐하면 이 기록을 남긴 김육이 1658년에 죽었으니, 그가 이 자명종을 보거나 들어서 알고 기록한 것은 1650년 전후일 것이기 때문이다.

또 유흥발의 자명종은 중국에서 가져온 자명종을 보고 만든 것이 아니라 일본에서 구해온 것을 연구해 만들었다는 점도 흥미롭다. 당시 일본에는 서양 문물이 물밀 듯이 들어오고 있었고, 그 영향은 지금 부산의 초량에 있었던 왜관에 살고 있던 일본인들에 의해 조금씩 국내에도 들어오기 시작했다. 유흥발이 일본식 자명종을 얻어 들여 연구할 수 있었던 것도 바로 초량의 왜관을 통해서였을 것이다.

하기는 그보다 훨씬 앞서 이미 조선에는 서양식 자명종 기술이 알려져 있었다는 기록도 보인다. 심지어 조선에서는 1605년 일본의 새 집권자 도쿠가와 이에야스(德川家康)에게 자명종을 선물한 일이 있다는 일본 측 기록도 있다. 임진왜란을 일으킨 도요토미 히데요시(豊臣秀吉)가 죽고 도쿠가와가 정권을 잡자 그는 조선과의 우호 관계를 회복하기 위해 힘썼다. 언젠가 일본과의 관계를 정상화할 수밖에 없다고 판단한 조선도 일본의 정세를 살피기 위해 1605년 사신을 파견했는데, 그 사신이 도쿠가와가 머물던 지금의 교토를 방문해서 그를 만났다. 일본

시계사에는 〈미장지(尾張志)〉라는 지방 기록을 근거로 1605년 조선 사신이 도쿠가와에게 자명종을 선물했다고 기록하고 있다. 그때 일본에 파견되었던 조선 측 사신은 너무나 유명한 송운대사 유정이었다. 도둑떼들의 내정을 염탐하고 돌아오라는 정부의 명을 받은 그는 탐적사(探賊使)란 명칭으로 일본에 갔다.

일본에서는 최초의 서양 자명종이 1551년 들어온 것으로 전해진다. 그러

조선 후기 **자명종**(서울대학교 박물관 소장)

나 그것을 흉내내어 처음 만든 기술자는 '미장(尾張)'이란 지방의 대장장이였던 쓰다 스케사에몬(津田助左衛門)인데, 그가 도쿠가와의 시계를 고치면서 처음으로 같은 것을 만들었다. 그 시계가 바로 조선에서 선물로 보낸 것이었다는 일본 측 기록이다. 이 기록대로라면 조선이 일본보다 먼저 자명종 기술을 발전시켰을 수도 있다는 말이 되고, 꼭 유흥발이 최초라 하기도 어려워진다.

아직 뭐라고 단정하기 어려운 것이 동양 3국에서의 자명종의 역사다. 《조선왕조실록》에는 1777, 1801년 등 몇 차례에 걸쳐 일본 사신들이 조선에 일본 자명종을 선물한 기록이 보인다. 또 조선에서도 1669년 이민철과 송이영 등이 보다 복잡한 자명종을 만들었고, 1723년에는 청나라에서 가져온 자명종을 복제해 문신종(問辰鍾)을 만들었고, 1731년에는 최천약(崔天若)이 자명종을 만들었다. 1759년에 홍대용은 나경적

이 만든 자명종 후종(候鐘)을 자신의 천문대 농수각(籠水閣)에 설치했다. 또 친구였던 황윤석과 함께 1772년 2월에는 염영서(廉永瑞)라는 사람이 만든 자명종을 구경하러 갔었다는 기록도 보인다.

중국과 일본에서는 개국 이전에 이미 국산화한 자명종을 보급하고 있었지만, 조선에서는 그런 수준에 이르지는 못한 채 개국(1876)을 맞았다. 1884년에는 외국인이 자명종 등을 몰래 들여오고 있다는 기록도 보인다. 그리고 1886년 2월 22일자《한성주보》에는 자명종 광고가 처음 보인다. 말하자면 서양의 자명종이 정식 수입 판매되기 시작한 것이다. 1901년과 1902년의《황성신문》에는 자명종 광고가 계속 나오는 것으로 보아 이때부터는 자명종이 가정에 보급되기 시작했음을 알 수 있다. 우리 가정에 시계가 보급된 것은 이제 겨우 100년을 넘기고 있음을 알 수 있다.

농학과 동물학

조선 세종 때 갈오격수지법 개발한
유순도 庚順道 생몰 연대 미상

갈릴레이보다 3세기 앞서 대나무로 사이폰 현상 실험

세종은 조선 4대 임금으로 그의 재위기간(1418~1450)은 한국 과학사에서 그야말로 둘도 없는 황금기라 할 수 있다. 그런데 세종 13년 5월 그믐날인 임진일(壬辰日)의 기사에는 이런 내용이 실려 있다.

> 행사직(行司直) 유순도가 일찍이 옛 사람들이 사용했던 갈오격수지법(渴烏激水之法)을 사용해서 한발에 대처하자고 건의한 바 있다. 임금께서는 선공감(繕工監)에 명해서 유순도의 말에 따라 이를 만들어 실험해보라 하셨다. 유순도는 옛글을 연구해서 이를 만들어 물을 끌어 올리려 했으나 성공하지 못

했고 연못으로 옮겨서 다시 실험했으나 역시 성공하지 못했다. 이에 유순도
가 보고하여 말하기를 "소신이 이미 작은 대나무로 이것을 만들어 실험했는
데 입으로 빨아 올리면 몇 자가량 물이 올라 왔습니다. 이제 큰 대나무로 만
들고 옛글에 써 있는대로 대나무 끝에는 불을 지펴 끌어 보았으나 전날 실
험 때와는 달랐습니다. 소신이 미처 옛 것과 똑같이 만들지 못한 때문인가
두렵고 심히 부끄럽습니다"고 했다. 여러 사람들이 이를 웃었다.

이 글만으로는 유순도가 세종 13년(1431)에 만들었던 물을 끌어올리
는 장치가 정확히 어떤 것이었는지 단정하기는 어렵다. 그러나 그것은
가장 기본적인 장치, 즉 지금 같으면 석유를 다른 그릇에 옮기는 데 사
용하는 사이폰(syphon, 吸管)을 가리킨 것만은 분명하다.

갈오(渴烏)란 말은 원래 사이폰을 가리킨다. 목마른 까마귀가 물을
빨아올리듯 아래에 있는 물을 위로 빨아올린다는 뜻으로 이런 표현을
만든 것인 듯하다. 그러니까 유순도의 갈오격수지법이란 바로 사이폰
을 이용해서 아랫물을 위로 끌어올리는 방법이라는 말이 된다. 우리나
라에서는 이 기록이 갈오, 즉 사이폰 현상에 대한 최초의 것이 아닐까
생각된다. 사이폰을 이때에 처음 알게 된 것이란 뜻이 아님은 물론이
다. 실제로 사이폰은 이미 사용되고 있었을 것이 분명한데 대체로 작
은 규모에만 쓰이고 있었을 것이다. 이 기록에 이어 세종 19년(1437)에
만든 운반용 물시계 행루(行漏)에도 갈오가 사용되고 있었던 것이 기록
에 남아 있다.

유순도는 옛 기록에 있는 갈오를 사용해서 물을 위로 끌어 올리는 방
법을 이용해 가뭄에 시달리는 윗 논에 물을 대는 도구를 만들려 했던

모양이다. 그리고 그는 이 방법을 이미 사전 실험으로 증명해본 것이 분명하다. 아주 과학적 태도라 하겠다. 그러나 그가 개인적으로 실험했을 때는 훌륭하게 성공했던 이 방법이 막상 세종에게 보고하고 다시 만든 장치로는 물을 길어 올릴 수가 없는 것이 아닌가? 그러면 그가 미리 실험해본 갈오와 새로 만든 갈오 사이에는 어떤 차이가 있었던 것일까? 먼저 것은 작은 대나무로 만든 것이었지만 뒤의 것은 큰 대나무로 만들었다고 기록에서 전하고 있다. 그가 실험에서 작은 대나무로 만든 갈오로는 이미 몇 자 높이까지 물을 길어 올릴 수 있었다는 것이다. 그런데 똑같은 갈오를 큰대나무로 다시 만들었더니 물을 길어 올릴 수 없게 된 것이다. 지금 생각해보면 이때 무엇이 잘못되었는지 쉽게 상상할 수가 있다. 사이폰으로 물을 끌어 올리는 데에는 그 높이에 한계가 있다. 대기압에 상당하는 물의 무게만큼 밖에 물은 위로 올라가지 않기 때문에 아무리 사이폰을 잘 만들어도 물은 10미터 이상 끌어올릴 수 없다.

이 사실은 서양에서는 17세기 초에 들어가서야 갈릴레이에 의해 처음으로 밝혀졌다고 알려져 있다. 사이폰이건 펌프건 어떤 방법으로도 아래에 있는 물을 한꺼번에 10미터 이상 위로 끌어올릴 수는 없는 것이다. 유순도의 큰 대나무로 만든 사이폰은 아마 10미터 높이까지는 되지 않았을지도 모르지만 여하튼 실험 때의 것보다는 훨씬 높은 곳에 물을 끌어올리려다 실패한 것으로 보인다. 물론 유순도도 세종도 아무도 아직 물을 10미터 이상 끌어올리지 못한다는 기압의 이치를 이해하고 있을 때가 아니었다.

과거급제 후 천문학 몰입, 1437년 운반용 물시계에 활용

그러면 세종 때의 유순도란 인물에 대해 우리는 무엇을 알 수 있을까? 별로 많은 것을 알 수는 없다. 앞으로 연구를 더하면 조금은 더 자료를 얻을 수 있을지 모르지만 아직은 그가 언제 어디서 태어났고, 또 언제 어디서 죽었는지도 알 수가 없다. 하지만 그의 본관은 무송(茂松)이며 멀리 고려 때의 태사 유금필(庾黔弼)을 선조로 하고 유공예(庾公裔)를 아버지로 하여 태어났다는 정도는 알려져 있다. 1396년(태조 5)에 과거에 급제했고 이 사이폰 실험은 1413년의 일이니 그의 출생은 1370년 전후로 잡아야 할 것이다.

유순도가 처음으로 조선 초의 실록에 등장하는 것은 1407년, 즉 태종 7년의 일이다. 그해 8월에 태종은 유순도, 이적(李迹), 오상명(吳尙明) 세 사람에게 천문학을 공부하라고 지시했다는 기록이 그것이다. 조선시대 후기로 가면 천문학이란 제대로된 양반 집안에서는 전문적으로 배우는 것이 아니었다고 할 수 있다. 그 대신 조선 중기 이래 확립된 중인 집안 사람들이 이를 전문으로 담당하게 되었다. 하지만 조선 초기에는 상황이 아주 달라서 세종 때만 해도 당시의 많은 천문학자는 모두 당대 최고의 양반 출신이었다. 아마 유순도도 그런 관계로 임금의 명에 따라 천문학에 발을 들여 놓게 되었을 것이다.

하지만 유순도는 천문 관계와는 상관없는 일반관직 생활도 조금은 경험했던 것이 분명하다. 태종 17년(1417) 여름에는 그가 안성군의 지사를 맡고 있었는데 그 지방의 아전 한 사람이 말썽을 일으켜 사헌부의 비판을 받게 된 기록이 《태종실록》에 남아 있다. 또 같은 해 12월에는 선공감(繕工監: 토목과 영선에 대한 일을 맡아 보던 관아)의 책임자 자리에서 탄핵을 받고 물러난 기록도 보인다. 선공감이라면 아무래도 기술자의 행정 책임이기 때문에 기술 분야에 밝은 사람이 맡는 수가 많았던 것으로 보이는데 유순도가 이 자리에 있었다는 사실만으로도 그가 기술 분야에 밝았음을 짐작할 수 있다.

다음으로 유순도가 맡았던 중요한 자리로는 중국에 외교관으로 파견되었다는 것을 들 수 있다. 세종 3년, 즉 1421년의 진하사(進賀使: 중국 황실에 경사가 있을 때 보내던 사절) 일행 가운데 그는 세 번째 자리인 서장관(書狀官)으로 중국에 다녀 온 것이다. 정사(正使), 부사(副使)에 이은 셋째 자리인 서장관은 실제로는 수백 명이 함께 가는 중국 사신 가운데 가장 중요한 자리라고도 할 수 있다. 특히 해마다 몇 차례씩 중국에 파견되는 조선의 사신 일행 가운데에는 중국으로부터 여러 가지 새로 배워올 것이 있을 경우 그 전문가를 보내는 수가 많은데, 특히 천문학자와 의사 등은 반드시 파견하기 마련이었다. 세종은 즉위와 함께 조선의 천문학과 역산학 발달에 큰 관심을 가지고 있었기 때문에 유순도가 이때 중국 사신으로 뽑힌 것도 바로 중국으로부터 선진 과학기술을 배워오라는 뜻에서 였을 가능성이 크다.

1425년(세종 7) 3월 세종은 경연(經筵: 임금이 신하들과 공부하는 자리)에서 당시 대제학 변계량(卞季良)을 불러 유순도와 함께 세자의 배필을 고르라고 명령했다고 《세종실록》에 적혀 있다. 여기에 덧붙여 실록 집필자들은 당시 변계량은 성명(星命)에 아주 밝다고 알려져 있으며 유순도는 유학자지만 음양, 술수, 의술 때문에 성공한 인물로 알려져 있다고 설명해 놓고 있다. 여기 나오는 성명, 음양, 술수란 모두 운명을 점치는 방법을 가리키는 것으로 모두 천문학과도 연결된 분야였다. 유순도는 세종 당시 대표적인 이 방면 전문가이며 천문학자, 의학자였음을 알 수 있다. 그래서 당시 천문역법의 연구를 담당하고 있던 정초(鄭招)는 역법의 교정관 자리를 맡고 있던 유순도가 이미 늙은 것을 유감으로 여겼던 것 같은 내용도 1413년 7월 기록에 남아 있다.

사이폰 실험이 있던 두 달 전의 일이다. 그렇다면 이때 그의 나이가 많았던 것으로 보인다. 그렇다면 유순도는 1370년 또는 그 이전에 태어난 것으로 보인다. 유순도는 사이폰을 이용해 물을 위로 끌어올리는 실험을 하다가 성공하지 못했다. 아마 그는 그런 장치로 한꺼번에 10미터 이상을 끌어올리지 못한다는 것은 알지 못했을 것이다. 하지만 우리 역사에서 처음으로 사이폰 또는 흡관(吸管)을 이용하려는 노력을 기록에 남긴 점만으로도 그의 이름은 후세에 남길 만하지 않을까?

조선 후기 농학에 큰 업적 남긴
서명응 徐命膺 1716~1787

조선 후기의 학자 서명응은 최근에서야 과학자로 주목받기 시작한 인물의 하나라 할 수 있다. 달성(達成) 서씨인 그는 아들 서호수(徐浩修, 1736~1799)와 손자 서유구(徐有榘, 1764~1845)를 아울러 3대가 모두 뛰어난 업적을 남긴 과학자들이라 할 수 있다. 1754년 문과에 합격한 그는 대사간, 성균관의 대사성, 대사헌 등을 경유했을 뿐 아니라 이조, 호조, 병조, 형조 등의 각 조(曹)의 판서도 경험했으니 지금으로 치자면 행정안전부, 기획재정부, 국방부, 법무부 등의 장관을 했다고나 할까? 당시 잘 나가는 관료로서 거칠 것은 대개 거쳤다고 할만하다. 자는 군수(君受), 호는 보만재(保晚齋), 담옹(澹翁)이었고, 시호는 문정공(文靖公)이다.

자손이 《보만재총서》 발간

하지만 그의 이름을 후세에 남긴 것은 이런 관직이 아니라, 그가 남긴
천문학과 농학상의 저술 때문이라 할 수 있다. 1777년 왕립도서관이라
할 수 있는 규장각(奎章閣)이 세워지면서 그는 줄곧 규장각과 연결된
학자 생활을 했다고 할 수 있고, 저술도 음악과 경전 및 역사를 포함하
여 다방면에 걸쳐 있지만, 과학자로서의 서명응은 천문학과 농학의 업
적을 우선 꼽을 만하다. 서명응의 저술은 그의 아들과 손자에 의해 모
아져서 《보만재총서》 등으로 세상에 알려져 있다.

특히 그의 천문학적 업적은 최근에 젊은 과학사학자들의 관심을 끌
어 논문으로 발표되고 있어서 그 내용이 조금씩 알려지고 있다. 그런
연구의 대표적인 것으로는 박권수의 논문을 들 수 있는데, 그는 서명
응의 천문학을 이해하는 데에는 그의 작품 가운데 《선천사연(先天四
演)》,《비례준(髀禮準)》,《선구제(先句齊)》 등의 세 가지가 중심된다고 밝
히고 있다. 그가 살던 시대는 바로 서양 천문학이 중국에 밀물처럼 밀
려들던 때였다. 서양의 새로운 과학지식에 따르면 지구는 둥글고, 지
구가 세상의 한가운데를 차지하고는 있지만, 그 둘레에는 여러겹의 하
늘이 겹겹으로 둘러쌓여 있어서 그 각각의 하늘에 달, 수성, 금성, 태
양, 화성, 목성, 토성 등이 서로 다른 속도로 돌고 있다. 그 밖에는 또
한 항성이 달려 있는 하늘이 더 있고, 또 그 밖으로는 눈에 보이지 않
는 하늘이 하나 더 있어서 모두 9겹의 하늘이 있다. 이렇게 9겹의 하늘
이 있다 하여 그것을 9중천(九重天)이라 불렀다.

이런 새로운 천문학 지식을 당시 중국이나 조선의 학자들은 받아들

일 수밖에 없었다. 그러나 그들이 그 전부터 가지고 있던 우주의 모양이나 그 생성 변화의 원리는 주로 《주역(周易)》을 기초로 한 것이었다. 우주 만물의 생성과 변화의 원리를 말하는 데에는 언제나 공자(孔子)가 썼다거나 또는 발전시켰다는 《주역》이 가장 근본적인 지식체계였다. 서명응은 그 전까지 당시 지식층이 가지고 있던 《주역》의 원리를 응용하여 서양에서 들어온 천문학 체계를 설명하려 노력했고, 그것이 바로 그가 쓴 이 세 가지 책으로 나타난다.

　이런 노력을 통해 서명응이 주장한 것은 서양 천문학이 사실은 중국의 고대 자연철학에 그 뿌리를 갖고 있다는 것이었다. 이런 주장은 17세기 이후 중국의 지식층 사이에도 이미 널리 퍼져 있었는데, 서명응은 바로 이런 '서양 과학의 중국 원류설'을 확인하는 글들을 열성을 다해 쓰고 발표한 것이었다. 그가 당시 어떤 중국의 책을 읽고 거기 영향을 받아 그런 생각을 가지게 되었는지는 아직 연구가 되어 있지 않다. 하지만 내가 생각하기로는 서명응은 당시 중국에서 나온 많은 책 가운데 이미 상당 부분을 읽고, 거기서 영향 받아 그런 결론을 얻었으리라고 생각된다.

　그가 얼마나 독창적으로 '서양 과학의 중국 원류설'을 주장했건 간에, 결과적으로 그런 생각은 당시 조선의 지식인들에게는 꼭 필요한 부분이기도 했을 터이다. 서양이라면 당시 사람들에게는 야만인들일 뿐인데, 그들이 문명의 본고장 중국보다 더 앞선 과학을 가지고 있다는 것이 그들에게는 용납하기 어려운 문제였을 것이기 때문이다. 그래서 당시 중국 지식인들은 서양의 앞선 천문학을 받아들이면서 사실은 '이런 것들은 원래 고대 중국에 이미 다 있던 것'이라고 거들먹거리기 마련이었고, 그런 거들먹거림이 그대로 조선의 지식층에게도 전파되었다고 할 수 있다. 서명응 역시 그런 시대적 경향을 대표한다. 하지만 서명응은 당시 중국 학자들의 글을 읽고, 그대로 베낀 것만은 아닌 듯하다. 그 나름대로 연구를 상당히 한 결론으로 '서양 과학의 중국 원류설'을 주장했던 것으로 보인다.

농정을 천하의 근본으로

농학 분야에서 서명응의 업적은 그의 거작 농서(農書)《본사(本史)》로 오래 기억될 만하다. 어떻게 농학에 관한 책의 이름을 본사라고 지었단 말인가? 그에 의하면 농사가 천하의 대본(農天下之大本)인 것처럼, 농업에 대한 정책이나 농업의 방법 등 농정(農政)이야 말로 천하의 근본(農政天下之大本)이라는 주장이다. 그래서 그는 근본적인 것에 대한 연구라는 의미로《본사》라는 이름을 붙인 농서를 편찬해냈던 것이다. 본사라는 말에서 '사(史)'란 글자는 우선 역사라는 뜻이다. 물론 기록한다는 의미도 된다. 그는 본사라는 제목을 고른 것이 중국을 비롯한 동아시아 옛 역사 가운데 정사(正史) 스타일을 흉내내어 농학서를 써보겠다는 야심에서 그런 제목을 붙였다고 밝히고 있다.

정사라면 우선 떠올릴 수 있는 역사책이 중국 고대의 대표적 역사서인 사마천의《사기》이다.《사기》이후 중국의 정사는 그 스타일이 일정하다. 물론 이것을 본받아 쓴 우리 역사책《삼국사기》와《고려사》를 보아도 그 스타일은 마찬가지이다. 전체 구성을 4부로 하고 있는데, 역사서의 경우 기＝표＝지＝전(紀表志傳)의 넷이 그것이다. '기'란 연대기를 말하는 것으로 고대부터 후세에 이르기까지 시대별로 일어났던 사건을 차례대로 간단히 (때로는 길게) 기록한 것이다. '표'란 그런 사건의 연대표를 아주 간략하게 요약해 적어둔 것이다. 그리고 '지'라는 부분은 사회 전체를 여러 분야로 나누어 각 분야의 역사적 전개를 소개하는 것이다. 예를 들면 《고려사》에는 천문지와 역지가 각각 있는데, 고려 일대에 있었던 천문 관측의 기록이 차례대로 나오고 각가지 그 밖의 천문학 관련 기록을 남기는 것이다. 물론 역지(曆志)는 역법에 관한 것으로 실제로는 오늘의 천문학에 상당하는 고려 때의 중요한 사건은 여기 나타난다고 할 수 있다. '전'이란 그 시대의 대표적 인물에 대한 기록을 모은 부분이다.

이렇게 4부로 되어 있는 정사 스타일을 따라 농업기술을 4부로 분류 정리하여 방대한 규모의 책으로 만든 것이 서명응의 《본사》다. 그가 언제 이 책을 완성했는지는 책 속에는 밝혀져 있지 않다. 하지만 그의 손자 서유구가 쓴 서문이 을사년(乙巳年)이라 밝혀져 있고 그것은 1785년인 것으로 드러나고 있어서, 그 전에 완성되었던 것을 그의 아들과 손자가 도와서 책으로 완성한 것으로 보인다. 이 책은 농학의 모든 분야를 다루고 있지만, 그 가운데 관개지(灌漑志) 수리 기술에 관한 설명이다. 댐을 쌓고 유지하는 문제에서 시작한 이 부분은 그에 이어 물길의 상류를 막아 새로 물길을 만들어 물을 유도해 다른 곳에서 이용하는 기술에 대해 설명한다. 그리고 길게 홈통을 이어 물길을 만들고, 우물을 파서 물을 대는 기술도 소개한다. 간단한 기계장치를 돌리거나 작동하여 낮게 흐르는 물을 끌어 올리는 기술에 대해서도 여럿을 소개한다. 대개 이런 장치를 우리 역사는 수차(水車)라 불렀다. 아직 이런 연구가 제대로 되어 있지 않아서 상세한 특징을 말하기 어렵지만, 이미 중국에 들어와 있는 서양식의 수차도 소개되어 있다.

실학·북학파의 선구자

서명응은 흔히 북학파(北學派)의 비조(鼻祖)로도 일컬어지는데, 그의 아들과 손자가 모두 실학 내지는 북학의 선구자로 여겨지는 것과도 통한다. 이용후생(利用厚生)을 추구하는 그의 학문정신은 그가 북학파의 대표라 할 수 있는 박제가(朴齊家, 1750~1805)의 《북학의(北學議)》에 서문을 써준 것만으로도 충분히 증거할 수 있다. 박제가의 《북학의》란 18세기 말 조선 지식층이 중국에서 배울 것은 배워야한다는 자각이 높이 일며 나온 그의 대표작이다. 당시 중국은 만주족이 지배하는 청나라여서 조선 지식층이 멸시하는 경향이 있었다. 실학파 학자들은 세상 물정이 그렇지 않으니, 이를 열심히 배워야한다고 주장하고 나서기 시작했고, 《북학의》가 그 대표격이었다 하겠다.

그런데 서명응은 이 책에 서문을 써준 것이다. 그리고 이 글에서 서명응은 박제가의 《북학의》는 중국에서 이미 널리 일반화되어 있는 수법(數法)을 박제가가 우리나라에 도입하기 위해 힘쓰고 있음을 격찬했다. 중국과 달라 우리나라에서는 모든 것을 대강대강 만들어 정밀하지 않기 때문에 걸핏하면 고장나고 못쓰게 된다는 것이다. 사실 그의 지적은 올바르다. 《북학의》는 집짓고 성 쌓으며 온갖 기계장치와 도구를 만드는 데 조선에서는 정밀하지 못하게 만들고 있음을 들어 중국을 배우라고 강조하고 있었던 것이다.

서명응은 오늘날 그가 남긴 백두산 기행문《유백두산기(遊白頭山記)》
도 제법 유명하다. 1766년(영조 42)에 그는 조엄 등과 함께 백두산에 오
른 후 돌아와 쓴 유람기인데, 그의 문집《보만재집(保晩齋集)》에 실려
있다.

《자산어보》남긴 과학자
정약전 丁若銓 1758~1816

정약용(丁若鏞, 1762~1836)이라면 우리 실학의 대학자로 공직자가 지켜야 할 덕목을 설명한《목민심서》를 쓴 것으로 가장 유명하다. 그는 우리나라에 우두를 처음 도입한 인물의 하나로 꼽을 수도 있고 몇 가지 근대 과학과 관련된 글을 남기기도 했다. 그러나 그의 형 정약전 역시 과학사에서는 아주 중요한 인물임을 알 수 있다. 한국 과학사의 고전으로 들 수 있는 책에《자산어보(玆山魚譜)》란 것이 있는데 그 지은이가 바로 정약전이다.《자산어보》는 1814년에 나온 우리나라 흑산도의 물고기에 대한 조사보고서라 할 수 있다. 그 집안에는 4형제가 있었는데 정약현, 정약전, 정약종, 정약용의 차례로 되어 있다. 정약용에 대해서는 연구도 많고 자연히 그의 일생에 대한 것도 잘 알려져 있으나 그의

《자산어보》(규장각한국학연구원 소장)

형으로 같은 때 조금 다른 곳에 유배 갔던 정약전에 대해서는 거의 알려진 것이 없다. 정약용보다 4년 먼저 세상에 태어나, 20년 일찍 세상을 떠났다. 1801년의 기독교 박해 사건인 신유사옥으로 두 형제가 모두 유배를 당해 정약용이 전라남도 강진으로, 정약전은 바다를 건너 흑산도로 가게 되었다. 두 사람은 모두 유배지에서 학문적 탐구를 불태워 많은 업적을 남긴다.

정약전은 《자산어보》이외에 《논어난(論語難)》, 《동역(東易)》, 《송정사의(松政私議)》 등의 저서를 남겼다지만 지금 전해지는 것은 《자산어보》뿐이다. 이 책은 모두 124쪽으로 구성되었는데 순한자로 쓰였다. 이 책을 현대문으로 옮긴이는 우리나라 어류 연구의 대가인 정문기(鄭文基, 1898~1995)로 되어 있다. 그의 서문에 의하면 정문기가 이 책을 번역하기 시작한 것은 1943년의 일이었다.

마침 한국에 왔던 일본 은행의 총재 시부자와 에이이치[澁澤榮一]가 당시 인천수산시험장 장이던 정문기를 만나 둘이서 《자산어보》에 대한 이야기를 나누고 정문기가 이 책을 일본어로 번역하면 출간할 것을 약속했다는 것이다. 당시 시부자와는 유명한 일본의 어류 이름 전문가였다고 한다.

그래서 일본어 번역은 완성되었으나 그때 도쿄가 미국의 공습으로 피해가 늘면서 출판되지 못한 것으로 보인다. 그리고 1974년에서야 한국어 번역판이 서울에서 나오게 된 것이다. 정문기의 논평에 의하면 이 책에는 어류를 비롯하여 해조류, 패류, 게·새우류, 복족류(腹足類), 기타 수산동물들의 방언(方言)과 형태, 약성(藥性)까지 언급되어 있다. 특히 중국의 고문헌도 널리 인용되어 있다는 점이 지적되어 있다. 그러나 이 책의 최대 약점은 그림이 전혀 없고, 형태에 대한 설명도 간단한 경우가 많아 그 정체를 밝히기 어려운 경우가 많다는 사실이다.

유배지 흑산도에서 물고기 연구

과연 지금 우리들은 흑산도의 물고기 종류 등에 대해 정약전보다 무엇 하나라도 더 잘 아는 것이 있을까? 예를 들면 《자산어보》에는 상어 종류만도 18가지가 설명되어 있는데 그 이름만 써보면 다음과 같다. 기름상어, 참상어, 게상어, 죽상어, 비근상어, 왜상어, 병치상어, 줄상어, 모들상어, 저자장어, 귀상어, 사치상어, 은상어, 환도상어, 극치상어, 철갑장군, 내안상어, 총절입…… 이런 이름들이다. 과연 이 가운데 지금 우리 시대의 어류학자는 흑산도의 상어에 대해 얼마나 알고 있을까? 정문기도 지적한 것처럼 이 책에는 좀 이상한 정보도 있는데 예를 들면 인어(人魚)에 대한 것이 그것이다. 사람 모양의 물고기를 말하는 인어에 대해서는 여러 가지 가능성을 설명하는 투로 기록하고 있는데 그것을 확실하게 부정하고 있지는 않다.

그러나 사람 모양의 물고기에 대한 정보가 수많은 중국 고전에서 인용되어 있는 것이 특히 눈에 띈다. 《산해경》, 《이아》, 도홍경의 《본초주》, 《사기》, 《본초강목》, 《정자통》《오도부》, 《술이기》, 《박물지》, 《동명기》, 《계신록》, 《조이기》 등 유명 무명의 책들이 눈에 띈다. 혹시 정약전은 인어가 실제로 존재한다고 믿었던 걸까?

이런 수많은 중국 고전 제목을 보면 당시 흑산도에 유배 가 있던 정약전이 읽을 수 있었던 책이 과연 얼마나 될까 하는 의문이 든다. 강진에 가 있던 정약용 역시 상당히 많은 책들을 읽은 것으로 보이는데 그의 형도 흑산도에서 적지 않은 책을 읽은 것만은 분명해 보인다. 거의 200년 전의 그 시절 그 많은 책을 유배지까지 가져다가 읽을 수 있다는 사실은 그가 상당한 재력을 누리고 있었음을 보여준다.

정약전이 스스로 《자산어보》에 쓴 머리말을 보면 그는 흑산도에 유배당해 자리잡게 되자 바로 흑산도의 어류에 대한 조사를 해보기로 결정했다고 밝혀져 있다. 그런데 그의 이 노력에 가장 중심적 도움을 준 사람은 그 섬에 살고 있던 장창대(張昌大)였다. 1814년에 쓴 이 글에 의하면 장창대는 두문불출하고 옛 책을 읽는데 그는 가난해서 책을 많이 가지고 있지는 못하지만 성격이 꼼꼼해서 보고 들은 것을 열심히 관찰하고 깊이 생각하고 있어서 초목과 새, 물고기 등에 대해서도 아는 것이 많았다는 것이다. 정약전은 장창대라는 사람에게서 얻어들은 정보를 정리하고 자기 연구를 덧붙여 이 책을 쓴 것이다.

흑산도 주변에는 지금도 정약전이 경험했던 것과 같은 풍부한 어류가 살고 있는 것일까? 지금의 흑산도에 그가 남긴 자취가 아직 있을까? 아니 그에게 좋은 자료를 제공했다는 장창대라는 인물이나 그 후손의 소식은 어찌되는 것일까?

서양의 4원소설 인용, 장원급제

정약전이 이런 책을 남길 수 있었던 것은 그의 과학적 탐구심이 젊은 날부터 강했기 때문이라고 생각된다. 원래 그는 과학적 문제에 대해 서양식 대답을 잘해서 과거에 급제한 셈이라고 할 수가 있다. 1790년의 과거시험(당시의 증광별시)에서 출제자는 역시 실학자로 이름 있는 이가환(李家煥, 1742~1801)이었고 그 시험에서 정약전은 장원급제를 하여 출세를 시작했다. 그때 그에게는 책문(策問: 지금으로 치면 논문 시험 문제)에 오행(五行)에 관한 것이 나왔는데 그는 이에 대한 답안을 서양의 4원소설(四元素說)을 이용하여 써냈다는 것이다. 오행이라면 물론 금(金), 목(木), 수(水), 화(火), 토(土)의 다섯을 가리킨다. 동양에서는 이 다섯이 만물의 변화를 일으키는 기본이라 여겨졌다. 그런데 이에 대해 답하면서 정약전은 당시 서양에서 들어온 그리스의 4원소설을 원용했다는 것이다. 그가 어떻게 서양의 4원소(火水氣土)를 이용했는지 지금 알 길은 없지만, 흥미 있는 문제의 하나라 하겠다. 그 덕분에 그는 장원급제를 하게 되었지만 그것이 뒷날 탄핵당하는 빌미로 작용한 것도 사실이었다. 1795년 이가환과 정약전은 바로 이런 문제와 답안 때문에 보수파의 탄핵을 받게 되었던 것이다.

정조(正祖)가 죽고 어린 임금 순조(純祖)가 즉위하자 보수파가 권력을 잡고 기독교를 탄압하는 신유사옥(辛酉邪獄, 1801)이 일어났다. 정약진과 정약용은 서양 기독교의 영향을 강하게 받지 않았다는 이유로 목숨을 건져 유배되었다. 덕분에 정약전은 유배지 흑산도의 어류에 대해 불후의 명저를 남기게 되었고, 정약용은 강진에서 오랜 유배생활을 하면서 수많은 업적을 쌓을 수 있었다. 정약전은 흑산도에서 해방되지 못한 채 죽고 말았지만 그의 아우 정약용은 말년에 해방되어 고향으로 돌아갔다.

농학 백과사전《임원경제지》의 저자
서유구 徐有渠 1764~1845

조선 후기의 대표적 농학자 서유구는 대제학을 지낸 서명응(徐命膺, 1716~1787)의 손자이며 이조판서 서호수(徐浩修, 1736~1790)의 아들이다. 달성(達成) 서씨(徐氏) 3대가 모두 대단한 학자이며 당대의 정치가로도 꼽히는 말하자면 명문 집안이라 할 수 있다. 자는 준평(準平), 호는 풍석(楓石)인 서유구 역시 1790년(정조 14) 증광문과에 병과로 급제하며 외직으로는 군수·관찰사를 거치고 내직으로는 대교(待教) 부제학·이조판서·우참찬을 거쳐 대제학에 이르렀다. 할아버지와 아버지의 가문에 이어진 전통을 계승하며 농학에 큰 업적을 남겼다.

농학 발전에 큰 업적

서유구의 대표작이 바로《임원경제지(林園經濟志)》이다. 이 책은《임원십육지(林園十六志)》또는《임원경제십육지(林園經濟十六志)》라고도 부른다. 113권 52책이나 되는 방대한 내용인데 조선시대에는 인쇄되어 출판된 일은 없는 것 같다. 물론 지금은 영인본이 출판되어 있다. 이 책은 저자가 서문에서 밝혔듯이 전원생활을 하는 선비에게 필요한 지식과 기술 그리고 기예와 취미를 기르는 백과전서로 생활과학서의 성격을 지니고 있다. 따라서 농학서라 할 것이 아니라 일종의 생물학, 박물학 책이라고도 부를 만하다. 그가 이 책에서 다루고 있는 16개 부문(十六志)이란 다음과 같다.

① 본리지(本利志, 권1~13): 밭 갈고 씨 뿌리며 거둬들이기까지 농사일반을 다룬다. 전제(田制), 수리(水利), 토양지질, 농업지리와 농업기상, 농지개간과 경작법, 비료와 종자의 선택, 종자의 저장과 파종, 각종 곡물의 재배와 그 명칭의 고증, 곡물에 대한 재해와 그 예방 등이 설명되어 있다. 특히 중국과 우리나라는 지리적으로 달라 농업도 그만큼 다를 수밖에 없음을 강조한다. 우리나라에 맞는 농가월령(農家月令)을 만들려 노력하고 농기(農器)와 수리시설에 대해서는 그림을 그려 설명하고 있다. ② 관휴지(灌畦志, 권14~17): 채소를 포함한 식용식물과 약초 등을 다루고 있다. 산나물과 해초, 채소, 약초 등에 대한 고증, 파종 시기와 종류 및 재배법 등을 설명하고 있다. ③ 예원지(藝畹志, 권18~22): 꽃에 대한 고증, 파종 시기와 종류, 재배법 등을 다루고 있다. ④ 만학지(晩學志, 권23~27): 31종의 과실류와 15종의 과류(瓜類), 25종

의 목류(木類), 그리고 차와 대나무, 담배 등을 다룬다. ⑤ 전공지(展功志, 권28~32): 뽕나무 재배를 비롯하여 옷감과 직조 및 염색 등 피복 재료학에 관한 내용, ⑥ 위선지(魏鮮志, 권33~36): 여러 가지 자연현상을 보고 기상을 예측하는 이른바 점후적(占候的) 농업 기상과 그와 관련된 점성적인 천문관측, 농촌에서 피해야 할 날(忌日) 등, ⑦ 전어지(佃漁志, 권37~40): 가축과 야생 동물 및 어류를 다룬 것으로서 가축의 사육과 질병치료, 여러 가지 사냥법 그리고 고기잡이와 어구(漁具)에 관한 설명이다. ⑧ 정조지(鼎粗志, 권41~47): 각종 식품에 대한 주목할만한 의약학적 논의를 하고 조미료 및 술 등의 제조법을 설명하고 명절 음식도 설명한다. ⑨ 섬용지(贍用志, 권48~51): 집짓기와 건축기술, 도량형 기구와 각종 공작기구, 복식과 실내장식 그리고 생활기구와 교통수단 등을 중국식과 조선식을 비교하여 다루고 있다. ⑩ 보양지(葆養志, 권52~59): 식이요법과 정신수양, 아울러 육아법과 계절에 따른 섭생법을 양생월령표(養生月令表)로 해설했다. ⑪ 인제지(仁濟志, 권60~87): 의약 관계가 중심이지만 끝에는 구황(救荒) 식품 260종이 열거되어 있다. ⑫ 향례지(鄕禮志, 권88~90): 지방에서 행해지는 관혼상제 및 일반 의식(儀式) 등에 관한 풀이이다. ⑬ 유예지(遊藝志, 권91~98): 선비들의 독서법 등을 비롯한 취향을 기르는 각종 기예를 풀이한다. 산법, 서법, 그림과 음악 등이 설명되어 있다. ⑭ 이운지(怡雲志, 권99~106): 선비들의 여가 및 취미생활에 관하여 서술한 것으로 차, 향, 꽃, 나무, 풀, 새, 그리고 문방구와 골동품에 대해서도 설명하고 있다. ⑮ 상택지(相宅志, 권107~108): 우리나라 지리 전반을 다룬 것, ⑯ 예규지(倪圭志, 권109~113): 조선의 사회 경제를 다룬 것으로 국가 경제에서는 수입을 바탕으로 한 지출,

가정 경제에서는 절약과 절제를 강조한다. 물산의 유통, 무역, 금융, 농업 경영도 다룬다. 전국 장시의 안내도 있다.

800여 종의 문헌 참고

말하자면 이것은 꼭 농학서가 아니라 일종의 농촌생활 백과사전이라 할 수 있다. 그러나 이를 오늘의 기준으로 다시 생각해보자면 ①~⑤는 농학 내지 생물학 분야라 할 수 있고 ⑥은 천문기상학에 속하며 그 다음은 동물학, 그리고 의약학 분야가 골고루 다루어져 있다고도 할 수 있겠다. 서유구는 이 책을 지으면서 자신의 아버지와 할아버지 책, 특히 아버지의 《해동농서(海東農書)》, 할아버지의 《고사신서(攷事新書)》는 물론이고 중국과 우리나라의 821종의 문헌을 참고한 것이 밝혀져 있다. 《농사직설》, 《동의보감》에서 시작하여 《산림경제》, 《택리지》, 《고사촬요》, 《과농소초》로 이어지는 조선 농학 내지 박물학의 주요 서적은 모두 참고해서 확대한 책이라 할 수 있다. 그뿐만 아니라 이이의 《율곡전서(栗谷全書)》, 박지원의 《연암집》, 이수광의 《지봉유설》, 김육의 《유원총보》 등 보다 일반적인 자료도 참고하고 있다.

이렇게 많은 문헌들을 자신의 학문적 체계 속에 소화시켜 자기의 이론으로 쌓아올린 데에 서유구의 《임원경제지》의 장점이 있다. 특기할 것은 이 과정에서 인용서를 분명히 밝혀 이미 실전(失傳)된 우리 고유의 저서 일부를 부분적이나마 재구성할 수 있다는 점이다.

이 책은 한국 과학기술사 또는 농업기술사 연구에 좋은 자료가 될 것이다. 특히 한국 생물학사 연구에 중요한 자료가 될 것이다. 이 책의 본지는 서울대학교 도서관에 유일본이 소장되어 있고 광복 전에 전사한 것으로 추정되는 전사본(轉寫本)이 고려대학교 도서관에 소장되어 있으며 괘지(罫紙)에 쓴 저자의 가장원본(家藏原本)은 일본 오사카(大阪)의 부립도서관에 소장되어 있다. 영인본으로는 1966년에 서울대학교에서 고전총서로 간행된 것이 있다. 그는《임원경제지》를 쓰기 이전에 기초적 연구로서 농업기술과 농지경영을 주로 다룬《행포지(杏浦志)》, 농업경영과 유통경제의 관련에 초점을 둔《금화경독기(金華耕讀記)》, 농업정책에 관한《경계책(經界策)》등을 저술했다고도 알려져 있다.

또《누판고(鏤板考)》는 전국 각지의 목판들을 조사하여 분류·해제한 책이다. 특히 그는 1834년(순조 34)에 전라감사로 있으면서 때마침 흉년을 당한 이 고장 농민의 구황을 위하여 구황식물인 고구마의 실제적인 보급에 도움이 되도록 강필리(姜必履)의《감저보(甘藷譜)》, 김장순(金長淳)의《감저신보(甘藷新譜)》등과 중국·일본의 관계 농서를 참고하여《종저보(種藷譜)》를 펴 보급했다. 우리나라 고구마 연구의 선구자도 되는 셈이다.

서유구는 스스로를 '오비(五費)거사'라 자칭한 일이 있다. 자신의 묘자리에 쓴 글이란 뜻의 '자찬묘표(自撰墓表)'에 나오는 말이다. 자신의 일생을 5시기로 나눠 헛되이 살았다고 스스로 평가하는 것인데 그 만큼 그는 스스로의 삶을 겸손하게 평가했다고 할 수도 있을 듯하다. 1비(費)는 자신의 성장기(1764~1790)로 공부하고 과거에 급제한 시기를 말한다.

2비는 그가 정부에 나가 규장각 등 관직에 근무하던 시기로 1790~1806년 사이를 가리킨다. 3비는 일단 뒤로 물러나 농업 연구 등 학문에 골몰하던 때로 1806~1823년 사이를 가리킨다. 4비는 그가 다시 관직에 나가 크게 성공하는 시기로 1823~1839년 동안이다. 5비는 은퇴기(1839~1845)로 그가 《임원경제지》를 정리하는 등 학문 정리에 정진하던 시기이다. 그의 시호(謐號)는 문간(文簡)이다. 문간공 서유구의 과학사상의 공헌은 요즘에서야 겨우 우리 학계에서 조금씩 주목을 받기 시작하고 있을 뿐이다. 과학사를 연구하는 정명현 등이 시작한 '임원경제연구소'는 이 방대한 책의 첫 부분을 이미 번역하여 내놓기 시작하고 있다.

실학자 하백원은 그리 널리 알려져 있지 않은 인물이다. 그러나 그는 특히 자명종 같은 근대식 시계를 만들고 지도를 제작했으며 특히 수차(水車)를 고안해낸 것으로 두고두고 기억될만한 호남의 4대 실학자의 한 사람이다. 신경준(申景濬, 1712~1781), 황윤석(黃胤錫, 1729~1791), 위백규(魏伯珪, 1727~1798)와 함께 호남의 4대 실학자로 불리는 그는 전라도 화순 출신으로 송환기(宋煥箕, 1728~1807)의 제자였다.

《규남문집》 남긴 조선 실학자

본관이 진주, 아버지는 하진성(河鎭星)이며 어머니는 고씨(高氏)로 알려져 있다. 1803년 진사시험에는 붙었지만 그 정도로 과거는 그만두고 대과를 보지도 않았다고 한다. 자는 치행(穉行), 호는 규남(圭南)이었고 그의 글들은 지금 《규남문집(圭南文集)》으로 남아 있다. 1808년 그의 스승 송환기가 선현을 모독했다 하여 삭직당하는 불행이 닥치자 이를 적극 나서서 변명해 밝히는 일에 성공한 일도 있다.

그러나 이미 이때까지는 과거를 포기하고 평생 학문에만 전념하기로 결심했던 것으로 알려져 있다. 아직 그의 과학자로서의 위상은 잘 알려져 있지 않고 따라서 지금은 무어라 평가하기는 어렵다. 그러나 서울대학교 교수 문중양은 학위 논문에서 특히 그의 수차에 대한 연구를 상세하게 소개한 바 있다.

하백원은 그의 수차에 자승차(自升車)라는 이름을 붙였는데 저절로 물을 위로 올릴 수 있는 물레방아라는 뜻이다. 수차란 물을 위로 끌어 올려 논밭에 물을 대는 장치 일체를 가리키는 수도 있지만 물레방아 종류를 모두 그렇게 부르기도 한다. 그러나 하백원의 자승차란 아래에 흐르는 물을 위로 끌어 올리는 장치를 가리킨다. 자승차는 물론 아래에 흐르는 물을 더 높은 곳의 논밭에 끌어 올리려는 장치였다. 그리고 이런 물대는 장치가 가뭄 때 농사를 짓는 데 절대로 필요했을 것이라는 것은 누구라도 짐작할 일이다.

그런데 우리 역사에서는 가뭄은 심했지만 그런 경우 수차를 개발해 이를 극복하겠다는 의지는 상상하기 어렵게 낮았다. 아마 수차의 발달은 이웃 중국이나 일본보다도 못했던 것으로 보인다. 그래서 조선 초기 세종 때 일본에 갔던 통신사는 귀국보고에서 일본인들의 수차를 칭찬하고 이를 채용해 국내에서 제작 보급하기를 건의하기도 했다.

그 후에도 가끔 중국식 수차(당수차)나 일본식 수차(왜수차)를 제작 보급하자는 논의가 있었지만 실제로 큰 효과는 없었다. 아마 우리나라는 수차를 널리 보급하기에는 토지 구성이 알맞지도 않았고 또 수차를 만들 금속기술이나 공작기술도 부족했던 것이 아닐지 모르겠다. 게다가 백성들을 다그쳐 기계장치를 만들어 사용하게 하는 일 자체가 주자학(朱子學) 관념에서는 바람직하지 않았다. 당장 큰 효과도 없는 장치를 만들기 위해 많은 백성들을 힘들게 하는 일이 좋은 정치가 아니라는 생각이 강했던 까닭이다.

정조의 권농정책 영향 받아

여하튼 수차가 보급되지 못한 상태에서 17세기에 이르면 중국에 자리 잡은 서양 선교사들은 서양식 기술을 소개하면서 서양식 수차도 전해 주기 시작했다. 서양의 과학기술은 이 시대의 새로운 자극제였다. 특히 18세기 말 정조 때에는 농사를 일으키려는 정부의 뜻이 강하게 나타나기 시작하여 임금은 농사를 권하고 농서를 보급하려는 대대적 운동을 벌이기도 했다. 이런 분위기에서 많은 학자들이 농서(農書)를 새로 쓰고 또 농업기술을 새로 연구하기 시작했다. 하백원의 자승차도 사실은 이런 분위기 속에서 발명되었던 것이라 할 수 있다.

자승차의 원리는 간단하다. 계곡의 물이 급하게 흐르는 곳을 골라 자승차를 설치하는데 물이 떨어져 그 밑에 설치된 물레방아를 돌려주게 만든다. 그러면 그 물바퀴의 회전에 따라 축이 돌게 마련일 것이다. 그 축과 함께 그 끝에는 톱니바퀴가 달려있어서 그 톱니가 다른 톱니와

맞물려 돌아가며 다른 쪽
의 피스톤을 위로 끌어 올
려준다. 그 피스톤은 무거
운 나무로 만들어서 상당
한 무게를 갖게 되어 있다.
그 피스톤이 위로 끌어 올
라가면 그 통 속으로는 아
래 밸브가 열리면서 물이
끌려 들어오게 된다.

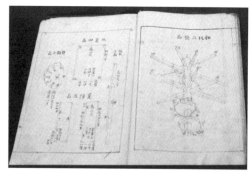

《자승차도해》의 자승차 그림
서유구의 책 《임원경제지》에도 《자승차도해》와 자승차에 대한 내
용을 그대로 전하고 있다.

일단 피스톤이 일정 높이에 도달하면 톱니 연결은 단절되어 피스톤
은 자체 무게 때문에 통 속의 물을 아래로 밀며 내려가게 된다. 이때
통 밑의 밸브는 닫히고 그 대신 옆 물통으로 이어진 밸브가 열리며 물
은 옆 통으로 흘러들어 그 쪽의 수위를 높여준다. 하백원은 이를 그림
으로까지 상세하게 그려 그의 문집에 남기고 있는데 그 설명에 의하면
물높이는 원하는 대로 높일 수 있다고 되어 있다.

아마 당시에는 그의 자승차가 학자들의 관심을 끌었던 모양이다. 당
대의 대표적 학자로《임원경제지(林園經濟志)》라는 종합적 농업기술서
를 써서 남긴 서유구(徐有渠, 1764~1845)는 1834년에 전라도 관찰사를
지내는 동안 그에게 편지를 보내 자승차에 대해 좀 더 자세히 알아보
기도 했다는 기록이 있다.

실제로 그의《임원경제지》에는 바로 하백원의 자승차 설명이 그대로
실려 있기도 하다. 서유구는 하백원의 자승차를 그런대로 하나의 독창
적 수차로 인정하고 있었음을 보여준다. 하지만 문제는 여기서 시작된

다. 하백원의 자승차는 전혀 그 설명대로 움직일 수 없는 것이기 때문이다. 자승차는 물의 흘러내리는 힘을 이용하여 피스톤을 올려주고 그 피스톤이 자체 무게로 내려가는 힘을 이용하여 다른 통의 물을 원래의 물보다 높이 올릴 수 있다고 생각해 만들어낸 것이다.

그러나 그런 장치로는 원래의 물높이보다 더 높은 곳으로 물을 끌어올리지는 못한다. 물을 원래 높이보다 더 높게 끌어 올릴 수 없다면 그런 수차는 쓸모가 없을 것은 너무나 당연한 일이다.

작동 안 되는 수차 발명

하백원은 사람의 힘을 추가로 들이지 않고도 물 자체의 무게를 이용하여 그 물을 원래 높이보다 높일 수 있다고 생각했다. 이것은 물론 역학적으로 불가능한 일이다. 그런데도 하백원은 이런 구조의 수차를 만들어 자랑스럽게 이를 그의 책에 발표했다.

더욱 놀라운 사실은 그런 불가능성을 깨닫지 못한 채 서유구 같은 당대의 대학자도 그대로 이를 자기 책에 소개하고 있다는 사실이다. 이를 보면 당시 우리 선조들은 농업기술의 향상에 관심을 가지고 수차도 연구하기는 했지만 아직 역학적 지식이 부족하여 작동할 수 없는 수차를 발명해내는 어처구니 없는 일들이 벌어지고 있었음을 보여준다.

서유구의 편지를 받고 하백원은 아직 실험을 해보지 못했다면서 자신없는 듯한 답장을 한 것으로 밝혀져 있다. 아마 그 자신도 이런 장치가 실제로 움직여 물을 끌어올려줄지 의문이었던 모양다. 그렇다면 하백원이나 서유구도 모두 자승차가 실제로 움직일 수 없다는 사실은 알지 못하고 있었다는 것을 보여준다.

당시 실학파 학자들은 여러 가지 실제적으로 중요한 문제들에 관심을 갖고 연구는 했으면서도 막상 그런 장치를 실험해보아 움직이는지 검사하려는 실험 정신은 부족했다고 생각된다. 또 그런 실험을 하려면 상당한 기술이 필요하고 자금이 드는데 그런 자금이나 기술도 동원할 능력이 없었던 것으로 보인다. 그는 말년에 음직(蔭職)으로 간단한 벼슬 몇 가지를 거치기도 했는데 아직 그의 과학자로서의 면모를 전부 밝힐 수 있을 정도로는 연구가 되어 있지 않다.

서양근대 농업기술 도입한
최경석 崔景錫 ?~1886

서양 근대 농법에 대한 관심은 1883년 처음으로 미국에 파견되었던 조선의 사신 일행이 미국 시찰에서 미국의 선진 농업기술에 크게 감명을 받고 그것을 하루속히 배우기로 결심했던 때부터이다.

　바로 이 미국 근대 농업기술의 도입에 전력을 기울이다가 일생을 마친 선각자 중 한 사람이 우리나라 최초의 근대 농학자 최경석이다. 그는 우리나라 최초의 근대 농업시험장 '농무목축시험장'을 만들어 처음으로 서양의 농작물들을 상당한 규모로 재배하는 데 성공했다. 샐러드로 많이 사용되는 셀러리를 길러 궁궐과 서양사람들에게 공급한 사람이 바로 최경석이었다. 1884년 봄에 이미 서양식 농산물 재배에 성공했던 그 기세를 몰아 미국에서 가축을 수입해서 앞으로는 치즈와 버터

두 만들 계획이었다.

그런데 최초로 서양의 근대 농업기술을 도입하고 있던 최경석의 노력은 1886년 봄 그의 갑작스런 병사로 중단되고 말았다. 그가 어떤 병에 걸려 갑자기 죽었는가 또 왜 한사람의 지도자의 죽음이 근대 농업기술의 도입 자체를 중단시키게 된 것인가도 분명히 알려져 있지는 않다. 우선 최경석이란 사람의 개인에 대해 거의 아는 것이 없다. 다만 미국 사절단에 끼어 미국에 가기 전에 몇 가지 별로 높지 않은 무관(武官)으로서의 관직을 맡았던 것 같다. 최경석은 1883년(고종 20) 5월 훈련원 주부(注簿)로 복직하고 곧 6월에는 보빙사(報聘使) 민영익의 종사관에 임명되어 미국 사신 일행에 끼게 된다.

미국의 농업기술에 감명

1882년 처음으로 미국과 수호조약을 맺은 조선은 1883년 늦은 봄 첫 주한 미국 사절로 후트(Hoot) 공사가 부임해 오자 이에 대한 답례로 미국에 사절단을 보내게 된 것이다. 여기 전권대신으로 정권을 잡고 있던 명성황후의 조카로 당시 촉망받던 24세 청년 민영익(閔泳翊, 1860~1914)이 선발되었으며, 부대신으로는 28세의 홍영식, 종사관에는 23세의 서광범이 선발되었다. 이들을 수행하는 일행으로 최경석이 선발되었던 것이다. 역시 함께 선발된 일행에는 28세의 유길준, 23세의 변수가 포함되었고 고영철과 현흥택 등도 들어 있었다.

한국인 8명을 일행으로 한 최초의 미국 사절단은 모두 30세가 안된 젊은이들로만 구성되어 있었다고 생각된다. 그렇다면 아직 최경석의

1883년 최초의 미국 사절단
앞줄 왼쪽부터 통역관 퍼시벌 로웰, 홍영식, 민영익, 서광범, 변수가 앉아 있다. 홍영식과 민영익 사이에 서 있는 사람이 최경석으로 최경석 왼쪽은 유길준이다.

출생연도가 밝혀져 있지는 않지만, 그의 나이 역시 20대가 아니었을까 생각된다. 그렇다면 1886년 봄에 그가 병사했을 때 그의 나이는 30세를 넘기지도 못했을 정도의 젊은이가 아니었을까?

1883년 9월 2일 샌프란시스코에 도착한 보빙사 일행은 기차로 갈아타고 9월 15일 워싱턴에 도착했다. 9월 18일 이들은 체스터 아더 미국 대통령을 만나 국서를 전달함으로써 공식적인 절차를 마쳤다. 그들에게 크게 감동을 준 것은 미국 사회의 발달한 근대 문명과 그 밑을 바쳐주고 있는 과학기술이었다. 이후 계속된 시찰을 통해 조선의 지식인들은 특히 농업기술에 대해 큰 관심을 보였다고 당시 미국의 신문들이 보도하고 있다.

보스턴 박람회도 구경

9월 19일 보스턴에 도착한 일행은 20일 호텔 주인인 월코드(Wallcott) 대령의 초대로 그의 농장을 구경하게 된다. 당시 그 지역신문의 보도에 의하면 한국인 일행은 온실 재배에 큰 관심을 보였을 뿐만 아니라 가축 사료를 만들어 높은 저장탑에 보관하는 것에도 감명을 받았다고 한다. 특히 한국인 일행 가운데에서도 육군대령이며 식물학자인 수행원이 농사기술에 관심을 크게 나타냈다고 보도되어 있다. 그 사람이 바로 최경석인 것으로 보인다.

그리고 대표였던 민영익 역시 농업기술에 관심을 보여 미국 국무장관에게 미국인 농업기술자의 파견을 요청했다. 마침 그때 보스턴에서는 박람회가 열리고 있었는데 사절단 일행도 그 박람회를 구경하고 크게 감명을 받았다고 한다. 이를 계기로 민영익은 이듬해 가을에는 서울에서 박람회를 열겠다고 공언한 일까지도 있었다고 전해지고 있으나 박람회는 열리지 못했다.

최경석은 귀국 후 임금에게 보고하는 가운데 근대식 농장의 필요성을 역설하여 임금으로부터 나라의 땅을 하사받아 이듬해에 이미 '농무목축시험장'을 시작할 수 있게 되었다. 그리고 그 책임자로는 최경석이 임명되었다. 한국 최초의 근대식 농장 겸 목장이었고 또 근대식 농업연구소였던 '농무목축시험장'이 정확하게 어느 위치에 설치되었는지는 분명하게 알 수가 없다.

그러나 《한성주보》 1886년 2월 15일자에 의하면 그 농장은 남대문 밖이었다고 적혀 있다. 그리고 그들 일행이 미국에서 주문해 놓았던 미국 농산물 씨앗은 1884년 초에 도착하기 시작했다. 그런데 당시 개화사상을 갖고 있던 청년지도자 윤치호가 남긴 일기에는 1884년 1월 26일 오후에 '자기는 퍼시벌 로웰(Percival Lowell), 최미산(崔黴山) 등과 함께 화계사에 놀러 갔다'가 다음날 돌아왔다'는 기록이 남아 있다. 여기 나오는 '미산(微山)'이란 최경석의 호인데 최경석이 윤치호와도 교분이 꽤 있었던 것으로 보인다.

1855년 보스턴의 명문집안 출신으로 하버드대학교을 졸업한 로웰은 그해 겨울을 서울에서 지낸 다음 일본에 돌아가 10년을 머물고 미국으로 귀국했으며, 당시의 경험을 책으로 남겼으니 그것이 《조용한 아침의 나라, 조선(Chosen, the Land of Morning Calm, 1888)》이다. 미국에 돌아간 다음 그는 자기 재산을 충분히 활용해서 아리조나에 대규모 천문대를 세워 천문학 연구에 몰두하여 미국의 대표적 천문학자로 역사에 이름을 남겼다.

여하튼 1884년 초의 '농무목축시험장'은 아주 활기 있게 봄 농사를 시작할 수 있었던 것이 분명하다. 미국에서 미리 주문해 놓았던 농기구와 씨앗은 18꾸러미로 도착했는데 저울, 보습, 쇠스랑에다가 심고, 떨고, 베는 기계까지 온갖 것들이 들어 있었다. 운임과 보험료를 포함해서 값은 751달러 3센트 지금의 환율로는 불과 100만 원도 되지 않는 작은 액수지만 당시로서는 상당한 돈이었을 터이다.

양배추 등 344종 재배

정말 놀라운 일은 최경석은 이 농장에서 첫 해에 이미 344종의 농산물을 직접 생산해냈다는 사실이다. 이 가운데 상당 부분은 처음 길러보는 서양작물로 '캐비지(Cabbage)'를 '양배추'로 표기한 것이 언제부터인지 모르지만 이들 작물은 바로 1884년에 처음 이 땅에서 재배되기 시작했음을 알 수 있다. 이렇게 수확한 농산물을 최경석은 전국 305개 지역에 종자로 공급했고 생산물은 궁궐과 외국인들에게 공급되었다. 또 첫해에는 돼지 64마리뿐이던 목장에도 1885년에는 미국에서 소, 말, 돼지, 양 등이 도착하여 최경석의 야망은 점차 무엇인가 크게 성공할 듯한 조짐을 보이고 있었다.

그러나 1886년 봄 그의 죽음과 함께 최경석의 꿈도 사라져 버렸다. 미국이 보내주기로 약속했던 근대식 농업기술자는 결국 오지 않았고 최경석의 농장은 그의 죽음과 함께 격하되어 1886년 가을부터 농무사(農務司)의 산하기관이 되었다가 슬그머니 그 존재가 희미해져버렸다.

최경석은 우리 농업기술사에 큰 자리를 차지하고 있다. 하지만 그의 일생에 대해서는 1883~1886년 봄 그의 죽음까지의 극히 짧은 기간의 활동만이 알려져 있을 뿐이다.

1885년 농학서 《농정신편》 펴낸
안종수 安宗洙 1859~1895

36세로 짧은 생애 마쳐

1885년에 처음 출판된 우리나라 최초의 근대 농학서는 《농정신편(農政新編)》이라 할 수 있다. 이 책을 지어 우리 근대 농학사의 개척자로 꼽히게 된 사람이 안종수이다. 《농정신편》이라는 단 한 권의 책만 남기고 36년의 짧은 생애를 산 그의 죽음은 개화기의 가장 비극적인 모습을 보인다. 1895년 을미사변이 일어나 왕비 민씨가 왜군에 의해 죽임을 당하자 전국에서 의병이 궐기, 점점 심해지는 외세의 침략에 항거하는 운동이 벌어졌다. 당시 나주의 참서(參書)로 있었던 안종수는 이 어려운 시대에 개화파 내지는 친일파로 지목되어 의병 측에 의해 살해된 것으로 보인다. 《농정신편》은 출판되기 훨씬 전부터 개화를 위해 필요한 중요한 책으로 널리 알려져 있었다. 1880년 일본에 다녀와 크게 감명받은 지석영(池錫永, 1855~1935)은 1882년 개화를 위한 유명한 상소문을 임금에게 올렸는데 그때 널리 보급하자고 주장한 책 10권 가운데 바로 안종수의 《농정신편》이 들어 있었다. 이 10가지 책 중에 중국에서 나온 책이 6권이었는데 그중 셋은 과학책이었다. 나머지 4권이 국내 인사가 쓴 책인데 그중에 과학책이라 할 수 있는 것은 이 책뿐이었다.

지석영이 전국 보급 상소

그런데 어떻게 1885년 우리나라 최초의 근대 출판사 광인사(廣印社)가 처음 출판한 이 책이 출판되기 3년 전에 이렇게 유명해졌을까? 물론 이 책은 아직 출판된 것이 아니었고 지석영은 원고 상태로 이 책을 읽고 그것을 널리 보급하자고 주장했던 것이다. 우리나라에 최초로 근대식 우두법을 도입한 것으로 널리 알려진 지석영은 자기보다 1년 뒤에 일본을 다녀온 안종수와 잘 알고 있던 사이였을 것이 분명하다. 안종수는 1881년 신사유람단의 한 사람으로 일본을 다녀왔다. 1876년 나라의 문을 열게 된 조선왕조에서는 이미 근대화 과정에 돌입해 발전하고 있던 일본과 중국에 사람들을 보내 무엇이건 배워오기를 희망했다. 그 희망에 따라 1881년 중국 톈진[天津]에는 기술유학생 38명을, 일본에는 62명의 고위급 시찰단을 파견했다. 신사유람단은 일본 국정시찰단이라고도 하는데 12명의 간부가 각 분야를 맡아서 시찰하도록 구성되었고 안종수는 승지 조병직(趙秉稷)의 수행원으로 일본 시찰에 나섰던 것이었다.

그를 데리고 간 승지 조병직은 일본의 세관을 조사하도록 배치되었다. 당시 무역이란 전에 없던 전혀 새로운 국제 관행이어서 개국 직후의 조선에는 세관에 대한 지식이 아주 중요했다. 그러나 안종수는 세관보다는 엉뚱하게 농학에 대해 큰 관심을 가졌던 것으로 보인다. 어떤 연고인지 아직 확인하지 못했지만 그는 당시 일본의 대표적 농학자였던 쓰다 센[津田仙, 1837~1908]을 만나 그로부터 새로운 농업기술을 배우게 된 것이다. 젊을 때 난학자(蘭學者)였던 그는 1858년 영어가 네덜란드어[和蘭語]보다 더 중요한 것을 깨닫고 영어 공부로 그의 진로를 바꿨다. 그리고 메이지유신[明治維新, 1868] 직전에는 미국에 군함을 사러가는 조선사절단을 따라가 통역 연습을 하고 돌아왔다.

그는 특히 1874년 이미 《농업삼사(農業三事)》라는 농학서를 발행한 일이 있는데 1873년 비엔나에서 열렸던 만국박람회에 일본 심사관으로 파견되었을 때 거기서 네덜란드 농학자 호이브렌크(Hooibrenk, 荷衣白蓮)로부터 배워온 방법을 책으로 지은 것이었다. 안종수를 만난 쓰다는 바로 이 책을 주어 서양 농업기술을 조선에 전해주었던 셈이다. 그는 《농업삼사》 등 일본에서 나온 근대 서양식 농사기술을 조사하여 그의 책을 쓴 것이다. 쓰다는 1883년 6월 미국인 한 사람과 함께 우리 정부의 초청으로 조선을 방문했는데 그가 조선에 머문 한 달 동안 안종수와 만났을 가능성이 크다.

《농정신편》(고려대학교 박물관 소장)

삽화 곁들여 4권으로 출간

안종수의 《농정신편》은 원래 1885년 광인사에서 납활자로 처음 인쇄
되었는데 4권으로 구성되었다. 20장 이상의 삽화까지 들어 있는 책이
었는데 1905년 박문사에서 다시 인쇄되었을 때 그림은 모두 사라졌다.
한문으로 썼던 책인데 1931년에는 한글로 번역되기도 했다. 이렇게 오
랫동안 여러 차례 책이 간행되었다는 사실만으로도 이 책이 당시로서
는 시대를 상당히 앞선 훌륭한 책이었음을 짐작하게 해준다.

　1권은 토지의 여러 가지 종류와 서로 다른 성질 등을 소개한 부분이
다. 땅을 효과적으로 이용하기 위해 농토를 늘리기도 해야 하고 또 경
작물을 번갈아 바꿔주기도 하는 등의 기술이 필요한 이치를 설명하고
있다. 2권에는 여러 가지 비료들이 소개되었는데 인분과 퇴비를 비롯
가축의 분비물과 그 밖의 비료에 이르기까지 설명되어 있다. 3권과 4권
은 실제 각종 농작물의 생태와 그 재배방법을 설명한 부분이다.

서양과학용어 처음 소개

안종수가 일본에서 귀국한 것은 1881년 7월 말이었고 그가 이 책을 완성한 것은 같은 해 12월 하순이었음이 책머리에 밝혀져 있다. 꼭 5개월만에 이 책을 완성한 것을 알 수 있다. 물론 이 기간에 무슨 시험을 해볼 수는 없는 일이었다. 그러니까 이 책은 당시 조선의 농업기술을 개량하는 데 직접 도움을 주기보다는 여러 가지 새로운 생각을 할 수 있는 기회가 되었다는 점에 의미가 있다고 생각된다.

그뿐만 아니라 이 책은 우리나라의 근대 과학사에 아주 중요한 의미를 갖고 있다. 이 책에는 우리나라 처음으로 서양식 과학기술 용어가 등장한다. 소다, 석회, 산화마그네슘, 산화철, 유산(황산), 인산, 클로드, 규산 등의 용어가 우리 역사에서는 거의 처음으로 등장하고 있는 것이다. 근대 과학의 내용은 1880년대를 통해 천천히 이 땅에 스며들고 있었다.

예를 들면 1883년에 창간된 우리나라 최초의 근대 신문《한성순보》에는 거의 날마다 서양 근대 과학을 소개하는 기사가 가득했다. 당시 조선의 지식층에게는 서양의 새로운 과학과 기술이란 그대로 모두 뉴스거리였기 때문이다. 바로 이 신문에 여러 가지 근대 과학기술 용어가 사용되고 있었다. 그런데《한성순보》가 사용한 과학기술 용어들이란 거의 전부 중국에서 만든 말들이었다. 그러나 안종수의 과학 용어는 중국의 것과는 조금 다른 것들이었다. 이 시기에 조선의 지식층에게는 중국식 용어가 익어가고 있었지만, 안종수는 일본식 용어를 들여오기 시작했던 셈이다.

안종수는 겨우 36년의 짧은 생애를 살다가 비극적인 죽음을 맞은 우리 역사상 최초의 근대 농학자였다. 그가 남긴 《농정신편》은 근대 농업기술을 처음 국내에 소개했던 중요한 책으로 오래 기억될 것이 확실하다.

미국 유학한 우리나라 최초의 농학자
변수 邊燧 1861~1891

31세의 나이로 세상을 떠난 변수는 미국을 유학한 우리 역사상 최초의 과학자로 꼽을 수도 있는 인물이다. 아직 근대적 의미의 과학이라고는 없던 조선시대 말기에 그는 한국인으로는 처음으로 미국 대학을 졸업했는데 그가 대학에서 공부한 분야는 바로 농학이었다.

그러니까 그는 우리 역사상 최초의 근대식 대학 교육을 받은 인물이었을 뿐만 아니라 한국 최초의 근대 농학자이며 첫 과학자로도 꼽을 수가 있다. 하지만 과학자로 제대로 활약하기 전에 미국에서 횡사하고 말았고 이 사실 자체가 한국 과학사의 한 가지 비극이라 할만도 하다.

그의 집안은 개화기에 많은 활동을 했던 중인(中人) 집안에 속했던 것으로 밝혀져 있다. 원주가 본관인 그의 집안은 아마 유복한 정도였던 것으로 보인다. 그의 일생에 대해서는 이미 1982년에 이광린(李光麟, 1924~2006)이 〈한국 최초의 미국 대학 졸업생 변수〉라는 상세한 논문을 발표했고 같은 해에 장수영(張水榮)은 〈1883년의 견미사질단과 수행원 변수〉란 글을 발표한 일이 있다.

김옥균·박영효와 일본 왕래

변수의 할아버지는 이름을 준(準)이라 했고 아버지는 진환(晉桓), 그리고 어머니는 강릉(江陵) 최씨(崔氏)였다. 할아버지와 아버지 모두 역과에 급제하여 역관으로 활약했던 것이 밝혀져 있으니까 그의 집안이 중인이었다는 사실을 알 수가 있다. 그의 아버지는 2남 2녀를 두었는데 그의 형은 변건이었고 그는 차남이었다. 변수는 일찍부터 아버지 덕택에 개화파 사람들을 따라다니게 되었던 것으로 보인다. 아버지는 시인이어서 당대의 대표적 시인이며 지식인이었던 강위(姜瑋, 1820~1884)와 교분이 있었고 그 연줄로 변수는 당대의 선각자였던 강위에게서 직접 교육을 받기도 했다. 김옥균 등 개화파 젊은이들은 바로 강위와 가까웠고 그 때문에 변수는 그들과 사귈 수 있게 되었다.

1882년 3월 김옥균 등이 일본을 구경하러 가게 되자 변수는 그를 따라 일본에 갔고 교토[京都]의 어느 학교에 들어가 양잠술과 화학을 공부하기 시작했다. 그러나 그해 7월 임오군란이 일어나자 그는 황급히 귀국하고 말았다. 군란이 끝나고 정부가 일본에 수신사 박영효를 파견하자 그는 다시 그를 따라 일본에 가게 되었다. 사신 일행이 귀국한 다음에도 김옥균과 함께 일본에 남아 있던 그는 일본으로부터 돈을 꿀 수 있는 길을 열어 놓은 다음, 이듬해 3월 귀국했다.

1883년 7월, 그는 다시 바다를 건너 이번에는 일본이 아니라 미국을 향하게 되었다. 그전 해에 미국과 조선은 수호조약을 맺고 사절을 교환하기로 정한 바 있는데, 미국 공사 푸트는 이미 1883년 5월 서울에 부임한 바 있고, 그에 대한 답례로 조선사절단이 미국을 방문하게 되었기 때문이다.

그래서 이 사절단을 역사에서는 보빙사(報聘使)라 부른다. 보빙사는 민영익을 우두머리로 하여 박영효, 서광범이 정식 대표가 되었고 5명의 수행원이 따랐는데 변수는 그 다섯 명 가운데 한 사람이었다. 거기에 중국인, 일본인, 그리고 미국인 통역을 한 명씩 대동했는데 아직 당시까지 조선에는 단 한 명도 영어를 할 수 있는 인물이 없었기 때문이었다. 1883년 9월 2일 샌프란시스코에 도착한 일행은 현대 문명이 발달하는 모습을 마음껏 구경하고 돌아왔다. 보빙사는 둘로 나뉘어 귀국했는데 박영효 등이 같은 길을 되돌아 온 것과 달리 변수는 민영익, 서광범을 따라 유럽 여러 나라를 돌아 귀국하게 되었으니 그해 11월 16일 미국 군함 트렌턴호를 타고 뉴욕을 떠나 1884년 5월 31일 인천에 도착했다. 조선인으로는 최초의 세계일주를 할 수 있게 된 셈이다.

갑신정변 때 일본으로 망명

요컨대 이런 경험을 통해 변수는 당시의 세계를 가장 잘 알게 된 조선인의 하나가 되었고 이미 일본어를 할 뿐 아니라 이런 경험을 통해 영어에도 어느 정도 눈을 뜨게 되었을 것으로 보인다. 당시 이들 일행을 수행하여 트렌턴호를 타고 귀국한 27세의 미국 해군장교 퍼어크(George Clayton Foulk, 1856~1893)는 변수와 서광범이 호기심이 많아서 여러 가지 경험을 메모하며 여행했음을 기록해 남기고 있다. 이 미군 장교는 민영익이 유교 서적을 열심히 읽으며 여행한 것과는 좋은 대조를 보였다고 전한다.

귀국과 함께 그는 정부 관직을 얻어 일하기 시작했다. 외아문(지금으로 치면 외무부)의 주사가 되고 이어 내아문 주사로 자리를 옮겼던 변수는 그해 12월 4일 갑신정변을 일으키는 주동 세력의 한 사람이 되었다. 정변과 함께 외아문 참사로 승진했던 그는 혁명이 실패하자 바로 김옥균과 함께 일본에 망명했다. 그로부터 1886년 1월 미국에 건너갈 때까지 일본에서 머물며 갖은 고초를 겪을 수밖에 없었다.

그러던 가운데 1886년 1월 변수는 미국에 건너갈 수 있는 기회를 얻게 되었다. 마침 홍콩은행에서 민영익의 돈 2000파운드(약 1만 6000달러)를 슬쩍 빼내온 조선의 청년 민주호(閔周鎬, 16세)와 윤정식(尹定植, 19세)이 일본으로 스며들어 김옥균에게 도움을 요청했기 때문이다. 일본에 망명 중이던 김옥균은 자신의 처지도 불편한 형편에 이들을 감쌀 엄두가 나지 않았다. 그러나 그들의 훔친 돈을 민영익이 홍삼 판매에서 얻은 부당한 수입을 홍콩에 빼돌려 놓았던 것으로 판단하고 이를 못본 채 하기로 결심했던 모양이다. 그래서 그는 그 돈 가운데 4000달러를 얻고 변수를 앞세워 그들을 미국으로 갈 수 있게 주선했던 것으로 보인다.

변수는 이런 우여곡절 끝에 1886년 1월 24일 다시 미국으로 떠나게 되었다. 이미 일본어에 통달하고 있던 변수는 이번에는 서양 문명의 본바닥에 가서 마음껏 서양 문명을 공부할 기회를 얻게 된 것이었다. 샌프란시스코를 거쳐 곧장 워싱턴에 도착한 이들 일행은 우선 영어를 익히기 위해 벌리츠어학원에 등록하여 영어를 공부하기 시작했다. 그리고 1년 반이 지난 다음 변수는 민주호와 함께 메릴랜드대학교 농과대학에 입학했다. 지금의 메릴랜드주립대학교의 전신이다. 포항공과대학교 총장을 지낸 장수영은 바로 이 대학을 나왔고 그래서 변수에 대한 논문을 썼을 것으로 보인다. 말하자면 장수영은 변수의 대학 후배가 되기 때문이다. 1887년 9월 이들이 이 대학에 정식으로 입학했을 때 이 대학은 학생이 모두 46명 밖에 안 되는 아주 작은 학교였다. 변수는 4년만인 1891년 6월 다른 미국학생 4명과 함께 졸업하여 이학사 학위를 받았다. 아직 미국에서도 대학 교육이 널리 퍼지지 않았던 시절이기는 하지만, 한국에서 따지자면 최초의 학사 자격을 얻은 인물이 되었다. 물론 자연과학 쪽으로도 최초의 학사학위가 된다.

메릴랜드대학교 농과대학 졸업

함께 입학했던 민주호는 1888년 귀국하고 말았는데 아마 당시 미국공사로 와 있던 조선 관리들의 설득으로 그리 되었을 것으로 보인다. 또 함께 미국에 갔던 윤정식에 대해서는 더욱 알려져 있지 않다. 재미있는 사실은 변수가 어떻게 학비를 감당했을까 하는 문제인데 아마 그들이 처음에 미국에 가지고 온 1만 달러 이상으로 충분했을 것으로 보인다. 그들이 훔친 민영익의 돈 1만 6000달러 가운데 4000달러는 김옥균에게 넘겼고 나머지 1만 2000달러로 그들의 미국 생활 경비는 충분했을 것이다. 그 돈을 그들 셋이 어떻게 나눠 사용했는지는 알 길이 없다. 하지만 그때 메릴랜드대학교 농과대학의 1년 동안 학비 총액은 180달러에 불과했다.

이 돈이면 기숙사비 전액과 교과서, 학용품에서 세탁비까지 댈 수가 있었던 것이다. 등록금은 메릴랜드 주민이 아닐 경우 1년에 60달러를 더 냈다지만 여하튼 그들이 가진 돈이 얼마나 많은 돈이었던지 짐작할 수 있다. 그 가운데 얼마를 변수가 챙길 수 있었던지는 알 수 없지만 여하튼 그는 돈 걱정없이 공부를 할 수 있었던 것으로 보인다.

미국 농무부 근무 중 교통사고 횡사

변수는 졸업 후에도 미국에 남아 취직해 살려고 마음을 먹고 있었던 것으로 보인다. 특히 그는 개화당의 일원으로 이미 쫓기는 신세였고 민주호, 윤정식과 함께 민영익의 돈을 훔친 혐의까지 받고 있었기 때문에 국내 사정이 근본적으로 바뀌지 않는 한 귀국할 형편도 되지 않았다. 그래서 그는 1890년 1월에는 미국에 시민권을 신청해 놓고 졸업을 기다리고 있었다. 그런 가운데 그는 미국 농무부의 촉탁 자리를 얻게 되었다. 90일간의 연구 계약을 얻어 그는 일본 농업 현황에 관한 보고서를 작성해내기로 한 것이다. 이래저래 일본에서 2년이나 살았던 셈이고 일본어에는 능통한 그에게는 그리 어렵지 않은 과제였음은 물론이다.

졸업 직후 1891년 7월 시작한 그의 연구는 3개월 뒤인 그해 10월 '일본의 농업(Agriculture in Japan)'이란 보고서로 완성되어 미국 농무부의

변수의 묘비

월간 보고서 89호(1891년 10월)에 남아 있다. 그 보고에 변수라는 이름은 기록되어 있지 않지만 그 논문이 바로 그가 3개월 계약으로 완성해 제출한 보고서인 것만은 틀림이 없고 이것이 변수가 농학도로서 이 세상에 남기고 간 유일한 업적이라 할수가 있다. 이 논문에 대해 농무부 차관 윌리츠는 훌륭한 어학적 재능과 농업지식을 합쳐 놓은 작품이라고 격찬한 것으로 전한다. 그래서 그는 곧 중국에 대해서도 같은 논문을 써 달라는 부탁을 받고 그 계약을 맺었다. 한문에 밝은 그에게는 중국에 관한 연구 역시 그리 어려울 것 없는 일이라고 판단했을 것이 분명하다. 그가 이때까지 미국 시민권을 받았는지 아닌지는 아직 알 수가 없다. 그런 가운데 변수는 1891년 10월 2일 모교에 들렀다 돌아가는 길에 철도역에서 기차를 기다리다 갑자기 달려든 급행열차에 충돌하여 사망하고 말았다.

그 시간은 바로 완행열차가 그 역에 정거하는 시각이었는데 엉뚱하게 급행이 지나가다가 변수를 치어버렸던 것이라고 한다. 이렇게 한국 최초의 미국 대학 졸업생이며 최초의 근대 과학자라 할 수 있는 변수는 그 뜻을 펴볼 기회를 얻지 못한 채 대학 졸업하던 그해에 그만 돌아올 수 없는 길을 떠나고 말았다.

대학시절 가깝게 사귀던 앰멘 집안에서 가까운 천주교 묘지에 변수를 묻고 그 위에 간단한 비를 세웠다. "변수를 기념하여, 그는 이 나라

에 왔던 최초의 조선사절단의 한 사람이었고 1891년 6월 메릴랜드대
학교 농과대학을 졸업했으며 1891년 10월 2일 대학역에서 열차에 치
어 죽다"라는 비문이 새겨졌는데 아주 특이하게도 그의 비문에는 그의
한글 이름이 '벤수'라고 새겨져 있다. 그의 영어 이름 Penn Su를 누군
가 한글로 옮겨준 것으로 보이는데 이것이 아마 미국 땅에서 돌에 새
겨진 최초의 한글일 것 같다.

'씨 없는 수박' 발명한
우장춘 禹長春 1898~1959

우장춘 만큼 극적인 일생을 살고 간 과학자도 드물다. 그는 일제시기에 당시 기준으로 치면 역적(?)의 아들로 태어났다. 게다가 그의 어머니는 일본인 사카이 나카(酒井仲)였다. 그리고 그는 광복을 맞은 조국에 일부러 돌아와 외롭게 여생을 살며 많은 제자를 기르고 이 땅에서 작고했다. 그는 자기 아버지의 잘못에 대해 속죄하려는 마음으로 그렇게 살았던 걸까?

그의 과학자로서의 업적에 대해서도 드라마 같은 오해가 그의 일생을 색칠해주었다. 그는 엉뚱하게도 '씨 없는 수박'을 처음 발명한 과학자로 꼽혀왔기 때문이다. 이는 조금 과장된 평가지만 그렇다고 과학자로서의 우장춘이 아무 공헌을 남기지 않았다는 뜻은 전혀 아니다. 그는 해방 당시 한국인 최고의 과학자의 한 사람이었음이 분명히고 농학 분야에서는 단연 최고 과학자였을 것이다.

일본 망명자의 아들 암울한 유년기

그의 파란만장한 일생을 설명하기 위해서는 먼저 그의 아버지를 말하지 않을 수 없다. 아버지 우범선(禹範善, 1857~1903)은 훈련대 제2대대장으로 1895년 명성황후를 시해하는 데 가담한 한국 측 장본인으로 알려져 있다. 바로 일본에 망명한 그는 동지였던 박영효가 고베[神戶]에서 경영하던 아사히신주쿠[朝日新塾]에서 윤효정 등과 조선인 학생들을 지도했다. 그러나 1903년 이 학교가 해산되자 살길을 찾아 히로시마[廣島]의 구레[吳]라는 도시로 이사했다. 때마침 일본에 피해 있던 고영근(高永根)은 그를 살해하기로 결심하고 새 집으로 그를 찾아가 윤효정이 그를 해치려한다는 비밀정보를 알려주는 듯이 그에게 접근하는 데 성공했다. 둘은 급격히 가까워졌고 고영근은 우범선이 살고 있는 구레시에 집을 빌려 살면서 집들이에 그를 초대했다. 1903년 1월 24일 집들이에 온 그를 고영근은 미리 준비한 단도로 목과 어깨를 찔렀고 그의 종자 노원명[盧遠明 혹은 노윤명(魯允明)]이 철퇴로 그의 머리를 몇 차례 내리쳤다. 그를 살해한 고영근과 노원명은 즉시 일본 경찰에 자수하며 '국모보수(國母報讎)'의 문구를 보여 주었다. 황국협회에서 독립협회로 방향을 바꾸기도 했던 고영근의 인물에 대해서는 잘 알려진 것이 없는 듯하다. 하지만 그가 명성황후 살해범을 응징하여 국내에서 어떤 대우를 받기를 원했던 것만은 분명해보인다. 하지만 그에 대한 보답은 별로 크지 못했다. 이미 조선왕조는 크게 기울어져 있었던 때문일 것이다.

이런 비극 속에서 5세짜리 우장춘은 가난과 일본인들의 차별대우 속에 '애비 없는 자식'으로 던져진 셈이었다. 그 후 그의 고생은 이루 말할 수가 없을 지경이었다. 처음 고아원에 맡겨졌던 그는 바로 어머니 형편이 나아져 어머니 밑으로 돌아올 수 있었다. 아버지가 이사 왔던 그 도시에서 그는 소학교를 거쳐 1916년 구레중학교를 마치고 바로 도쿄제국대학 농학실과에 입학했다. 그는 도쿄제국대학 공학부에 가기를 바랐다. 관비장학생인 그에게는 조선총독부가 학비를 부담했는데 총독부에서 그를 농학실과로 지정했던 것이다. 원래 이 과정은 정식 대학과는 좀 달리 농촌지도자 양성 코스로 수준도 좀 낮았고 뒤에는 도쿄고등농림학교(지금은 도쿄농공대학)가 되었다.

조선인 최초, 도쿄제국대학 농학박사 취득

대학을 나온 우장춘은 1919년 8월부터 거의 20년 동안(1937년 8월까지) 일본 농림성 농사시험장의 기수(技手)로 일했다. 연구직에 가까운 성격 덕택에 그는 이 기관에서 일하면서 공부를 계속할 수 있었고 그 덕택에 1936년 5월 모교 도쿄제국대학에서 농학박사의 학위를 얻게 된다. 그는 당시 조선인 최초의 농학 박사였음은 물론 유전육종학의 권위자가 되어 있었던 셈이다. 학위를 얻은 지 1년 남짓 지나 그는 1937년 9월 교토[京都]의 다키이[瀧井] 종묘회사로 직장을 바꿔 초대 연구 농장장이 되었다. 그리고 광복 직후 이를 그만두고 교토의 쵸호지[長法寺] 근처에 있는 농장을 경영하여 5년이 되었다. 그런 사이에 그는 조국에서 부름을 받게 되어 귀국한 것이다. 실제로 그는 초대 대통령을 맡았던 이승만의 적극적인 후원 속에 귀국하여 한국 농학 발전을 위해 헌신할 수 있게 되었던 것으로 보인다.

해방 당시 이 땅은 모든 분야가 황무지였다. 많은 사람들이 당시 사정을 무시한 채 그때 친일파를 숙청하지 못한 남한의 실정에 비판의 소리를 하는 일이 많았다. 그런 측면이 있었던 것은 부분적으로는 바로 이렇게 모든 분야가 인재 부족에 허덕였던 까닭이기도 하다.

다행히 농학자로서의 우장춘은 친일파와는 거리가 있는 인물이었음은 물론이다(물론 그의 아버지는 친일파라 할 수 있다). 그리고 당시 한국에는 도대체 이렇다 할 농작물의 종자조차 제대로 대줄 수가 없는 지경에 있었다. 게다가 1950년의 한국전쟁으로 나라는 온통 피폐할 대로 피폐하고 있었다. 아직 일제시대에 이어 여전히 농업국가라 할 수밖에 없던 당시로서는 우선 농업을 일으키는 것이 급선무였다.

광복 후 귀국, 농업과학연구소장 취임

당시 조선이 낳은 대표적 농학자가 바로 우장춘이었기 때문에 그는 고국의 초청을 받게 된 것이다. 그는 한국전쟁이 나던 1950년 3월 8일 부산으로 귀국했다. '우장춘 박사 환국추진위원회'란 단체가 그의 귀국을 앞장서 주선했다. 그리고 전쟁이 일어나기 직전인 5월 이미 그는 농업과학연구소의 소장에 임명되었다. 그는 최고의 존경을 받으면서 당시의 국제적 학문성과를 바탕으로 육종 연구를 추진한 결과 국내에 맞는 우량종자의 생산과 자급체계를 세울 수 있었던 것이다.

우장춘 귀국환영식

　일제시대에는 당연히 일본으로부터 각종 농작물의 종자를 들여왔지
만 해방과 함께 그 길이 끊어져 한국 농업은 커다란 곤경에 처해 있었
다. 예를 들면 김치를 만드는 채소류는 당시 식생활의 가장 중요하고
필수적인 부분이었지만 이것마저 순조롭지 못했다. 그는 일본에서 개
발했거나 얻어온 종자에 육종 연구를 더함으로써 짧은 시간에 우수한
종자를 확보할 수 있었다. 일본에 있을 때 그는 100퍼센트 겹꽃 피튜
니아(petunia) 종자를 가장 먼저 개발함으로써 사카타[坂田] 종묘회사가
큰 수익을 올리는 데 기여했는데 말하자면 그는 귀국하여 채소류의 종
자 등을 개량하여 비슷한 공헌을 시작한 셈이다. 그의 주도로 배추 '원
예 1호' 및 양배추 '동춘' 그리고 양파도 몇 종류가 개량되었다. 이런
일대 잡종을 민간종자회사에 분양했으며 이를 계기로 가을재배뿐만

아니라 다양한 작형에 알맞은 품종을 육성하는 계기가 되었다. 당시 채소재배는 불결하고 기생충 감염이 심했으므로 우장춘은 깨끗하게 재배 방식을 고쳐 그 생산된 채소를 미군을 비롯한 외국인들에게 팔아 수입을 올리기도 했다. 일본에서 도입한 귤의 시험재배와 품종개량은 이후 제주도와 남해안 일대가 대규모 감귤 생산지가 되는 데 큰 힘이 되었다. 무병 씨감자를 대관령에서 시험재배하는 데 성공하여 이곳이 감자 특산지로 성장하게 되는 밑거름이 되었다. 나아가 그는 벼의 품종개량과 같은 보다 중요하고 독창적인 연구를 막 시작했으나 갑자기 병으로 눕는 바람에 그 성과는 후배들에게 맡겨지게 되었다.

채소·감귤·감자 등 품종 개발

우장춘이 남긴 공헌은 이런 많은 종자 개량과 보급 이외에도 그 방면에 수많은 제자를 길러 놓은 점을 들어야 한다. 그는 원예와 육종 연구를 담당할 원예시험장(현재의 원예연구소)을 창설했다. 당시 그의 지도 아래 활동했던 사람만 해도 40명 정도였다. 그는 당시 한국에서 널리 알려진 인물이었기에 많은 젊은이들이 모여들었다. 그가 죽은 다음 이들이 '원우회(園友會)'를 만들어 스스로를 '우장춘 교도(敎徒)'라고 부를 정도였다. 또 그 연구소는 원예연구소로, 그리고 1953년에는 한국농업과학협회가 창설되어 그들 활동 무대가 넓혀졌다.

그가 '씨 없는 수박'을 처음 만들었다는 것은 과장된 전설일 뿐이다. 그가 귀국하기 전에 일본 학자가 처음 만든 일이 있고, 우장춘도 1953년 그 방법을 국내에서 실험해서 육종학의 중요성을 알리려 한 것은 사실이다. 실제로 그런 노력이 그를 더욱 유명하게 만들어 한국육종학 발달의 씨앗 노릇을 한 셈이다. 그렇듯 해방 직후의 황무지였던 한국 농학 발달을 주도했던 우장춘은 1959년 8월 10일 위십이지장궤양으로 사망했고 장례는 사회장으로 치러졌다. 묘소는 수원의 농촌진흥청 산기슭에 있고 시인이자 사학자 이은상(李殷相, 1903~1982)의 추모시가 새겨져 있다. 또 그의 위상이 높아지자 탄생 100주년을 맞아 그가 귀국하여 농업 연구를 하던 부산시 동래구에는 '우장춘기념관'이 세워져 1999년 10월 개관했다. 그곳에는 자유천(慈乳泉)이란 우물이 있는데 그가 어머니를 추모하여 만든 것이다. 1953년은 그의 어머니가 작고한데다 큰딸이 결혼하는 해였으나 그는 일본에 갈 수가 없었다. 이때 들어온 부의금을 들여 그는 이 우물을 만들었던 것이다.

그는 아주 특이한 삶을 살고 갔다. 분명 그는 아버지의 죄를 용서받겠다는 뜻에서 귀국한 것 같다. 단양 우(禹)씨로 어릴 때 이름은 명전(命傳), 영어 논문에는 Nagaharu U, 또 일본 호적에는 스나가 나가하루須永長春로 되어 있지만 그는 평생 우씨를 고집하며 살았다. 아버지가 명성황후 시해의 주동자로 꼽혔다는 사실이 그에게는 견디기 어려웠을지 모른다. 하지만 후세의 역사가 꼭 그의 아버지 우범선을 친일파 또는 역적으로 평가할지는 아직 모를 일이다. 하지만 민족주의가 크게 강조되던 시기를 살면서 그는 일본인 어머니와 일본인 아내 스나가 고하루須永小春] 그리고 결국 한국어를 잘하지도 못하는 자신의 처지를 스스로 견디기 어려웠던 것은 아닐까 생각되기도 한다. 그는 아내와 2남 4녀를 뒤로하고 부산에 돌아온 다음 일본에 가보지 못한 채 사망했다. 그의 장례 때 부인이 한 번 찾아왔을 뿐이다.

우장춘은 그의 아버지에 대해 필요 이상으로 죄책감을 느꼈던 것이 아닌가 생각되기도 한다. 그의 명성은 널리 알려져 교과서에도 등장하는 이름이 되었지만 막상 한국에서는 그의 전기조차 제대로 기록되어 나온 적이 없다. 다만 일본 여류 전기작가 쓰노다 후사코[角田房子]가 1990년 《나의 조국》이란 제목으로 그의 일생을 소개했고 그 책이 2년 뒤 《조국은 나를 인정했다》라는 제목으로 우리말로 번역되어 나왔다.

이 번역서의 제목은 우장춘이 죽기 3일 전 대한민국 문화포상을 받으면서 한 말이었다. 그는 그 정도로 조국이 인정해주기를 간절히 바랐던 것으로 보인다. 그리고 이 바람은 성취되었던 셈이다.

문필가로 살다간 동물학 박사
이미륵 李彌勒 1899~1950

한국인으로 역사상 첫 동물학 박사학위를 받은 사람은 이의경(李儀景)이다. 《압록강은 흐른다》(1946)의 저자 이미륵(李彌勒)이 바로 이의경이라는 사실을 알고 나면 당장 고개를 끄덕이는 독자도 있을 것이다. 학교 교재에도 등장하는 《압록강은 흐른다》는 동물학 책이 아니다. 이 책은 이미륵이 자신의 어렸을 적 이야기를 소개한 자서전적 소설로 예전에는 독일의 학교 교재에도 등장했다고 한다. 원래 이 소설은 1920년 독일로 망명한 '이의경'이 '이미륵'이란 이름으로 독일어로 쓴 작품이다.

한국인 최초로 동물학 박사학위 취득

황해도 해주(海州)가 고향인 이미륵은 1910년 해주보통학교를 나왔다. '미륵'은 그의 아명(兒名)이었다. 그는 1917년 경성의학전문학교에 입학하여 의학 공부를 시작했지만, 1919년 3·1운동에 가담하면서 더 이상 정상적 교육을 받기는 어려워졌다. 3·1운동 후 그는 중국 상하이를 거쳐 독일로 건너가 뷔르츠부르크대학교와 하이델베르크대학교에서 의학 공부를 계속했다. 그리고 1928년 뮌헨대학교에서 '플라나리아(planaria)의 재생'에 대한 연구로 동물학 박사학위를 받았다. 그러나 이미륵의 동물학 박사학위는 그 후 조선이나 한국에는 전혀 쓸모가 없었다. 이미륵은 1950년 3월 20일 독일에서 위암으로 죽을 때까지 그토록 사랑했던 조국에 돌아오지 못했고, 한국 생물학 발달에 기여한 일도 없기 때문이다.

하지만 바로 그런 특징 때문에 이미륵의 일생은 한국 과학사의 중요한 한 단면을 보여준다. 즉 40년이나 주권이 강탈되는 특수한 경험을 해야 했던 조선인으로서는 '최초의 동물학 박사'라는 귀한 자격을 갖추고도 귀국해 활동할 수 없는 그런 시대적인 아픔이 있었기 때문이다. 51세의 길지 않은 삶이었지만 그는 성인으로 살아간 30년을 독일에서 모두 지내고 말았다. 아마도 그는 그곳에서 생물학자나 의학자로서는 취직하기 어려웠을지도 모른다. 그 대신 그는 동물학 박사학위를 받은 지 채 몇 년이 되지 않아 문필가로 방향을 바꿔 '유창하고 간결한' 독일어로 한국의 풍습과 인정을 그린 작품을 발표하면서 독일에서 성공했다.

그는 1929년에 김재원(金載元, 1909~1990)이 뮌헨대학교에서 유학하자 객지에서의 고독하던 마음을 어느 정도 달랠 수 있었다고 한다. 1927년 함흥고등보통학교를 졸업한 김재원은 1929년 11월부터 뮌헨대학교에 다녔으며 1934년 9월에 박사학위를 받았다. 이미륵보다 꼭 열살 아래인 김재원은 이미륵이 박사학위를 받은 다음 해에 뮌헨대학교에 왔고, 이미륵이 문필가로 성공하기 시작할 때 쯤 학위를 마치고 벨기에로 가서 겐트대학교 조수로 있다가 1940년 귀국했다. 식민지 조선에서 보성전문학교 교사를 지낸 그는 해방과 함께 국립박물관장이 되어 1970년까지 자그마치 25년 동안 한국 박물관의 대명사가 되었다.

독일어로《압록강은 흐른다》집필, 한국 풍습 알려

1899년 3월 8일 이미륵은 황해도 해주시 남영정에서 아버지 이동빈과 어머니 이성녀 사이의 1남 3녀 중 막내로 태어났다. 그리고 그는 해주고등보통학교를 졸업하던 1910년 11세 때 17세의 최문호와 결혼했고, 슬하에 1남 1녀(명기, 명주)를 두었다. 그는 어린 시절 한 살 위인 4촌형 '수암'과 함께 아버지에게 한문을 배웠다고 한다. 사촌 집안에 두 딸, 그리고 자신에게 3명의 자매가 있었다고도 쓰여 있는데, 구월이라는 어린 하녀를 데리고 살았음이 드러난다. 아마도 해주에서 잘 사는 집안이었던 듯하다. 그의 독일 유학은 온갖 고난 끝에 겨우 성공한 것으로 보인다. 3·1운동 이후 상하이로 건너간 이미륵은 이듬해 봄까지 조선 청년 몇 명과 함께 질척거리는 상하이의 겨울을 참고 견디던 모습을 그의 책《압록강은 흐른다》에 남기고 있다.

그의 글에 따르면 당시 상하이에는 조선 청년들에게 중국 여권을 만들어 주고 유럽 유학을 주선해주는 인물도 있었다고 한다. 여하튼 그는 유럽 유학을 주선해주는 사람에게 당부하고 상하이에서 1919년 가을부터 1920년 봄까지 그 결과를 기다리고 있었다.

그런 가운데 그는 같은 식당에서 밥을 먹는 청년 가운데 4명이 유럽 유학을 꿈꾸며 기다리고 있다는 사실을 알고 친구가 되기도 한다. 특히 그 가운데는 어렸을 적에 이미 프랑스에 다녀온 '봉운'이란 젊은이가 있었다는 대목도 보인다. 과연 그는 누구이고 언제 이미 프랑스를 다녀왔던 것일까? 여하간 그들은 모두 가짜 여권을 만들어 1920년 봄에 유럽으로 떠난 듯하다.

9개월만에 상하이를 떠나 유럽으로 향한 이미륵은 1920년 5월 프랑스의 마르세유 항구에 도착하여 조선을 아는 빌헬름을 만나 그의 도움으로 5월 26일 '뮌스터슈바르차'라는 수도원에 도착했다. 그는 거기서 8개월을 머물며 독일어를 배우고, 1921년 1월 뷔르츠부르크로 옮겨 의학 공부를 시작하고, 1923년에는 하이델베르크대학교로 옮겨 공부를 계속했다. 그리고 다시 2년 뒤에는 뮌헨대학교로 옮겨 갔다. 그가 동물학 박사학위를 받은 것은 1928년 7월 18일로 되어 있다.

1931년 동료의 소개로 알게 된 자일러 교수(미술)를 만나면서 그는 여러 가지 어려움을 극복해 나갈 수 있었다. 이듬해 그가 그레펠핑(Gräfelfing)으로 이사하자 그의 집에 기거하면서 작가 생활을 계속해 나갈 수 있었다. 그곳에서 그는 지역의 문화인들, 즉 예술가, 문필가, 화가, 음악가, 의사 등의 지식층과 교류하면서 행동반경을 넓힐 수 있게 된다. 그 결과 그의 《압록강은 흐른다》가 1946년 독일에서 출판될 수 있었던 것이다. 그의 작품은 2차세계대전의 종전과 함께 등장한 새 나라에 대한 독일인들의 관심과 함께 그의 위상을 높여주는 데 충분했다. 《압록강은 흐른다》에 대한 서평이 신문과 잡지에 보도되면서 그는 널리 알려졌고, 1947년부터 1949년까지 뮌헨대학교 동양학부에서 한학과 한국어 및 문학을 강의하기도 했다.

뮌헨대학에서 한학·문학 강의

그는 《압록강은 흐른다》의 후속편을 내기도 했고, 그 밖에도 여러 편의 글을 남겼다. 하지만 그의 작품은 많아서 유명한 것이라기보다는 그의 특수한 위치 때문에 우리나라에 널리 알려지게 된 것으로 보인다. 특히 전혜린(田惠麟, 1934~1965)은 결정적으로 그의 이름을 국내에 널리 알리게 된다. 1952년 경기여자고등학교를 나와 서울대학교 법과대학에 진학했던 그녀는 3학년 때인 1955년 뮌헨대학교에 유학했다. 이미륵이 죽은 지 5년 뒤였다. 전혜린은 1959년 귀국하여 서울대학교 법과대학 강사 등을 지내다가 1965년 1월 자살하여 세상을 크게 놀라게 한 장본인이다. 우리나라에 처음으로 《압록강은 흐른다》를 번역해내기도 한 전혜린은 유학과 함께 〈이미륵 씨의 무덤을 찾아서〉란 글을 발표했다.

이미륵 기념사업회는 그의 탄생 100주년을 맞아 1999년 3월 국립중앙도서관에서 기념 전시회를 개최한 일이 있다. 하지만 아직 그가 첫 동물학 박사라는 데에는 주목하지 않은 상태였다. 1800년대 중반까지 조선의 생물에 대한 연구는 유럽 학자들이 채집해 보고하는 단계를 벗어나지 못했고, 1900년대 들어서는 일본인에게 넘어갔다. 그러다가 조선인 가운데 생물 공부를 한 사람이 나타나면서 차츰 '조선 생물학'이 등장하게 되는데 그 대표적 인물은 석주명이었다.

해방 전까지 일본에서 생물학과를 졸업한 조선인은 일본에 유학한 6명뿐이었다. 물론 그들 이외에 농업전문학교를 졸업하고도 생물학자로 성공한 석주명 같은 경우도 있지만, 그만큼 조선의 생물학은 빈약했다. 그런 의미에서 이미륵의 동물학 박사학위는 한국 생물학사에 중요한 의미를 갖는다. 하지만 그는 동물학자 이의경으로 살지 못하고 이미륵이란 문필가로 일생을 마쳤다. 여기에 한국 과학사의 비극 한 자락이 있다고 할 만하다.

한국 식품과학의 기틀 마련한
조백현 趙伯顯 1900~1994

과학적 논문 형태로 우리 전통식품 가치 밝혀

조백현은 우리나라의 첫 농학 전공자로서 여러 가지로 '처음'을 기록한 학자이다. 1921년 그가 수원농림전문학교를 졸업했을 때 그는 1회 졸업생 중 한 사람이었다. 그리고 바로 그는 일본에 있는 규슈제국대학에 유학하여 1925년 농학부 농예화학과를 졸업했는데, 이 또한 1회였다.

일본에서 돌아온 그는 즉시 모교의 강사를 맡아서, 이듬해 1926년에는 조교수로 정식 발령을 받았다. 이 역시 조선인으로서는 최초의 교수였다. 수원농림전문학교는 그 후 고등농림학교라 이름을 바꿨고, 광복 직전에는 잠깐 전문학교라 불리기도 했다. 광복과 함께 서울대학교 농과대학이 된다. 서울대학교는 1946년 10월 15일 정식으로 개교하는데, 농과대학 초대 학장이 바로 조백현이었다. 그가 처음이었던 사실은 이 밖에도 많다. 그는 1967년 토양비료학회장, 1972년 식품과학회장 등을 지냈는데, 이들 학회 회장 자리 역시 처음 만든 학회들의 첫 회장이었다. 1955년에는 한국농학회를 만들어 첫 회장을 맡기도 했으니, 우리 농학계의 여러 학회가 바로 그를 중심으로 시작되었다 할만도 하다. 수원에 있는 서울대학교 생명과학대학(농과대학) 캠퍼스에는 1996년 그의 동상이 세워져 한국 농학 개척자로서의 조백현의 위상을 확실하게 보여주고 있다.

그가 한국 과학기술에 남긴 업적으로는 우선, 한국인 최초로 과학적 논문 형태로 우리 전통식품의 가치를 밝혔다는 데 있다. 후배 농학자들의 소견에 의하면 그는 전통식품인 콩나물, 산나물, 김치, 된장, 간장의 식품 가치를 밝히고, 된장과 간장의 제조법을 과학화하여 한국 식품과학 및 산업발전의 기틀을 마련했다고 평가받는다. 또한 흙 속에서 수분이 이동하는 속도를 실험적으로 계산하는 식을 만들었는데, 이는 미국보다 13년 앞선 세계 최초 연구라 할 수 있고, 토양학, 비료학, 방사선 농학, 토양환경학 분야의 개척자로 꼽는다. 그리고 한국 최초로 국제원자력기구와의 국제공동연구(1962~1967)를 유치해 이끌었고, 방사성 동위원소를 농학 연구와 식품산업에 이용하는 계기를 마련하게 되었다.

실제로 그의 논문들 가운데는 1940년대에 김치에 관한 논문 2편이 있기도 한데, 특히 김치의 발효 중의 성분 변화에 대한 논문과 김치의 역사적 고찰 등이 있다. 또 1963년 고추장 성분에 관한 연구가 있기도 하다. 그 밖에는 주로 비료에 관한 학술 논문 등이 많고, 그의 저서로 '토양학', '토양과 비료' 등이 보이는 것은 이를 반영한다. 1931년 11월 18일과 19일 이틀 동안 연재된 《동아일보》 기사에서 조백현은 〈조선 사람에게 밥 다음인 김치는 불로초〉라는 제목의 글을 발표하기도 했다. "김치는 장의 유해균을 죽여 사람의 명을 길게 해준다"는 부제를 달고 기사가 계속되었다.

수원농림학교 교장·서울대학교 초대 농대학장 등 역임

조백현은 1900년 2월 3일 서울에서 태어났다. 아버지는 조성근(1876~1938), 할아버지는 조존충이었으며, 조선 말기의 무신 집안이었던 것으로 보인다. 어머니는 황씨(1874~?)이며, 1남 2녀 가운데 장남으로 조백현이 태어났다. 그보다 5세 많은 누나가 있었는데, 장녀인 조남숙(1895~1967)은 역사가로 유명한 이병도(李丙燾, 1896~1991)와 결혼했다.

아버지 조성근은 구한말 1893년에 무과에 급제하여 장교가 되었고, 그 자격으로 일본에 유학도 다녀왔다. 1894년에는 사역원으로 편입되었다고 전하고 있다. 아마 일본어를 배워 통역직을 맡기도 했던 듯하다. 이런 연고로 일본에 간 조성근은 1896년 귀국 명령을 지키지 않아 징계를 받기도 했다. 하지만 1898년 징계에서 벗어난 조성근은 다시 일본 유학을 하고 일본의 군사학교에서 교육을 받고 1899년 귀국하여 조선군 장교로 복무하기 시작했다.

진급을 거듭한 조성근은 1907년 육군 참장으로 '장군'이 되었고, 1920년에는 소장, 1928년 중장까지 진급했다. 일제시대에 조선인으로 장군이 되어 중장까지 진급한 몇 안되는 고위 군인이었딘 것이다. 그가 소속되었던 조선보병대는 1931년 4월 해산되었고, 그는 1933년 6월 중추원 참의가 되었다. 1938년 5월 15일 그는 서울 궁정동 77번지 자택에서 사망했다고 《동아일보》 1938년 5월 17일자는 보도했다.

이렇게 유복한 환경 속에서 나서 자란 조백현은 1912년 보성중학교에 들어가 1916년 졸업하고, 졸업과 함께 수원고등농림학교에 들어갔다. 그리고 졸업한 다음 이어 일본 규슈제국대학으로 유학을 갈 수 있었다. 당시 대부분의 젊은이들이 문과에 진학하고, 특히 법과를 선호했던 것을 고려할 때 그가 농학을 공부하게 된 것은 조금 뜻밖이기도 하다. 하지만 그의 아버지가 대단히 실용적인 인물이었다는 점에 주목하면 당연한 것으로 보이기도 한다. 혹시 이런 이과 선호의 경향은 집안의 전통으로 연결되었을지도 모른다. 그와 처남 매부 사이인 역사학자 이병도의 후손들이 거의 모두 이과 공부를 해서 크게 성공한 것을 보면 그렇게도 보이는 것이다. 해방될 때까지 수원고등농림학교 유일의 조선인 교수였다가 해방과 함께 교장이 된다. 해방 직전 수원고등농림학교는 이름을 바꿔 수원농림전문학교로 5년제에서 4년제로 변해 있었다. 해방과 함께 그의 활동은 조국의 학술 활동으로 이어졌다. 1945년 8월 16일 조선학술원이 창설되었는데, 그는 이 기구의 농림학부장에 뽑히기도 한다. 이 학술원은 제대로 열매를 맺지 못했으나, 이학부(5분과), 공학부(6분과) 농림학부(4분과), 수산학부, 의학부, 약학부, 기술총본부, 경제법률학부, 역사철학부(7분과), 문학언어학부(5분과) 등 10부로 구성되어 있었다. 지금 생각하면 조금 이상한 구성이고, 더구나 해방 이틀 만에 이런 기구를 구성하고 나섰다는 것이 놀라운 일이기도 하지만, 그 과정은 아직 연구되지 못한 듯하다.

조백현이 수원농림전문학교 교장으로 임명된 것은 사실은 당시 미군 군정청의 발령에 의한 것이었다. 1945년 10월 16일 그를 교장에 임명한 군정청은 11월 3일에는 교육위원회를 개편하면서 2명을 증원했는데, 경성제국대학 의학부장 윤일선과 수원농림전문학교 교장 조백현이었다. 해가 바뀌어 1946년이 되자 수원농림전문학교 교수 일동은 조선식품영양협회를 조직하기도 했다. 당연히 회장은 교장이던 조백현이었는데 조선의 식품과 영양 문제를 과학적으로 검토하고 식품공업의 발전, 그리고 그 지식의 보급을 위한다는 취지였다. 그리고 그 첫 사업으로 술과 장류의 제조를 위한 누룩 등의 생산과 보급을 대대적으로 실시하겠다고 선언하고 있다.

1946년 8월 서울대학교가 구성되자, 조백현은 초대 농과대학 학장을 맡게 된다. 1954년에는 학술원 종신회원에 선임되었고, 1961년에는 서울대학교에서 명예 농학박사학위를 받았으며, 1962년에 명예교수가 되었다. 당시 서울대학교는 60세 정년이어서 그는 정년과 함께 동료 교수 국어학자 이희승과 함께 명예 학위를 받은 것이었다. 또 같은 해 그는 제6회 학술원상을 받기도 했다. 그 후에도 그는 1965년 원자력위원이 되어 1973년까지 지내며 한국 원자력 과학 발전에 기여했다.

화농연학재단 만들어 농학자 육성·지원

그는 화농(華農)이란 호를 가지고 있었다. 평생을 화성에서 농학자로 일했던 그로서는 당연한 호라고도 여겨진다. 조백현은 학계를 떠나 은

퇴하면서 기금을 내어 화농연학재단을 만들었는데, 이 재단은 지금까지 운영되고 있다. 이 재단은 지금까지 10여 차례에 걸쳐 해마다 훌륭한 업적을 낸 농학자들을 선정해 '화농상'을 주고 있는데, 시행은 한국응용생명화학회가 맡고 있다. 또한 이 학회는 2002년부터 근대 한국 농업과학 발달을 주도한 농학자들의 전기를 《한국농학거성의 발자취》라 하여 발간해왔다. 그 1편이 조백현 편으로 '화농 조백현 선생'이라는 부재를 달고 있고 이어 지영린, 김호식, 현신규 등으로 계속된다.

나비 60만 마리 표본제작 나비박사
석주명 石宙明 1908~1950

평양 태생으로 일본 유학

식민지 시대에서야 겨우 시작된 근대 과학의 여러 분야, 그 가운데에
서도 특히 생물학 분야에서 탁월한 공을 남긴 석주명은 흔히 '나비박
사'로 불리운다. 박사학위를 받은 일 없는 나비박사 석주명은 일제하
에서 우리가 꼽아볼 수 있는 몇 안 되는 과학자의 한 사람이라 할 수
있다. 석주명은 1908년 11월 13일 평양에서 아버지 석승단과 어머니
김기석 사이에서 3남매 가운데 첫째로 태어났다. 개성의 송도고등보
통학교를 졸업한 석주명은 일본에 건너가 가고시마鹿兒島고등농림학

교 농학과를 1929년 졸업하고 귀국해서는 15년 동안 모교인 송도고등보통학교의 교사로 근무했다.

그가 한국 생물학의 개척자로 후세에 이름을 남기게 된 것은 바로 이 동안의 활약 때문이었다. 특히 석주명은 부임 첫 해에 이미 송도고등보통학교에서 많은 나비를 채집해 전시하고 있었는데 그것이 1929년 겨울에 벌써 남의 주목을 받게 되고 그것을 계기로 그의 활동은 외국에까지 알려지기 시작했다. 우리나라의 나비 연구에 관한 한 그가 세계 학계에 그 대표자로 알려졌던 것이다. 몽골 지방의 탐사여행을 마치고 일본으로 돌아가던 모리스란 이름의 미국의 지질학자가 우연히 그의 나비 표본을 구경하게 되었다. 당시 일본말로는 개성은 '가이조'였고 서울은 경성(京城)이어서 '게이조'였다. 우리말을 모르는 미국인에게 가이조가 게이조라 들렸던 것은 이상할 것도 없는 일이었다. 잘못 알아들은 실수로 경성역이 아닌 개성역에 내린 모리스는 하릴없이 다음 기차 시간을 기다리며 우연히 송도고등보통학교를 들렀던 것이다.

영국 학회에서 연구비 받아

모리스의 격려에 힘을 얻은 석주명은 다음 해부터 미국의 박물관과 동물 표본의 교환을 시작했다. 이어 1933년부터는 미국 하버드대학교 비교동물학과장의 도움을 받아 다른 서양학자들에게도 알려지기 시작했다. 이런 과정으로 서양에 그의 업적이 알려지자 1941년 영국왕립학회는 그에게 연구비를 제공하며 한국 나비 목록 작성을 부탁하기도 했다. 그는 이 연구를 위해 일본 도쿄제국대학 도서관에 파묻혀 영문판 한국

석주명의 저서
The Synonymic List of Butterflies of Korea

나비 목록을 완성했다.

그러나 그의 한국 나비 연구는 이런 정도에서 대강 끝을 맺고 있었던 것으로 보인다. 그가 한참 공부에 열성이었고 또 그럴 수 있었던 22살 때인 1929년에 미국 과학자의 자극을 받았던 것은 여간 다행한 일이 아니었다. 그런 자극이 없었더라면 아마 그는 몇 년 동안 열을 올리다가 제풀에 지쳐 주저앉아 평범한 고등학교 교사가 되었을 것이다.

표본 불태우고 제주로

그러나 10년쯤 열심히 뛰던 그의 나비 연구 활동은 전쟁의 소용돌이 속에서 시들기 시작했다. 1943년 그는 제2의 고향 개성을 떠나 제주도로 향했다. 그는 개성을 떠날 때 그가 수집했던 60만 마리 이상의 나비 표본 등을 송도고등보통학교 운동장에서 불태웠다고 전한다. 제주도에는 당시 경성제국대학 생약연구소가 있었고 그는 바로 그 연구소의 소장으로 떠나는 길이었다.

제주도에서 석주명은 이미 나비 연구가 아니었다. 엉뚱하게도 그는 언어학 연구에 열성을 보여 제주도 방언을 채집하여 책으로 냈는가 하면 제주도의 옛 문헌을 조사해서 책으로 냈다. 그는 또 한국 에스페란토 운동[1]의 초창기 대표적 인물로 꼽힐 만큼 언어학에도 재주가 있었던 것이 분명하기는 하지만 석주명이 왜 에스페란토에 열성이었고 또 제주도 방언 연구로 방향을 돌렸는지는 아직 밝혀져 있지 않다.

광복 후 석주명을 다시 서울로 왔다. 잠시 농사시험장의 병리곤충부장이란 자리에 있던 그는 곧 이듬해 국립과학관의 연구원장으로 옮겼다. 아직 30대 후반의 젊은 석주명이었지만 그에게는 이미 개성 시절과 같이 한가하게 연구에 매달릴 여건은 사라진 채였던 것 같다. 2차 세계대전 중에도 그랬지만 광복 직후 몇 년 동안의 국내 정세란 공부하는 사람에게는 암울하기 짝이 없는 혼란기였기 때문이다.

6·25 동란 중 희생

이런 가운데 1950년대에는 한국전쟁이 벌어졌다. 그리고 국군이 다시 서울을 찾은 1950년 9월 28일에서 일주일쯤 뒤에 근무하던 국립과학관에 불이 났다. 석주명은 표본을 구하려고 불에 뛰어들었다가 끝내 숨졌다고도 전한다. 다른 소문으로는 적의 총을 맞아 희생되었다고 전해지기도 한다. 그해 10월 4일의 일이었다.

어떤 경우였건 그의 죽음은 비극적이었던 것이 사실이며 가정에서도 그리 행복했던 것으로는 보이지 않는다. 그는 자기 서재를 안에서 잠가두고 밖에는 초인종을 달아두어 자기가 필요할 때에만 그 종을 눌러 사람을 불렀다고 전한다. 혹시 너무 연구에만 몰두하여 그랬던 것일까? 그는 '시간을 아껴써야 한다', '조각난 시간을 활용하지 못한다면 공부에 효과를 볼 수 없다'는 말을 했다고도 전해진다. 이런 태도와 관계 있는 일인지 알 수는 없지만 그는 부인과도 사이가 좋지 않았던 것으로 전해진다.

《한국접류의 연구사》 남겨

석주명은 1920~1943년 사이에 활약하고 그 후에는 혼란기의 고생을 이기지 못한 채 사라져 간 것으로 보인다. 1908년에 태어나서 1950년에 세상을 떴으니 만 42년의 생애 동안 그는 21~34세까지 우리나라의 나비 연구로 세계적 평가를 받을 수 있었다 하겠다. 그는 《한국접류(蝶類)의 연구사》라는 글에서 나비 연구를 중심으로 우리나라 근대 동물학사를 이렇게 시대 구분한 일이 있다.

- 1기(1882~1901): 서양인이 탐험조사한 기록의 시기
- 2기(1905~1929): 일본 학자들이 주로 활약한 시기
- 3기(1929~1939): 한국인들이 활동하기 시작한 시기
- 4기(1940년 이후): 이 시기에 들어 나비 연구는 정리되기 시작한다.

그가 여기서 지적한 것처럼 실제로 1930년 이후에서야 한국인 생물학자들은 활약을 시작했다. 1911년에 이미 정태현은 식물채집을 시작했다지만 그 밖에 석주명, 조복성, 이덕봉 등이 1930년대에 활약하고 있었다. 이들은 조선박물학회 또는 조선박물교원회 등을 만들어 함께 활동했는데 아직 생물학이란 표현보다는 박물학이란 말을 쓰고 있었음을 알 수 있다. 생물학은 19세기까지의 모습 그대로 박물학으로 남

아 있던 시절이었다. 즉 생물을 채집하고 분류하고 그리고 전에 알려져 있지 않았던 새로운 종이 있는가를 밝히는 작업이 중심이 되는 그런 생물학이었다. 지금 생물분류학이라 부르는 그런 분야만이 존재하고 있었다 할 것이다. 석주명의 생물학은 이런 뜻에서는 지금의 생물학과는 거리가 있었으나 서양에서도 이런 박물학 단계를 거쳐 발달해 왔다. 찰스 다윈이라면 진화론을 주장하여 세계 과학사에 이름을 남긴 위대한 생물학자로 여겨지지만 사실은 그가 한 일도 거의 박물학자로서의 일이었다.

나비만을 관찰하고 채집한 석주명이 그런 큰 이론적 업적을 낳을 수는 없었지만 그가 1930년대에 이룩했던 업적은 당시 한국인이 이룩할 수 있는 최고 수준의 것이었음을 부인할 수 없다.

---

1 에스페란토 운동: 에스페란토란 1887년 폴란드 언어학자 루드비코 라자로 자멘호프가 만든 국제 공용어이다. 에스페란토 운동이란 같은 민족끼리는 모국어를, 다른 민족과는 에스페란토를 사용하여 만민 평등과 세계 평화를 추구하자는 언어운동이다. 한국의 에스페란토운동은 1920년대 이후 활발히 전개되었다.

한국 산림녹화 사업의 일등공신
현신규 玄信圭 1911~1986

해방에서 한국전쟁, 그 후 한참 동안 한국의 산은 그야말로 벌거숭이
였다. 언제부터 산이 이리도 헐벗게 되었는지 정확히 밝혀내기 어렵지
만, 아마 외국 선교사들이 도착한 구한말에 이미 우리나라의 산에 나
무라고는 별로 없었던 것이 아닌가 생각된다. 하지만 지금은 우리나라
의 산에 나무가 없다고 탓할 사람은 없다. 오히려 너무 울창해 산불이
그칠 줄 모르는 정도가 되어 있으니 말이다.

현신규는 바로 이런 산림녹화에 뚜렷한 공헌을 남긴 과학자였다. 그
는 평안남도 안주 출신으로 오산학교를 다니다 월남하여 휘문보통학
교를 다녔다. 그는 한학자 현도철과 기독교도였던 부인 이동일 사이의
4남 2녀 가운데 셋째 아들로 태어났다. 1933년 수원농림전문학교 임

학과를 나와 일본으로 유학을 떠났고, 3년 뒤인 1936년 3월 일본 규슈 제국대학 임학과를 졸업한 후 조선총독부 임업시험장에서 근무하기 시작했다. 해방 직전까지는 일본 유학생들이 과학기술사로, 그리고 고등학교 교사 등으로 조선에서 활약하고 있었고, 농학 분야는 특히 한국에서 가장 가까운 일본의 규슈제국대학 출신이 많았다.

한국형 '리기테다 소나무', '현사시나무' 개발

임학자로 훈련받았던 현신규는 광복과 함께 도약의 기회를 얻게 되었다. 광복과 함께 수원고등농림학교(전 수원농림전문학교) 교사가 된 그는 당시 군정청 기관으로 만들어진 임업시험장의 초대장이 되기도 했다. 그리고 1946년 수원농림학교가 서울대학교로 편입되자 서울대학교 농과대학 교수가 되어 정년퇴임 때까지 일하게 된다. 바로 이 초기 서울대학교 교수 시절 그는 미국 국무부 초청으로 유학의 기회를 얻어 1951년 1월부터 꼭 2년 동안 미국의 산림유전연구소 및 캘리포니아 대학교에서 임목육종학을 연구할 수 있게 된 것이다. 그가 귀국하여 한국의 산림자원을 새롭게 육종하여 산림을 푸르게 하는 일에 크게 기여할 수 있었던 것은 바로 이 시기의 미국 유학 덕택이었던 것이다.

이미 일본에서 임학자로서의 학문적 기초(수목생리 전공)를 착실하게 닦은 현신규는 미국 유학을 통해 선진 임목육종학의 이론과 실험을 배우게 된다. 1953년 귀국 후 임목육종 연구실을 갖추어 본격적인 연구를 시작한 현신규는 이를 확대하여 1956년 임목육종연구소를 만들고, 서울대학교 농과대학과 임목육종연구소에서 활발한 연구 활동을 하게

리기테다 소나무

된다.

서울대학교를 정년퇴임 (1977년 2월)한 이후에도 연구소에서 임목육종에 대한 지도와 연구를 멈추지 않았다. 현신규는 '리기테다 소나무(Pinus rigitaeda)'로 대표되는 소나무의 육종, 그리고 '현사시'로 대표되는 포플러 육종으로 한국의 산림녹화에 결정적으로 공헌한 것으로 알려져 있다. 그가 개발해낸 '리기테다 소나무'는 리기다 소나무(Pinus rigida Mill.)와 테다 소나무(Pinus taeda Linn.)의 교잡에 의해 새로 만들어진 잡종이다. 미국이 원산인 리기다 소나무는 1900년대 초 일본인에 의해 국내에 도입되었는데, 재래종 소나무에 비해 해충과 추위에 강하고 척박한 토양에서도 잘 자라지만 생장력이 떨어지고 재질도 좋은 편이 못되었다. 역시 미국산인 테다 소나무는 주로 따뜻한 지방에서 자라 생장이 빠르고 재질도 좋지만 척박한 토양과 추위에는 약하다. 그는 이렇게 다른 두 종류의 소나무를 교잡하여 솔잎혹파리 등 해충에도 잘 견디고 추위에도 강하며, 재질도 우수한 '리기테다 소나무'를 개발해, 대량 인공 교배하여 우리 산을 푸르게 하는 데 기여했던 것이다.

그가 이런 생각을 발전시킬 수 있었던 것은 이 두 가지 소나무가 미국이 원산이기 때문이 아니라, 바로 그의 미국 유학 시절에 이 연구가 시작되었기 때문이다. 그는 바로 캘리포니아에서 리기다 소나무와 테다 소나무를 교잡하여 1대 잡종을 얻었고, 그 종자를 1953년 초 귀국할 때 가져와 여러 해 동안 육종실험을 진행하면서 30여 편의 논문 및 보고서를 발표했다. 세계 식량농업기구(FAO)는 그의 탁월한 육종 성과에 주목하여 이 기구의 보고서 표지에 사진으로 채택한 일도 있고, 1963년에는 미국 상원에 '한국의 기적의 소나무(Wonder Pine)'라고 보고된 적도 있다.

그가 개발한 '현사시'의 육종 역시 비슷한 경우이지만, 이것은 미국에서 시작한 연구는 아닌 듯하다. 한국전쟁이 끝난 1953년은 바로 그가 미국 유학에서 귀국한 해이기도 하다. 당시 한국의 산림은 그야말로 완전히 헐벗고 있었기 때문에 현신규는 가능한 한 빨리 산을 푸르게 만들 나무를 개발할 필요성을 절실히 느꼈고, 그 대상은 속성수로 알려진 포플러였다. 그는 330종의 포플러에 대해 국내적합성을 시험했고, 결국 이태리 포플러 214호와 476호를 찾아내 보급하기 시작했다. 그리고 더욱 적합한 수종을 만들기 위해 유럽 원산으로 이미 토착화되어 있던 은백양(Populus alba)과 수원의 여기산 부근에서만 자생하는 재래종 수원사시나무(Populus glandulosa)의 교배종이 우수한 형질을 갖는다는 사실을 알게 되었다. 그는 몇 년 동안 연구를 계속하여 1964년에는 이 교배종이 평지가 아닌 산지에서는 이태리포플러보다 우수하다는 사실을 발견했다. 1968년부터 이것은 '은수원사시'라는 이름으로 장려 품종으로 지정되어 널리 보급되기 시작했다. 1972년 식목일에 당시 정권을 잡고 있던 박정희가 "목재자원 조성을 앞당기기 위해 현신규가 만든 은수원사시를 많이 심도록 하는 것이 좋겠다"고 공개적으로 권장함으로써 더욱 널리 보급되었다. 그는 또 1979년 은수원사시를 '현사시(은수원사시, Populus alba×glandulosa)'로 이름 고쳤는데 '현'신규를 기념하기 위한 것임은 물론이다.

"육종은 하늘이 우리에게 준 사명"

현신규를 생각하면 먼저 떠오르는 것은 식목일이다. 4월 5일을 식목일로 정한 것은 1946년 군정청의 결정이었다. 그 후 한때는 한국의 산림이 이미 울창하게 된데다가 공휴일이 너무 많다 하여 휴일에서 제외하려는 움직임도 있었으나, 어차피 전통적인 명절이기도 한 청명(淸明), 한식(寒食)과 겹치기 때문에 그대로 유지되고 있다. 그런데 이 식목일의 기원을 좀 더 따지자면 1911년 일제가 시작한 것을 알게 된다. 그때는 4월 11일이었다. 그런데 일제의 식목일을 다시 근원을 따라가자면 미국의 식목일을 기원으로 삼고 있음을 알게 된다. 미국 네브래스카주의 네브래스카시에는 스털링 모턴(Sterling Morton, 1832~1902)의 동상이 서 있고, 그를 기념하는 수목원이 주립공원으로 되어 있다. 여기서 모턴은 1872년 4월 10일을 세계 최초의 식목일(Arbor Day)로 정하는 데 주역을 담당했다. 원래 뉴욕 출신으로 미시간대학교를 다닌 그는 1854년 가을 네브래스카시로 가서 신문 편집인으로 일하게 된다. 그리고 산림의 황폐를 안타깝게 여겨 식목 운동을 일으켰다. 뒤에 그는 네브래스카가 정식 미국의 주가 되기 직전에 주지사 대행을 맡기도 했고, 연방정부 농림장관(1893~1896)을 지내기도 했다. 그가 바로 세계 식목일의 주인공인 것이다. 그의 공을 인정하여 네브래스카주는 1885년 그의 생일인 4월 22일을 식목일로 지키다가, 1989년에 4월 마지막 금요일로 바꿨다. 미국의 여러 주는 그 기후적 조건에 따라 조금씩 다른 날을 식목일로 삼고 있다.

식목일의 아버지로 미국의 모턴이 이렇게 존경을 받는 것처럼, 현신규는 이미 2001년 4월 열린 '숲의 명예전당(포천 광릉수목원)'에 그의 이름을 올린 바 있고, '과학기술자 명예의 전당'에도 그의 이름이 올라 있다. 대한민국학술원 회원, 농업진흥청장, 농업과학협회장, 육종학회장 등을 거쳤으며 학술원 공로상, 3·1 문화상, 수당과학상(秀堂科學賞)을 받았고, 국민훈장 무궁화장을 받기도 했다.

현신규는 아호를 향산(香山)이라 했는데, 자신의 시조의 묘가 묘향산에 있기 때문이기도 하지만, 임학을 전공하면서 평생 산에서 살리라는 각오를 뜻한다. 원래 그가 일본에 유학하여 농학을 공부하게 된 것은 고향의 이웃에 살던 농업학교 교장이 규슈의 가고시마농업학교 출신이어서 그의 부친에게 그렇게 권고한 때문이었다고 한다. 이렇게 그의 대학 생활이 결정되고, 결국 그는 모교에서 1949년 7월 농학박사학위를 받기도 했다.

수학

우리나라 최초의 수학자
부도 夫道 생몰 연대 미상

우리나라에서 첫 수학자로 꼽을 수 있는 인물은 누구일까? 바로 신라 시대 초기 인물인 부도일 것이다. 부도에 대해 우리는 그의 이름 이외에는 거의 아무것도 알 길이 없다. 그러니까 그 이름은 단지 우리 역사상 처음으로 등장하는 수학자라는 뜻에서 조금도 더 보태 줄 것이 없다. 그런 정도만 가지고 '한국 최초의 수학자'라는 이름을 붙여 주기란 여간 쑥스런 일이 아니다. 하지만 이렇게라도 우리 학문의 여러 분야에 대해 조상을 찾고 그들 이름을 기리는 운동을 벌여야 옳다고 생각한다.

《삼국사기》에도 오른 수학자

《삼국사기》에 들어 있는 부도에 대한 기록을 우선 소개해보자. 첨해(沾解) 니사금(尼師今) 5년 1월 임금이 남당(南堂)에서 정사를 돌보았다. 한지부(漢祇部) 사람 부도가 집이 가난하되 아첨하는 일이 없이 문서와 수학에 익숙하여 이름이 당시에 드러나니 임금이 그를 불러 아찬(阿飡)으로 삼고 물장고(物藏庫)의 사무를 담당하게 했다.

이 기록이 부도라는 인물에 대해 역사가 남긴 자료 전부이다. 이것만 가지고는 부도라는 인물에 대해서는 물론이고 당시 수학에 대해서도 알 수 있는 부분이 별로 없다. 이 기사를 보면 앞부분은 5월 초하루 임금이 정사를 보았다는 사실이고 뒷부분에는 부도라는 인물에 대한 기록의 두 가지를 함께 적어 둔 것을 알 수 있다. 그러니까 앞부분은 수학자 부도와는 아무 상관도 없는 독립된 기사라는 말이다.

'첨해'란 임금의 이름으로 그가 신라의 임금 노릇한 시기는 247~261년 사이다. '니사금'이란 물론 신라의 옛 단어로 거서간, 차차웅, 니사금, 마립간 등이 모두 임금을 뜻하는 말이다. 첨해니사금(첨해왕) 5년은 기원 251년에 해당한다. 한지부란 말은 신라의 6부 가운데 하나를 가리키고 아찬이란 신라의 벼슬 이름 가운데 하나이다. 신라에는 일찍부터 17관등 제도가 있었는데 그 가운데 아찬이란 벼슬은 6등급에 속한다. 5등급까지는 진골만이 할 수 있었으니까 아찬이란 실제로는 귀족 아닌 사람으로서 받을 수 있는 최고의 벼슬자리였다.

부도란 수학자는 251년에 단지 그가 능력 있는 유명한 수학자라는 이유 때문에 갑자기 귀족이 아닌 사람으로서 받을 수 있는 최고위 관직을 얻게 되었다. 아마 그는 진골이 아니었으니 6두품이었을 것으로 보인다. 신라에는 성골(聖骨)과 진골(眞骨)이라는 두 계급의 왕족이 있어서 이들이 정부의 최고위를 전부 독점하게 되어 있었다. 그리고 그 아래에는 귀족 아닌 사람들도 6두품, 5두품, 4두품 등의 계급이 있어서 그 계급에 따라 관직으로 올라갈 수 있는 한계가 정해져 있었다. 부도가 귀족 아닌 사람으로 올라갈 수 있는 최고 관직을 받았다는 사실로부터 우리는 그가 6두품 계급의 인물이었다고 짐작하게 된다.

다음에는 그가 담당했다는 물장고가 관심거리가 된다. 물장고란 어떤 관청이었을까? 이름만 보더라도 지금으로 치면 조달청에 해당하는 정부의 물품을 관리하고 보관 통제하던 관청일 것은 짐작하기가 쉽다. 신라에는 물장전(物藏典)이란 관청이 있었다고 《삼국사기》에 적혀있는데, 물장고란 같은 기관을 가리킨 것이 분명하다.

임금이 물장고 사무 맡겨

실제로 당시로서는 물장전이나 물장고란 관청이 대단히 중요한 것이었음을 짐작할 수 있다. 당시는 아직 화폐를 사용하지 않을 때여서, 모든 세금은 현물로 거두어 들이기 마련이었다. 또 이렇게 거둬들인 물품은 잘 분류 정리하여 창고에 보관했다가 필요에 따라 사용하게 되는데 그 관리를 맡은 우두머리에 부도가 임명되었다는 말이다.

그 일에는 상당한 수준의 수학적 재능이 요구되었다. 왜냐하면 당시에는 아직 수학 수준이 아주 미약하여 아무도 지금의 초등학교 3학년 정도의 간단한 계산마저 스스로 할 수가 없는 정도였다. 그러니 당연

히 거둬 들일 납세품을 미리 계산해보고 또 거기 필요한 크기의 창고
도 짓고 또 여러 가지 물품을 보관하기에는 수학적 계산능력이 필요했
을 것이다.

당시 삼국시대 초기의 수학 수준이란 어떤 정도였을까? 아마 부도가
살던 시기의 수학 수준이란 정말로 지금 초등학교 3학년 수준을 넘기
어려웠을 것 같다. 그러니까 부도라는 최초의 수학자는 지금 초등학교
학생 정도의 계산 실력으로 당대 최고의 수학자로 꼽힌 것이 아니었을
까 생각된다. 부도가 살았던 시기보다는 몇 백 년 뒤, 수학이 제법 발
달된 뒤의 일이지만 통일 이후 신라에서는 몇 가지 수학책을 사용하여
관리를 교육하고 또 시험을 보아 관리로 등용했다고 밝혀져 있다.

통일 이전에도 중국의 수학책이 들어와 이미 상용하고 있던 수학 수
준에 걸맞는 지식을 뒷받침했을 것으로 보이지만 보다 구체적 기록은
통일 후의 수학 교육 기록에서 알 수가 있다. 682년(신문왕 2)에 시작한
국학(國學)은 통일 신라가 당나라를 본받아 시행한 국립대학이라 할 수
있는데 여기에 산학(算學) 박사와 조교를 두었다고 되어 있다.

이 국학은 경덕왕 때에는 대학감(大學監)이란 이름으로 바꾼 일도 있
었는데 주로 경서와 역사서를 가르치는 것을 목적으로 하고 있었다. 따
라서 정확히 언제부터 산학을 교수했던가는 분명하지 않다. 다만 산학
박사와 조교가 가르치는 책은 여기 분명하게 기록되어 있는데《철경(綴
經)》,《구장(九章)》,《육장(六章)》,《삼개(三開)》의 네 가지 책이 그것이
다.《철경》이란 당나라에서도 과거에서 사용되었던 교과서인 중국 수
학자 조충지(祖沖之, 429~500)의 《철술(綴術)》을 가리킨 것이 분명하다.
당나라의 교과서였던 이 책은 아주 어려운 책이어서 4년이라는 가장

신 수업 언한을 주었던 책으로 전해지지만 그 후 그 책 자체는 남아 있지 않다.

《구장》이란 후한시대 완성된 중국 수학의 고전이라 할 수 있는 《구장산술(九章算術)》을 가리키는 것이 분명하다. 이 책은 그 후 줄곧 산학 교육의 기본 교재로 사용되었던 것으로 널리 알려져 있다. 나머지 두 가지 책에 대해서는 정확히 그 내용을 알 수가 없다. 《육장》이란 책은 혹시 《구장산술》을 줄인 책이거나 또는 그에 준한 다른 책으로 여섯 장으로 구성되었기 때문에 이런 이름을 갖게 되었을 것이지만 그 비슷한 제목의 책으로 지금 전해지는 것이 없다.

《삼개》역시 내용을 알 수 없기는 마찬가지다. 다만 신라에서 사용했다는 네 가지 수학 교재는 같은 시기 일본에서 사용한 교재 가운데에도 포함되어 있으므로 분명히 그런 이름의 책들이 삼국시대 한국에서 사용되다가 일본에도 전해져 그들의 교재가 되었을 것을 짐작하게 해준다. 사정이 이러했으므로 이보다 몇 세기 전의 부도가 공부했을 만한 수학책이라면 기껏해야 《구장산술》을 꼽을 수 있을 뿐일 듯하다.

그렇다면 《구장산술》이란 수학의 고전은 어느 정도의 수학 수준을 보여줬을까? 아마 2000년쯤 전에는 이미 완성되었을 이 책은 246개의 문제를 9장으로 나눠 제시한 수학책인데 방전(方田, 38문제), 속미(粟米, 46문제), 최분(衰分, 20문제), 소광(少廣, 24문제), 상공(商功, 28문제), 균수(均輸, 28문제), 영부족(盈不足, 20문제), 방정(方程, 18문제), 구고(勾股, 24문제) 등 9장에 걸쳐 모두 246개 문제로 구성된 것이다. 38개 문제로 구성된 첫 장 방전은 논밭의 넓이 계산 문제들로 되어 있다. 첫 문제는 "여기 가로 15보(步), 세로 16보인 밭이 있다. 그 넓이는 얼마냐?"이다. 세상에 이리도 쉬운 문제가 수학책의 문제라니 그 수준을 짐작할 만하다.

계산법은 초등학교 수준

물론 이 가운데에는 조금은 더 어려운 문제도 없지 않지만 대체로 대단히 쉬운 문제들로만 되어 있고, 또 그런 것들이 간단한 예를 들어 실제 생활에 필요 함직한 문제들로만 구성되어 있다. 대단히 실용적인 수학책임을 알 수 있다. 문제들 가운데에는 이런 것들도 보인다.

- 어떤 여자가 베를 짜는데 날마다 그 전날의 두 배를 짠다. 닷새 만에 5자의 베를 짰다면, 날마다 얼마씩 짰겠는가?
- 여러 사람이 함께 물건을 산다. 그런데 사람마다 8원을 내면 3원이 남고 7원을 내면 4원이 부족하다. 사람의 수와 물건 값은 각각 얼마인가?

좀 더 길게 설명한 문제들도 있지만 잘 살펴보면 그리 어려운 문제는 아니라는 것을 알 수가 있다. 사실 우리가 오늘날 '방정식'이란 말을 수학에서 쓰고 있지만 이 말은 《구장산술》의 마지막에서 두 번째 장의 제목에서 유래한 표현이다. 또 지금 우리들은 '피타고라스의 정리'니 하면서 직각삼각형의 세 변의 길이의 관계를 마치 그리스 사람 피타고라스가 먼저 발견한 것처럼 말하고 있지만 그것쯤은 이 책의 마지막 장에서도 다루고 있다. '구고(勾股)'라고 표현한 것이 바로 그 말인데 옛 사람들은 '피타고라스의 정리'를 '구고법(勾股法)'이라 불렀던 것을 여기서 알 수도 있다.

우리나라 최초의 수학자 부도가 과연 얼마나 어려운 수학 문제를 풀 수 있었던 인물인지는 지금 알아낼 도리가 없다. 그가 251년이란 이른 역사 시기에 과연 얼마나 수학책을 얻어 볼 수나 있었던가도 지금 짐작하기가 어려운 일이다.

하지만 아무리 좋게 보아도 그의 수학 실력이 《구장산술》 수준을 뛰어 넘기란 어려웠을 것으로 보인다. 지금부터 1700년도 더 전의 일이다. 아마 한자를 처음으로 겨우 익히던 정도의 시절이었다고 생각된다. 그 직전까지도 신라 사람들은 아직 문자조차 전혀 가지고 있지 못했다. 도량형 제도란 아직 엄두도 내지 못하던 그런 시절이란 것을 《삼국사기》를 읽노라면 짐작하게 된다. 그러다가 이 직전쯤에서야 비로소 한자를 익혀 사용하기 시작하고 있었다. 말하자면 문명에 겨우 눈뜨고 있었음을 가리킨다. 부도는 이런 이른 시기의 우리나라 수학자로 우리 역사에 기록되어도 좋을 것이다

《토정비결》의 창안자
이지함 李之菡 1517~1578

해마다 음력으로 새해가 되면 생각나는 과학자에는 이지함이 있다. 그의 이름보다 오히려 호 토정(土亭)으로 더 유명한 이지함은 정월이면 한번씩 들여다 보게 마련인 우리의 《토정비결》 때문에 더욱 유명한 것이다. 바로 그 《토정비결》 속에 수학적 질서를 찾아내려던 이지함의 집념이 감춰져 있다. 144가지의 괘(卦)를 배치해 놓은 규칙성도 그러하지만 그 내용을 다시 좋은 예언과 나쁜 예언으로 나눠 알맞게 배치함으로써 사람들이 그럴싸하게 여기도록 유도한 방법 역시 대단히 과학적이라고 할만하다. 그것은 말하자면 통계학, 확률론의 발달과 연계된 우리의 과학 및 수학 전통이다.

수학적 질서 도입 노력

사실상 이지함은 우리 역사상 서경덕(徐敬德, 1489~1546)과 함께 상수학(象數學)의 가장 대표적인 대가였다고 할 수 있다. 아직 상수학에 대해서는 그 상세한 내용도 그리고 역사적 의미도 알려져 있지 않지만 명기(名妓) 황진이의 애간장을 끊어 놓은 것으로 잘 알려진 송악의 선비 서경덕은 바로 그의 스승이었다. 화담 서경덕이 남긴 글들을 모아 놓은 《화담집》에 보면 우주의 시작과 그 변화의 주기를 비롯하여 온갖 것들에 대한 수학적 질서를 밝혀 보려는 그의 의지가 잘 나타나 있다.

왜 1년은 365일이며, 한 해는 12달인가? 또 목성은 왜 하필 12년에 한 번씩 하늘을 한 바퀴 돌고 있는 걸까? 역사는 또 어떤 기간을 주기로 흥망을 거듭하는 것인가? 말하자면 상수학이 가진 관심의 가장 중요한 부분은 이런 것들이었다. 서경덕은 이런 문제를 관심 있게 연구한 자연철학자였다. 그러나 이지함은 그의 문집 《토정집》에 그리 많은 상수학의 흔적을 남겨 놓지는 않았다. 어느 의미에서는 바로 《토정비결》이 그대로 그의 상수학에 대한 관심의 표명이라 할만한 것이다.

고려 말 이색의 9대손

율곡(栗谷) 이이(李珥, 1536~1584)의 친구였던 이지함은 고려 말의 유명한 학자 목은(牧隱) 이색(李穡)의 6대손이며 한산(韓山)이 본관, 일찍 아버지를 여의고 형인 이지번(李之蕃)의 집에서 자랐다. 아버지 겸 스승노릇을 해준 셈인 그의 형에게는 당대 유명한 아들 둘이 있었는데 영의정까지 지낸 이산해(李山海)와 이조판서까지 지낸 이산보(李山甫)가 그들이다. 유명한 조카 둘을 갖고 있었던 것에 비해 자식을 일찍 잃은 그에게는 관운 또한 없어서 기껏 말년인 1573년부터 얼마동안 6품 벼슬인 포천 현감과 아산현감을 지낸 것이 전부였다. 그러나 죽은 다음 그의 명성은 널리 인정되어 이조판서로 추증되었고, 아산과 보령의 서원에 그의 위패가 모셔지게 된다.

이지함에게는 다른 어느 인물의 경우보다도 괴상한 숨은 이야기가 많다. 때로는 믿기 어려운 이런 일화들이 전해지는 것으로 보아 그가 당대의 기인(奇人)이었음을 족히 짐작할 수 있다. 우선 그의 호는 대개 잘 알려져 있는 것처럼 '토정(土亭)'인데 흙으로 지은 정자'란 뜻이다. 아마 그 굴 같은 거처는 아래로 향해 판 것이 아니라 오히려 흙을 쌓아서 높게 쌓은 흙 정자였던 것 같다.

토정이 마포 강가에 흙집을 짓고 산 데에는 또 그럴만한 사연이 있었다. 그는 자그만 배의 네 귀퉁이에 커다란 바가지를 달고 세 번이나 제주도를 다녀왔고 또 여행을 많이 했는데 이런 가운데 상업의 중요성에 눈을 떴다. 다 아는 일이지만 조선 양반사회에서는 양반이 상업에 종사하는 일은 있을 수 없는 것이었다. 그렇지만 이지함은 실제로 수만 석의 곡식을 운반해 마포에 쌓아두기도 했는데 그 곡식은 무인도를 개간해서 박을 심어 그것으로 바가지를 수만 개 만들어 팔아서 바꿔온 것이라고도 전한다. 그리고 몇 년인가 이런 장사를 하고는 홀연히 그 곡식을 가난한 사람들에게 나눠주고 사라졌다는 것이다.

그가 포천 현감으로 있을 때에는 포천의 가난한 사람들을 모아서 무인도에 들어가 그곳에 이상사회를 건설하려는 꿈을 갖고 있기도 했다.

이지함은 언젠가 소금장수도 그리고 생선장수도 한 것으로 전해지는데 아마 마포에서 쌀 장수하던 일과 비슷한 경우였던 것으로 보인다. 그는 문벌을 따지지 않고 사람을 사귀어 그가 가장 사랑하던 제자는 노비 출신이었다. 또한 그는 대단히 강인한 체력의 소유자이기도 했는데 아무리 더워도 물을 마시지 않고 또 추위에 아무데서나 잠을 잘 수 있었으며 엄동에도 홑옷으로 지냈고 열흘쯤 굶고도 끄떡하지 않았다고도 전한다.

7000개의 글귀로 풀이

율곡과는 아주 가까워서 평생 자주 교제했는데 특히 천문학 등에 관해서는 율곡이 토정의 의견을 묻곤 했다. 한번은 서울에 요성(妖星)이 나타난 일이 있었는데 이에 대해 율곡이 그의 의견을 묻자 토정은 이렇게 대답했다. "내 생각으로는 그것은 요성이 아니라 서성(瑞星)이요." 놀란 율곡이 그 까닭을 캐물었다. 토정의 대답은 "그때 마침 세상인심이 흉흉하고 도덕이 땅에 떨어져 있었는데 요성이 나타나는 바람에 위와 아래가 모두 마음을 다시 가다듬고 조심하여 별일 없이 지날 수가 있었으니 이 어찌 상서로운 별이라 아니하겠소?"

요성이란 대개 혜성이나 객성 또는 그 비슷한 별을 가리키는 것으로 옛 사람들은 그런 별이 나타나는 것을 아주 불길한 조짐이라 여겼다. 하지만 당시의 천문사상에 통달하고 있던 이지함은 이 요성의 나타남을 그 나름대로 새롭게 해석하여 흉조가 아닌 길조라 설명하고 있었던 것이다. '꿈보다 해몽'이란 옛말이 있는 것처럼 우리는 누구나 지나치

《토정비결》

게 어떤 틀에만 얽매여서는 창조적 활동이란 기대할 수 없는 법이다. 토정 이지함은 바로 그런 뜻을 가지고 그의 불후의 명작《토정비결》을 완성했던 것은 아닐까?

'동풍에 얼음이 녹으니 고목에 봄이 오도다(東風解氷 枯木逢春)'로 시작하여 "수와 복을 함께 갖추니 이름은 세상에 떨치도다(壽福兼全 名振四海)로 끝나는 《토정비결》에는 이런 글귀가 7056개나 들어 있다. 여기에는 모두 144개의 괘(卦)가 들어 있으니 한 괘마다 이런 글귀가 49개씩 들어 있다는 것을 뜻한다.《토정비결》로 그해의 신수를 보려는 사람은 자기 생년월일을 가지고 상괘(上卦), 중괘(中卦), 하괘(下卦)를 계산해서 이 3괘를 합해 자기 괘를 얻는다. 누구나 바로 이 144괘 가운데 어느 한 괘에 해당하게 되는 것이다. 각 괘에는 1년 동안을 통틀어 예언한 개괄적 예언이 위와 같은 글귀 12개로 되어 있고 이에덧붙여 달마다 3개의 글귀로 된 예언이 있다. 한 괘는 48개의 글귀로 구성되었음을 뜻한다. 물론 사람의 한 해 동안의 신수를 144가지로만 분류하고 있는 만큼 따지고 보면 우스운 일이 또 얼마나 많은 사람들이 똑같은 운명을 갖게 될 것인가?

토정비결 지금도 인기

그런데 아주 흥미 있는 사실은《토정비결》을 보는 사람들은 과학이 아주 발달했다는 지금도 줄을 줄 모른다는 사실이다. '지나간 예언은 다 맞는다'거나 하면서《토정비결》의 예언을 제법 굳게 믿는 사람도 없지 않다. 이 예언서는 적당히 모호해서 아주 틀릴 가능성이 적다. 게다가 3분의 2는 행운을 약속해 주는 예언이며 적어도 불행을 예언하지는 않는 그런 내용이 거의 4분의 3을 차지한다. 사람들에게는 '믿져 봐야 본전'이라는 반응을 얻기 꼭 좋은 구조로 되었다는 뜻이다.

전체 6912개의 글귀를 분석해보면 길운(吉運)을 예언하는 내용이 3318개 나쁘지도 좋지도 않은 예언이 1587개, 그리고 나쁜 예언이 2017개로 되어 있다. 거의 7000개 가운데 2000개만이 나쁜 예언이라니 얼마나 편파적인 예언서인가를 알 수 있다. 따라서《토정비결》을 본 사람은 거의가 자기의 한해 운수가 대체로 좋다는 인상을 받고 기분 좋아하게 마련인 것이다. 이지함은 이런 통계적 수단을 동원해서 '아주 잘 맞는 예언서'를 만들어낸 것이라 할 수 있다.

토정 이지함은 인간세상의 수학적 질서에 관심이 많았던 자연철학자임에는 틀림이 없다. 하지만 정말로《토정비결》이 그의 저술인지도 확실한 것은 아니다. 기록에 의하면《토정비결》이 세상에 널리 퍼진 것은 1세기 남짓 밖에 되지 않는 것 같고 19세기 초까지도 그것이 예언서로 쓰인 증거는 보이지 않기 때문이다. 그러나 혹시《토정비결》이 그의 작품이 아니라 해도 이 예언서가 그의 정신을 담은 것만은 분명하다.

중국의 《산학계몽》 맥 이어준
김시진 金始振 1618~1667

《산학계몽(算學啓蒙)》이란 중국의 수학 책이 있다. 조선왕조의 네 번째 임금으로 너무나 유명한 세종은 바로 이 책을 정인지의 지도를 받아 공부했다는 기록도 있다. 《세종실록》을 보면 이렇게 기록되어 있다.

임금이 계몽산(啓蒙算)을 배우는데, 부제학 정인지(鄭麟趾)가 들어와서 모시고 질문을 기다리고 있으니 임금이 말하기를, "산수(算數)를 배우는 것이 임금에게는 필요가 없을 듯하나, 이것도 성인이 제정한 것이므로 나는 이것을 알고자 한다"했다.

송나라 때 주세걸이 쓴 수학책

세종 12년(1430) 10월 23일의 일이다. 여기 "계몽산"이란 것이 정식 이름으로 《산학계몽》이다. 그런데 바로 이 중요한 중국 수학책이 막상 중국에서는 일찌감치 사라져버렸다. 《산학계몽》은 송나라 때인 1299년 주세걸(朱世傑)이 쓴 책인데 중국 수학사에 뺄 수 없는 귀중한 책이다. 그럼에도 불구하고 이 책이 막상 중국에서는 사라져 버렸다가 1839년 조선에서 구해다가 다시 찍어내게 된 것이다. 그런데 1839년의 중국판 《산학계몽》이 바로 우리나라 학자 김시진이 인쇄한 《산학계몽》을 얻어가 찍어낸 것이었다.

당연히 중국 과학사학자들은 자주 조선의 김시진을 글 가운데 등장시킨다. 예를 들면 중국 수학사학자 두석연(杜石然)은 중국 송대의 수학자 주세걸에 대한 글에서 1660년 전주부윤(全州府尹) 김시진이 다시 찍어냈던 조선의 《산학계몽》을 말하고 있다. 두석연은 중국에 있는 《산학계몽》은 바로 김시진의 책을 기초로 했는데, 그 후의 유명한 주석본이라는 왕감(王鑒)의 《산학계몽술의(算學啓蒙述義)》(1884)나 서봉호(徐鳳浩)의 《산학계몽통석(算學啓蒙通釋)》(1887) 등이 그렇다고 쓰고 있다. 이 글은 1993년 베이징에서 나온 《중국 고대 과학가 전기(中國古代科學家傳記)》의 〈주세걸편〉에 보이는 대목이다.

이 글에 의하면 라사림(羅士琳)이라는 중국의 수학자가 이 책이 조선에서는 수학자 선발에 사용된다는 말을 듣고 베이징에서 구하게 되었던 것이라고 밝혀 놓고 있다. 그것은 사실이다. 조선왕조는 개국 초부터 이 책을 산사(算士, 수학자)를 뽑는 데 사용했다. 바로 세종이 이 책을 공부했다는 1430년 10월 23일보다 조금 전인 같은 해 3월 18일자 《세종실록》에 보면 당시 산사를 선발하기 위해 사용하는 교재로 5가지 수학책을 밝히고 있는데 그것들은 상명산(詳明算), 계몽산(啓蒙算), 양휘산(揚輝算), 오조산(五曹算), 지산(地算)이다.

그러니까 이 책이 조선에서는 그리 귀한 책은 아니었던 것을 짐작할 수 있다. 그럼에도 불구하고 요즘으로 치자면 전주 시장이던 김시진은 왜 이 책을 1660년, 즉 현종 1년에 다시 찍어냈던 것일까? 여기 대해서는 그 책을 내면서 김시진이 쓴 머리말이 있다. 1657년 병에 걸려 할 일 없이 있을 때 금구(金溝) 현령(縣令) 정군양(鄭君瀁)으로부터 《양휘산서(楊輝算書)》를 구해보고, 또 국초에 인쇄된 《산학계몽》을 수학자 경선징(慶善徵, 1616~?)에게서 얻어 보게 되었다. 그런데 《산학계몽》은 간단하면서도 갖출 것이 다 갖춰져 있어서 수학자에게 실로 귀중한 자료임을 알 수 있었다. 하지만 마지막 두 장이 잘 보이지 않았다. 그래서 당시 수학에 밝았던 대흥(大興) 현감(縣監) 임준(任濬)에게 보여주었더니 이 부분을 완벽하게 보충해주었다. 뒤에 우연히 《산학계몽》을 새로 얻어 대조했더니 틀림이 없었다. 곧 이 책이 사라질 것이 걱정스러워 《산학계몽》을 다시 인쇄했다는 것이다.

이렇게 중요한 역사적 자리를 차지하고 있는 인물이지만, 막상 김시진에 대해서는 세상에 알려진 일이 거의 없다. 실록에 의하면 그는 1644년(인조 22) 과거에 급제하여 이듬해부터 1667년 죽은 해까지 정부에서 여러 자리를 맡아 일한 당시의 뛰어난 정치가이며 학자였음을 알 수 있다. 1644년 문과에서 병과(丙科)로 급제한 다음 그는 이듬해 검열로 시작하여 지평, 헌납, 문학, 정언, 수찬, 부교리, 교리, 집의 등을 지냈는데, 주로 언관(言官)으로 활동했다. 당연히 임금과 책을 읽고 토론하는 경연에 많이 참가하여 논의하고, 토론하며 자신의 의견을 이야기한 기록이 많다. 또 1666년에는 중국에 사은부사(謝恩副使)로 다녀왔고 1662년에는 경기좌균전사, 그리고 더 일찍은 암행어사도 지내는 등 활동이 다양하다.

산법에 밝아 균전사 벼슬 받아

하지만 막상 그가 얼마나 과학자 또는 수학자로서 뚜렷한 자리를 차지하는 것인지는 분명하지 않다. 당시의 실록에는 김시진에 관한 부분이 제법 많지만, 막상 과학과 수학에 관한 자료는 거의 없다. 원래 실록 같은 당대의 역사자료는 과학기술을 다루지 않기 때문이다. 예를 들면 김시진이 중국 수학 책《산학계몽》을 복각해 후세에 전한 사실도 실록에는 전혀 나타나지 않는다.

그런대로 그가 수학자로 당시에도 존중받았다는 증거가 1662년(현종 3) 8월 경기 좌균전사(京畿左均田使)로 임명된 사실에서 드러난다. 이듬해 3월의《현종실록》에는 그가 "사무에 통달하고 산법(算法)에 밝았으므로 균전하는 임무를 부여한 것"이라 밝혀져 있다. 당대에 이미 알려진 수학자였기 때문에 균전사로 임명되었다는 것이다. 균전사란 땅의 넓이를 재어 공평한 세금을 내도록 토지 조사를 감사하는 직책이다. 당시 지방 관리들은 나라의 눈치만 보기에 바빠서 백성들의 땅을 부당하게 넓고 질 좋은 땅인 것처럼 기록하여 백성들의 원망을 샀다. 이를 조사하여 부당하게 처리하는 지방관리를 처벌하고 잘못을 바로 잡자

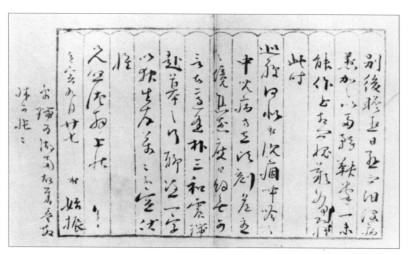
김시진의 필적(《근묵》)

는 뜻에서 김시진은 균전사로 임명되었던 것이다. 실제로 김시진은 이 직책에서 몇 개 지방 관리를 처벌하는 조치를 취하게 된다. 양주 목사(楊州牧使)·장단 부사(長湍府使) 및 부평(富平)과 통진(通津)의 수령들이 그의 조사 결과로 처벌을 받게 되었다.

김시진은 본관이 경주(慶州), 자는 백옥(伯玉), 호는 반고(盤皐)였다. 증조부는 좌의정을 지낸 김명원(金命元) 아버지는 김남헌(金南獻)이었고, 적어도 그의 동생으로 하진(夏振)이 있었다. 그의 이름은 옛날 자료 여러 군데에서 발견된다. 예를 들면 국립천문대와 기상대를 통합한 셈이랄 수 있는 서운관(書雲觀)의 소개 가운데에도 그의 이름이 남아 있다.

신하로 별당 신축 비판한 학자

《서운관지》에 의하면 1653년(효종 4) 경연에서 시독관 김시진이 불에 탄

후원 별당을 새로 짓는 것을 비판한 일이 있다는 것이다. 이런 비판에 대해 왕은 궁중의 일은 신하들이 말하기 어려운데, 그런 간하는 말을 하는 것이 가상하다면서 표범 가죽을 하사했다는 기록이다. 효종 4년 3월 6일에 실제로 그런 일이 있었다고 《효종실록》에도 적혀 있다.

또 실학자 이익(李瀷)의 《성호사설(星湖僿說)》에는 〈나무의 변괴(木妖)〉라는 글에서 김시진이 전라감사로 갔을 때 고목을 베었더니 그 속에서 이상한 벌레가 나왔고, 그것이 바람과 햇빛에 금방 죽었다는 말을 들은 일이 있다고 소개하고 있다. 《현종실록》에 의하면 1665년(현종 6) 7월에 충청감사 김시진이 공주의 공산(公山)에서 나무를 베었더니 그 가운데 '상화하목(上和下木)'이라는 네 글자가 나왔다는 것이다. 이 기록이 《성호사설》의 기록과 같은 것인지는 알기 어렵다. 또 같은 책에는 지구 상하에 모두 사람이 산다는 것을 서양인들이 처음 말했지만, 참판 김시진은 이를 잘못된 주장이라고 했다고 적혀 있다.

이런 저런 옛날 글에 김시진의 이름이 나오는 것만 보더라도 그가 당대의 유명한 지식인이었음을 확인할 수 있다. 유명한 실학자 이익이 김시진의 주장을 두 가지 소개한 것만 보아도 그의 위상을 짐작하게 된다.

그는 1667년(현종 8) 4월 30일 겨우 49세에 세상을 떠나고 말았다. 그의 죽음에 대해 당시 《현종실록》에는 "그의 사람됨이 민첩하고 재주가 있었으나 언론이 상당히 괴벽하여 번번이 사론(士論)과 엇갈리었다"는 논평이 붙어 있다. 좀 괴팍한 주장도 자주 했음을 지적한 것으로 보인다. 또 그는 3년 전인 1664년(현종 5) 윤6월 경상감사에서 물러났는데, 당시 그 이유가 "이상한 질병을 심하게 앓아서"라고 기록되어 있다. 4개월 뒤에는 다시 승지로 임명된 기록이 보이기는 하지만, 뭔가 이미 심한 질병에 걸려 그는 50세도 채우지 못하고 세상을 떠난 것으로 보인다.

《산학본원》저술해 조선 수학 이끈
박율 朴繘 1621~1668

지금은 많은 사람들에게 친숙해진 우리 고전문학 작품에 《요로원야화기(要路院夜話記)》가 있다. 숙종 때 박두세(朴斗世, 1650~1733)가 지은 수필인데, 과거에 낙방하고 고향 충청도로 돌아가다 아산의 요로원에 있는 어느 주막에서 일어난 일을 그리고 있다. 서울 양반을 만난 그는 스스로 천민인 척하며 잘난 체하는 그 양반을 비웃은 것은 물론 당대의 여러 풍조를 풍자한 내용이다.

고등학교 학생들에게 우리 국문학의 고전으로 소개되고 있는 이 작품을 쓴 박두세는 자기 아버지 박율의 수학책 《산학본원(算學本原)》을 편집해 출간해낸 주인공이기도 하다. 아들 박두세는 이 작품 말고도 《삼운보유(三韻補遺)》등의 다른 책도 남기고 있는데, 문장에 능했을 뿐 아니라 운학에도 통했다고 되어 있다. 요즘으로 치면 언어학에 밝았지만, 수학자는 아니었다는 말일 것이다.

하지만 아버지 박율은 대단한 수학자였다. 역시 조선시대의 대표적 수학자로 이름을 남긴 최석정(崔錫鼎, 1646~1715)은 그의 책《구수략(九數略)》의 '고금산학(古今算學)' 조에서 중국과 조선의 수학자들 이름 몇을 간단히 소개한 일이 있다. 그는 대표적 동국(東國)의 근세 수학자로 김시진(金始振, 1618~1667), 이관(李慣, 1624~1692), 임준(任濬, 생몰 연도 미상), 박율, 경선징(慶善徵, 1616~?)을 꼽고 있다.

또 그 후의 대표적인 실학자 황윤석(黃胤錫, 1729~1791)은 그의 책《이수신편(理藪新編)》권23을 바로《산학본원》으로 채우고 있기도 하다. 그는 이 부분을 시작하면서 이 책이 박 율의 작품을 수정 보완한 것임을 밝히고 있다. 박율의 수학책은 이래저래 우리 역사에 남는 중요한 업적임을 인정받게 된다.

조선 최고의 수학자들이 인정한 수학책 저술

박율은 본관이 울산, 자를 자명(子明), 호를 오리(梧里) 또는 오산(梧山)이라 했다. 충청도 대흥 출신으로 아버지는 박이건, 어머니는 여계선의 딸이었다고 당시 기록은 알려주고 있다. 그는 1642년 사마시에 합격해서 생원이 되었고, 1654(효종 5)년 식년(式年) 문과(文科)에 응시하여 병과(丙科) 23으로 급제했다고 방목(榜目=과거 합격자 명단)에 나온다. 그는 현종 때 은산(殷山) 현감 등을 지냈고, 숙종 때 장령, 군수 등 몇 가지 벼슬을 했다고 되어 있지만, 더 이상 밝혀지지는 않았다. 또《산학본원》말고도 《역대제왕전세지도(歷代帝王傳世之圖)》가 남아 있다. 중국과 한국의 역사를 도표로 설명한 연표이다.

박율의 이 책은 《산원(算原)》 또는 《산학본원(算學本原)》, 《주학본원(籌學本源)》 등으로도 알려져 있으니 제법 널리 알려졌던 책인 듯하다. 하지만 그 일생에 대한 연구는 아직 시작도 되지 않은 상태다. 그는 아들 둘을 두었는데, 첫째 아들 박규세와 둘째 아들 박두세 가운데 둘째가 바로 《요로원야화기》의 저자이며, 첫째 아들에 대해서는 별로 알려진 바가 없다. 둘 다 1682년(숙종 8) 증광문과에 합격해 형제 동방(同榜: 같은 때에 과거에 급제하여 방목에 함께 적히던 일)의 영광을 누렸는데, 동생은 을과에, 형은 병과 17로로 합격했다니 과거 성적이 동생 쪽이 조금 더 좋았던 셈이다.

박율에 대해서는 조선시대의 실록에 꼭 한번 그의 이름이 등장한다. 현종 4년(1663) 8월 20일 대사간 이경억(李慶億)이 세 사람의 지방관을 탄핵하는데, "은산(殷山)의 전 현감 박율은 회부(會付)할 곡식을 받아들이지 않았는데도 이미 받아들였다고 조정을 속였습니다. 그러니 이미 체직되었다고 하여 그냥 놔둘 수 없습니다. 나문하여 본도로 하여금 엄히 조사하게 하소서"하니, 상이 따랐다는 내용이다. 별로 좋은 일로 역사에 남지는 못한 것을 알겠다.

하지만 그의 수학 책은 좋은 평가를 받고 역사에 남은 것이다. 《산학본원》의 서문은 바로 최석정이 써주었는데, 아들 박두세의 부탁을 받고 쓴 것이 분명하다. 두 사람은 5살 차이로 최석정이 고위직을 거푸누린 것에 비하자면 박두세는 그리 출세한 관료는 되지 못했지만, 교류가 좀 있었던 것을 짐작하게 한다. 최석정은 박두세의 부탁을 받고

《산학본원》의 내용을 살펴보고 손을 대면서 서문까지 써준 것이다. "수학은 원래 6가지 재주(六藝)의 하나여서 군자가 당연히 관심 두어야 하는 일이다. 하지만 우리나라는 궁벽한 곳에 위치하고 있는데다가, 수학을 전문하는 사람들은 사소한 문제에만 집착하여 아는 바가 적고, 유학을 아는 이는 시간을 내어 공부하지 않으니, 내 이를 일찍부터 유감스럽게 여겼다"고 그의 머리말을 시작하고 있다.

이어서 최석정은 개방(開方, 제곱근 구하기) 문제에 있어서는 당시 주세걸의 천원술(天元術, 연립방정식)이 가장 발달한 경지에 이른 것으로 여겼으나, 이 책에서 박율은 주세걸이 미처 다루지 못한 분야까지 들어갔다고 평가하고 있다. 그는 자신이 젊었을 때 군수 임준을 찾아가 만나 수학을 논하여 터득한 바가 있었는데, 지금 다시 이 책을 통하여 깨달음을 얻게 되었다고 이 책을 격찬하고 있다. 아울러 저자 박율은 원래 경학을 깊이 연구한 바 있고, 역상에도 두루 통했는데, 그 이름과 지위가 그리 드러나지는 못하고 말았다고 아쉬움을 말하고 있다. 이제 진양 목사가 되어 있는 아들이 이 책을 찍어 널리 보급하려 하므로 자기가 상세하게 고칠 곳을 고쳐 출판을 돕게 되었다고 말한다. 그의 서문은 1700년 가을에 쓴 것으로 되어 있다.

《요로원야화기》 쓴 아들 박두세가 출판 도와

《산학본원》은 상·중·하의 세 권으로 구성되었는데, 상권의 첫 부분에만 자그마치 23개의 문제가 모두 길이가 다른 여러 가지 네모꼴의 넓이와 변의 길이를 구하는 것으로 되어 있다. 당시로서는 논밭의 넓이에 관한 것이 실생활에 가장 절실한 문제였기 때문일 것이다. 그 밖에 나아가면 훨씬 복잡한 계산 문제가 이어져서 공 모양의 부피 계산 문제까지 여러 가지를 다루고 있다. 원, 구, 정육면체를 비롯한 여러 가지 정다면체의 면적과 부피 등을 주로 다룬 것이 이 책이라 할 수 있다. 지금 수학 수준으로 보면 유치하지만, 당시로서는 상당히 어려운 수준이었을 것이다.

책의 끝에는 아들 박두세의 '끝말'이 있다. 이에 의하면 자기 아버지는 영천의 임준과 교유하며 수학을 함께 연구했던 것으로 보인다. 그는 아버지의 저술에 《산학본원》, 《산원》, 《칠정내외편》, 《계몽발몽》 등의 저술도 있었는데, 미처 완성된 책은 아니었던 것이라 적혀 있기도 하다. 특히 이 가운데에서도 《산학본원》, 즉 이 책이 가장 간략하면서도 깊이 있는 저술이라고 최석정은 판단했다고도 소개하고 있다. 최석정의 평가에 의하면 그 밖의 다른 책들은 이 책의 지류에 지나지 않는다고 했다. 그래서 최석정은 이 책을 널리 보급하여 후세의 지식인들에게 제공할 필요가 있다면서, 책의 순서 등을 다시 정리하고, 서문을 써 붙여서 박두세에게 보내주었다는 것이다. 그는 자신의 아버지가 심혈을 기울여 쓴 이 책이 사라지지 않고 후세에 전해지게 되는 것은 최석정의 덕분이라는 점을 강조하며 끝말을 맺고 있다.

이 끝말은 '지금 임금의 27년' 신사년 여름에 아들인 진주목사 박두세가 쓴 것으로 밝혀져 있다. 숙종 27년을 가리키니, 1701년이다. 1700년 가을에 최석정이 책을 보고 정리해 서문을 붙여 보낸 것을 다음해 여름 진주에서 목판 인쇄해 찍어내었음을 알 수 있다. 책 끝장에 따로 강희 40년 신사년에 진주에서 간행했음을 밝힌 것으로도 이를 재

확인할 수 있다.

　17세기 수학자 박율과 그가 남긴 수학책《산학본원》을 소개하면서 우리는 지금 너무나 옛 선조들의 과학과 수학적 업적에 대해 무심한 것을 절감하게 된다. 이 수학서에 대해서는 앞에도 소개했듯이 최석정이 서문을 쓰고, 황윤석은 자기 책 속의 한 부분에 이 책의 상세한 주석편을 포함시키고 있다. 또 황윤석의 친구였고 지전설을 주장한 것으로 유명한 홍대용(1731~1783) 역시 박율의 수학책을 자신이 지은 수학책《주해수용》의 참고문헌 9개 가운데 하나로 넣어두고 있다.

　이렇듯 여러 가지 사료를 볼 때 박율의 수학책은 우리 역사에서 상당한 평가를 받을 가치가 있음을 알게 된다. 하지만 그의 아들 박두세의 《요로원야화기》가 국문학의 대표 작품으로 널리 알려진 것에 비해 그 아버지 박율의《산학본원》이 이처럼 박대 받고 있는 우리의 환경은 역시 문과 중심의 지적 풍토 탓도 크다는 느낌을 받게 한다.

한국 역사상 가장 뛰어난 수학자
최석정 崔錫鼎 1646~1715

최석정에 대해 아는 사람이 드물다. 장희빈(張禧嬪, ?~1701)을 모를 한국인은 없을 터이니, 두 사람이 같은 시기에 서로 관련도 갖고 살았던 것을 지적해두고 이야기를 시작하는 편이 좋을 듯하다. 그런데 몇 년 전 타이완에서 열린 국제수학교육학회 개막 강연을 부탁받고 갔다가 타이완사범대학교 수학과의 교수 홍만생(洪萬生)의 제자 한 사람이 바로 이 조선의 수학자에 대해 연구하고 있다는 사실을 듣고 놀란 적이 있다. 중국의 수학사가가 알아보려는 조선시대의 대표적 수학자 최석정을 한국에서는 심각하게 연구하는 사람이 없는 듯하니 서운한 생각이 들기도 했다.

온갖 벼슬을 다 거쳤지만, 최석정은 우리 역사상 가장 여러 번 영의

최석정의 묘

정에 올랐던 것만으로도 유명하고도 남을 일이다. 어느 기록에 의하면 그는 1701년(숙종 27) 처음 영의정이 된 이후 자그마치 8번이나 그 자리에 올랐던 인물이다. 영의정 8회는 한국 역사상 최다 기록이 된다는 설명이 붙어 있기도 하다. 지금으로 치자면 국무총리에 해당할까? 여하간 그 자리를 여덟 번이나 거쳤다니 그것만으로도 기억되고 남을 일이다. 이렇게 우리 역사상 고위 공직자의 대표격이랄 수 있는 최석정은 사실 《구수략(九數略)》이란 수학책을 우리에게 남긴 조선시대의 대표적 수학자이다.

하지만 그는 또 다른 일로도 기억될 만하다. 그는 병자호란 때 주화파(主和派)로 유명한 최명길(崔鳴吉, 1586~1647)의 손자이다. 당연히 이 시대를 배경으로 하는 드라마에도 최석정은 자주 등장한다. 역사드라마 〈장희빈〉에는 빠지지 않고 등장한다. 1701년 좌의정을 거친 끝에 처음 영의정이 되었으나, 그는 곧 장희빈의 처형 문제를 놓고 처청에 반대하여 진천으로 귀양을 갔다. 하지만 그에 앞서서는 장희재(張希載, ?~1701)를 처형하라고 상소한 일도 있는 최석정이다. 장희재는 바로 장희빈의 오빠이다.

수학을 사상체계로 이해, 《구수략》 집필

그가 남긴 수학책 《구수략》을 살펴보자. 정확하게 언제 이 책이 나온 것인지는 아직 밝혀져 있지 않다. 목판 4권 2책으로 찍어냈는데 갑, 을, 병, 정이라고 4권이 구분되어 있다. 특히 마지막권인 정(丁)에는 '부록'이라고 밝혀져 있기도 하다. 다른 많은 옛날의 수학책이 그랬듯이 이 책도 중국 수학의 고전인 《구장산술(九章算術)》을 바탕으로 하고 그것을 부연설명하고 새로운 내용을 덧붙이는 형식을 취하고 있다. 그래서 최석정은 책 제목도 9가지 수학 영역(九章算術)을 의미하여 '구수(九數)'라 붙였을 것으로 보인다.

그런데 첫 부분에서 최석정은 《구장산술》의 9가지 영역을 《주역(周易)》의 사상(四象)으로 분류하는 재미있는 생각을 보여준다. 원래 《구장산술》의 9가지 영역은 방전, 속미, 소광, 상공, 쇠분, 영육, 균수, 구고, 방정 등인데, 이들을 태양(太陽)-태음(太陰)-소양(少陽)-소음(少陰)의 사상으로 분류하고 있는 것이다. 또 이 사상은 각각 해[日]-달[月]-별[星]-별[辰]이라고도 표현하고 있다. 즉 다음과 같다.

1. 태양[日]: 방전(方田)

2. 태음[月]: 속미(粟米), 소광(少廣)

3. 소양[星]: 상공(商功), 쇠분(衰分), 영부족(盈不足)

4. 소음[辰]: 균수(均輸), 구고(勾股), 방정(方程)

이런 분류로 수학을 설명한 수학자가 어디 또 있을까? 이런 설명이
얼마나 타당한 것인지도 알기는 어렵다. 하지만 수학체계를 사상으로
이해하려던 그의 노력이 특이해 보이기는 한다. 말하자면 그는 수학을
'사상수학(四象數學)'으로 만들어가고 있었던 것으로 보인다. 마치 훨씬
뒤에 이제마(李濟馬)가 의학을 '사상의학(四象醫學)'을 만들었듯이 최석
정은 '사상수학'으로 만들었던 것이다. 최석정의《구수략》이 갖고 있는
또 한 가지 특징은 이 책에서 거의 처음으로 주산(珠算)에 관한 설명과
함께 주판(珠板)의 그림도 나온다는 사실이다. 원래 주산은 고대 동서
양에서 모두 사용되었지만, 우리가 보통 말하는 주산이란 가로막대 위
와 아래에 알을 놓고 그 알을 올렸다내렸다하여 수자를 나타내고 또
계산하는 방식을 가리킨다. 중국에서는 고대에 이미 이런 주판이 나온
것으로 알려져 있으나, 실제로 이것이 대중화되기는 명(明)나라 말의
정대위(程大位, 1533~1606)가 지은《산법통종(算法統宗)》(1592)에서 상세
하게 이를 소개한 다음부터로 알려져 있다. 이 책에는 595개의 문제가
모두 주산으로 풀이되어 있고, 위 알이 2개, 아래 알이 5개인 주판이
그림으로 사용되고 있다.

이 책은 정확히 임진왜란이 일어난 해 1592년에 중국에서 발간된 것
을 주목할 일이다. 전란이 끝난 다음 이 책은 조선과 일본에 모두 들어

가 영향을 주었을 것으로 보이는데, 이상하게도 일본에서는 곧 상인들까지 주판을 사용하게 된다. 하지만 조선에서는 주판 사용이 별로 보급되지 못한 채 일제시대에 들어가서야 널리 보급되게 된다. 최석정은 《구수략》에서 바로 정대위의 책에 나오는 그 주판 그림을 보여주면서 몇 가지 예를 들어 주산을 소개하고 있다. 그러나 그는 주산이 번잡하고 혼란스러워 죽산(竹算)보다 못하다는 논평을 하고, 그런데도 중국과 일본에 이 방법이 널리 보급되고 있는 것이 알 수 없는 일이라고 평하고 있다. 여기서 그가 죽산이라 말한 방법은 전통적으로 널리 보급되어 있던 산가지(算木) 방식을 가리킨다.

왜 동아시아 3국 가운데 조선에서만 주산이 거의 보급되지 못했는지는 아직 잘 연구되어 있지 않다. 주산은 일제시대에는 국내에 널리 보급되어 해방 후 한참 동안 우리나라에서도 절대적으로 중요한 계산방식이 되었다. 1980년대 이후 자동계산기와 컴퓨터 보급으로 이제 거의 사라졌지만, 수십 년 동안 한국의 상업학교에서는 주산 교육이 필수였고, 1급에서 7급까지 급수가 있고, 급수를 따려고 학생들이 주판과 씨름하고, 또 이를 이용한 암산 연습이 널리 퍼졌다.

또 우리나라의 주판은 1932년 이래 윗알 1개 아래알 4개 방식이 널리 보급되었으나, 여전히 위 1개, 아래 5개 짜리 주판도 사용되었다. 또 최석정의 《구수략》 그림에 보이는 것처럼 윗알 2개 아래알 5개 짜리도 있었음을 알 수 있다. 최석정은 주산의 보급을 오히려 억제한 수학자로 보이기도 한다.

마방진 연구 몰두, '자수귀문도' 등 다수 남겨

수학자 최석정의 진짜 모습은 그가 이 책 마지막 부분에서 가장 열성으로 길게 소개하고 있는 마방진(魔方陣, magic square)이다. 최석정은 '하락변수(河洛變數)'라는 제목 아래 여러 가지 마방진을 그려 설명하고 있다. 그 첫 마방진은 누구에게나 익숙한 가로 3줄, 세로 3줄의 모양을 가진 9칸 짜리다. 이렇게 3행 3열로 구성된 마방진을 '3차 방진'이라 부르는데, 이 9개의 칸에 1부터 9까지를 한 번씩 넣어 다음과 같이 만들면 가로, 세로, 대각선의 합이 모두 15가 된다.

4	9	2
3	5	7
8	1	6

이 그림은 원래 중국에서 우(禹) 임금이 낙수(洛水)의 물을 다스리다가 거북 등에서 발견한 그림이라하여 '낙수'(洛數)라고도 하는데, 낙수가 바로 '3차 방진'인 셈이다. 최석정은 3차에서 10차까지의 여러 가지 방진을 그림과 함께 소개하고 있다. 그는 4차 방진은 사사도(四四圖), 5차를 오오도(五五圖), 6차는 육육도(六六圖)라는 이름으로 부르기도 했다. 지금까지의 연구로는 2행 2열만 빼고 모든 방진에서 마방진이 존재한다고 알려졌다. 1행 1열(1차 방진)의 방진은 숫자가 1뿐이므로 저절로 마방진이 되는 셈이다. 하지만 2행 2열(2차 방진)의 방진은 마방진이 될 수 없다. 1, 2, 3, 4를 한 번씩만 써서 상하, 좌우, 대각선의 숫자

합을 같게 할 수 없기 때문이다.

결국 3행 3열(3차 방진) 부터는 모든 수자에 마방진이 존재한다는 뜻이다. 지금까지 밝혀진 바로는 3차 방진은 낙서의 배열이 유일하다. 물론 뒤집은 경우와 대각선에 대해 대칭인 경우는 같은 것으로 인정하여 낙서가 3차방진의 유일한 경우라 할 수 있는 것이다. 하지만 4차 이상의 방진에는 배열이 다른 마방진들이 여럿 존재한다. 4차 방진은 880개, 5차 방진은 몇 천만 개 또는 몇 억 개라하여 그 숫자를 가늠조차 못하고 있을 지경이다.

최석정이 이 부분을 '하락변수'라 부르고 있는 것은 물론 하도낙서 (河圖洛書)에서 시작되는 변화의 수라는 뜻이다. '하도'란 "황하에서 나온 그림"으로 복희씨(伏羲氏) 때에 황하에서 용마(龍馬)가 지고 나왔는데 4방과 중앙에 55개의 점이 배치되어 있다. 또 낙서란 앞에 이미 소개한 것처럼 우 임금이 치수(治水)할 때 낙수에서 나온 거북 등의 45개의 점으로 된 3차 방진이다. 《주역》의 원리, 또는 우주를 표상하는 그림으로 생각되어 왔다. 그만큼 마방진은 보는 사람으로 하여금 신비한 아름다움을 느끼게 한다.

서양에서도 마방진은 여러 수학자들의 관심을 끌었다. 독일의 기술자였던 알브레히트 뒤러는 자신의 관 뚜껑에 '멜란콜리아'라는 4차 방진을 새겨놓은 일도 있다. 또 페르마(1601~1665)까지의 많은 수학자들이 마방진에 매료됐고 연구를 했다. 그러나 아주 간단할 것 같으면서도 4차 방진 이상의 경우 일반적 법칙을 얻어내기에는 너무나 복잡하여 아직 크게 성공한 사람은 없는 듯하다. 최석정은 중국의 '양휘산법 (楊輝算法)' 영향을 받아 마방진에 빠졌던 것은 분명하지만, 나름대로의 독창성을 잘 보여준 수학자였던 것 같다. 그는 이런 단순 4각형의 마방진 만이 아니라 여러 가지 더 복잡한 원형, 십자형, 거북등형 등의 숫자배열로도 비슷한 경우를 만들어 보여주고 있다. 거북등 모양으로 숫자를 배열하는 '지수귀문도(地數龜文圖)'는 육각형을 벌집모양으로 이어 각 꼭지점에 숫자를 써넣었는데, 하나의 6각형을 이루는 6개의 숫자 합이 같도록 하는 배열이다.

이런 수학서를 남긴 것만으로도 최석정은 한국 역사상 가장 뛰어난 수학자로 꼽힐 자격이 있을 듯하다. 그는 9살 때 이미 《시경》, 《서경》을 암송했고, 12세에는 《주역》을 도해했다고 전한다. 남구만(南九萬) 등에게서 공부한 그는 어린 시절에 신동이란 소리를 들었다. 호는 명곡(明谷), 1671년 문과에 급제했으며, 1687년에는 천문기구인 선기옥형을 수리하는 데 참여한 기록도 보인다. 문장과 글씨에 뛰어나고 정제두와 함께 양명학을 발전 시켰다는 평가도 받는다. 시호는 문정공(文貞公)으로 숙종 사당에 배향되었다. 저서로 《명곡집(明谷集)》, 《좌씨집선(左氏輯選)》, 《전록통고(典錄通考)》, 《경세정운도설(經世正韻圖說)》 등이 있다.

수학·천문학서 다수 남긴 용감한 형제
남병철 南秉哲 1817~1883 · 남병길 南秉吉 1820~1889

형제가 함께 과학사에 이름을 남긴 '용감한 형제'가 있다. 우리나라가 아직 나라문을 굳게 닫고 있던 1850년 전후에 과학자 그리고 수학자로 크게 활약한 남병철과 남병길 형제가 바로 그들이다. 그들이 쓴 책이 수십 권 있지만 그들의 수학과 천문학에 관한 저술이 구체적으로 어떤 내용을 담고 있는지 그들의 책이 한국 과학사에서 얼마나 중요한 것인지는 아직 알려져 있지 않다.

우선 그들의 일화라도 살펴보자. 형인 남병철은 당대의 대표적 정치가였고 특히 대원군과는 사이가 좋지 못한 것으로도 정평이 나 있었던 것 같다. 헌종이 죽고 '강화도령' 철종이 임금이 된 것은 1849년의 일이다. 왕이 될 만한 훈련이나 교육을 받을 기회가 전혀 없던 먼 왕실

소년이 갑자기 조선왕조의 25대 임금이 된 것은 말하자면 그 할머니격인 순조의 왕비 김씨 덕택이었다. 당연히 철종이 임금 자리를 차지하고 있었던 1883년까지는 안동 김씨 세도가 하늘을 찌를 수밖에 없었을 것이다.

물론 철종은 안동 김씨에게 장가를 가게 되었고 철종의 집안은 김문근(金汶根), 바로 남씨 형제의 외삼촌이었다. 과학자이며 수학자인 남씨 형제가 안동 김씨의 세도시대에 적지 않은 혜택을 받고 갖가지 벼슬을 즐길 수 있었던 것은 물론이다.

대원군과 사이 나빠

대원군과 사이가 나빠진 까닭은 바로 대원군이야말로 김씨 세도 아래 가장 핍박받은 인물의 하나였기 때문이었다. 한번은 이런 일이 있었다. 김문근의 친조카 김병기가 좌찬성, 생질인 남병철이 승지 벼슬을 하고 있을 때의 일이다. 흥선군(興宣君) 이하응(李昰應)이 대원군 되기 훨씬 전, 아무 힘도 없을 때였는데 그의 큰 아들을 어떻게든 과거에라도 합격을 시켜야겠다고 마음 썩고 있었다. 마침 자기 생일날을 맞은 이하응은 아내의 비녀와 옷가지까지 전당 잡혀 생일잔치를 벌이기로 했다. 없는 돈에 기생까지 불러서 잔치를 떡벌어지게 벌이고 그 자리에 당대의 권력자 김병기와 남병철을 주빈으로 초대하려는 것이었다.

이하응은 먼저 김병기를 찾아가 생일잔치에 와주기를 간청했다. 그의 대답은 간단했다. "먼저 규재(圭齋, 남병철의 호)와 약속을 하시지요. 그가 간다면 내가 가지 않을 리가 있겠습니까?" 다음으로 남병철을 찾아가 말하니 그는 고개를 끄덕였다. 안심하고 잔치를 시작했지만 날이 어두워져도 두 사람은 나타나지를 않는 것이 아닌가! 당황한 이하응이 몇 차례 하인을 보냈지만 김병기는 아프다는 대답이었고 남병철은 아직 공사(公事)가 끝나지 않았다는 대답이었다. 그러나 참다못한 이하응이 수레를 달려 김병기의 집에 가보니 김병기는 아프기는커녕 손님을 만나고 있었다. 그제야 김병기는 그의 잔치에 가지 못할 까닭을 이렇게 설명했다.

"내 본래 병이 없었고, 그 잔치를 잊은 것도 아니요. 하지만 그대는 종실이고 나는 척신인데 때마침 임금님께 후사가 없는 지금 내가 아들을 가진 종실과 사사로이 만나면 이상한 혐의를 받을 수도 있지 않겠소?" 이 말에 깜짝 놀란 이하응이 이번에는 남병철을 찾아가니 그의 말은 이러했다. "그대가 무슨 말을 할지 이미 잘 아니 입을 뗄 필요가 없소. 비록 우리가 그대 잔치를 얻어 먹지는 않았으나 아들 과거는 걱정할 필요가 없소." 정말로 아들의 과거는 합격이었지만 이 일로 이하응은 남병철에 대한 뼈에 시무치는 한을 품게 되었다.

과학 저서 30여 권 남겨

형이 승지, 예조판서, 대제학을 비롯한 온갖 벼슬을 거친 것처럼 아우 남병길 역시 이조, 예조의 판서에다가 형과 마찬가지로 각 지방의 관찰사 등을 역임했다. 특이한 사실이 있다면 두 사람이 모두 관상감(觀象監) 제조 등으로 관상감 책임을 맡은 일이 있다는 사실이다. 관상감이란 조선시대의 천문기관으로 천문, 역법과 함께 시간의 문제도 책임지는 관청이었다. 형제가 남긴 수많은 책들은 바로 관상감이 맡고 있던 일들과 관계가 있는 천문학, 수학, 역산학, 그리고 이와 관련된 택일이나 점치는 일들을 망라한 그런 분야였다.

남병길이 지은 책이나 간단한 책자를 합하면 거의 30가지가 알려져 있다. 또 그의 형 남병철의 책으로는 중요한 것만도 《해경세초해》, 《의기집설》, 《성요》, 《규재집》 등이 알려져 있다. 의령(宜寧)이 본관인 이들 남씨 형제의 아버지는 남구순(南久淳)인데 해주 판관을 지냈다. 병철은 자(字)를 자명(子明) 또는 원명(元明)이라 했고 호는 규재(圭齋) 등 여럿 알려져 있다. 그에게는 죽은 다음 문정공(文貞公)이라는 시호가 내려졌다. 남병철은 수륜지구의(水輪地球儀)와 사시의(四時儀)를 만든 것으로 밝혀져 있다. 지금 그가 만든 이런 기구들이 무엇인지는 정확히 알 길이 없지만 천문기구들인 것만은 분명하다. 특히 수륜지구의라는 기구는 물레바퀴를 달아 저절로 움직이게 만든 지구의였을 것으로 보인다.

실제로 남병철의 저서 가운데 《의기집설(儀器輯說)》은 당시 자기가 만들었거나 다른 사람들이 만든 여러 가지 천문기구들에 대한 상세한 소개로 되어 있다. 두 권으로 된 이 책에는 첫 권에 혼천의를 상세한 구조와 사용방법까지 자세히 소개하고 있다. 두 번째 권에는 그 밖의 여러 가지 기구가 소개되어 있는데 이름만 들자면 혼개통헌의, 간평의, 험시의, 적도고일구의, 혼평의, 지구의, 구진천추합의, 양경규일의, 양도의 등이 차례로 등장한다.

이 가운데 험시의(驗時儀)란 부분은 시계에 대한 것인데 당시 우리나라에서는 태엽을 만들 수가 없다거나 프랑스에서는 그때에 이미 시계

전문 기술자가 2000명이나 되어 시계를 해마다 4만 개는 만들어낸다는 등의 내용이 적혀 있다. 또 여기 나오는 마지막 부분, 즉 양도의(量度儀)에 대해서는 아우 남병길이 따로 《양도의도설》이라는 책을 써서 아주 자세하게 소개하고 있다. '도설(圖說)'이라는 책 이름에서 알 수 있는 것처럼 그림을 곁들여 양도의를 만들어 사용하는 방법이 상세하게 소개되고 있다.

아우 남병길은 자를 자상(子裳)이라 했는데 혹은 원상(元裳)이라고도 했다. 바로 이 자를 이름으로 써서 많은 책을 썼기 때문에 그의 작품은 대부분 남원상(南元裳)을 지은이로 하고 있다. 또 그의 이름은 한때 남상길(南相吉)로도 알려져 있다. 호는 육일재(六一齋) 또는 혜천(惠泉)이었다.

남병길의 대표작으로는 먼저 《시헌기요(時憲紀要)》를 들 수 있다. 상하 두 권으로 된 이 책은 당시 사용되고 있던 시헌역법(時憲曆法)의 천문학적 내용을 정리해 소개한 책이어서 1880년 출판되자 바로 천문관 교육에 교과서로 사용되었다. 이듬해 1881년에 나온 《성경(星鏡)》은 별자리를 그림을 곁들여 설명한 책으로 여기 포함된 별자리(星座)는 277가지이고 모두 1389개의 별이 그려져 있으며 이들은 8등성까지로 나눠져 소개되어 있다. 특히 이 책에서 남병길은 적도의(赤道儀)를 그림 그려 상세하게 소개했는데 틀림없이 자기가 만들어 사용했던 천문 관측 기구인 것으로 보인다.

수학책 《산학정의》도 저술

그 밖에도 남병길은 수학책으로는 《산학정의(算學正義)》와 《집고연단 (緝古演段)》 등을 썼고 천문학의 기초자료인 《춘추일식고(春秋日食攷)》도 남겼다. 《춘추일식고》는 중국의 춘추시대에 일어났던 일식에 대한 과 학적 검토를 다시 해 본 것으로 알려져 있다.

남병길의 저서로 지금 남아 있는 것들에는 그 밖에도 《중성신표》, 《태양출입표》, 《항성출중입표》, 《중수중성표》, 《칠정보법》 등 이름만 보아도 천문학의 기초자료인 줄 알만한 것들이 많다. 또한 당시 관상 감이 담당하고 있던 길흉을 점치는 일에 대해서도 책을 남겼는데 《선 택기요(選擇紀要)》와 《연길귀감(涓吉龜鑑)》이 바로 그런 책들이다.

1883년 말 이하응이 흥선대원군으로 집권하자 이들 '용감한 형제들' 은 역사에서 완전히 사라졌다. 형 병철은 이미 그해에 죽었고 아우 병 길은 만 5년을 더 살고 1889년에 세상을 떠났다. 48살과 49살의 길지 않은 일생에 이렇게 많은 책을 남겼다는 사실만으로도 그들의 생애는 길이 기념될 것이다.

우리나라 최초의 근대 수학자
이상설 李相卨 1870~1917

우리나라에서 처음으로 근대 수학이 교육되기 시작한 것은 1894년 갑오개혁 이후의 일이다. 그 전부터 약간의 서양 근대 수학의 영향이 없지는 않았으나 근대 수학의 교과서가 나온 것이 갑오개혁 이후의 일이었다. 그런데 최근 그 첫 교재를 조사하다가 낯익은 이름을 보고 깜짝 놀랐다. 1907년 여름 네덜란드의 헤이그에서 우리나라가 일본에 보호국으로 전락하게 된 을사조약의 부당함을 외치다 아무 성과를 거두지 못한 것으로 유명한 헤이그 밀사사건의 세 명의 주인공(이상설, 이준, 이위종) 가운데 한 사람인 이상설을 바로 우리나라 최초의 근대 수학자라고 꼽을 수 있음을 발견했기 때문이다.

갑오개혁 이후 수학책 봇물

갑오개혁 이후에는 우리나라에도 수학책이 그야말로 봇물처럼 쏟아져 나왔다고 할 정도로 많이 나왔으나 불행히도 지금 남아 전해지는 경우는 그리 많지 않다. 또 이들에 대해 본격적인 연구도 아직 되어 있지 않은 모양이다. 그 가운데 가장 오래된 수학책으로는 1900년에 나온 《산술신서(算術新書)》,《정선산학(精選算學)》을 들 수 있는데 바로《산술신서》의 머리말에서 이상설의 이름을 발견했다. 혹시 이 이름이 당시의 다른 사람인가 조사해봤더니 틀림없이 바로 그 '헤이그의 삼총사 중 한 사람'이라는 걸 확인하게 된 것이다. 이 책은 바로 헤이그에 갔던 이상설이 편찬했음을 알 수 있었기 때문이다.

이 책 앞머리에는 당시 학부의 편집국장 이규환의 머리말이 있다. 그 머리말 속에서 이규환은 이 수학책이 일본 학자 이노우에 기요시[上野淸, 1854~1924]의 수학책을 중심으로 이상설이 편찬했음을 밝히고 있는 것이었다. 때마침 나는 사토 겐이치[左藤健一]의 《수학의 문명개화》라는 일본 책을 읽고 있었는데 그 책 속에서 이미 이노우에 기요시라는 일본 수학자에 대해서 읽은 것을 기억하고 있었다. 그런데 바로 그 일본인이 1888년에 쓴 수학책을 약간 수정해 우리나라 최초의 근대 수학책으로 다듬어 낸 사람이 이상설이라는 사실을 알게 된 것이다. 이상설에 대해서는 주로 독립운동가로만 알려져 있다. 예를 들면 이 방면 학자로 유명한 윤병석(尹炳奭)이 쓴 그의 전기《이상설전(李相卨傳)》(1984)은 그의 독립운동가로서의 활동의 역사를 잘 밝혀주고 있다. 하지만 그가 어렸을 때에 얼마나 신학문에 열성이었고 그 가운데 수학에 큰 관심을 가졌던가는 아직 잘 밝혀져 있지 않은 셈이다. 그런대로 윤병석은 이 상설이 쓴 글로《수리(數理)》,《백승호초(百勝胡艸)》등이 다른 책과 함께 남아 있음을 밝혀주고 있다. 그러나 이들 글의 내용이나 그 수준은 알려져 있지 않다.《수리》란 책은 수학을 내용으로 한 것이고 또《백승호초》는 물리, 화학, 식물학을 내용으로 하고 있다고만 소개되어 있을 따름이다. 여기에는 또한 이상설이 쓴《중학 수학 교과서》가 1909년 발행되었고 이것이 지금 고려대학교 도서관에 남아 있다고도 알려주고 있다.

갑자기 이들 책을 일일이 찾아가 확인할 여가는 없지만 당시의 우리나라 수학 수준에 대해 생각해 보기로 하자. 이상설이 개화기 우리나라 최초의 수학자 몫까지 담당해야 할 만큼 우리는 근대 서양 수학을 배우는 데 아주 늦었던 것을 이 사실 자체가 가르쳐준다. 일본은 1872년에 아예 서양식 수학으로 체제를 바꿔 학교에서 서양식을 가르치기로 확정했다. 그 전까지는 일본식 또는 동양식의 수학이 산학(算學)이란 이름 아래 가르쳐지고 있었다. 그러나 메이지유신[明治維新, 1868] 이후의 일본은 수학 교육에서조차 서양식을 따르기로 정했던 것이다.

본문에 아라비아 숫자 채택

그러나 이상설이 일본 수학책을 편집해서 우리 실정에 맞게 만든 이 수학책《산술신서》는 아직 전통적인 방식에서 거의 벗어나지 못한 상태였다. 우선 그 책의 머리말이 순한문으로 쓰여 있다. 그래도 본문에서는 아라비아 숫자를 채택하고 있다는 것이 기이할 지경이다. 같은

1900년에 출판된 두 가지 수학책《산술신서》와《정선산학》을 비교해보면 재미있는 차이를 발견하게 된다.《정선산학》에서는 "가령 0에 3을 승(乘)하려면……"이란 글에서 아라비아 숫자 0과 3은 가로로 쓰고, 나머지 부분은 세로로 써놓고 있다. 한 문장 속에 글자가 가로로 가다가 세로로 가는 등 마구 섞여 있다. 그러나 이상설의《산술신서》에서는 수학 계산 부분 전부가 가로쓰기로 통일되어 있다. 아라비아 숫자부분만이 아니라 그 숫자의 앞뒤에 나오는 문장 전체가 가로로 통일되어 있는 것이다.

하지만 이 가로쓰기의 앞에 나오는 중요한 전체 설명부분은 세로쓰기로 되어 있다. 세로쓰기 문장으로 중요한 설명을 마친 다음, 가로쓰기로 구체적인 계산 문제 등이 나오게 되는 셈이다.《정선산학》에서《산술신서》로 가면서 수학 계산이 차츰 가로쓰기로 자리잡기 시작했음을 알 수 있다.

아직 수학의 중요성을 제대로 알지 못하던 시절의 이야기이다. 우리나라에서는 전통적으로 수학에 해당하는 분야를 산학이라 불렀고 산학은 과거시험에도 한 분야로 인정되어 있었다. 고려 초기에 처음 과거제도를 시작했을 때에도 이미 산학분야가 시험분야로 인정되고 있었고 그 후 산학은 다른 의학이나 천문학 등과 함께 잡과(雜科)라 하여 과거 가운데에는 격이 좀 떨어지는 것으로 여겨지기는 했지만 조선 말기까지 지속되었다. 그리고 같은 유교적 전통을 갖고 있던 동아시아 나라들 가운데에서도 우리나라만이 유독 잡과를 차별대우하는 정식 제도를 만들었을 뿐 아니라 잡과 출신들이 별도의 신분층으로 성장해오기도 했으니 이들이 중인(中人)이다. 그런데 이상설은 이 중인 출신이 아니었다. 1870년 충청북도 진천에서 이행우(李行雨)의 아들로 태어난 그는 7살 때 서울의 이용우(李龍雨)에게 양자로 들어갔고 1894년 문과(文科)에 급제한 것으로 밝혀져 있다.

그는 문과, 또는 대과에 급제하여 조선시대의 전형적인 관리의 길로 들어서고 있었음을 알 수 있다. 그는 중인 출신이 아니었기 때문에 그보다 격이 낮은 잡과를 시험본 것이 아니라 양반만이 볼 수 있는 문과에 합격했던 것이다.

이상설은 10대 소년 때부터 이미 당대의 똑똑한 젊은이들과 어울려 신학문에 눈을 뜨기 시작한 것으로 밝혀져 있다. 그는 특히 수학, 물리, 화학, 경제학, 국제법 등을 열심히 공부했고 영어와 프랑스어도 공부했고, 뒤에는 러시아말도 공부했다. 이상설은 당시 여러 사람들로부터 아주 비상한 머리를 가진 천재에 가까운 사람이라 평가받았다는 기록도 보인다. 여하튼 이렇게 시작한 그의 관료로서의 생활은 곧 성균관 교수, 한성사범학교 교관, 탁지부 재무관, 궁내부 특진관을 거쳐 1905년에는 학부 협판과 법부 협판에 올랐고, 곧 의정부 참찬이라는 고위직에 올랐다.

1905년 을사조약의 결과 조선은 이미 일본의 식민지로 전락하고 있었다. 그는 1906년 봄 북간도 용정(龍井)에서 망명생활을 시작하여 그해 8월 그곳에서 서전서숙(瑞甸書塾)이라는 학원을 차려 조선인들의 교육에 종사하기도 했다. 바로 이 학교에서 그는 고등반인 갑(甲)반에서 그가 편찬한 《산술신서》로 수학을 가르쳤다. 하지만 그의 수학 선생 노릇은 오래 가지 못했다.

이상설이 1907년 여름 고종의 지시로 헤이그의 2회 만국평화회의에

서전서숙
1906년 만주에 설립된 한국 최초의 신학문 민족교육 기관

파견되었기 때문이다. 그는 이준과 이위종 등 3명의 대표로서 헤이그에 갔고 그 후 그의 망명생활은 유럽과 미국 그리고 러시아로 이어졌다. 그는 1915년 상하이에서 신한혁명단이라는 조직을 결성하기까지여러 곳에서 애국단체, 독립운동단체 등을 만들어 활동했고, 그 후에는 수학에 관계가 거의 없어졌던 것 같다. 그가 자랄 때 우리나라에 소개된 서양 수학이란 아주 막연한 것에 불과했다. 예를 들면 1884년 우리나라의 첫 근대 신문《한성순보》에는 서양 수학에 대해 순한문으로그 역사가 간단히 소개된 일이 있다. 체계적 교육은 되지 못해 〈태서문학원류고〉(14호, 1884. 3. 8.)라는 글에는 '산학의 시작은 수(數)로부터인데 …… 기하와 대수 ……'로 되어 있다면서 중요한 수학자로는 유클리드, 피타고라스, 알키메데스, 디오판토스, 데카르트, 뉴턴까지를 간단히 소개해 놓고 있다. 물론 수학 내용을 소개한 것은 아니다.

당시 서양인들 몇 명을 초빙하여 첫 근대 교육기관으로 육영공원(育

英公院)을 만들었는데, 여기서 근대 수학교육이 일부 시작되기는 했다. 하지만 별로 체계적 교육이 시작될 수는 없는 형편이었다. 그래서 지난 세기말 우리나라 사람으로서 서양 문물에 대해 가장 일찍 눈떴던 대표적 인물인 유길준(兪吉濬)의 《서유견문(西遊見聞)》(1895)이란 책을 보면, 그 13편에 있는 〈서양학술의 내력〉이란 글에서는 수학에 대한 말은 거의 없고, 다만 뉴턴 등을 수학자이기도 하다는 정도로 소개하고 있다. 또 같은 13편의 다른 글 〈학업하는 조목〉에는 농학, 의학, 산학, 정치학, 법률학, 물리학, 화학, 철학, 광물학, 식물학, 동물학, 천문학, 지리학, 인체학, 고고학, 언어학, 군사학, 기계학, 종교학으로 서양의 학문을 구분하고 간단히 각각 설명했는데 그 가운데 수학에 관한 설명은 다음과 같다.

산학: 차학(此學)은 기리(其理)의 심묘함을 천근(淺近)한 의론으로 궁진(窮臻)하기 불능하되, 언(言)으로 단(斷)한, 즉 인간사물의 유형과 무형의 기하(幾何)를 양정(量定)함이니 사람의 일용상행(日用常行)으로부터 천지의 현비(玄秘)한 근굴(根窟)에 지(至)하고 우각학(又各學)의 이치도 차(此)가 없어지면(無)하면 구격(究格)하기 불능하며 공용이 역차(亦此)로 불이(不以)하면 저견(著見)하기 불능하니 사람이 차세(此世)에 생(生)하야는 차학을 불수(不修)함이 불가한 자다.

원문의 한글 부분은 옛날식으로 되어 있고 띄어쓰기를 하지 않았지만, 그것만 바꾸고 원문대로 실어 소개한다. 이상설의 수학책이 나오기 전의 우리나라 수학 수준을 이해하는 데 참고가 될만하다. 이런 환경 속에서 우리나라의 수학은 근대화 과정으로 들어가고 있었던 것이다. 그리고 그 대표적인 책 하나가 바로 이상설이 일본 책으로부터 편집해 낸《산술신서》였다.

수학 대중화에 힘쓴 대표적 수학 교육자
최규동 崔奎東 1882~1950

일제시대 우리나라에는 '최대수(崔代數)'란 별명을 가진 수학자가 있었다. 대수(代數)에 능통한 수학 선생님으로 이름이 나서 그런 별명을 얻었을 것이다. 그는 사실은 평생 중동학교 교장으로 유명했고, 해방 후에는 서울대학교 총장을 지내기도 한 최규동이다. 그런가하면 장기하(張幾何)란 별명을 얻은 이도 있었으니, 그는 연희전문학교 수학 교수를 지낸 장기원(張起元, 1903~1966)을 가리킨다. 1927년에 나온 잡지 《동광》을 보니 마찬가지로 최규동을 '최대수'라 부르고 있으며 안기하(安幾何), 심산술(沈算術)이란 표현도 보이는데 안씨와 심씨가 누구인지는 밝히지 못했다.

조선 수학 개척자 유일선과의 만남

이 땅에 근대 수학과 과학이 전해진 것은 개화기 이후의 일이고, 실제로 그런 분야에 인재가 자라기 시작한 것은 20세기에 들어서면서부터라 함직하다. 경상북도 성주(星州)의 시골 소년 최규동이 수학을 공부하게 된 것도 바로 이때부터의 일이다. 고려 때 화약의 발명으로 유명한 최무선(崔茂宣)의 후손이기도 한 영천(永川) 최씨 최규동은 1900년 천리 길을 걸어서 서울로 왔다. 그는 서울로 오던 길에 수원 화성학교에서 처음으로 서양식 산술을 구경했다. 교사가 칠판에 분필로 1, 2, 3을 써놓고 덧셈과 뺄셈을 하는데 어찌나 신기하던지 "야, 이야말로 조선 재래식 까치산보다 낫구나!"하고 그것을 공부하기로 결심했다.

최규동은 태평로에 있던 광성실업학교 야간부에 들어가 일본어와 산술을 공부하다가, 차츰 산술로 전공을 삼게 되었다. 1927년 3월호 《별건곤》에 실린 그의 회고를 보면 다음과 같이 기록되어 있다.

바로 23년 전임니다. 지금 본교에 가티 게신 안일영(安一英)을 만내여 가티 산학을 연구하다가 그의 소개로 유일선(柳一宣)을 알게 되얏슴니다. 그리하야 유씨가 경영하는 정리사(精理舍)에 드러가 삼년간 본과를 졸업햇슴니다. 그때 과정으로는 모론 수학이 중심이엿스나 심리, 윤리, 논리 등을 배우고, 이과방면으로는 수학, 물리, 화학 등을 배웟슴니다. 그때 동창은 모다 21인 이엿는데, 안일영 한 분이 오늘날까지 한 학교에 가티 잇슴니다.

이 글에서 그는 열심히 공부한 책으로 찰스 스미스가 짓고 일본의 우에노 기요시[上野淸]가 번역한 《근세산술》 상하권을 들었다. 그렇게 독학하다시피 공부하여 1914년에 《인수분해법》을 쓰고, 1919년에는 《중등교육산술 교과서》를 썼는데, 1만 8000부를 출판했다고 한다. 당시 1만 8000부나 되는 많은 책을 찍었다는 것이 믿기 어렵지만 1905년 11월 8일자 《황성신문》 기사를 보면 "제2기 측량 강습생 방목"에 그의 이름이 들어 있다. 33명의 합격자 가운데 그의 이름이 들어 있는 것으로 보아, 최규동은 새로운 수학에 눈을 뜨면서 그것을 활용하는 첨단 분야인 측량술을 배우기로 결심했던 모양이다. 1906년 7월 31일자로 그는 탁지부(度支部)의 판임관 10급의 기수(技手)로 임명되어, 1907년까지 기술공무원 자리를 지켰다. 바로 이 시기에 그는 당시 조선의 수학 개척자라 할 수 있는 유일선(柳一宣, 1879~?)을 만나 그가 하고 있는 정리사(精理舍)에 들어가 3년 과정을 공부하고 1911년 졸업한 것을 알 수 있다. 유일선은 정리사라는 학교를 세워 주로 수학 중심의 교육에 힘썼고, 한국 최초의 수학 잡지 《수리잡지(數理雜誌)》를 창간한 근대 수학 도입자였으며, 뒤에는 기독교 지도자로 유명해졌다. 2006년 6월 말 발표된 정부의 친일파 1차 조사대상자 120명의 한 사람으로 들어 있는데, 조사 대상자 기록에는 "유일선(1879년 12월 27년생, 일본조합교회 한양교회 집사, 조선회중기독교회 감독)"이라 적혀 있다.

1908년 수학 교육자 시작

이렇게 수학을 공부한 최규동은 1908년 평양의 기명학교와 대성학교 교사로 일하기 시작했으나, 바로 이듬해 봄에는 평양을 떠나 서울로 올라왔다. 1909년 5월 서울의 휘문의숙(徽文義塾) 교사가 되었기 때문이다. 그리고 그 후 평생을 서울에서 살게 된다. 그는 휘문 교사를 하면서 1911년 1월부터는 중앙학교 교사를 겸한 것으로 보인다. 바로 이때쯤 그의 열성은 종로 거리로까지 뻗쳐, 저녁이면 칠판에 양손으로 번갈아 수식을 쓰면서 길거리 수학을 강의했다는 것이다. 1910년대라면 충분히 수학의 대중화가 필요하고, 또 사람들의 관심을 끌만도 한 일이었을 것이란 생각이 든다.

그러던 최규동은 1915년 10월 중동야학(中東夜學) 교장에 취임했다. 원래 중동학교는 1906년 한어와 산술 두 과를 가진 야간학교로 시작되었다. 최규동은 1914년 이 학교를 인수하여 종로구 수송동으로 교사를 옮기고, 다음 해에는 교장으로 취임한 것이다. 중동학교는 일제시대 동안 해마다 성장을 거듭하여 일제시대 대표적 사립학교로 발전했고, 그에 따라 그 교장 최규동은 일제시대 조선인의 대표적 교육자로 존경받는 인물로 성장했음을 알 수 있다. 1923년경에는 2700명 학생을 가진 크기로 성장했었으나, 원래 그가 인수했을 때에는 24명 학생뿐에 다달이 7원 50전의 집세를 내고 학교를 경영했다. 하지만 그렇게 시작한 학교가 1927년에는 재산이 17만 원이나 되게 성장했다는 기록도 보인다.

그는 교사로 생활하는 동안 휘문의숙에서 월급 20원, 중앙에서 역시 월급 20원을 받았다. 그 가운데 20원은 집안에서 쓰고, 나머지 20원으로 중동야간학교를 운영하는 데 투자했던 것으로 기록되어 있다. 물론 초기에 그의 생활은 궁핍하기 그지 없어서, 구멍 뚫린 양말을 신고 다니기 일쑤였고, 20원짜리 양복을 매달 1원씩 20개월 월부로 해 입으면 그것이 다 해질 때쯤이면 새 양복을 맞춰야할 형편이었다. 하지만 작달막한 키의 최규동은 양복을 입고 활동하기를 좋아했던 모양이다.

1920년 그를 포함한 조선의 교육관계자들은 조선교육회를 조직하여 교육 개선을 위해 노력했고, 그런 교육을 향한 그의 노력은 여러 가지 형태로 기록에 남아 있다. 1922년에는 민립대학 설립위원으로 조선인의 대학을 세우자고 나선 일도 있고, 1924년에는 여성 교육을 위한 노력으로 조선여자강습후원회를 조직하여 회원으로 활약한 일도 있다. 1928년 기록에 의하면 그는 노동(勞動) 독본과 야학 교재 개발을 위한 모임에서 조선교육협회의 평의원으로 참가한 일도 있다. 그뿐만 아니다. 최규동의 이름은 1929년 조선어사전 편찬회에는 발기인으로 되어 있기도 하고, 1934년 3월 '과학데이' 실행회에서 활동했고 역사 연구를 위한 진단학회의 찬조회원이었다. 이런 활약을 통해 그는 1940년의 잡지 기사에서는 "조선의 페스타롯지"라는 칭호를 얻은 일도 있다. 그렇던 그 역시 일제시대 말기인 1941년에는 전쟁 후원단체로 임전보국단(臨戰報國團)을 만들자, 그 평의원에 이름을 올리게 되었다. 말하자면 이 기록으로는 그는 친일파였던 셈이기도 하다.

하지만 해방과 함께 최규동은 건국준비위원회 위원이 되고, 임시정부 및 연합군 환영위원회 위원이 된다. 그리고 이어서 1945년 9월 말에는 미군정청이 발표한 조선인 교육위원 7명의 하나로 들어가게 된다. 중동학교를 이끌어 온 그 동안의 경력이 가장 중요한 그의 이력으로 여겨졌던 때문일 것이다. 그는 1948년 중동학원의 이사장으로 취임했고, 곧 이어 그는 서울대학교 이사장, 그리고 1949년 1월 서울대학교 3대 총장으로 취임하게 된다.

어찌 보면 그의 모든 감투들은 그가 교육자로 크게 성장했기 때문에 사회가 씌워준 것들이었을 뿐, 그가 제대로 활동한 분야라고는 보기 어렵다. 여하간 그는 그런 위치에서 서울대학교 총장을 하는 동안 한국전쟁의 희생자가 된다. 1950년 전쟁이 일어나고 그는 곧 납북되어 평양의 서(西)평양인민학교에 수용되었다. 거기에는 소설가 이광수(李光洙, 1892~1950), 한국학의 정인보(鄭寅普, 1892~1950?)도 함께 수감되어 있었다. 8월 10일 평양에 도착한 이들 가운데 정인보 등은 다른 곳으로 옮겨졌고, 10월 16일 밤 심하게 내리는 빗속에서 내무서원들의 집중 총탄 세례에 최규동과 이광수는 사망했다고 《동아일보》(1962년 4월 7일)가 전했다. 같은 신문은 1950년 12월 21일자에서 평양형무소에 감금되었던 최규동이 10월 6일 사망했고, 12월 1일 중동중학교에서 장례를 치렀으며 장지는 경상북도 성주라고 보도했다.

1950년 평양형무소 감금 중 사망

최규동을 우리 역사상의 대표적 수학자라 부르기는 어려울 듯하다. 하지만 근대 수학의 도입기에 그는 그것을 먼저 배워 대중에게 교육한 대표적 수학 교육자로 꼽기에는 충분하다. 그는 젊은 시절 몇몇 학교를 동시에 가르치면서 매주 58시간을 가르쳤다고 전한다. 토요일만 8시간이고 다른 날에는 10시간씩을 가르쳤기 때문이다. 그 대부분을 수학 교육에 바친 것으로 보인다. 그리고 서울 종로 거리에 나가서 까지 수학을 교육하려 했다고 전한다.

그는 경상북도 성주에서 최영한(崔永漢)의 아들로 태어났다. 백농(白

儂)이란 호를 갖고 있었고, 17세에 전자혜(全子惠)와 결혼하여 1920년대 이후에는 서울 와룡동에서 살았다. 그는 3남 6녀를 두었는데, 장남은 1928년 5월 관부연락선을 타고 귀국하다가 현해탄에 몸을 던져 자살한 것으로 보도되었다. 당시 27세로 휘문의숙을 졸업하고 일본 릿교대학 영문과 1학년생이었는데, 몇 년 동안 신경쇠약 등으로 고생하다가 죽었다는 것이다. 최규동이 30여 년 동안 정성을 들였던 중동학교는 그 아들들에게 넘어갔다가, 관선(官選) 이사체제를 거쳐 1994년 삼성그룹에 넘어갔다. 경성제국대학 물리학과의 1회 졸업생으로 서울대학교 공과대학 교수였던 물리학자 방성희(方聖熙)는 그의 사위였다. 그의 고향에는 1965년 '백농선생 영천 최공 신도비'가 세워졌고, 중동학교에는 1966년 그의 동상이 세워졌으며, 1968년에는 건국훈장이 수여되기도 했다. 그 비석이나 동상이 그 후 어떻게 되었는지는 알아보지 못했다.

일제시대 수학 대중화에 큰 공을 남긴
장기원 張起元 1903~1966

연세대학교 교정에는 '장기원기념관'이란 건물이 있다. 크지는 않지만 도서관 뒤에 있는 이 건물은 이 학교에서 평생 교수로 있었던 수학자 장기원을 기념하여 그 제자들의 성금으로 지어졌다. 우리나라에 과학 기술자나 수학자 이름이 붙은 건물은 아주 드물다. 게다가 제자들이 돈을 모아 지은 건물이라고 하니 그 의미에서만도 장기원은 우리 과학 사에서 기억할 만한 인물이다.

조선인 최초로 도호쿠제국대학 수학과 졸업

필자가 개인적으로 그의 이름에 더욱 주목하게 된 것은 여러 해 전에 일본 북쪽에 있는 도호쿠제국대학에 객원교수로 가 있을 때, 도서관에서 그의 이름을 발견했기 때문이기도 하다. 1999년의 처음 3개월 동안 필자는 일본 센다이(仙臺)시에 있는 이 대학의 동북아시아연구센터에 객원교수로 가 있었다. 그런데 이왕 석 달 동안 이 일본 대학의 연구비를 얻어 가 있게 된 이상 도호쿠제국대학의 조선인 유학생에 대해 알아보리라는 마음을 먹고 도서관을 뒤지고 있었다. 이 대학은 일본강점기에 몇 안 되는 이른바 '제국대학'의 하나였고, 많은 조선인 유학생이 이 대학을 나왔음을 잘 알고 있었기 때문이다. 일본강점기 조선인 유학생에 대한 조사를 하다가 그 도서관의 수학책 속에서 바로 장기원이 기증한 책을 발견한 것이다. 지금 정확한 정황은 기억되지 않지만, 그 대학 도서관에는 장기원이 기증한 조선시대의 수학책이 몇 가지 수장되어 있었다.

1929년 장기원은 조선인으로는 최초로 도호쿠제국대학 이학부 수학과를 졸업했다. 1925년 연희전문학교를 나와 잠시 모교에서 조교로 일하던 그는 바로 일본 유학을 떠났고, 이 대학에서 수학을 공부한 것이다. 당시 도호쿠대학 수학과에는 하야시 쓰루이치[林鶴一, 1873~1935] 교수와 그 후계자인 후지와라 마쓰사부로[藤原松三郎, 1881~1946] 교수가 있었는데, 아마 그들의 영향으로 장기원은 한국 수학사에 관심을 갖게 되고, 또 조선의 옛 수학책을 도서관에 기증했던 듯하다. 지금도 이 대학도서관은 1만 7000점의 과학사 자료를 갖고 있음을 자랑하고 있는데, 특히 일본 수학의 대표 업적인 화산(和算) 분야 책이 1만 점 이상이라고 알려져 있다. 이 분야에서는 일본 최대 수집처라는 것이다. 이들 일본 수학서 상당수는 이 두 교수의 이름 아래 도서관에 보존되어 있다.

아닌 게 아니라 장기원을 기념하는 연세대학교의 장기원기념관에는 그가 평소 수집했던 우리나라의 옛 수학책 155종 정도가 보관되어 있는 것으로 기록되고 있다. 아직 그 내용을 살펴보지 못했지만, 한국 수학사 연구자들에게는 참고할 만한 자료가 있을 듯하다.

연희전문학교에서 물리, 화학, 천문학 등 가르쳐

안동 장씨인 장기원은 평안북도 용천의 상당한 부잣집에서 장학섭의 맏아들로 태어났다. 선천의 신성중학교를 거쳐 1925년 연희전문학교 수물과를 졸업했다. 잠시 모교 조교를 거쳐 일본에 유학했던 그는 1929년 귀국하여 이화여자전문학교 교수가 되었다. 1940년 연희전문학교로 자리를 옮겨 그 후 죽을 때까지 연세대학교를 떠나지 않았다. 연세대학교에 있는 동안에는 이학부장, 부총장 겸 이공대학장 등을 지냈다. 이공대학장은 13년 동안이나 맡았던 것으로 보인다. 학교 밖에서는 1962년 대한수학회 회장, 1966년 학술원 회원 등의 직함을 갖기도 했다. 또한 1962년에는 경북대학교에서 명예 이학박사학위를 받기도 했다. 이 학위를 주선한 사람은 당시 경북대학교 수학교수였던 박정기(朴鼎基, 1915~)로 알려져 있는데, 그는 바로 장기원의 추천으로 도호쿠제국대학으로 유학 갔던 사람이다.

1939년 5월 31일자 《동아일보》에는 그의 사진과 함께 이화여자전문학교에서 10년 장기 근속자에게 표창을 수여했다는 기사가 나왔다. 그 해 5월 30일 오전 음악관 대강당에서 이화 창립 53주년 기념식을 하면서 9명에게 장기근속 표창을 했는데, 장기원이 답사를 했다는 내용이다. 신문에는 전체 행사와 표창 받은 사람들 사진이 실려 있다. 그는 1940년 연희전문으로 직장을 옮겼으니 이화여자전문학교에서 10년 남짓 교수로 일한 셈이다. 그 동안 그는 문과 학생들에게는 고등수학을, 가사과 학생들에게는 물리학과 화학을 가르쳤다고 기록은 전한다. 특히 1934년 이화여전을 졸업한 여류 시인 노천명의 표현으로는 장기원 교수는 젊은 여학생들 앞에서 눈 둘 곳을 찾지 못하고 수학 공식만 써내려갔다는 것이다. 재미있는 기록이 아닐 수 없다.

아직 근대적 학문의 초기 성립단계를 벗어나지 못하고 있던 일본강점기의 조선에서는 대학 교수란 그저 일본에서 제대로 된 대학을 졸업한 사람 정도라면 할 수 있었던 것인데다가 한 교수가 이런 저런 과목을 함께 가르치는 일이 당연한 일이기도 했다. 연희전문학교로 옮긴 뒤에도 장기원은 수학만 가르친 것이 아니었다. 연희 학생들은 "그의 전공은 수학이지만, 부전공은 물리, 화학, 천문학"이라고 말할 정도였다는 기록도 있다. 실제로 그는 어느 날에는 학생들을 지도하여 망원경을 설치한 다음 토성을 관측하게 한 일도 있다. 또 그는 미적분을 어려워하는 학생들에게는 방과 후 과외 수업을 통해 보충해준 일도 있다.

수학상의 난문제 '4색 문제' 풀이 몰두

장기원이 평생 수학자로서 관심을 가졌던 일은 두 가지를 들 수 있다. 하나는 한국 수학사의 연구였고, 다른 하나는 '4색 문제'를 푸는 일이었다. 앞에서 언급한 것처럼 그는 분명히 도호쿠제국대학의 일본인 교수들이 일본 수학사 연구에 열성인 것에 영향 받아 조선 수학사 책을 수집했고, 또 그것을 정리해 연구할 욕심을 강하게 가지고 있었음을 알 수 있다. 그러나 불행히도 이 연구는 그가 갑자기 서거하는 바람에 그리 많은 진척을 보지 못했다. 다만 그가 수집한 자료들만이 오늘날 '장기원기념관'에 보관되어 있다.

또 다른 그의 열망, 즉 '4색 문제'란 서로 이웃한 두 나라를 다른 색으로 칠한다고 할 때 아무리 복잡한 지도라도 4색만 쓰면 구분할 수 있다는 경험적 사실을 수학적으로 증명하는 문제다. 오랫동안 수학상의 난문제로 여겨져 온 이 문제는 1976년 8월 미국 일리노이대학교의 아펠과 하켄 교수가 해결했다. 그들은 지도를 그 특징에 따라 약 1936개의 경우로 분류하고, 그 각각의 경우가 4색으로 칠하여 구분할 수 있다는 것을 1200시간 동안 컴퓨터를 가동해 수학적 귀납법으로 증명했던 것이다. 장기원이 언제부터 '4색 문제'에 골몰했던지는 밝혀지지 않았지만, 대략 그가 일본 유학을 갔을 때부터였던 것으로 보인다. 그는 이 문제에 대해 평생 관심을 가졌고, 그래서 그의 집 서재 벽에는 칠판을 걸어놓고 이 문제를 푸는 방정식 등을 빼곡히 써놓기도 했다고 한다. 또 그는 한때 거의 이 문제를 해결한 것으로 생각하기도 했다고 전한다. 마침 1940년에 그는 간단한 주판 계산기를 고안해 특허까지 얻었다고 당시 '연희동문회보(제17호)'는 전한다. 이 계산기 수준이 어느 정도였는지 역시 지금 알 길이 없지만, 오늘날의 컴퓨터에는 멀리 미치지 못했을 것이다. 그의 계산기 수준과 마찬가지로 그의 '4색 문제' 풀이도 오늘날의 증명에서는 한참 거리가 있었을 지도 모른다.

불의의 사고로 타계, 전통수학서 155종 기증

1966년 11월 5일 그는 갑작스럽게 세상을 떠났다. 새로 이사 간 서대문구 봉원동 골짜기 새 집에서 벽에 못을 박으러 사다리를 타고 올라갔던 장기원은 그만 중심을 잃고 뒤로 넘어지고 말았다. 그런데 하필 그렇게 떨어진 그의 머리가 뾰족한 돌부리에 부딪혀 의식을 잃고 병원으로 옮겨졌지만, 얼마 지나지 않아 목숨을 잃게 된 것이다.

평생 건강에 큰 문제가 없었던 그는 타고난 건강체라기보다는 몹시 조심하는 성격이었다. 그는 1950년대에는 아주 작은 간장병을 가지고 다니기도 했는데, 당시 시장에서 파는 간장이 위생상 믿음직하지 못하다하여 그랬다고 알려졌다. 그는 젊어서 배운 테니스를 가끔 치기도 했다. 그의 몸조심은 그가 작고한 그해 가을 대한수학회 총회가 광주에서 열렸을 때를 보더라도 짐작하기 어렵지 않다.

지금과 같은 고속도로도 없고, 기차는 너무 오랜 시간이 걸리자 그는 어쩔 수 없이 비행기를 타고 광주에 갔는데, 그는 그 길을 떠나면서 유서까지 써 놓았더라는 것이다. 그 유서 내용이 무엇이었던지 알 수 없지만, 오늘날 장기원기념관에 보관되어 있는 약 155종의 전통수학서는 바로 이 유서에 따라 학교에 기증되었다고 한다.

일본강점기인 1930년대 유행하던 말 가운데 '최대수와 장기하'란 표현이 있다. 대수를 잘한다고 소문난 최규동과 기하에 탁월하다는 장기원 두 사람을 가리킨 말이었다. 그만큼 1930년 전후 최규동과 함께 장기원은 식민지 시기 수학 대중화에도 큰 공을 남긴 당대의 대표적 수학자였던 셈이다.

다방면에 뛰어난 업적

서양에 앞선 과학기술 개발한
세종 이도 李祹 1397~1450

누구나 다 아는 일이지만, 세종은 우리 역사상 가장 위대한 임금이라 할만하다. 그는 정치도 잘했고 외교도 국방에도 탁월했다. 뭐 못한 것이 없다고 하는 편이 간단한 평가일지 모른다. 그 가운데도 과학기술의 연구개발에는 특히 뛰어난 업적을 남겼다. 세종은 임금으로 32년 동안 있었는데, 그동안 이룩한 과학기술상의 업적만 목록으로 만들어도 이 지면을 다 채울 수 있을 정도일 것이다.

특히 천문학에서 놀라운 공을 남겼고, 또 한글만 두고 말하더라도 그 것은 대단한 과학상의 업적으로 꼽을 수도 있다. 원래 그의 이름은 이도이며, 아버지는 전주 이씨로 조선왕조의 세 번째 임금 태종 이방원(李芳遠, 1367~1422)이고, 어머니는 원경왕후 민(閔)씨였다. 그는 양녕

(讓寧)대군과 효령(孝寧)대군에 이어 셋째로 충녕(忠寧)대군이었고 그 아래로 성녕(誠寧)대군이 막내 아들이었다. 물론 여기 소개한 태종의 아들은 정실, 즉 왕비가 낳은 아들만 말한다. 태종은 왕비와의 사이에서 모두 4남 4녀, 그리고 여러 후궁에게서 얻은 자식을 합쳐 12남 17녀의 자식을 둔 것으로 공식으로 기록되어 있다.

이방원(태종)의 셋째 아들 이도가 갑자기 세자로 올라 바로 임금이 된 것은 그의 아버지 태종의 정치적 야심과 깊은 관련이 있다. 태종은 쿠데타 등으로 정권을 잡아 조선왕조의 세 번째 임금이 되어 권력을 휘둘렀지만 임금 노릇하기란 여간 힘드는 일이 아니었다. 그는 권력은 그대로 누리면서 임금 자리는 마음에 맞는 아들에게 넘겨주게 되었고, 그래서 그는 세자로 오랫동안 일했던 첫째 아들 양녕대군을 갑자기 물리치고, 제일 나이 어린 21살의 셋째 충녕대군을 왕위에 앉힌 것이다. (충녕대군의 아우 성녕대군은 그해 봄 병사했다.) 실제로 태종은 임금 뒤에서 나라 일을 주도하여 4년을 더 살다가 1422년 작고했다. 그리고 이 전후로 그는 처남들을 처치하고, 사돈[세종의 장인 심온(沈溫)]조차 죽이는 잔인한 과정을 통하여 세종의 앞길을 편하게 닦아 두었다. 세종이 임금으로서 아무런 장애를 받지 않고 일할 수 있도록 잠재적인 정치세력을 거세해주었기 때문이다.

한글 만들고 역법 완성에 큰 업적

역설적이지만, 세종 때 이런 위대한 과학상 또는 문화상의 업적이 나올 수 있었던 것은 잔인한 태종의 숙청작업이 한몫을 한 것이란 생각을 떨칠 수가 없다. 여하간 세종은 이런 좋은 여건 속에서 스스로 과학자로서의 재능을 발휘하면서 32년 동안이나 과학적 과업을 하나하나 수행해갔다.

세종의 가장 유명한 업적으로는 당시 조선에 맞는 역법으로 '칠정산(七政算)'을 완성해 놓은 것을 들 수 있다. 1442년에 내편과 외편으로 나누어 완성한 '칠정산'은 일곱 개의 움직이는 천체(해, 달, 5행성)가 운동하는 것을 계산해내는 방법을 가리킨다. '칠정'이란 지금의 칠요(七曜)나 마찬가지의 뜻이다. 내편이란 전통적 중국식 계산 방법이고, 외편이란 당시 원(元)나라에 수입되었던 서양식의 아랍 천문학을 가리킨다. 이 역산학의 완성으로 당시 조선은 세계 첨단의 천문계산술을 완성하게 된 것으로 평가된다. 이 완성으로 조선 천문학은 완벽하게 일식, 월식 같은 것을 포함하여 필요한 천체운동을 계산해 예보도 할 수 있게 되었던 것이다. 아직 서양 어느 나라, 그리고 이웃 일본 모두 이런 수준에 이르지 못할 때였다. 겨우 중국과 아랍만이 여기 도달해 있었던 것이다.

흔히 세종이 역법 완성에 이렇게 열성이었던 것을 두고, 농사짓는 데 정확한 역법이 필요해서라고 해석하는 수가 있다. 하지만 농사에 필요한 역법은 그렇게까지 정확할 필요가 없다. 일본은 훨씬 부정확해진 역법을 그대로 지켜 나가고 있을 시대였다. 부정확해 보았자 하루 이틀 차이가 나는 정도의 문제이며, 그 정도 차이로 농사에 지장이 있을 이치도 없다. 세종이 스스로 나서서 이렇게 역법과 천문학에 열성이었던 것은 그가 맡은 과업이 나라의 기초를 다지는 일이었기 때문에, 바로 그 기초 작업으로 천문학을 열심히 한 것이었다. 당시 사람들은 나

간의

라를 새로 만들고 왕위를 계승하는 일은 바로 천명(天命)을 받은 자만이 할 수 있는 것이라 했다. 그 천명을 제대로 받아 조선왕조가 세워졌다는 사실을 재확인하려는 의지가 바로 역법 완성에 열을 올리게 했던 셈이다.

경회루 둘레에 천문기구 진열

세종은 경복궁의 경회루 둘레에 온갖 종류의 천문기구들을 벌려 세워두기도 했다. 연못의 북쪽 언덕에는 우선 간의(簡儀)를 세웠다. 당시 대표적 천체 관측 장치는 혼천의(渾天儀)가 있었는데, 그것을 훨씬 간편하게 개량한 것이 간의다. 또 간의는 원래 아랍 천문학에서 나온 것인데, 이것을 원나라에서 다시 개량하고, 그것을 조선 천문학이 다시 수용해 경회루 북쪽에 설치했던 것이다. 간의는 지름이 2미터 가량 되는 몇 개의 청동고리로 구성된 그런 모양이다. 그 옆에는 높이 10미터 가량의 동표(銅表)란 것을 세웠다. 구리로 만들어서 이런 이름이 전해지지만, 이것은 전에 없던 대형의 규표(圭表)다. 규표는 특히 동지 때 태양의 고도를 측정하는 장치인데 해마다 이를 사용하여 태양 고도를 관측해야만 전통적인 역법 계산의 기초자료를 얻을 수 있기 때문이다. 높이가 10미터나 되기 때문에 그 꼭대기에 걸친 가로 막대 그림자가 떨어지는 위치에는 이동식 '바늘구멍 사진기(camera obscura)'가 설치되어서 그림자가 떨어지는 곳을 측정하게 되어 있었다. 나는 이 장치를 '세종의 카메라'로 부르고 있다. 세종 때 이미 천문 관측을 위해 카메라의 원조(元祖)를 사용하고 있었음을 보여준다.

여기에 덧붙일 것들은 끝없이 많다. 바로 동표 다음으로는 혼의(渾儀)와 혼상(渾象)도 만들어 두었는데, 천체운동을 낮에도 관찰하게 되어 있는 장치를 물을 흘려주어 자동으로 움직이게 했다는 것이다. 이들 경회루 북쪽의 시설 이외에도 연못 남쪽에는 보루각(報漏閣)을 세워 그 안에 자격루(自擊漏)를 설치했다.

장영실(蔣英實)의 이름을 청사에 빛나게 해 준 바로 그 물시계가 자격루임은 물론이다. 이 물시계 역시 물을 흘려주어 그 힘으로 젓대가 떠오르고, 떠오른 젓대가 격발(擊發) 장치를 건들이면 정해진 시간마다 종, 징, 북 등을 울리고, 인형이 팻말을 들고 나와 시각을 알려주는 등 교묘한 자동 장치였다. 이를 만들어 세종의 칭찬을 받은 천한 집안 출신이었다는 장영실은 분발하여 더 정교한 천문시계 장치인 옥루(玉漏)도 만들어 연못 동쪽에 흠경각(欽敬閣)을 세워 가설해 두었다.

세종은 또한 재위 중에 앙부일구(仰釜日晷)를 포함하여 네 가지 해시계도 만들고 일성정시의(日星定時儀)라는 해와 별로 시간을 측정하는 장치도 고안해냈다. 그뿐만 아니라 처음으로 측우기(測雨器)도 만들어 각 지방 관서에 보내 강수량을 측정해 보고하게 했으며, 수표(水標)도 만들어 한강과 청계천의 수위(水位)를 측정하게 했다. 자연현상을 정확하게 계량해 참고하려는 노력은 서양에서는 17세기에 일어나 과학 발달의 중요한 요소로 작용했다. 그보다 훨씬 앞선 세종의 계량적 자연관찰 노력이 주목할 가치가 있음은 물론이다.

하지만 이런 노력은 강수량과 강물의 수위측정 정도에 그쳤을 뿐 다른 자연현상도 모두 계량하려는 태도로 이어지지는 않았다. 과학 발달의 싹이 보이는 듯하다 말았던 셈이라고 할까? 조금 안타까운 우리의 유산이라고도 할 수 있을 것 같다.

그 밖의 업적

세종은 농업기술 여러 방면은 물론이고, 의학 발달에도 힘써 전 국토에 자라는 독특한 약용식물 등을 조사하게 하여 그 결과를 바탕으로 《향약집성방(鄕藥集成方)》과 《의방유취(醫方類聚)》 같은 책을 만들었고, 농사 기술로는 《농사직설(農事直說)》이란 책을 남겼다. 하기는 여러 가지 활자를 주조하여 특히 1434년 갑인자(甲寅字)로 찍은 당시의 책은 아름답기로 유명하다. 또 화약무기에 대한 개발은 《총통등록(銃筒謄錄)》이란 책으로 남겨졌으나, 지금은 전해지지 않는다. 또 천문학 서적으로는 이순지 등이 만든 《천문유초(天文類抄)》, 《제가역상집(諸家曆象集)》

등이 남아 있기도 하다.

이런 수많은 과학기술 상의 업적에 대해서는 일부 그 주역을 맡았던 학자나 기술자 등이 밝혀져 있다. 앞에 간단히 소개한 이순지나 장영실 등이 그런 대표적 경우이다. 하지만 많은 경우 누가 이런 일들을 주로 담당해 이룩해 놓은 것인지 분명치 않다. 그리고 세종 임금 스스로가 이런 일들의 여러 분야에서 직접 중요한 역할을 한 것 같은 조짐은 많이 보인다. 그런 의미에서 임금 자신이 당시의 대표적인 과학자였음을 알 수가 있다. 세종 이도는 조선 초 4대 세종시대의 가장 걸출한 과학자였던 것이다.

천문·산술·서도에 정통했던
문종 이향 李珦 1414~1452

측우기를 발명한 사람은 조선 초의 임금 문종이다. 문종은 1450년 세종이 죽자 그 뒤를 이어 조선왕조의 다섯 번째 임금으로 왕위에 올랐지만, 오래 자리를 지키지 못하고 재위 2년 4개월만에 39세로 병사했다. 이후 나이 어린 세자 단종의 즉위는 세조의 찬위(纂位), 사육신 사건 등 정치적으로 불안한 사건을 초래하는 계기가 되기도 했다. 문종의 시호는 공순(恭順)이며, 능은 현릉(顯陵)으로 구리시에 있다. 이름은 이향(李珦)이었고, 자를 휘지(輝之)라 했다.

바로 문종이 우리의 자랑인 측우기를 발명했다. 물론 문종이 아직 세자로 있을 때의 일이다. 측우기가 발명되었다는 사실을 처음 전하는 역사 기록은 《세종실록》이다. 당시 임금은 문종의 아버지인 세종이었

현릉
경기도 구리시에 있는 문종과 현덕왕후 권씨의 능

고, 세자가 세종 23년(1441) 4월 측우기를 발명했다는 기록이 남아 있는 것이다. 이런데 이 첫 기록에서 우리는 측우기라는 세 글자를 발견할 수는 없다. 아마 그 이유로 측우기에 대해 처음 주목한 학자들은 그것을 막연히 세종의 발명 또는 세종대 어느 신하의 발명품이라 판단했던 모양이다. 또 측우기에 대해 소개하는《세종실록》의 첫 기록은 당시 측우기를 말하기 위한 기사가 아니라 조금 엉뚱한 내용을 담고 있는 기록이다.

세자 시절 구리로 만들어 빗물양 측정

1441년 4월 서울에 누런비(黃雨)가 내렸다. 누런색을 띤 비가 내리자 조정에서는 야단이 났다. 그 시절에는 이상한 자연 현상은 모두 정치의 잘잘못과 관련된 것이라는 생각이 지배적이었다. 당연히 누런비도 일식이나 가뭄 또는 혜성이 나타나는 것처럼 재이(災異)의 한 가지로 여겨졌고, 그렇다면 임금은 스스로 몸을 조심하고 재이에 대비한 여러 가지 조치를 취해야 마땅했기 때문이다. 여러 가지 조치란 임금이 조심한다는 뜻에서 반찬도 줄이고, 음악이나 춤 같은 것을 즐겨서도 안 된다. 심한 재이라면 죄수를 놓아주기도 하고, 무엇이 잘못되고 있는지 신하들에게 기탄없이 의견을 말하라면서 상소를 재촉하는 교서(敎書)를 발표하게 된다. 이런 신하들의 말을 구한다는 조치가 '구언(求言)'이다. 이런 구언의 기회에는 다소 심하게 임금을 비판하는 상소문을 올려도 임금이 아무 소리 하지 못하고, 그런 상소문에 일일이 답변을 하게 되어 있는 것이 조선시대의 풍경이었다.

그런데 누런비가 내렸다는 보고를 받았을 때 세종은 이미 한양이 아니라 온양 온천에 가 있었다. 눈병(眼疾)이 도져서 임금 부부는 온천을 하면 좋아질 듯하여 한달 열하루 전인 3월 17일 온수현(溫水縣)으로 출발했다. 온수현이란 지금의 온양을 가리키는데, 당시 온천으로 유명하여 세종은 이미 몇 차례 온천을 이용한 적이 있다. 임금은 세자와 종실 여럿 등 50여 명을 거느리고 온수현으로 갔던 것이다. 그리고 꼭 한 달 뒤 4월 17일 기록을 보면 그의 눈병이 차도가 있다 하여 온수현을 온양군(溫陽郡)으로 승격시켜주고, 충청도 관찰사에게 상을 내렸다는 기록도 보인다.

여하튼 세종이 온양 온천에서 눈병을 치료하고 휴양을 즐기고 있는 판에 한양에서 누런비라는 재이가 일어났다는 보고를 받게 된 셈이다. 결코 반가운 일이 아니었을 것은 물론이다. 만약 그것이 심각한 재이라 여겨졌나면 아마 온양에서 서둘러 한양으로 돌아와야 했을 수도 있으니 말이다. 세종의 셋째 아들 안평대군(安平大君, 1418~1453) 이용(李瑢)이 한양에서 편지를 써서 임금에게 다음과 같이 보고했다. "사람들이 누런비가 내렸다 하므로, 신이 즉시 사람을 시켜 두루 궁정의 물이 괴어 있는 곳을 살펴보니, 모두 송화 가루(松花)가 섞여 있었습니다. 그러나 밤비가 그릇에 괴인 것을 보니 송화 가루가 없었습니다. 누런비가 하늘에서 내렸다면 하필 땅에만 내려오고 그릇에는 내리지 않았을 리가 있겠습니까? 또 이 물빛은 순황색(純黃色)이 아니옵고, 송화 가루를 섞은 것 같아서, 맛을 보니 매운 맛(辛味)이 바로 송화와 같았으므로 또한 사람을 시켜 송화 가루를 가져다 물에 넣어 보았더니, 그 형상도 비슷하여 사람들이 분간하지 못했습니다" 요컨대 누런비란 것은 정말로 비가 누런 것이 아니고 밤 사이에 내린 비에 송화 가루가 섞여 그렇게 보였을 뿐이라는 것이었다.

안평대군의 글은 계속된다. "25일은 어두울 무렵부터 풍세(風勢)가 점점 급해졌고 2경(更)쯤 되자 비도 내리기 시작했는데 바람도 밤새도록 불었으니 급한 바람이 분 나머지 송화 가루도 반드시 날았을 것입니다. 하루 동안 날은 것이 쌓였다가 비로 인해 떠오른 것이오라 괴이할 것이 없사오니 만일 망령되게 누런비라고 말하는 자가 있더라도 청하옵건대 의심하지 마옵소서."

바로 이런 대목에 이어 《세종실록》은 4월 29일자에 문종의 측우기 발명을 기록해 놓은 것이다. "근년 이래로 세자가 가뭄을 근심하여 비가 올 때마다 젖어들어 간 푼수(分數)를 땅을 파고 봤다. 그러나 정확하게 비가 온 푼수를 알지 못했으므로, 구리를 부어 그릇을 만들고는 궁

측우기

중에 두어 빗물이 그릇에 괴인 푼수를 실험했
는데……"

각종 과학기술 업적에 직접 관여

이 기록을 보면 측우기는 1441년 4월 이전에
이미 문종이 만들어 사용하고 있었다는 것이
분명해진다. 세종의 맏아들인 이향은 1414년
태어나 1421년(세종 3)에 벌써 세자로 책봉되
었다. 겨우 7세의 나이에 왕세자가 되어 1450년 세종이 죽자 바로 왕
위에 올랐다. 그런데 그는 사실상은 세종 재위 기간에 벌써 임금 노릇
을 하고 있었다. 여러 가지로 건강상의 문제도 있던 세종은 1437년(세
종 19)에 이미 세자에게 왕의 번잡한 일을 떠맡기고 뒤에서 쉬려했지만
신하들의 반대로 뜻을 이루지는 못했다.

하지만 5년 뒤인 1442년(세종 24)에는 신하들의 반대를 무릅쓰고 세
자가 섭정하는 데 필요한 정부기관으로 첨사원(詹事院)을 만들어 그의
뜻을 관철했다. 세자로 하여금 왕처럼 남쪽을 향하여 앉아서 조회(朝
會)를 받게 했고, 모든 관원은 뜰 아래에서 신하로 칭하도록 했으며 국
가의 중대사를 제외한 서무는 모두 세자의 결재를 받으라는 명을 내리
기도 했다. 그리하여 마침내 '수조당(受朝堂)'을 짓고 세자가 섭정을 하
는데 필요한 체제를 마련했으며 1445년부터는 정식으로 세자의 섭정
이 시작되었다. 이 섭정은 세종이 죽기까지 계속되었으며 이로 인하여
문종은 즉위하기 전에 실제 정치의 경험을 쌓을 수 있었다.

측우기는 세자의 섭정이 정식으로 시작되기 직전쯤 처음 만들어 사용되고 있었음을 알 수 있다. 그런데 당시 세자는 유학(儒學, 性理學)뿐 아니라 천문과 역수(曆數) 및 산술(算術)에도 정통했고 예(隷)·초(草)·해서(楷書) 등 서도(書道)에도 능했다고 알려져 있다. 하지만 당시 기록 어디를 보니 그는 몸이 허약했다는 점도 알 수가 있다. 그렇다면 세자 이향은 왜 건강이 나빴던 걸까? 이에 대해서는 이런 가설을 갖게도 된다. 즉 그는 17세의 나이에 벌써 세자로 책봉되면서 힘든 일과 때문에 몸이 쇠약해졌을 것이라는 것이다. 조선시대의 역사를 보면 어린 나이에 세자가 된 사람은 특히 그 세자자리에서 오래 기다렸다가 왕위에 오른 사람은 대개 단명했다는 특징을 알게 된다. 그것은 당시 왕의 자리가 지나친 격무(激務)였을 뿐만 아니라 세자의 자리는 더욱 격무였음을 보여준다. 그런데 문종은 7세 때 세자가 되었고, 29세에는 섭정을 하기 시작하여 37세 때 임금이 되었다.

실제로 문종은 1450년 2월 세종이 죽자 그 자리를 이어받지만 2년 4개월 뒤인 1452년 5월 39세 나이로 죽고 만다. 자식도 1남 2녀만 둔 것으로 공식 기록은 전한다. 바로 그 외아들이 단종(端宗)이 되었다가 그의 삼촌인 수양대군에게 죽임을 당한 사실은 잘 알려진 일이다. 문종의 아버지 세종이 18남 4녀를 두고 할아버지 태종이 12남 17녀를 두었다는 기록과 비교도 할 수 없을 지경이다. 문종이 이렇게 허약한 사람이 되었던 것은 7세에 세자가 되어 온갖 바쁘고도 번잡한 공식행사를 소화해야 했기 때문이었을 것이라고 판단한다.

이렇게 허약해진 건강 속에서도 그는 세자 노릇을 하면서 그리고 임금으로서 세종대 후기의 여러 가지 과학적인 업적에 직·간접으로 관여하게 되었을 것이 분명하다. 바로 그 시기가 그가 섭정하던 때였기 때문에 더욱 그러했을 것으로 보인다. 세종대의 한글 발명에서부터 온갖 천문역산기구의 완성이나 1442년 '칠정산(七政算)'의 완성까지 모든 중요한 과학기술상의 업적이 문종과의 관련 속에서 진행되었다고 할 수 있기 때문이다.

《성호사설》지은 18세기 대표적 실학자
이익 李瀷 1681~1763

18세기에 활약한 우리나라 대표적 실학자의 한 사람이 이익이다. 다른 실학자나 마찬가지로 그를 '과학자'라고 부르기에는 무리가 있다. 지금 우리가 아는 그런 의미에서의 과학을 그가 본격적으로 추구해본 일도 없고 또 그 시대에는 지금 과학에 해당할 만한 공부나 연구를 하는 일이란 없었기 때문이다. 그러나 실학자로 이름난 이 시기의 선각자들 가운데 이익은 가장 대표적인 과학자 또는 과학자에 가까운 인물이었음은 분명하다.

백과사전식《성호사설》저술

따지고 보면 이익이 이런 평가를 받을 수 있는 것은 그가 남긴 백과사전 같은 대작《성호사설(星湖僿說)》덕택이다. 이 책에는 수많은 글이 실려 있지만 그 가운데 들어 있는 과학에 관한 내용이 오늘 우리들에게는 당시의 과학 수준을 아주 잘 보여주는 구슬 같은 내용이기 때문이다. 예를 들면 그는 지구가 둥글다거나 그런 지구 위에 우리와는 반대쪽에도 사람이 떨어지지 않고 붙어 살 수 있는 이치를 나름대로 훌륭하게 설명하고 있기도 하다. 이익은 당시 조금씩 국내에 알려지기 시작한 서양 과학에 대해 관심이 많았고 그래서 많은 논평을 해 놓았던 것이다. 그는 특히 서양 천문학이 동양의 천문학과는 비교할 수 없을 정도로 앞서고 있다고 판단했다. 그래서 이익은 만약 공자가 오늘 다시 태어난다면 서양의 천문학을 따를 것이라고까지 높이 평가하고 있다.

그의 책《성호사설》이란 바로 그의 호 '성호(星湖)'를 따서 이름 붙인 책임을 알 수 있다. 그리고 '성호'라는 호는 그의 고향 호수 이름에서 유래한다. 이익은 평안도 운산에서 태어났으니까 그 호수는 거기 있을 것이라고 생각하기 쉽지만 사실은 그렇지 않다. 그의 아버지 이하진(李夏鎭)이 남인으로서 그때 그곳에 유배 가 있었기 때문에 고향인 경기도를 멀리 떠난 곳에서 출생하게 된 것이었다. 그의 아버지는 이익이 세상에 나온 바로 이듬해인 1682년 6월 죽었고 그후 바로 그는 어머니를 따라 고향인 경기도 광주의 첨성촌으로 돌아왔다. 지금은 안산에 속하는 첨성리라고 되어 있다. 그리고 거기에 있는 호수가 성호였다. 지금도 그 호수가 있는지는 아직 알아 보지 않았다. 그 후 그는 편

모슬하에서 형들에게 공부를 배우며 자랐다. 그의 아버지에게는 전 부인에게서 3남 2녀, 후부인에게서 2남 2녀를 얻었는데, 이익은 5남 4녀 가운데 마지막 아이였다.

《성호사설》

1705년 25살 되던 해에 이익은 괴거를 보았지만 자기 이름을 격식에 맞춰 써 넣지 못했다는 이유로 상급 시험에는 응시할 자격조차 얻지 못하고 말았다. 게다가 이듬해에는 그의 둘째 형 이잠(李潛)이 장희빈을 두둔하는 상소를 올렸다가 역적으로 몰려 옥사하고 말았다. 형의 비참한 죽음에 충격을 받은 이익은 평생 과거를 보지 않기로 결심했을 지경이었다. 이렇게 죽은 둘째 형이 글을 가르쳐준 선생님이기도 했으니 그 아픔은 더 했을 것이다.

이런 연고로 이익은 평생을 고향 집에서 학문에 몰두하고 제자를 기르는 일에만 전념했을 뿐 관직에 나가지 않았다. 그는 몇 가지 다른 책도 남기고 있지만, 역시 《성호사설》이 가장 대표적 걸작이다. 《성호사설》은 모두 5부로 구성되어 있는데 천지(天地=221건), 만물(萬物=326건), 인사(人事=1091건), 경사(經史=1041건), 시문(詩文=378건) 등이 그것이다. 괄호 속에 써 놓은 것은 이들 5개 분야에 대한 기사의 수를 가리키는데 이들 모두를 합하면 총 3056건의 기사가 이 책에 들어 있다는 것을 알 수 있다. 말하자면 《성호사설》은 세상의 온갖 상상할 수 있는 것들에 대해 이익이 평생 연구해 얻은 지식을 3000가지 이상의 제목 아래 정리해 쓴 기록들을 분류해 놓은 백과사전 같은 책이라 하겠다.

'지구는 둥글다'는 사실 수용

《성호사설》 가운데 우리의 관심거리인 과학에 관한 내용이라면 당연히 처음 2개 분야, 즉 천지와 만물 분야에서 주로 찾아볼 수 있다. 그 다음에 나오는 인사, 경사, 시문은 분량이 더 많지만 이 부분은 일부를 제외하면 과학과는 관계가 적다. 그런대로 여기에는 물론 한의학이나 전통적 동식물에 대한 지식으로부터 화약이나 인쇄 등의 기술에 이르기까지 많은 과학기술에 대한 기사가 들어 있다. 그러나 이런 전통 과학기술 내용보다는 그가 당시 받아들이고 있었던 서양 과학의 내용이 오늘 우리에게는 더 관심거리가 된다.

예를 들면 이익은 땅이 둥글다는 사실을 가장 감명 깊게 받아들였던 것으로 보인다. 그 전에도 동양에 이미 땅을 둥글다고 생각하는 경향이 없지는 않았지만 서양 천문 지식이 전파되면서 처음으로 분명하게 지구설이 우리나라에 자리 잡게 되었던 것이다.

당시 이미 땅이 둥글고 그 둘레에는 위아래에 모두 사람이 살고 있다는 서양 사람들의 주장에 대해 여러 학자들이 논란을 벌이고 있었다. 남극관은 개미가 달걀 표면의 위아래를 모두 기어다닐 수 있는 것과 같다고 설명하기도 했다. 이 설명을 이익은 배척하면서 지구 둘레에서는 지구 중심을 향해 몰려드는 경향이 있기 때문에 모든 것들은 지구 중심으로 쏠리게 마련이라고 설명하고 있다. 지구 중심으로 쏠려드는 것이 무엇인지 분명히 말하지는 않았지만 이익은 지구가 우주의 중앙에 자리 잡고 움직이지 않고 있는 것은 바로 지구 둘레의 어느 곳에서나 사람들도 역시 지구 중심으로 쏠리게 되기 때문이라고 본 것이 확실하다. 즉 그는 지구 중심을 향한 힘을 '인력(引力)'이란 표현을 쓰지 않은 채 나타내고 있음을 알 수 있다.

이익은 이 생각을 연장하여 지구가 하루 한 번씩 자전하는가를 생각해보기도 했다. 그는 지구가 움직이지 않는다고 단언하기 어렵다는 생각도 조금 드러내고 있다. 하지만 이익은 《주역(周易)》에 나오는 유명한 글귀, "하늘은 끊임없이 움직인다(天行健)"를 되살려 역시 지구가 움직일 수는 없다는 결론을 내리고 말았다. 공자도 이미 하늘이 끊임없이 움직이고 있다고 말하고 있으니, 우리는 공자님 말씀을 따르고 말자는 생각을 가졌던 것이다. 생각해보면 《주역》이 꼭 공자의 말을 적은 것인지도 확실하지 않고 그 가운데 한 구절이 뭐 그리 대단한 의미가 있는 것인지 지금 우리들에게는 이해하기 어렵기도 하다. 하지만 18세기 초의 우리 선조들에게는 아직도 공자는 너무나 위대한 인물이었고 그의 말을 어기는 것은 대단히 힘든 일이었다.

당시 중국에 와서 활약하던 서양 선교사들은 아직 지동설을 옳다고 말하지 않았다. 몇 차례 경고 끝에 1633년 갈릴레이의 재판으로 지동설은 이단이라 판정되었기 때문이다. 이런 환경에서 이익이 지동설을 생각만 해보았다는 것도 그의 머리가 비상하다는 방증이 될 수 있을지 모른다. 그는 서양의 천문학 발달에 대해서는 극찬을 아끼지 않았는데 당시 우리나라에서도 채용하고 있던 시헌력(時憲曆)을 '역법의 극치'라 평가했다. 서양 선교사 아담 샬이 만든 이 역법은 서양식 천문학 지식을 동원해 만든 천문계산법을 포함하고 있어서 이익의 말로 하자면 일식과 월식 예보에 조금도 틀림이 없을 정도였다. 그래서 이익은 만약 공자가 다시 살아난다면 바로 이 천문학을 따를 것이라고 서양 천문학을 예찬하고 있는 것이다.

지구의 과학에 대해서도 이익은 당시 중국에 알려진 서양 지식을 그런대로 받아들이고 있다. 예를 들면 자석이 지구의 남북을 정확하게 가리키지 않는 이유에 대해 서양 지식을 동원하고 있기도 하다. 우리 역사에 지구의 편각(偏角) 현상에 대한 설명을 소개한 첫 경우가 바로 《성호사설》에 나오는 것으로 보인다.

그는 땅속에도 텅 빈 공간이 아주 많아서 봄철에 개울물이 마르는 것은 해빙기에 물이 먼저 그런 공간을 채우고 나서 개울에 다시 흐르기 때문이라고 설명하고 있다. 또 그런 공간을 지표가 내려앉아 채우는 수도 있는데 그런 때 지진이 일어난다고도 설명하고 있다. 물론 지금의 설명과는 전혀 다른 잘못된 이론 같기는 하지만 바로 이런 설명을 그는 서양 과학에서 얻어 온 것이었다. 또 조수의 간만 현상에 대해서도 서양 선교사 알레니의 《직방외기(職方外紀)》를 인용하고 있다. 유럽의 어느 바다에는 조수가 하루 일곱 번이나 밀려오는데 그 원인을 조사하러 바다에 들어갔다가 아리스토텔레스가 익사했다는 잘못된 정보도 바로 이런 책에서 베낀 것이다.

기하학 원근법에도 관심

이익은 서양 수학에 대해서도 그 중요성을 충분히 느끼고 있었다. 서양 수학이 중국에 처음 들어온 경우로는 예수회 선교사 마테오 리치가 번역해 1607년 출간한 《기하원본(幾何原本)》을 들 수 있다. 바로 그 서문에서 중국 학자 서광계(徐光啓)는 수학이 인간의 정신을 가다듬어 주어 사고를 정밀하게 해주는 데 크게 도움이 된다고 설명하고 있는데 이익은 바로 그 말에 전적으로 동조하고 있다. 이익은 수학 공부를 통해 학생들은 학습 태도를 바로 잡을 수 있다면서 전통적으로 수학을 잡다한 기술의 하나로만 보려던 태도를 비판하고 있다. 특히 그는 작게 그려도 크게 보이고, 가까이 있어도 멀리 보이며 원을 그려서 구형처럼 보이게 하는 등의 기하학에서의 원근법에 특히 관심을 보였다. 그러면서 그런 기하학 방법이 중국에는 전에 없던 것이라며 역시 극찬하고 있다. 그 밖에도 그는 안경에 대한 글을 통해 서양의 광학(光學) 지식이 조금씩 알려지고 있음을 보여주고 아르키메데스가 커다란 거울로 햇빛을 비춰 적군의 배를 불태웠다는 이야기도 전하고 있다. 또 서양 의학 지식을 부분적으로 전하고 있다.

이런 모든 기록은 그가 읽은 서양 과학기술 서적에서 그가 느낀 바를 옮겨 놓은 것들이다. 그의 집에는 그의 아버지가 중국에서 사온 책들을 포함하여 수천 권의 서적이 있었다고 하는데 바로 그 책 가운데에는 상당수 중국에서 나온 서양 선교사들의 책이 들어 있었던 것이다. 그가 확실히 읽은 서양 책만도 《천주실의》, 《태서수법》, 《기하원본》, 《천문략》, 《직방외기》 등 10여 종 이상이다.

이익은 이런 책들을 통해 당시로서는 첨단 과학지식을 나름대로 열심히 익혀 국내에 소개했던 것을 알 수 있다. 그리고 이런 태도가 그의 제자들을 통해 그 후 이어져 내려왔던 것이다. 안정복, 신후담 등 이름난 제자들이 많고, 특히 《동사강목(東史綱目)》으로 유명한 안정복은 《성호사설》의 내용을 골라 3분의 1쯤으로 줄여 《성호사설유선(星湖僿說類選)》이란 책을 남기기도 했다. 또 그의 종손으로는 《택리지(擇里志)》를 쓴 지리학자 이중환이 있고 당대 실학자로 이름난 이가환도 있다. 또 이익의 제자들의 훈도 속에 19세기 초의 정약용 실학은 태어난 것이기도 하다.

천문·지리·역학 등에 탁월했던
황윤석 黃胤錫 1729~1791

황윤석에 대해서는 아직 학계에 별로 알려진 것이 없다. 그에 대해 연구한 논문이 많지 않기 때문이다. 하지만 하루 한 번 지구가 자전하여 낮과 밤이 생긴다는 지전설의 주장으로 널리 알려진 홍대용(洪大容, 1731 ~1783)과 살았던 시기도 비슷하고 홍대용의 친구이기도 하다. 또 홍대용과 황윤석은 김원행(金元行, 1702~1772)의 제자이기도 하다. 또 그 자신도 대단한 과학자였으며, 그야말로 대단히 많은 저서를 남겼다. 그는 1756년 28살 때 처음 경기도 양주(楊州)에 있는 석실서원(石室書院)으로 김원행을 찾아간 것으로 밝혀져 있다.

50년 동안 일기 써 자료로 남겨

그에 대한 소개라면 먼저 그의 놀라운 일기(日記)부터 생각해보는 편이 옳을 것도 같다. 말이 일기지 사실은 그의 학문의 편력을 송두리채 보여주는 방대한 자료를 그는 50년에 걸쳐 꼼꼼하게 남기고 있는 것이다. 그의 일기로서의 학문과 생활의 기록은 10살에 이미 시작하여 죽기 이틀 전까지 계속된다. 실제로 그가 여기 남긴 첫 기록은 무오(戊午)년에 시작되고 있는데, 1738년(영조 14)이니 그의 나이 만 9살(우리 나이로 10살)의 일이다. 기록이야 아주 간단하여 "옥형차와 용미차는 모두 수차인데, 웅삼발이 만든 것이다(玉衡車龍尾車 皆水車 熊三發所制也)"라는 기록이 전부이다. 수차(水車)란 물레방아 또는 양수기의 총칭인데, 옥형차와 용미차라는 장치는 모두 서양 선교사 웅삼발(熊三拔, 본명은 Sabbathino de Ursis)이 만들었다고 밝히고 있는 기록이다.

그 다음 기록으로는 여러 개의 일식과 월식을 기록해 놓았는데, 특히 1742년 5월 초하루의 일식에 대해서는 자신이 직접 관찰했다고 밝히고 있다. 이 일식 기록은 당대 실록에도 나오며 이런 기록에 이어서 시를 써 놓기도 하고, 독서를 하다가 베껴 놓은 것도 아주 많다. 처음에 보이는 이런 기록만 보더라도 황윤석의 어릴 때부터의 관심이 서양식 양수 장치, 그리고 천문 현상 등에 있었음을 알 수 있다.

나중에 이 일기가 책이 되어 퍼지게 되리라고는 황윤석은 꿈에도 생각하지 못했을 터이다. 매일 일기를 쓰고, 특히 자신이 공부하고 생각한 것을 닥치는 대로 기록해 남긴 것이 지금 책이 되어 나오기 시작한 셈이다. 그것을 남에게 보일 생각이 전혀 없었음은 그 기록이 모두 초서(草書)로 마구 휘갈겨 쓰였다는 점에서도 짐작할 수가 있다. 그러나 이 자료를 한국학중앙연구원은 1994년부터 발행하여 총12책이 나와 있다. 한 책은 700쪽이 넘는데, 모두가 원래 초서로 쓴 것을 풀어서(解草) 오늘의 한자로 옮겨 놓은 것이다. 얼마나 방대한 분량인지 짐작할 수 있을 듯하다. 우리 역사에는 몇 사람 많은 분량의 일기를 귀중한 역사 자료로 남긴 인물이 있지만, 아마 황윤석의 이 정도에 미치는 사람은 없는 듯하다. 이 일기만으로도 그는 대단한 기록을 세우고 있다 할 수 있다. 앞으로 이 일기 형식의 연구 노트가 모두 출판되고, 가능하면 그 한글 번역도 나온다면 아주 많은 연구자들이 황윤석을 주목하게 될 것으로 보인다.

전라북도 고창군 성내면 조동 태생의 황윤석은 살아 있을 때부터 이미 '통유(通儒)'로 꼽혔다고 한다. 도학과 문장이 탁월한 인물이었고 학문이 성리학을 비롯해 천문·지리·역학·수학·기하학·음운학·고증학에 이르기까지 미치지 않은 곳이 없는 학자였던 까닭이다. 본관은 평해(平海), 자를 영수(永叟)라 했으며, 호는 이재(頤齋)가 가장 널리 알려진 경우지만, 그 밖에도 서명산인(西溟散人), 운포주인(雲浦主人), 월송외사(越松外史) 등 여러 개의 호가 알려져 있다.

어느 관직에도 오래 있지 못해

1759년(영조 35) 진사시에 합격, 1766년에 은일(隱逸)로서 장릉참봉(莊陵參奉)에 임명되고, 뒤이어 사포서(司圃署)[1]의 직장(直長)·별제(別提)를 거쳐 익위사(翊衛司)의 익찬(翊贊)이 되었으나 곧 사퇴했다. 1779년(정조 3)에 목천(木川) 현감(縣監)이 되었다가 다음 해 사퇴했고, 1786년 전생서(典牲署)[2]의 주부를 거쳐 전의(全義) 현감이 되었다가 그 다음 해에 사퇴했다. 이 정도가 그가 관직에 나갔던 경우로 기록되어 남아 있지만, 실제로 그는 어느 관직에도 오래 있어 본 적이 없다. 그저 몇 차례 상징적으로 벼슬을 했다고 할 수 있다. 또 그는 문과에 합격해 보지도 못했다. 어머니의 간절한 희망 때문에 몇 차례 과거에 응하기는 했으나 실패만 거듭한 것으로 되어 있다. 1787(정조 11)년 4월 8일 그는 전의 현감이었는데, 암행어사의 탄핵을 받고 파출(罷黜)당했다는 기록이 《정조실록》에 남아 있는 정도이다.

그의 학문은 실학시대의 학풍을 이어받아 처음에는 이학(理學)에 힘쓰고 《주역》을 비롯한 경서의 연구도 했으나, 베이징을 거쳐서 전래된 서구의 과학에 아주 관심이 많았다. 이런 그의 관심은 이미 간행되었던 그의 책을 통해 드러난다. 저서로는 《이재유고(頤齋遺稿)》, 《이재속고(頤齋續稿)》, 《이수신편(理藪新編)》, 《자지록(恣知錄)》 등이 있고, 앞에 소개한 일기 형식을 보여주는 《이재난고(頤齋亂藁)》도 발행되었다.

그의 저술의 중요한 부분은 이미 《이수신편》에 정리되어 있다고도 할 수 있다. 1774년(영조 50)에 목활자로 간행된 백과사전과도 같은 이 책은 23권짜리 영인본이 모두 2240쪽이나 된다. 책 제목이 가리키는 '이수(理藪)'란 말은 '이학(理學)의 총체' 또는 '물리의 연원(物理淵源)'이라는 뜻이다. 이 방대한 내용 속에는 태극도(太極圖)부터 시작하여 이기(理氣), 태극(太極), 천지(天地), 천도(天度), 역법(曆法), 일월(日月), 성신(星辰), 음양(陰陽), 오행(五行), 지리(地理), 주역(周易), 주자도설(朱子圖說), 율력지(律曆志), 천문지(天文志), 오행지(五行志) 등 과학적 내용이 아주 많다. 물론 성리성명(性理性命), 예악(禮樂), 홍무정운(洪武正韻), 훈민정음(訓民正音), 속대전(續大典), 구구방수도(九九方數圖) 등의 고전과 치도(治道), 수양(修養), 독서(讀書), 처세(處世), 심지어는 일본의 문자인 가나(カナ)에 이르기까지 인문 분야의 글도 없는 것이 없다. 책의 마지막 부분은 수학에 관한 것인데 권21, 22는《주학입문(籌學入門)》, 권23은 《주학본원(籌學本原)》 등이다.

이런 많은 내용 가운데 우선 눈에 띄는 대목은 〈윤종기(輪鍾記)〉가 있다. 여기에는 그가 18살 때 이언복(李彥復)의 집에서 자명종을 구경하고 그 내부를 소개한 글이다. 초산(楚山)에 사는 상사(上舍) 이언복이 60냥을 주고 새로 자명종을 샀다는 소식을 듣고 찾아가 구경했다는 것이다. 상세하게 그 내부 설명을 한 다음 황윤석은 이 시계는 자시(子時)와 오시(午時)에는 9번 종을 치고, 축(丑)과 미(未)시에는 8번, 인(寅)과 신(申)에는 7번, 묘유(卯酉)에 6번, 진술(辰戌)에 5번, 사해(巳亥)에는 4번 종이 울린다는 것이다. 요즘 표현으로 한다면 이 자명종은 낮과 밤 12시에는 각각 9번 종을 치고, 새벽과 낮 2시에는 8번, 새벽과 낮 4시에는 7번 …… 오전과 밤 10시에는 4번 친다는 뜻이다. 그러면 그 사이 시간, 즉 지금의 1시, 3시, 5시에는 어떤가? 그 시각에는 종이 1번만 울린다.

초기에 서양식 괘종시계가 어떤 모양이었던가를 알려주는 이야기라고 할 수 있다. 당시에는 모든 괘종시계를 '자명종'으로 이름 붙였는데, 이런 자명종은 "서양에서 만든 것이 왜국을 거쳐 우리나라에 들어왔다"고 기록하고 있다. 우선 당시의 '자명종'이란 용어가 지금 우리들이 사용하는 말과 틀리다는 사실을 주목해둘 일이다.

황윤석은 자신이 들은 말로 당시 이런 자명종을 국내에서 흉내내어 만드는 사람들이 있었다고 소개하고 있다. 서울에 사는 최천약(崔天若)과 홍수해(洪壽海), 호남에서는 동복현의 나경훈(羅景勳) 등이 이름을 남기고 있다. 또 최천약은 원래 웅천(熊川) 출신이고, 홍수해는 기장(機張) 출신인데, 모두 왜관(倭館)에서 그런 기술을 익혔다고도 소개하고 있다. 왜관이란 당시 부산 초량에 있던 일본인 거류지로 적지 않은 일본인들이 거기 와서 살면서 제한된 수준이기는 하지만, 조선 사람들과 거래하고 있었다. 일본에는 17세기 이후 서양 문물이 우리보다 훨씬 일찍 들어오고 있었기 때문에 왜관이 서양 문물을 조선에 소개하는 데 일정한 역할을 하고 있었음을 이로써도 알 수가 있다.

1772년 2월 홍대용, 스승 김원행과 함께 흥양(興陽)으로 가서 염영서(廉永瑞)가 만든 자명종을 구경했다는 기록도 남아 있다. 그는 또 홍대용이 자신의 고향인 천안(천원군 수신면 수촌) 옛집에 천문기구들을 전시한 농수각(籠水閣)을 만들자, 이를 구경하러 간 일도 있다. 1776년에는 홍대용과 만나 율력상수(律曆象數)에 대해 논의했다는 기록도 있다. 또 황윤석은 한국어 연구에도 획기적인 업적을 남기고 있어서, 여기저기에 많은 연구가 글로 남아 있다. 1975년《이수신편》이 상하 두 권으로 영인출판되었을 때 그 해설을 쓴 학자가 바로 국어학자 이숭녕(李崇寧)이었던 것은 이 때문이다.

---

[1] 사포서(司圃署): 궁중의 원포(園圃)·채소에 관한 일을 맡아보던 관아

[2] 전생서(典牲署): 나라의 제향에 쓸 양·돼지 따위를 기르는 일을 맡아보던 관아

천문학·실학·지도 제작까지
다재다능했던
정철조 鄭喆祚 1730~1781

연암(燕岩) 박지원(朴趾源, 1737~1805)의 《열하일기(熱河日記)》에 이런 대목이 보인다. 1780년 중국을 방문한 그가 청나라의 천문대인 관상대에 갔더니 뜰에 여러 가지 관측기구들이 있었으나 지키는 자가 들어가지 못하게 했다는 것이다. 그 다음에 나오는 설명이 다음과 같다.

진열한 기계들은 아마도 혼천의(渾天儀)와 선기옥형 종류 같아 보였다. 뜰 한복판에 놓여 있는 것들도 역시 내 친구인 정석치(鄭石癡)의 집에서 본 물건과 같았다. 석치는 일찍이 대나무를 깎아 손으로 여러 가지 기계를 만들었다. 그러나 이튿날 보러 갔더니 그는 벌써 부숴서 없애버렸다.

언젠가 홍덕보와 함께 그의 집을 찾아갔는데 두 친구가 서로 황도, 적도와

남극과 북극 이야기를 하다가 때로는 머리를 흔들고, 또는 고개를 끄덕이고
는 했다. 그 이야기들이 모두 까마득하여 알기 어려워서 나는 잠들어 듣지
못했는데, 다음날 새벽까지 둘이는 그대로 등잔을 마주하고 앉아 있었다.

《열하일기》

여기 등장하는 홍덕보란 바로 우리 과학사에서 최초로 지전설을 주
장했던 홍대용(洪大容, 1731~1783)을 말한다. 정석치는 이름이 정철조
이다. 석치(石癡)는 그의 호이고 자를 성백(城伯)이라 했다.

당대 최고의 벼루를 만든 사람

1774년(영조 50) 증광시에서 병과(丙科) 7등으로 과거에 급제했고 정언
(正言) 벼슬 등을 했다는 기록이 남아 있다. 본관이 해주(海州)이고 할
아버지가 정필령(鄭必寧), 아버지는 공조판서를 지낸 정운유(鄭運維,
1704~1772)였다고 당시 합격자 명단인 방목(榜目)에 설명되어 있다. 3형
제 가운데 장남이었던 그에게는 동생 정후조(鄭厚祚, 1758~1793)가 있
었는데 형제가 모두 재주가 있어서 우리 역사에 남을 인물들이다.

박지원이 말한 여러 가지 천문기구들이 무엇들이었던지는 밝혀지지
않았다. 하지만 홍대용이 그의 집(지금 충청남도 천안시 수신면) 호수 안에
만든 농수각(籠水閣)이란 건물에는 여러 가지 천문기구들이 있었는데
비슷한 종류들이었을 것으로 짐작된다. 홍대용의 사설 천문대에는 혼
천의와 서양식 자명종, 통천의(統天儀), 혼상의(渾象儀), 측관의(測管儀),
구고의(句股儀) 등이 있었다.

이 천문대의 기구들은 실제 관측용이라기보다는 전시를 위한 것이었다고 생각된다. 이 기기들은 주로 나주(羅州)의 기술자 나경적(羅景績, 1690~1762)과 그 제자 안처인(安處仁)이 홍대용의 의뢰를 받아 1759년부터 3년 동안 만들어 1762년 완성했다고 알려졌다. 어쩌면 이를 만드는 데도 정철조의 도움이 있었을지 모른다.

그런데 정철조는 당대 최고의 벼루를 만든 사람으로도 이름을 남기고 있다. 그의 호가 석치인 것은 바로 그의 벼루 만드는 재주를 따서 붙인 것이라고 한다. 박지원의 둘째 아들 박종채(朴宗采)가 쓴 회고록 《과정록(過庭錄)》에는 몇 군데 박지원과 정철조, 홍대용이 사귀는 모습이 소개되어 있다.

그들은 서로 만나면 며칠씩 함께 지내면서 옛날과 지금의 정치제도, 경제, 농공, 국방 등에서 시작하여 역상(歷象), 악률(樂律), 초목, 조수, 산수 등에 대해 토론했다는 것이다. 천문학, 음악, 식물학, 동물학, 수학 등 그들의 관심이 아주 여러 방면에 걸쳐 있었다는 사실을 보여 준다. 특히 정철조에 대해 《과정록》은 이렇게 소개하고 있다.

문학과 교양을 지녔으며 뛰어난 재주가 있었다. 무릇 기계로 움직이는 여러 기구―인중(引重), 승고(升高), 마전(磨轉), 취수(取水)―같은 종류를 마음으로 연구하고 손으로 만들어 모두 옛 제도를 본떠 지금 시험하여 현실의 용도에 쓰이게 하려 했다.   《역주 과정록》, 48쪽

여기 예로 든 기계 장치는 차례대로 무거운 물건을 끌어가는 장치, 위로 들어올리는 기구, 그리고 맷돌, 수차 등을 가리키는 것으로 보인

다. 그 시대의 실학자들은 이런 기계 장치들에 대해 높은 관심을 갖고 있었고, 또 그것들을 만들어보는 사람도 많았다.

정약용의 거중기에 영향 준 선구자

정철조보다 조금 뒤에 살았던 정약용이 수원에 화성을 쌓을 때, 그리고 한강에 배다리를 놓을 때 거중기를 만들어 공사를 도왔다는 사실은 잘 알려져 있다. 정철조는 또 지도 제작에도 뛰어난 공헌을 한 것으로 평가되고 있다. 〈동국지도(東國地圖)〉 등의 지도로 유명한 18세기 중엽의 정상기(鄭尙驥, 1678~1752)는 대표적 지도학자로 널리 알려져 이다.

한국사학자인 한영우는 정상기의 전통이 "18세기 후반 이후에는 북학자들과 교유하던 신경준(申景濬, 1712~1781), 황윤석(黃胤錫, 1729~1791) 그리고 정필령, 정운유, 정철조, 정후조 등 해주 정씨 일문이 정상기의 지도를 발전시키면서 마침내 19세기의 김정호로 이어지게 된다"라고 평가하고 있다. 지도학사 전공의 양보경 교수도 같은 평가를 내린 바 있다. 황윤석은 1790년에 정상기의 〈동국지도〉인 〈팔도분도(八道分圖)〉를 더욱 상세하고 정확하게 그려 남겼는데 그 지도의 설명문에 그런 평가가 기록되어 있다.

정상기와 정철조는 같은 정씨 집안은 아니다. 그러나 하동(河東) 정씨 가문인 정상기의 지도 전통이 후에 해주 정씨 집안인 정철조 형제에 의해 계승 발전되었다고 할 것이다. 정철조보다 한 살이 위인 황윤석 역시 홍대용·정철조와 서로 교류가 많았던 당대의 학자이며 과학자라 할 수 있다.

특히 우리나라 지도의 가장 대표적 이름인 김정호는 그의 지도 〈청구도〉의 범례에서 정철조의 훌륭한 지도에 대해 말하고 있다. 특히 동생 정후조는 《사예지(四裔志)》라는 지리서를 쓰고 거기에 사예도를 그려 넣었는데 이 지리서는 당시 우리나라를 둘러싸고 있는 중국, 일본, 유구 등 주변 지역에 대한 정보를 상세하게 다루고 있다.

영조실록 편찬, 정조 어진 제작 참여

정씨 형제가 이렇게 정확한 지도 제작자로도 알려지게 된 것은 그들이 그림에 뛰어난 재주를 갖고 있었기 때문으로 보인다. 실제로 《정조실록》에 보면 정철조에 대한기록이 두 번 보이는데 그가 정조 임금의 초상화를 그리는 데 참여한 것을 알 수 있다. 1781년(정조 5) 9월 4일의 일이다.

영의정 서명선(徐命善)이 임금께 글을 올려 정언(正言) 정철조를 어진(御眞, 임금의 초상화)을 그리는 데 참여시킬 것을 청하니 정철조의 대직을 바꾸어 군직으로 옮긴 다음 입참시키게 했다는 것이다. 또 그의 이름은 《영조실록》의 편찬자 명단에도 들어 있다. 당대의 역사가로도 활동한 셈이다.

조선 후기 실학파 학자의 한 사람인 정철조는 천문학자이자 기계장치에도 큰 관심을 가지고 여러 기계 장치를 만든 기술자이기도 했다. 특히 그는 아우 정후조와 함께 지도 그리기에도 탁월한 공을 남겼다. 앞으로 연구가 깊어질수록 그의 위상은 더욱 높아질 것으로 보인다.

동양 최초로 지전설 확립한 팔방미인 실학자 홍대용 洪大容 1731~1738

ET 존재까지 예언

홍대용은 동양사람 가운데에서는 가장 처음으로 '분명하게' 지구의 자전을 주장한 우리나라의 실학자이다. 물론 홍대용보다 훨씬 이전에 김석문이 지전설을 주장하기도 했지만, 그것은 좀 막연한 생각이라 할 것이다. 지구가 하루 한 번 자전해서 낮과 밤이 생기고, 지구가 한 해 한 번씩 태양 둘레를 돌아서 계절이 바뀐다는 사실을 지금은 당연한 일로 받아들이고 있다.

그러나 홍대용이 지전설을 주장한 1760년쯤에는 지구가 움직인다는 생각은 우리나라에서만 새로운 것이 아니라 중국이나 일본에서도 내세운 사람이 아직 없을 때였다. 하지만 홍대용은 단지 지구가 하루 한 번씩 자전해서 낮과 밤이 생긴다는 이치를 처음 터득했던 것만이 아니라 우주는 무한하고 지구 밖의 세계에도 우주인 같은 존재가 있을 것이라 생각했다. 이티(ET)의 존재를 예언했다고 할까?

당연히 둥근 지구상에서 어느 한 나라가 중심일 수도 없었다. 당시 많은 사람들은 중국을 이 세상의 한가운데 있는 나라로 여겼고 그래서 가운데 나라라는 뜻으로 '중국(中國)'이라 불렀다. 하지만 둥근 지구가 하루 한 번씩 돌고 있으니 어느 한곳이 중심일 까닭도 없었다. 그래서 홍대용은 만약 공자가 이 땅에서 태어났다면 역사를 우리나라 중심으로 설명했을 것이라고도 말했다. 어느 한 나라, 한 민족이 세상의 중심이 아니라 이 세상은 상대적 구성을 가지고 있음을 간파하고 있었던 것이다. 당연히 인간이 다른 생명보다 절대 우수하다는 생각도 부인한다. 양반과 상놈을 차별하는 당시의 사회에 대해 비판한 것은 물론이다.

홍대용은 당시 조금씩 알려지기 시작한 서양 과학에 큰 관심을 갖고 이를 배우기에 힘썼다. 그는 서양과학이 실험 관측의 기구와 수학 때문에 발달한 것을 파악하고 스스로 그 방면에 힘쓰기도 했다. 그는 아무도 그럴 생각을 하지 못하던 18세기 중반에 이미 서양의 앞선 과학기술을 배우려고 나섰던 선각자였다.

그는 서양 과학의 본질을 흉내라도 내려는 듯 《주해수용》이라는 수학책을 썼고 또 여러 가지 관측기구를 만들었다. 특히 그가 만든 천문기구들은 시계·혼천의·혼상·구고의 등이 있었는데 천안의 자기 집 안마당에 호수를 파고 그 가운데 농수각(籠水閣)이란 집을 지어 보관했

다. 홍대용 자신은 이런 기구를 만드는 손재주는 없었던 모양이어서
이 기구를 나주의 기술자 나경적(羅景績)과 안처인(安處仁)에게 맡겨 완
성했다고 기록하고 있다. 이들 기술자에 대해서는 거의 알려져 있지
않은 것이 안타까운 일이다.

천안공원에 기념탑

1766년 홍대용은 숙부를 따라 중국 여행에 떠났다. 그해 연초 60일 동
안 베이징에 머물면서 홍대용은 서양 선교사를 세 번이나 만나 글을
써서 대화를 나눴고 망원경으로 태양을 관찰할 기회를 얻기도 했다.
망원경이 이 땅에 들어온 것은 훨씬 전의 일이었지만 그것으로 하늘을
제대로 관찰한 기록은 거의 없다. 그런 기록을 남긴 것만으로도 그의
이름은 기억될 만하다. 그는 또 이 동안 중국 학자들과도 아주 친하게
지내 뒷날 그들의 후손들과 편지를 교환할 만큼 대를 이어 계속되는
국제적 우정을 쌓기도 했다. 그 가운데 한 중국 학자가 그린 홍대용의
인물스케치는 지금도 남아 있어 우리들에게 그의 모습을 짐작하게 해
준다. 또 그 그림은 천안 삼거리 공원에 세운 그의 기념비에 새겨져 돌
에 새긴 희귀한 초상화로 기억될지도 모르겠다.

거문고에도 일가견

200여 년 전에 이미 홍대용은 국제적인 활약을 한 셈이다. 그러면서도
그는 우리의 민족문화에 대한 깊은 이해와 사랑을 가지고 있었음을 알

수 있다. 그는 16살에 배우기 시작한 거문고를 평생 손에서 놓지 않았는데 중국을 여행할 때도 가지고 갈 정도였다. 국악의 역사로 보아도 가장 알맞은 과학 선현이 아닐 수 없다. 오늘의 국제화란 다름 아닌 민족문화에 대한 깊은 사랑을 바탕으로 한 세계로의 웅비, 그것이기 때문이다.

홍대용은 52년을 살고 이 세상을 떠났다. 1731년(영조 7) 지금으로 치면 충청남도 천원군 수신면 장명 부락에서 태어나 1783년(정조 7) 10월 2일 죽었다. 아버지는 홍역(洪櫟, 1708~1767)이고 어머니는 청풍 김씨로 아버지는 서산군수 정도의 벼슬을 했을 뿐이지만 할아버지 홍용조(洪龍祚, 1686~1741)는 대사간과 충청감사를 지냈다. 또 그의 숙부 홍억(洪檍, 1722~1809)은 1753년에 문과에 장원급제한 뒤 정언, 교리등의 벼슬을 지냈는데 특히 1765년에는 연행사의 서장관으로 중국을 방문했다. 이때 홍대용은 자제군관(子弟軍官)이란 자격으로 숙부를 따라 중국에 갈 수 있게 되었고 이것이 그의 일생에 아주 중요한 기회가 되었다.

어린 시절 항상 잔병이 많은 허약한 체질이었다는 홍대용은 12살 때인 1742년 김원행(金元行, 1702~1772)의 석실서원(石室書院)에서 학문의 길로 들어갔다. 김원행 학파의 영향 때문이었던지 평생 관직에는 관심을 보이지 않은 채 실질적인 학문의 연구에만 힘썼다. 특히 그가 힘써 공부한 분야는 천문학·수학·역산학·음악·병법 등이었는데 이 분야는 모두 당시의 과거시험과는 상관없는 학문이었다. 그렇다고 그가 당대의 지배적인 학문 경향을 완전히 무시했던 것은 아니어서 그의 글 가운데에는 경서에 대한 해설서도 있다. 또 그의 젊은 날 한 때는 과거에 몇 차례 응시한 적도 있으며 40대에 들어서는 처음으로 과거급제의 경

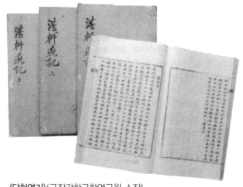

《담헌연기》(규장각한국학연구원 소장)

력 없이 음직(蔭職)을 얻어 간단한 관직에 나선 일도 있다. 특히 그가 45세 때 얻은 세손익위사(世孫翊衛司)의 시직(侍直)이란 벼슬은 얼마 동안이었지만 앞으로 정조로 알려질 왕이 될 준비를 하고 있던 세손의 교육을 담당하는 중요한 자리였다. 그때 정조에게 강의한 내용이 그의 문집에 남아 있다.

관직 8년 52세로 타계

1777년 사헌부 감찰이 되었다가 이어 태인(泰仁)현감과 영천군수를 지냈다. 그는 모두 8년 동안 관직에 있었다. 어머니의 병을 구실로 고향에 돌아와 있던 홍대용은 1783년 10월 23일 저녁 6시쯤 갑자기 풍으로 세상을 하직했다. 꼭 52년 하고도 7개월 남짓의 길지 않은 일생이었다. 그의 본관은 남양(南陽), 호는 홍지(弘之)라 했고 자는 덕보(德保), 당호로는 담헌(湛軒)을 썼기 때문에 오늘날 그의 문집은《담헌서》란 이름으로 남아 있다.

이 밖에 그에게는 아주 특이한 책이 따로 남아 있기도 하다. 그것은 그가 어머니를 위해 특히 새로 썼다는 한글 연행기록이다. 이 기행문은 아름다운 궁체로 아주 길게 쓰여 있는데 제목을 〈을병연행록〉이라

달아 놓았고 주석을 붙인 영인본이 나와 있다. 《담헌서》에 들어 있는 한문 연행기록과는 내용도 조금 다르고 특히 체제는 전혀 다르다. 아직 이 둘을 비교해 연구한 일은 없지만 생각해 보면 그뿐만이 아니더라도 아직 그의 업적을 상세하게 연구해 밝혀낸 것은 적다고 할 만하다.

사모 담은 저술도 남겨

홍대용이 남긴 글 가운데 가장 그의 과학사상을 잘 담고 있는 부분은 《의산문답》이다. 의무려산에 살고 있는 실옹을 허자가 찾아가 문답하는 형식의 글이어서 이런 제목이 달려 있다. 30년 동안의 독서로 세상 모든 지식을 터득한 것으로 자부하고 있던 조선의 선비 한 사람이 중국에서 60일 동안 지내면서 자기학문이 잘못되었다는 것을 깨닫는다. 이 허자가 중국과 만주의 경계에 있는 명산 의무려산을 찾아가 그곳에 숨어 사는 실옹을 만나 새로운 학문세계를 깨닫는다는 것이 줄거리로 되어 있다.

우주의 무한과 지구의 자전, 대기의 굴절과 생명체의 등급까지 여러 가지 과학사상이 바로 실옹이 가르쳐준 새로운 학문으로 망라되어 있다. 그러나 아직 그가 어디서 이런 생각을 얻게 되었던가, 또는 어느 정도로 독창적 생각을 했던가도 확실하게 밝혀져 있지는 않다.

과학적 사고로 무장한 실학자
박지원 朴趾源 1737~1805

1737년(영조13) 서울에서 태어난 박지원은 우리 역사의 대표적 문학가로 널리 알려져 있다. 68세를 일기로 세상을 떠난 그는 연암(燕巖)이란 호로 더 유명하다. 그는 《열하일기(熱河日記)》라는 중국 여행기를 남겼고 《허생전》, 《양반전》, 《호질》 등의 소설을 남긴 것으로 더 유명하다. 그는 과학과는 상관없는 소설가 또는 문필가로 역사에 기록되어 있다.

"배울 것이 있다면 오랑캐에게서라도 배워라"

그러나 박지원은 나름대로 과학자로 쳐도 좋을 인물이다. 당시에는 아직 과학자라고 할 만한 사람이 없었으니 그가 가지고 있던 과학적인 태도나 업적을 들어 그를 우리 역사 속의 과학 인물로 쳐도 좋겠다는 뜻이다. 그는 우리 역사상 가장 이름 있는 과학사상가로 알려진 홍대용(洪大容, 1731~1783)의 절친한 친구였다. 박지원은 중국학자들에게 홍대용이 지전설을 주장하고 있음을 소개한 일도 있고, 또 우주 저쪽에 인간이 존재한다고 말한 일도 있다.

또 박지원은 1798년(정조22) 11월 농사를 권하는 임금의 말씀을 받들어 농서를 편찬했다. 여기서 그는 여러 가지 농업기술을 소개하고, 토지개혁을 주장했다. 그는 수레를 보급하고 앞선 기술을 중국으로부터 배워야 한다고 했다. 당시는 아직도 청나라를 야만인이라고 무시하는 양반들이 많았는데, '배울 것이 있다면 오랑캐에게서라도 배워야 한다'고 주장했다. 북학(北學)을 말하며 기술의 수용을 주장한 것이다. 이런 특징들이 박지원을 한국 과학사의 한 인물로 만들어주고 있다.

박지원이 북쪽의 오랑캐에게서라도 필요한 기술은 배워야 한다고 생각하게 된 계기는 그가 중국을 방문했을 때였던 것으로 보인다. 실학자 가운데 이런 태도를 보인 사람들을 '북학파'라 부르는데, 박지원은 그중 하나였다. 그가 중국 구경을 하게 된 것은 1780년(정조 4) 그의 8촌 형인 금성위(錦城尉) 박명원(朴明源, 1725~1790)이 진하사(進賀使)가 되어 중국에 갈 때 동행을 하면서부터이다. 박명원은 1738년 영조 임금의 셋째 딸 화평옹주와 결혼하여 '금성위'라는 임금 사위의 칭호를 얻었는데, 글씨를 잘 썼고 세 번(1776, 1780, 1784)이나 중국 사신으로 파견되었다. 그 가운데 두 번째인 1780년의 여행을 박지원이 수행했다. 그해의 조선 사신이 '진하사'인 것은 청나라 임금 고종(건륭황제, 재위 1735~1796)의 나이가 70살인 것을 축하하여 파견되었기 때문이다.

중국 여행기 《열하일기》에 과학적 지식·사고 담아

이때의 기록이 바로 《열하일기》이다. 1780년 6월 25일 한양을 떠난 일행은 8월 1일 베이징에 도착해 한달반 가량 머문 후, 9월 17일 베이징을 출발, 10월 27일 서울로 돌아왔다. 지금 같으면 비행기로 2시간 만에 베이징에 도착하겠지만, 당시에는 평양, 의주를 거쳐 만주 남쪽 지역을 걸어서 베이징까지 가는 데 1개월 이상, 오는 데 또 그만한 시간이 걸렸다. 박지원 일행은 베이징에 도착하여 보름 동안을 열하(熱河, 러시아)에 다녀왔다.

청나라 때 임금의 여름 별장인 열하는 베이징에서 420리 동북쪽, 만리장성에서 200리 거리에 있다고 《열하일기》는 기록하고 있다. 박지원은 그의 중국여행을 《열하일기》라 제목 붙였지만, 열하를 다녀온 것은 왕복 시간까지 보태도 11일 정도였고, 실제 열하에 머문 시간은 6일 정도밖에 되지 않았던 것이다.

여하간 그의 과학적 사고나 기술 도입에 대한 사상 등이 여기 《열하일기》에 제법 나와 있다. 그는 열하에서 중국의 대학이라 할 수 있는 태학(太學)에 머물렀는데, 여기서 만난 중국학자들과 밝은 달을 감상하면서 대화를 나눈 일을 기록했다. 이날 밤 대화는 조선인 기풍액(奇豊額)과 했던 것으로 기록되어 있다. 보통 중국에 간 우리 학자들은 중국인들과 말로 통할 수 없어서 필담(筆談)을 해야 했다. 그러나 박지원이 기풍액과의 대화 내용을 상세하고도 길게 기록하고 있는 것을 보면 지금으로 치면 조선족인 그와 우리말로 직접 대화를 했던 것으로 여겨진다.

이 대화에서 박지원은 지구는 둥글고, 그 지구가 하루에 한 번씩 자전한다고 소개하고 있다. 그는 또 얼음 속에 누에가 살고, 불 속에 쥐가 있으며, 물속에 물고기가 헤엄치듯이 달 속에는 그곳의 사람이 살고 있으리라고 말하고 있다. "만약 달에 사람이 있다면 지금 달세계 사람 둘이 난간에 기대어, 땅 빛의 차고 기우는 이야기를 하고 있을지도 모른다"고 말한다. 기풍액은 땅이 둥글다는 말은 서양 사람들이 이미 했지만, 지구가 자전한다는 말은 처음이라며 그런 말을 한 사람이 누구냐고 묻는다. 이에 박지원은 자신의 우주와 지구에 대한 생각은 모두 친구 홍대용의 주장이라 소개한다. 아울러 그는 보다 앞서서 김석문(金錫文, 1658~1735)이 삼환공부설(三丸空浮說)을 말했다고 소개하고 있다.

중국에 '지전설' 소개, 우주인 존재 상상하기도

이 대담 기록은 《열하일기》 가운데 태학에 머물 때의 기록을 말하는 〈태학유관록(太學留館錄)〉에 남아 있다. 같은 내용은 《열하일기》의 〈혹정필담(혹丁筆談)〉에도 보인다. '혹정과 글로 써서한 대화'란 뜻의 이 글은 중국인 학자 왕민호와의 대화를 기록해 남긴 것으로, 여기서도 박지원은 홍대용의 지전설과 우주인에 대한 상상을 말하고 김석문을 소개하고 있다. 지금은 홍대용에 앞서 김석문이 지전설을 먼저 내놓았다는 해석도 있다.

1697년 김석문이 쓴 《역학도해(易學圖解)》가 1726년 간행되었는데, 그 내용에 지전설이 들어 있기 때문이다. 하지만 여기서 박지원은 아직 김석문을 지전설의 창시자로 말하고 있지는 않다. 다만 김석문은 해와 달과 지구의 세 둥근 천체가 하늘에 둥둥 떠다닌다는 주장, 즉

'삼환공부설'을 소개하고 있을 뿐이다. 아직도 이 지전설에 대해서는 충분한 연구가 없지만, 김석문, 홍대용, 박지원 등이 얽혀 있는 아주 흥미로운 주제임을 알 수 있다.

또 8월 14일 왕민호와의 대담에서 박지원은 자신이 목장을 하고 싶다는 생각을 말하기도 한다. 그는 자신이 황해도 연암에 자리를 마련한 것도 거기에 목장을 하고 싶은 생각에서라고 밝힌다. 또 우리나라가 가난한 까닭은 바로 목축이 잘 발달하지 않았기 때문임을 지적도 했다. 그는 말을 비롯하여 가축의 종자개량에 힘써야 한다고 했다. 또한 그는 수레의 제도를 소개한 글 〈거제(車制)〉에서 중국의 다양한 수레들을 상세하게 소개하고 있다. 또 기계로서는 거의 마찬가지라 할 수 있는 수차에 대해서도 상세하다. 밭에 물을 대는 기구로 용미차(龍尾車), 용골차(龍骨車), 항승차(恒升車), 옥형차(玉衡車) 등이 있고, 불 끄는 장치로 홍음(虹飮)과 학음(鶴飮)이 있다면서 이런 기구들에 대해서는 《천공개물(天工開物)》, 《농정신서(農政新書)》뿐 아니라 서양인이 쓴 《기기도(奇器圖)》도 있음을 지적하고 있다. 또한 중국에서 본 다리에 대해서도 간단히 소개하고 있는데, 역시 교통기관의 중요성을 말한 것이다. 그의 제자인 다른 북학자 박제가(1750~1805) 역시 수레 등 교통의 중요성을 역설한 것을 보면, 아마도 그들의 공통된 생각이었을 듯하다.

농사기술 소개, 국가 주도 수리사업 주장

박지원의 의학은 《열하일기》에 남아 있는 〈금료소초(金蓼小抄)〉를 보면 짐작할 수 있다. 그는 열하에서 만난 중국 학자 윤가전에게서 좋은 의

서에 대해 듣고 이를 구하려 했던 것으로 보인다. 특히 화란인들이 쓴 책으로 《소아경험방(小兒經驗方)》이 아주 좋다는 말을 듣고 이를 구하려다 얻지 못했다는 기록을 남기고 있다. 그는 또 《금료소초》에 여러 가지 처방전을 남기고 있는데, 이 기록은 중국 학자인 왕민호에게 주었던 것을 알 수 있다. 특히 여기서 그는 왕민호의 종이 이질에 걸려 고생하는 것을 보고 "지렁이를 수십 마리 잡아 백비탕에 넣고 끓여 짜서 목이 마를 때 많이 마시면 된다"고 처방했더니 정말로 효험을 보았다고 기록하고 있다.

그가 의학에 관심이 많은 것은 역시 《열하일기》에 보이는 〈동의보감〉이란 글에서도 알 수가 있다. 우리나라 의서로 중국에서 널리 읽히는 책은 허준이 1610년 완성한 《동의보감》뿐이라면서, 박지원은 1766년 중국에서 간행된 《동의보감》에 붙인 청나라 학자 능어의 서문을 베껴놓고 있다. 그는 이 책을 몹시 사가지고 오고 싶었으나, 은 닷 냥을 낼 길이 없어 그 서문만 베껴오고 말았다고 쓰고 있다.

박지원은 열하에서 베이징으로 돌아오자마자 바로 선무문 안의 천주당을 찾아갔다고 밝히고 있다. 그는 홍대용처럼 서양 선교사를 찾아만난 일은 없는 듯하다. 그러나 서양화의 특성을 간단히 소개하고 있기도 하고, 도중에는 이마두의 묘를 찾아가 거기 새겨진 글을 베껴 남기기도 했다. 이마두는 이탈리아 출신의 예수회 선교사 마테오 리치(1552~1610)로 1600년에 서양인 가운데 처음으로 베이징에 자리 잡고 활동하기 시작한 인물이다. 《열하일기》 마지막 항목이 바로 '이마두의 묘(利瑪竇塚)'이다.

1798년 정조는 농업상의 문제점을 해결하고자 전국에 농정을 권하고 농서를 구하는 윤음(綸音)을 내렸는데, 박지원의 《과농소초(課農小抄)》와 덧붙여진 《한민명전의(限民名田議)》에 응해 지은 책이다. 그는 농사의 절기, 땅의 구획법, 농기구의 개량, 토지의 경작과 개간 및 수리사업과 그 설비, 토양, 거름, 곡물의 품종, 종자의 선택, 파종, 김매기, 해충구제, 수확, 곡물저장 등의 개선방안을 제시하고, 수리 사업은 국가가 강력히 추진할 것을 주장했다.

토지제도의 개혁안인 《한민명전의》에서는 토지 소유를 제한하기 위해 한전법을 제창했다. 1호당 경작 면적을 국가가 정하고 누구든지 그 이상으로 토지를 소유하는 것을 제한하되 이법을 시행하기 이전의 토지소유는 인정하고, 새로운 매입은 금지한다는 내용이었다. 이렇게 하면 수십 년 안으로 토지는 고르게 나누어질 것이라고 전망했다. 또한 생산품이 전국적 규모로 유통되지 못하기 때문에 수공업도 농업도 발전하지 못하므로 우선 교통을 발전시켜서 생산품이 전국적 규모로 유통되도록 할 것을 주장하는 한편, 광범위하게 수레와 선박을 이용하여 국내 상업과 외국무역을 촉진할 것도 제기했다. 상업의 중요성을 강조하기 위해 그가 쓴 소설이 《허생전》인 것은 잘 알려진 일이다.

그의 둘째 아들 박종채(朴宗采, 1780~1835)가 쓴 《과정록(過庭綠)》은 1997년 번역되었다. 아버지 연암의 평생 모습을 기록해 남긴 기록이다. 개화파 젊은이들에게 개화사상을 가르친 것으로 알려진 박규수(朴珪壽, 1807~1877)는 바로 연암의 손자이다.

《북학의》 저술 과학기술 보급에 앞장선
박제가 朴齊家 1750~1805

서양 선교사도 직접 만나

"대저 재물이란 샘물과도 같다. 퍼내면 다시 차게 되지만 쓰지 않고 버려 두면 말라 없어진다." 재물을 자꾸 써야만 다시 생긴다고 말하는 사람을 지금은 별로 존경하기 어렵다. 지금은 무엇이든 아껴 써야 하고 그래야만 지구상의 자원이 절약되고 쓰레기도 덜 나을 것이다. 재물은 모름지기 아껴 써야 한다. 하지만 이 말은 200년 전 박제가가 남긴 말이다.

모든 기술은 수요가 있을 때 발달하는 것이라고 박제가는 말하고 기술발전을 위해 중국으로부터 많은 것을 배워야 한다고 역설했다. 평생

에 네 번이나 중국을 다녀온 그는 중국의 여러 가지 앞선 기술을《북학
의(北學議)》를 써서 소개하고는 이를 배우기 위해 과학자, 기술자를 파
견하자고 주장했다.

박제가는 또 중국 기술만 수용하자고 주장한 것이 아니라 중국에 와
있는 서양선교사들을 초빙해다가 서양기술도 배우자고 주장했다.
1601년 이탈리아 출신의 마테오 리치가 베이징에 자리잡은 뒤부터는
베이징에서도 서양 선교사들이 크게 활동하고 있어서 많은 서양의 과
학기술이 전파되고 있었다.

박제가는 바로 이들 서양 선교사를 조선에 초빙해다가 그들이 갖고
있는 과학과 기술에 대한 지식, 노하우를 배우자고 주장했던 것이다.
이런 주장을 내놓았던 1786년은 이미 조선의 지배계층에서는 기독교
전파를 점차 심각한 위협으로 느끼기 시작할 때였다.

1801년 기독교도들이 무참하게 살해당하고 탄압당한 신유사옥(辛酉
邪獄)이 시작된 것을 보더라도 당시의 상황을 짐작할 수 있다.

박지원 등과 실학파 활약

특히 서양 선교사까지 초빙해서 배우자는 주장은 그 후에도 다시 나온
일이 없다. 몇 십 년이 지난 뒤에 정약용도 중국과 서양의 과학기술을
배워들이기 위해 이용감(利用監)이란 정부기관을 세우자고 주장한 일
은 있지만 서양 선교사까지 끌어들일 생각을 하지는 않았다.《북학의》
는 1778년 9월에 쓴 것으로 중국에서 보고 들은 것 가운데 우리나라에
서도 실시해서 도움될 만한 것들을 적고 여기에《맹자(孟子)》에 나오는

'북학(北學)'이란 표현을 따다 제목을 붙였다. 당시 조선의 사대부들이 오랑캐라고 깔보려고만 하는 만주족이 지배하는 중국으로부터 배울만 한 것은 배우자는 뜻에서 '북학'을 말한 것이다. 박제가와 비슷한 시대에 비슷한 주장을 한 홍대용(洪大容), 박지원(朴趾源) 등이 모두 북학파(北學派)란 이름으로 실학파 학자들 가운데 한 줄기를 이루는 것으로 평가되는 것은 바로 이런 태도와 주장 때문이었다. 북학파 학자들이 특히 청나라의 중국으로부터 배우자고 주장한 것이 과학기술이었다.

이지함의 통상 주장 지지

《북학의》는 〈내편〉과 〈외편〉으로 되어 있는데 〈내편〉의 첫머리에 자세하게 소개되는 것은 수레와 배에 대한 것이다. 수레가 발달하면 길도 발달하고 말도 편해져 상하는 일이 적다. 수레가 발달해서 전국의 교통이 편해져야만 상업도 발달한다는 것이다. 그는 특히 중국의 배가 우리보다 얼마나 발달했는지 소개한 다음 '토정비결'의 주인공 이지함 (李之函, 1517~1578)의 해외통상 주장을 지지하고 나섰다.

이지함은 일찍이 외국과의 무역을 장려해야만 특히 전라도가 부유해 질 것이라고 주장했던 일이 있다. 상업행위를 바람직한 일로 보지 않던 유교 사회 조선에서 상업과 해외무역의 중요성을 강조한 이지함의 해외통상은 아주 새로운 것임이 분명하다.

우리나라 사람들은 중국에서 거리에 상점이 발달해 있는 것을 보고 그들이 근본을 따르지 않고 말리(末利)에 급급하다고 비난한다. 하지만 이는 하나

만 알고 둘은 모르는 까닭이다. 상인은 사농공상(士農工商)의 사민(四民)의 하나로서 나머지 셋을 서로 통하게 해주는 사람이니 마땅히 인구의 10분의 3은 되어야 한다.

　　　　이런 말까지 하고 있는 박제가는 확실히 당시로서는 파격적인 경제사상을 가지고 있었다 할만하다. 그가 과학기술의 중요성에 크게 눈 뜬 것도 사실은 이런 경제사상을 갖고 있었기 때문이었다. 그는 상업이 발달하고 여러 곳의 물자가 서로 잘 교환되어야만 사람이 잘살게 되고 또 그렇게 되려면 각 지방에서 농업과 공업의 생산 활동이 활발해야 한다고 생각했다. 기술이 필요한 것은 바로 이 대목이다. 그리고 이런 생산을 활성화하기 위해서는 덮어놓고 절약하기만 하는 것이 좋다고 할 수 없다고 생각해 재물이란 샘물과도 같아서 자꾸 퍼서 쓸 때 더 샘솟는 것이라고 주장했던 것이다.

건축자재 시멘트도 소개

교통의 중요성을 말한 박제가는 《북학의》〈내편〉에서 여러 가지 건축기술에 대해 소개하고 있다. 성(城), 벽돌, 기와, 자기, 궁실, 창틀, 다리 등이 주제로 다루어져 있다. 소, 말, 나귀 등의 목축이 다음 주제이고 은, 쇠, 개목, 복장, 약, 간장, 도장, 종이, 활 등 그 밖의 제목들이 많이 눈에 띈다. 〈외편〉은 처음에 농업기술에 대한 것으로 시작하지만 과거,

재정, 관(官), 장례 등에 대한 글도 실려 있다.

또 서양에서 발달한 건축자재로써 시멘트의 장점을 소개한 박제가의 이 대목은 우리나라에 처음으로 시멘트를 소개한 것으로 보인다. 그는 일본의 당시 상황에 대해서도 상당한 지식을 가지고 있었음을 다음 대목에서 알 수 있다. 일본에서는 궁궐을 짓거나 일반 가옥을 건축할 때 모두 꼭 같은 크기의 창문을 쓰고 있기 때문에 창문 한 개가 부서지면 같은 크기의 것을 시장에서 사다가 끼우면 그만이다. 즉 공업제품을 일정규격으로 통일해서 만드는 것이 얼마나 중요한가를 잘 보여주고 있다. 공업표준화의 문제는 우리에게는 최근 수십 년 동안에 자리 잡은 현대적 문제인 줄로 알기 쉽다. 하지만 이미 박제가는 바로 그런 걱정을 하고 있었다는 사실을 알 수 있다. 그때부터 공업표준화를 시작했더라면 지금 우리는 세계 최고의 수준에 이르고 공업발달에도 크게 도움이 되었을 것 아닌가?

서자 출신, 대표적 문필가

앞에서 이미 사민(四民) 가운데 상인의 중요성과 그 육성방책까지를 제시한 박제가는 사농공상의 사민의 신분적 차별을 없애야 한다고 생각했다. 사실 박제가는 당시 사회에서 천대 받았다고 할 수 있는 서얼 출신으로 우부승지까지 지낸 아버지 박평(朴坪)의 서자로 서울에서 태어났다. 가난한 생활 속에서도 시를 잘 써 15살 때 이미 이름이 알려지기 시작해 이덕무, 유득공, 이서구와 함께 점차 당대의 대표적 문필가로 알려져 함께 사가(四家)라 불리기도 했다. 이들 사가의 공동 시집은 당시 중국까지 전해진 것으로 알려져 있다. 그리고 모두 서얼 출신이었던 이들에게는 정조(正祖)로부터 규장각의 검서관이란 직책이 내려진 일도 있다.

앞선 과학기술의 도입을 주장하고 특히 서양 선교사를 초빙해서라도 과학기술을 배우자고 파격적인 주장을 할 수 있었던 박제가의 배경에는 바로 서얼 출신으로서의 사회에 대한 강한 불만과 사회개혁에의 열망이 담겨져 있었다고 생각된다.

《목민심서》의 저자 다산
정약용 丁若鏞 1762~1836

19세기 초 대표적 실학자

《목민심서》를 지은 정약용은 우리 역사상 가장 뛰어난 학자의 하나이고, 특히 19세기 초에 활약한 대표적 실학자이다. 하지만 사람들은 그가 과학자로 꼽힐만한 학자라는 것을 알지 못한다. 많은 사람들에게 그는 정치 지도자 또는 관리가 지켜야할 길을 가르친《목민심서》, 이상적인 정부구조를 논한《경세유표》로 더 유명할 뿐이다.

처음으로 우두를 들여와

다산(茶山)이란 호로 널리 알려진 정약용은 우리나라에 처음으로 우두를 들여온 것으로 보이고, 한강에 배다리를 놓을 때와 수원성을 쌓을 때에 거중기를 처음 만들어 사용했다. 그가 쓴 수많은 글 가운데에는 의학책을 빼고는 뚜렷하게 과학기술을 주제로 다룬 책은 거의 없는 편이다. 하지만 여기저기 나타나는 짧은 글, 그리고 책의 일부분에 그의 과학에 대한 선구적인 생각들이 감춰져 있다.

평생을 학자로 많은 책을 남겼지만 그의 일생에 풍파가 없지 않았고 귀양살이도 계속되었다. 그 까닭은 부분적으로는 그가 남인(南人) 집안이었다는 사실도 있었지만 더욱이나 그의 가족이 천주교에 깊이 관여했던 때문이었다. 그의 형 한 사람은 바로 1800년의 '신유박해'때 천주교도였기 때문에 목숨을 잃었을 정도였으니 말이다. 그의 아버지는 정재원(丁載遠), 어머니는 해남(海南) 윤(尹)씨로 지금의 경기도 광주 마재에서 1762년 4남 2녀 가운데 넷째 아들로 태어났다.

1762년 광주 출생

그는 16살 때쯤부터 실학의 영향을 받게 된 것으로 보이는데 집안과도 관련이 있는 몇몇 실학자들의 영향을 받아 실학의 대가 이익(李瀷)의 글들을 탐독한 결과였다. 당연히 그는 실학에 심취하게 되면서 또한 서학(西學)에 깊은 관심을 갖게 되었을 뿐만 아니라 천주교에도 상당히 기울게 되었던 것 같다. 그러나 그가 그의 형처럼 실제로 천주교도라고 스스로 생각했는지 어쩐지는 아직 확실하지 않다. 이런 지적 편력 때문에 그는 새로 실학자들의 관심을 끌었던 서양의 과학기술에 관심을 갖게 된 것이었다. 그의 글에 나오는 것처럼 그가 젊었던 18세기 말에 우리나라의 젊은 학자들 사이에는 서양책을 읽는 일이 일대 유행이었다는 것이다. 물론 그가 말하는 서양책이란 서양에 관한 중국에서 나온 책들을 말한다.

외국으로부터 과학기술을 배워오기 위해 국가기관을 두자고 주장한 사람으로는 정약용이 우리 역사상 처음이었다. 말하자면 오늘날의 과학기술부 같은 정부 부처를 만들자고 나선 셈이다. 국가의 과학기술 문제를 모두 담당할 기관의 이름은 이용감(利用監)이라고 작명까지 해주었다. 우리나라에 필요한 과학과 기술을 외국에서 배워 국내에 보급시켜 이용후생(利用厚生)에 도움되게 하자는 뜻이다.

이용감은 우선 공조(工曹) 소속으로 하여 행정관리와 함께 4명의 연구원을 둔다. 연구원이란 과학기술자가 2명, 중국어 능통자 2명으로 하여 그들을 베이징(北京)에 보내 외국의 과학기술을 연구하고 돌아오게 한다는 구상이다. 돈을 많이 갖고 가서 필요하면 뇌물을 주고라도 앞선 기술을 얻어오게 하자는 표현도 있다. 이 계획에 참가하여 좋은 성과를 거두고 돌아와 국내에 기술보급을 잘해낸 사람은 중인(中人)이라도 양반과 같은 좋은 벼슬자리를 주게 하자는 파격적인 주장도 내놓았다. 그는 과학기술의 개발을 신분제도 타파라는 사회개혁의 문제와 연결 짓고 있었음을 알 수 있다.

신유박해 때 유배

이런 생각이 그때 바로 채택되었더라면 우리나라의 과학기술 근대화는 아주 일찍부터 시작되었고 훨씬 전부터 이미 과학기술의 선진국이 되어 있을 가능성이 크다고 할 수 있다. 하지만 이런 주장을 했을 때 정약용은 이미 전라도 강진에서의 18년에 걸친 유배생활에 들어가 있을 때였다. 1800년의 신유박해 때 경상도의 장기란 곳에 유배되었다가 곧 강진으로 옮겨져 1801년부터 18년이란 긴 세월을 살았다. 정약용의 학문이 영근 곳은 다름 아닌 바로 강진에서였다. 그의 대부분의 책이 여기서 완성되었다.

정약용이 남긴 글들 가운데 아주 짤막한 것으로 〈완부청설(碗浮靑說)〉과 〈칠실관화설(漆室觀畵說)〉이란 것이 있다. 각각 '대야 가운데의 푸른 표지가 떠오르는 데 대하여', '깜깜한 방에서 그림을 보는데 대하여'라는 뜻이다. 대야의 한가운데 푸른 표지를 그린 다음 그것이 보이지 않을 만큼 뒤로 물러선다. 그 다음 다른 사람을 시켜 대야에 물을 부으면 그 푸른 점이 떠올라 보이게 된다는 것이다. 또 대낮에 깜깜하게 만든 방에 앉아서 창문에 작은 구멍 하나만 뚫어주면 그 반대편 벽에 바깥 경치가 거꾸로 서 나타나게 된다는 것이다. 앞의 경우는 물론 광선의 굴절현상을 설명한 것으로 정약용은 실제로는 지평선 아래 있는 달이 대기의 굴절로 미리 떠 보인다고도 설명하고 있다. 뒤의 경우는 바로 '바늘 구멍 사진기 원리(camera obscura)'라는 것으로 사진기의 이치가 바로 이것이며 중학교 과학 시간에 나오는 광학의 기초적 현상이다.

렌즈 등 광학에 큰 관심

정약용은 광학에 관심이 많아서 렌즈나 안경의 이치에 대해서도 글을 남기고 있다. 또 그는 물질의 근본이 무엇인가에 대해서도 서양의 원소 개념을 알고 이에 동조하는 태도를 보여주고 있다. 그의 셋째 형 정약전의 묘지에 쓴 그의 글에 의하면 그의 형은 과거시험에 오행(五行)에 대한 문제가 나오자 그 대답으로 서양의 4원소설(四元素說)을 가지고 논문을 썼으며 이 논문으로 과거에 장원급제했다. 오행이라면 물론 동양에서는 별의별 현상을 모두 설명하는 틀로 써왔던 이론으로 세상의 모든 것은 금(金), 수(水), 목(木), 화(火), 토(土)의 다섯으로 되어 있다는 사상이다. 이와는 달리 서양에서는 그리스시대 이후 줄곧 물질세계는 4원소로 되어 있다는 4원소설이 공인되었는데 수(水), 화(火), 기(氣), 토(土)가 그것이다. 얼핏 비슷한 점이 있는 듯이 느껴지지만 사실은 매우 다른 방향으로 전개되어 왔던 이론들이다. 여하튼 정약용이 정약전의 묘지 글에 이 사건을 강조해 써 넣었다는 사실로부터 우리는 정약용 자신도 4원소설을 옳다고 본 것은 아닐까 짐작하게 된다.

그가 오행설을 부정했다면 놀랄 일은 전혀 아니다. 정약용은 그 밖에도 여러 가지 전통적인 과학사상을 배격하고 있기 때문이다. 별이나 해와 달의 움직임이 인간사에 영향을 준다는 생각을 그는 분명하게 부정했다. 도선이나 그 밖의 다른 사람들의 비기로 정착하여 많은 사람들이 따르고 있던 풍수지리 사상도 완전히 배격했다. 더구나 그는 주역(周易)을 많이 공부한 학자임에도 불구하고 그것을 점치는 데 사용되는 것만은 절대 반대하고 나섰다.

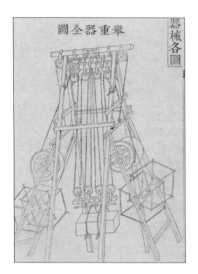

《화성성역의궤》에 있는 거중기 전도
정약용이 테렌츠의 《기기도설》을 참고하여 만든 것으로 수원성을 쌓는데에 활용했다고 한다.

비판의식 뚜렷한 과학자

이렇게 비판의식이 투철했던 그는 주어진 전통사상을 비판하고 새로운 생각을 받아들이는 데 민감했다. 확실한 증거는 없지만 정약용은 우리나라에서 우두를 처음 실시한 사람이라고 생각한다. 19세기 말에 지석영에 의해 우두는 다시 공식적으로 들어와 전국에 퍼졌지만 그 훨씬 전에 그는《마과회통(麻科會通)》이란 책에 서양식 우두를 기록하고 있다. 1828년 베이징에서 나온 서양 선교사 피어슨이 한문으로 쓴 우두 안내서를 정약용이 소개한 것은 그저 소개에만 그친 것으로는 보이지 않는 것이다. 한때 정조가 왕이 되기 전에 선생 노릇도 했던 그는 1789년 겨울에는 한강에 배다리를 놓고, 1792년에는 수원성을 쌓는데 거중기를 만들어 사용했다. 도르래를 이용한 것은 그가 처음은 아니었지만 정약용은 이때 서양식 기술을 가미해서 좀 새로운 것을 만들었는데 그 장치는 서양 선교사 요하네스 테렌츠가 중국에서 써낸 《기기도설(奇器圖說)》이란 책을 참고해서 만들었다.

《오주연문장전산고》의 저자
이규경 李圭景 1788~1856

고등학교 역사교과서에 소개

고등학교 역사교과서에는 《오주연문장전산고(五洲衍文長箋散稿)》라는
책 이름이 등장한다. 그러나 학생들은 그 뜻을 알 턱이 없다. '오주가
쓴 늘어진 글, 덧붙여 놓은 글, 그리고 산만한 글 등을 모은 책'이란 정
도의 뜻이 한자로 五洲衍文長箋散稿라 표기된 것이다.

'오주'란 물론 지은이 이규경의 호를 가리킨다. 이 책은 1830년 전후
에 쓰여진 것을 그 속에 들어 있는 여러 기사로부터 짐작할 수 있다.
1820~1830년대에 걸쳐 이미 일본 사람들은 근대의 과학기술을 대강
소화하고 있었고 중국에도 상당한 수준의 서양 과학기술이 들어와 있

《오주연문장전산고》
(규장각한국학연구원 소장)

기는 했다.

　그러나 일본이나 중국과 달리 당시의 조선은 해마다 한 번씩 중국에 파견했던 사신 일행 가운데 호기심 많은 학자들이 가끔 서양 선교사들을 찾아가는 일이 있었고 서양의 과학기술 서적을 구해 돌아올 뿐이었다.

과학기술홍보 선각자

　　이규경은 바로 이런 시대에 활약한 과학자였다. 그는 천문학, 역산학, 수학, 의학, 음양오행, 동물과 식물 등 과학의 모든 분야와 함께 교통, 교량, 금속, 무기 등의 기술 분야에 이르기까지 과학기술에 대한 많은 정보를 모아 아주 두꺼운 책을 써서 남겼는데 그것이 바로《오주연문장전산고》이다. 이규경을 과학자라 불렀지만, 무슨 구체적인 과학상의 업적을 남겼다고 말하기는 어렵다. 다만 그는 1840년 이전에 대개 완성된 것으로 보이는 이 책을 통해 당시의 과학기술에 대단한 관심을 보였던 것을 확인할 수 있다.

　그는 아직 우리나라에 근대적 과학기술 지식이 전혀 없던 시절에 그런대로 서양의 과학기술을 흡수하려던 선각자로서의 노력을 잘 보여준다.《오주연문장전산고》에는 모두 1400개가 넘는 기사가 들어 있다. 마치 새로운 지식에 굶주린 사람처럼 그는 과학기술만이 아니라 모든 새로운 지식에 대해 글을 썼고 여러 분야의 문제들에 대해 나름대로의 정보를 수집해서 정리하고 또 판단을 내려 글로 남겼다.

바로 이와 같은 이규경의 뛰어난 노력을 통해 우리는 지금 역설적으로 19세기 초의 우리나라 과학기술 수준이 일본에 얼마나 뒤지고 있었던가를 확인하게 된다. 예를 들면 그의 기사 1400여 개 가운데 하나로 〈뇌법기변증설(雷法器辨證說)〉이란 글이 있다. 그의 기사는 모두 '○○○ 변증설'이란 제목으로 되어 있으니 이 기사는 뇌법기에 대해 변증하는 글이란 말이 된다. 뇌법기란 무엇일까? 내용을 읽어보면 바로 정전기 발생 장치를 가리키고 있음을 알 수 있다.

우리나라 최초의 발전기(發電器)에 대한 기록이라 할 수 있다. 이에 의하면 뇌법기는 서울 강이중(姜彝中, 1783~1865)의 집에 있는데 둥근 유리공 모양을 하고 있고 이것을 돌려주면 불꽃이 별이 흐르듯 나온다고 적고 있다. 그는 또 이 불을 서양에서는 질병의 치료에도 쓰고 있다고 소개하고 수십 명이 손에 손을 잡고 이 장치를 만지면 사람들이 소변을 참는 듯한' 자극을 받는다고도 기록하고 있다. 이 정전기 발생기구는 부산의 초량(草梁)에 있던 왜관(倭館)에서 1800년 전후 언젠가 우리나라 사람에게 전해져 서울까지 올라왔던 것으로 적혀 있다. 조선 초부터 초량에는 왜관이 있어서 일본 사람들이 살고 있었고, 이들은 주로 대마도에서 와서 일본에 쌀을 비롯한 식량을 수입해 갔고 또 우리의 문화를 배워가기도 했다

일제 발전기 입수 기록

일본에서 처음으로 전기 발생장치가 만들어진 경우는 히라가 겐나이

[平賀源內, 1723~1779]라는 사람에 의해 1768년에 만들어진 '에레키테루'란 것을 들 수 있다. 전기란 서양 말이 이와 비슷하기 때문에 이런 이름이 붙여졌던 것이다. 19세기 초에는 이미 오사카[大阪]와 교토[京都] 일대에서는 광고를 내고 이것을 팔고 있었음을 알 수 있다. 19세기 초에 이미 일본은 과학기술 수준에서 조선을 크게 앞서기 시작하고 있었던 것이다. 여기 소개한 이규경의 글은 1830년쯤에 쓰였을 것으로 보이는데, 그보다 반세기 전에 이미 일본에서는 이런 발전기를 만들었고 그것을 판매하여 의료용으로 또는 호기심 있는 사람들의 장난감으로 사용하고 있었다는 뜻이다.

전기에 대해 서양에서 근대적인 과학지식이 생기기 시작한 것은 일본에서 정전기 발생장치를 만들기 불과 몇 년 전밖에 되지 않는다. 주로 네덜란드[和蘭] 상인들을 상대로 하는 가운데 네덜란드어를 배워 네덜란드 학문을 배워들이는 난학자(蘭學者)들이 생겨났고, 이들을 통해 서양의 과학기술이 즉시 일본에 전달되고 있었다. 서양에서 처음 이런 발전장치를 만들어낸 것은 독일의 게리케(Otto von Guericke, 1602~1686)로 일본보다 1세기 앞선 일이었다. 그 후 서양에서는 전기에 대한 지식이 발전을 거듭해서 유명한 미국의 벤저민 프랭클린(Benjamin Franklin, 1706~1790)의 연 실험과 피뢰침 보급은 1750년 전후의 일이었다. 이때쯤에는 전기를 의료용으로 이용하는 일도 많았고 또 프랑스의 임금 앞에서는 호위병 180명이 손에 손을 잡고 발전된 전기의 양끝을 손대게 해서 전기 쇼크를 받고 펄쩍 뛰는 모습을 보고 즐겨하는 실험도 행해졌다.

최초의 자명종도 소개

이 땅에 일제 발전기를 들여다 준 부산 초량동의 왜관은 이미 이보다 훨씬 앞서 기계식 시계를 우리나라에 전해 준 곳이기도 하다. 1650년 대에 밀양 사람 유홍발(劉興發)은 일본인에게서 얻은 자명종(自鳴鐘)을 스스로 연구해서 그 이치를 터득했다는 기록과 그가 밀양사람인 것을 보더라도 그가 서양식 시계를 얻은 것은 바로 초량동의 일본인에게서 였을 것으로 보인다.

유홍발이 얻은 자명종이란 지금과 같이 정해진 시각에 "따르릉 따르릉"하고 울려주는 시계가 아니라 종이 달린 시계를 가리킨 말이었다. 지금의 괘종시계란 뜻에 더 가까운 것이다. 그리고 이보다 거의 1세기 뒤인 19세기 말에는 지석영이 우두를 일본인에게서 처음으로 배워 국내에 보급하기 시작했다.

이규경의 책을 읽노라면 우리는 우리의 전통 과학이 상당히 중국의 영향을 받았음을 확인할 수 있을 뿐만 아니라 근대 과학기술의 지식이 우리가 아는 역사와는 달리 심한 쇄국의 시대에도 이 땅에 조금씩 흘러들고 있었다는 사실을 알게 된다. 특히 19세기 초에 일본으로부터 서양 근대 과학기술의 지식이 조금씩 흘러들고 있었다는 사실은 지금까지 역사에 잘 알려져 있지 않은 일이다. 하지만 그때 이미 일본은 과학기술에 훨씬 앞선 발달을 하고 있었고 우리는 서양과의 직접 접촉 기회조차 없이 조금씩 근대 과학기술의 열매를 구경하기 시작했다는 사실을 알게 된다.

조부는 규장각 검서

역시 실학자로 잘 알려진 이덕무(李德懋, 1741~1793)의 손자였던 이규경의 박학(博學)은 할아버지 이래의 전통이었을 것으로 보인다. 당시의 국립도서관 겸 연구소라 할 수 있는 규장각(奎章閣)의 검서였던 할아버지에 이어 아버지 이광규(李光葵)도 같은 직책을 맡았다. 그 덕택으로 평생을 책속에서 살았다고 할 수 있다. 호를 오주라 했던 그는《오주연문장전산고》밖에도《오주서종박물고변(五洲書種博物攷辨)》등을 남겼으나 방대한 것은 못된다. 그의《오주연문장전산고》는 일제시대 때 엿장수에게 파지로 넘어간 것을 구해내게 되었다는 일화를 안고 있다. 이미 예로든 몇 가지만도 다른 사료에서는 찾기 어려운 내용이다. 다른 곳에서 찾을 수 없는 내용이 얼마든지 감춰져 있는 과학기술사의 보고를 남겨 놓은 것만으로도 이규경은 우리 과학사 연구에 영원히 기억될 것이 분명하다.

우리나라에 알파벳 처음 소개한
개화철학의 선구자
최한기 崔漢綺 1803~1877

우리나라에 처음 영어가 알려지기 시작한 것은 언제일까? 거의 마지막 실학자로 꼽을 수 있는 최한기는 수많은 책을 썼는데 그 가운데 1857년에 쓴 《지구전요(地球典要)》에 영어 알파벳이 처음 나온다. 최한기는 이 책 말고도 당시 중국에 알려지기 시작한 여러 책 가운데 서양 과학을 국내에 소개한 것으로 기억될 만하다.

그가 쓴 《지구전요》는 사실은 중국에 나온 서양 지리소개서를 다시 번안한 것으로 최한기는 세계 각국의 역사, 지리, 문화 등을 모두 소개하고 있지만 그 자신은 외국을 가본 적이 없다. 아마 중국도 가보지 못했을 것이다. 그런데 이 책의 영국을 소개하는 대목에서 그는 중국책에서 영어 알파벳을 베껴 놓은 것이다.

알파벳 26자 그림처럼 그려

《지구전요》는 13장으로 구성되어 있는데 13장 끝 부분에 중국과 서양의 다른 점을 설명하면서 서양 문자로 알파벳을 그려 놓고 있다. 알파벳은 26자이며 한 글자씩 모두 그려져 있는데 그 글자 모양이 지금 우리가 쓰고 있는 꼴과 너무 달라서 한 글자도 알아볼 수가 없을 지경이다. 여하튼 이렇게 26자를 그려 놓은 다음 그 가운데 오직 세 글자만이 홀로 뜻을 가지고 있다고 설명했다.

A는 하나라는 뜻이고 I는 나를 가리키며 O는 감탄사로 쓴다는 것이다. 그렇지만 영어에서는 이 글자들을 두 글자 이상씩 섞어서 얼마든지 여러 단어를 만들어 쓸 수 있다고 설명해 놓았다.

1857년에서야 이 땅에 처음으로 이 정도의 영어 소개가 처음 시작되었다는 사실만으로도 우리나라의 과학발달이 얼마나 어려운 조건에 있었던가를 알 수가 있다. 이웃 일본에서는 이미 서양 지식층이 살고 있었기 때문에 그들의 자극을 받아 서양말을 배워 서양책을 읽는 사람이 아주 많았다. 최한기가 영어 알파벳을 처음 소개하기 80년도 더 전에 일본인들은 네덜란드의 의학책을 일본말로 번역해내기까지 하고 있었다. 중국에서는 그보다 훨씬 전부터 서양 선교사들이 베이징에 들어와 살며 수많은 서양 과학책을 번역해내고 있었다.

중국에서는 16세기 서양 과학서 번역

중국에서는 1600년대 초부터 기독교 서적과 과학, 수학 서적들이 번역

돼 나오기 시작했다. 그 대표적인 경우로는 이때 마테오 리치가 번역한 《기하원본(幾何原本)》, 《천주실의(天主實義)》를 들 수 있다. 그 후 수많은 서양 과학기술서가 선교사들의 번역으로 출간되었고 우리 실학자들도 극히 일부는 중국에서 사다가 읽을 수가 있었다. 일본에서는 1774년 일본 난학자들이 의학서를 번역한 이후 서양 과학책을 읽고 번안해 내

놋쇠 지구의
(숭실대학교 한국기독교박물관 소장)

는 일이 계속되어 1800년대 초까지는 서양의 근대과학 모두가 일본책으로 나와 있을 정도였다.

그러나 선교사들이 찾아오지 않아서 전혀 자극을 받지 못한 우리나라에서는 19세기 초까지도 별다른 반응이 없었다. 최한기는 바로 이런 악조건 속에서 서양 과학을 중국을 통해서나마 국내에 소개하는 일에 스스로 발 벗고 나선 선각자였다. 아버지 최치현(崔致鉉, 1786~1812)은 일찍 죽었지만, 그의 양아버지 최광현(崔光鉉, 1760~1837)은 상당한 재산이 있어서 그의 집에는 없는 책이 없을 정도였다. 19세기 초의 서울에서 가장 귀한 책이 많았던 집이 바로 최한기의 집이었다고까지 알려져 있을 정도였다.

당시의 귀한 책이란 중국에서 많이 나오고 있는 서양의 기독교와 과학기술서를 가리킨다. 최한기는 바로 이런 책들을 비싼 값에 사둘 수 있는 형편에 있었고 귀한 책을 마음껏 읽으며 그의 학문세계를 살찌울 수 있었다.

1830년대에 이미 그는 《육해법(陸海法)》과 같은 농업기술에 관한 책, 세계지도 그리고 《추측록(推測錄)》,《신기통(神氣通)》과 같은 과학과 철학을 연결하는 노력 등을 발표했다. 그 후에도 그의 저술활동은 계속됐는데 대표작으로는 수학책으로 《습산진벌(習算津筏)》(1850),세계의 사정을 소개한 《지구전요》(1857),《인정(人政)》(1860), 근대의학을 중심으로 약간의 근대과학을 소개한 《신기천험(身機踐驗)》(1866), 근대 서양 천문학 지식을 전달하는 《성기운화(星氣運化)》(1867) 등이 있다.

저술내용 다양

이 책들은 오늘 한국의 학자에게는 수수께끼가 아닐 수 없다. 1836년에 쓴 《추측록》과 《신기통》에만도 수많은 서양 근대 과학에 대한 지식이 질펀하게 나열되고 있는데 도대체 그가 어디서 이런 지식들을 얻어 그의 것으로 소화한 것인지 알기 어렵다. 그의 집에 중국에서 나온 온갖 서양 과학 서적들이 있어서 이를 참고했을 것으로 짐작은 된다. 하지만 더욱 놀라운 사실은 그는 이런 서양 과학을 나름대로 동양적인 사상의 틀 속에 잘도 짜깁기 해놓고 있다. 정말로 이런 것들이 최한기 혼자의 힘으로 된 것이라면 여간 놀라운 일이 아닐 것이다.

1836년의 이들 책 속에서 그는 우주는 어떤 물질적인 것으로 가득차 빈 공간이 없고 그 안에서 모든 힘은 파동을 만들어 멀리 전파된다고 설명하고 있다. 그는 지금의 파동을 훈(暈)이란 말로 표현을 하고 있는데 소리, 냄새, 색깔이 모두 이 파동으로 전파된다는 것이다. 그는 이를 성훈(聲暈), 취훈(臭暈), 색훈(色暈)이라 부르고 있다.

최초의 서양 과학 소개에 공로

또한 최한기는 천체의 궤도가 원이 아니라 타원이며 지구는 하루 한 번 자전하여 낮과 밤을 만든다고 설명하고 있다. 그런데 1836년 최한기의 지동설은 아직 지구의 공전은 생각하지 않고 자전만을 인정하고 있다. 이런 지동설이라면 홍대용이 70년쯤 전에 주장한 일이 있다.

한편 그로부터 21년 뒤에 쓴 《지구전요》에는 그때까지의 지구와 태양계의 운동 관계에 대한 몇 가지 이론을 소개하면서 코페르니쿠스가 처음으로 지구의 자전과 공전을 주장하여 인정되고 있음을 설명했다. 그는 프톨레마이오스, 티코 브라헤, 머르센, 코페르니쿠스로 내려온 서양 우주관의 과정을 그림으로까지 설명하고 있다.

그런데 《지구전요》는 그 서문에도 밝힌 것처럼 최한기가 지은 책이라기보다는 그가 편집한 것으로 보인다. 그 대표적인 책이 중국에 나와 있던 서양 세계를 소개하는 책 《해국도지(海國圖志)》와 《영환지략(瀛環志略)》임을 밝히고 있다. 또 그는 1867년의 《성기운화(星氣運化)》도 그 서문에 밝혀 있는 것처럼 중국에 나와 있던 천문학 책 《담천(談天)》을 근거로 쓴 책임이 밝혀져 있다.

그뿐만 아니라 1866년의 《신기천험(身機踐驗)》도 역시 중국에서 나온 서양 의학책을 참고해서 쓴 것이라 밝혀져 있다. 앞의 것은 영국 천문학자 윌리엄 허셸(William Herschel, 1738~1822)의 천문학 책을 중국어로 번역한 《담천》을 근거로 하고 있는데, 《담천》은 중국에서 활동하던 서양 선교사 알렉산더 와일리(Alexander Wylie, 1815~1887)가 중국 수학자 이선란(李善蘭)과 협조해서 번역한 것이다. 그의 《신기천험》은 그가 밝힌 것처럼 역시 중국에서 활동하던 영국 의사 존 홉슨(John Hobson)의 여러 가지 의학 및 과학책을 참고해서 근대의학을 소개한 것이다.

이 책은 모두 8권으로 구성되어 있는데 여덟 번째권이 앞의 일곱 권에 걸친 의학과는 내용이 다르다. 즉 여기에서 그는 온도계, 습도계 등을 소개하는가 하면 처음으로 산소, 수소, 질소, 탄소 등의 근대원소에 대한 설명을 하고 있다. 황산, 질산, 염산 등의 산 종류와 함께 빛과 전기에 대한 물리학 지식도 소개하고 있다. 이 부분은 명백히 그가 홉슨의 책들에서 베낀 것으로 보인다.

최한기는 지금까지 알려진 바로는 아주 독특하고 참신한 독창적 사상을 키워간 실학자로 손꼽혀 왔다. 그런데 그의 서양과학 소개는 아마 많은 경우 중국에서 나온 책들을 베끼는 수준에 머물고 말았을지 모른다. 그러나 그런대로 당시 아무도 그런 노력을 하지 않고 있던 조선 사회에서는 대단히 중요한 선구자로서의 의미가 있다고 생각된다.

한국 최초의 사진기술자였던
김용원 金鏞元 1842~?

사진에 관한 역사를 조사해보면 한국인으로 처음 사진술을 익힌 사람은 김용원임을 알 수 있다. 우리 역사상 첫 신문인 《한성순보》 5호(1884년 2월 21일)에는 〈촬영국〉이란 제목 아래 다음과 같은 기사가 실려 있다.

지난 여름 저동에 우후 벼슬을 지낸 김용원이 일본인 혼다를 데려다 촬영국을 개설했다. 또 이번 봄에는 마동의 전 주사 지운영이 일본에서 사진을 배우고 돌아와 개설했는데 그 기술이 참으로 정교하다고 한다.

이것이 국내에 사진관이 생긴 첫 기록이다. 국내에서 처음 사진관을 연 사람은 김용원과 지운영(池運永, 1852~1935)임을 알 수가 있다.

신사유람단으로 파견 사진술·화학·유리 제조 배워

우리 선조들이 사진에 대해 알기 시작한 것은 개국 직후부터였다. 1876년 일본과 수교한 직후 몇 차례 수신사들이 일본을 방문했다. 첫 수신사 대표는 김기수였는데 그 일행이 1876년 6월 9일 도쿄에서 사진을 촬영했다. 당시 김용원은 일행을 따라갔기 때문에 일본에서 사진술을 익히기 시작했던 것이다. 이렇게 처음으로 개화된 일본을 방문한 조선 사신들은 일본에 가서 문명개화의 과정을 배울 필요성을 느끼게 되었고 그 결과 1880년 2차수신사 김홍집 일행과 1881년 신사유람단이 파견되었다.

한국 역사상 최초의 사진관 주인 김용원은 1881년 1월에 일본에서 처음으로 화학과 양잠술도 배웠다고 기록되어 있다. 이만하면 한국 과학사의 첫 인물이 되는 셈이다. 김용원은 본관이 청풍(淸風), 호를 미사(薇史)라 했고 1876년 2차수신사 김기수가 일본에 갈 때 부사과로서 화원(畵員)의 직분을 띠고 수행했다. 그는 1881년에는 경상좌도 수군우후 등의 무관으로 근무했다.

또 그해 신사유람단으로 일본에 파견됐을 때 원래 기선과 총포 구입을 담당했던 이동인이 실종되자 그가 대신 이 일을 맡게되었다. 이렇게 기선과 무기에 관한 임무를 맡았던 김용원은 신사유람단이 귀국한 뒤에도 일본에 남아서 원래의 임무와 직접 관련이 없는 화학과 양잠학을 배웠다. 아주 초보적이지만 그는 조선인 최초의 화학도가 된다.

또 기록에 의하면 그는 1880년쯤 부산에서 그곳에 거류하던 일본인 사진사에게 사진기술을 배우고 있었던 것으로 보인다. 그는 사진에 필요한 화학지식을 익히고 또 거기 필요한 유리를 만들 궁리까지 했던 것으로 당시 일본 신문에 보도되기도 했다. 사진술, 화학, 유리 제조 등이 김용원에 의해 시작되려 한 셈이다. 김용원이 사진술을 배우려 하게 된 이유는 당시 조선에 근무하던 일본 외교관 하나부사 요시타대[花房義質]의 권고 때문이었다는 기록도 보인다. 1871년부터 조선의 일본 공사관에서 근무하기 시작했던 그는 1879년쯤 김용원을 만났던 것으로 보인다.

실제로 처음부터 김용원은 이렇게 일본과 친해지고 있었다. 문명개화의 일본을 초기에 참관한 조선인으로는 몇 안 되는 인물이어서 근대화하고 있는 일본에 큰 감명을 받았을 것이다. 그는 일본에 갔다가 유학생이 되어 머물렀을 뿐 아니라 자연스럽게 당시 일본의 선각자들과 교류를 하고 있었다. 이미 그는 신사유람단의 한 사람으로 선박 조정, 시계 제작점, 방적시설, 양잠소 외에 유리 공장 등을 시찰했다. 유리에 대해서는 김용원의 수행원이었던 손붕구(孫鵬九) 역시 시나가와 유리 공장에 들어가 유리 제조기술을 배웠을 정도였다. 또 1882년 3월 김옥균이 일본에 갔을 때는 변수와 함께 교토에서 화학을 공부하고 있었다. 그러는 한편으로는 일본 지식인들과 교유하여 몇 차례 그들을 만나 시를 지어 나누고 교류한 일도 있다.

1차 한러조약 실패 책임 물어 유배당하기도

일본인들은 이미 상당히 근대화에 성공하면서 서양의 위협을 크게 느끼고 있었다. 동아시아 사람들이 협력하여 서양의 침략을 막아야 한다는 의식을 가진 지식인들이 많았다. 그런 사람들의 모임인 흥아회(興亞會)에 초대되어 조선 지식층이 시를 짓고 서로를 격려하며 사귀는 모임에 김용원 역시 참석하고 있었던 것이다. 1881년 8월의 모임에서 그는 "인의(仁義)를 중히 여기는 아세아 사람들이 지금은 낙후되었지만 흥아회가 있으니 협력하여 장래에 외국의 모욕을 막고 훌륭한 나라를 만들수 있다고 다짐한다"는 글을 보낸 기록도 남아 있다. 거의 같은 시기에그는 조선 고관에게 보낸 편지에서도 이런 말을 쓰고 있다. "지금 세계여러 나라 가운데 가난하고 천한 나라가 우리나라만한 곳이 없다. 백성은 가난하고 나라 재정은 메마르니 당연히 이용후생에 힘써야 한다." 김용원은 개화를 향한 꿈을 크게 가꾸고 있었음을 알 수가 있다.

하지만 그의 꿈은 실현되기 어려운 때였다. 그가 유학에서 언제 돌아왔는지 알 수 없지만 그리 오래 일본에 머물지 못하고 귀국한 것이 분명하다. 《한성순보》의 기록을 보더라도 그는 1883년 여름에 서울에서촬영국을 열었으니 그 전에 이미 귀국해 있었음을 알 수 있다.

1884년 10월 갑신정변의 실패로 개화파가 몰락하면서 청나라의 위세가 높아지자 왕실에서는 러시아의 협력을 얻어 보려는 기운이 일어났다. 청일 간의 세력 다툼 속에 제3세력으로 러시아를 생각한 것이다. 갑신정변 직후 청일 군대가 주둔하여 전쟁 위기가 고조되자 고종은 김용원 등을 몰래 블라디보스토크에 파견해 러시아 관리와 약정을 추진했다. 또 당시 외무고문을 맡았던 묄렌도르프도 비밀리에 주일러시아공사를 만나 러시아 훈련교관의 초빙과 영흥만 조차에 관해 협의했다. 그 결과로 정부 간 정식협약을 체결하기 위해 주일러시아 공사관의 스페이에르가 입국까지 했다. 하지만 이 비밀은 일본과 청국에 새어나갔고 이른바 1차 한러조약은 수포로 돌아갔다. 1차 한러밀약을 위해 고종의 밀서를 가지고 블라디보스토크에 갔던 김용원은 오히려 1885년 6월 멀리 유배를 당하게 된다. 누구에겐가 그 실패의 책임을 지게 해야 했기 때문이었던 듯하다. 외교고문 묄렌도르프 역시 자리에서 물러 나게 되었다. 김용원이 창업한 사진관은 이미 그 전에 사라졌지만 그가 초빙해 왔던 일본인 사진기술자 혼다 슈노스케[本多修之助]는 그 후 서울에 계속 남아 서울 수표교 부근에서 사진관을 개업했고 후에는 남산 기슭 일본인촌에서 다시 사진관을 열어 성공했다고 한다. 혼다 슈노스케는 일본 요코하마 출생으로 1883년 봄 한국에 들어와 서울에 정착했다.

만주에서 폭탄 제조 책임자로 독립운동 참여

김용원은 러시아와의 비밀교섭에 나섰을 때쯤에는 이미 일본에 반감을 가진 사람이 되었던 것 같다. 김용원이 그 후 어찌되었는지는 기록이 없다. 다만 일제시대 1924년 2월의 일본 경찰 비밀기록을 보면 그는 대한통의부(大韓統義府) 소속으로 독립운동에 가담하고 있었던 것으로 보인다. 당시 도쿄에 가서 테러를 실시할 비밀 계획을 일본 경찰이 알아냈다는 보고서인데 김용원은 이 계획에서 작탄대장 또는 제탄대장이란 직위로 되어 있다. 폭탄을 만드는 책임자였음을알 수가 있다. 대한통의부란 만주지역에 이주했던 조선동포들의 무장독립단체로 1922년경 결성되었고 그 대표는 김동삼(金東三, 1878~1937)이었다.

1924년 초에 이 단체는 일본과 조선에서 테러활동을 감행하려고 준비했는데 도쿄에서 당시의 조선유학생과 연결하여 활동하려던 계획이 일본 경찰에 사전에 발각됐던 것을 알 수 있다. 이 사건에서 65세의 김용원이 구체적으로 어떤 역할을 했는지는 알 길이 없다. 또 그들이 일본 경찰에 구속되었다는 것인지 그 여부도 확인되지 않는다. 하지만 그가 화학을 공부해 화약무기 등의 지식을 갖고 있었다는 점을 보면 그가 제탄대장이란 자리에 있었던 것은 당연한 일이었을 듯하다. 하지만 65세라는 그의 나이로 볼 때 그가 조선이나 일본에 직접 갔던 것은 아닐 것으로 보인다.

　이 정도가 그에 대해 지금까지 밝혀진 사실이다. 한국 최초의 사진기술자이면서 처음으로 화학을 공부하고 양잠술도 배운 개화기의 무관 김용원에 대해서는 아직 모르는 부분이 너무나 많다. 개국 직후의 우리 역사가 너무 희미할 수밖에 없다는 사실이 안타깝다.

과학행정가

과학기술의 대중보급에 이바지한
김용관 金容瓘 1897~1967

제1회 김용관상 제정

서울의 어느 일간신문 하단을 꽉 채운 광고에는 '제1회 김용관상 제정'
이란 제목이 달려 있었다. 그 광고를 보고 나는 가슴이 뿌듯했다. 내가
오랫동안 주장해왔던 김용관의 역사적 중요성이 조금씩 인정되고 있다
는 느낌을 받았기 때문이다. 이 '김용관상'은 '과학기술의 대중보급에
이바지한' 사람에게 주려는 상이다. 우리 역사에서 김용관이 차지하고
있는 위상을 가장 잘 대변하는 상을 만들었다는 것이 분명하다. 김용관
이야말로 우리 역사상 최초의 과학대중화운동의 기수였기 때문이다.
그렇지만 '김용관상'은 그 후 슬그머니 사라진 듯하다. 왜 그렇게 되었

《과학조선》 창간호

는지는 알지 못하지만 대단히 유감스러운 일이다. 해방 이전의 우리 역사에서 '과학자', '기술자'를 찾는 일은 쉬운 일이 아니다. 과학이며 기술이란 것이 우리 역사에 중요한 요소로 등장한 것이 극히 최근의 일이기 때문이다. 김용관이 과학대중화운동에 열을 올렸던 1930년대의 우리나라 형편을 살펴보더라도 당시까지 아직 과학자다운 과학자, 기술자다운 기술자가 없던 때였다.

바로 그 시절에 과학대중화운동의 기수 노릇을 했던 대표적 인물이 김용관이다. 1933년 6월에 창간한 《과학조선(科學朝鮮)》은 우리나라 최초의 종합과학잡지라 할 만한데 그가 그 주역을 담당했다. 그 전에도 과학잡지가 없지 않았지만 계속해서 간행되지는 못했다. 그러나 김용관의 《과학조선》은 1944년 1월 종간될 때까지 명맥을 유지했던 일제시대 우리나라의 대표적 과학잡지였다.

과학대중화운동 기수

일제시대의 과학대중화운동이 얼마나 중요한 것인가는 한번 생각해보면 분명해진다. 일제시대에는 아직 한국에는 과학이란 것이 없다고 해도 좋을 정도로 과학기술의 미개지였다. 1910년 나라를 일본에 뺏긴 조선인들은 조금씩 과학기술의 중요성에 눈뜨기 시작하고 있었지만 일본은 조선인에게 과학과 기술 교육을 막는 태도였다. 1926년 일제는 조선에 경성제국대학이란 첫 대학을 세우기는 했지만 법문학부와 의학부 등으로 구성되어 있었을 뿐이지 이공과는 설치하지 않았다. 과학자나 기술자로 교육받기 위해서는 일본 유학을 하지 않으면 안 되도록 만들어 조선인의 과학기술 수준을 아주 낮게 묶어두고 있었던 것이다.

김용관 등이 과학대중화운동을 벌이게 된 것은 바로 당시 일제하에 신음하고 있던 민족의 역량을 기르는 문제와 연결된다. 3·1운동 이후 활동은 상당히 자유로워졌지만 분명한 민족운동을 벌일 수는 없었다. 당시의 민족지도자들은 민족운동과는 직접적 관계가 없어 보이는 과학대중화운동을 통해 간접적 민족운동을 시작하고 있었고《과학조선》을 둘러싼 과학대중화운동은 바로 그런 성격의 것이었다.

'과학데이' 제정

《과학조선》은 김용관이 전무이사로 중심역할을 맡고 있던 발명학회에서 1933년 기관지로 창간한 것이었다. 그러나 이듬해 1934년에 이 단체는 다시 '과학지식보급회'라는 별개의 단체를 만들고 이 잡지를 이 새 기관에서 만드는 본격적인 대중과학잡지로 체제를 바꿨다. 그리고 잡지와는 별도로 4월 19일을 '과학데이'로 정하여 해마다 다채로운 행사를 펼쳐 과학대중화운동을 펼쳐가기로 정했다. 여기 참가한 인사들은 윤치호, 이인, 여운형, 김성수, 방응모, 송진우, 이종린, 최규동, 조동식, 현상윤, 이하윤, 윤일선 등 당시의 언론인, 작가, 사업가, 교육자, 학자 등 민족지도자가 고르게 가담하고 있었다. 말이 '과학운동'이었지 실제로 그것은 '민족운동'이었다. 1935년의 '과학데이' 행사는 전해의 행사보다 훨씬 요란했고 아마 우리 역사상 가장 거창한 과학 관련 행사였음이 분명하다. 지금도 '과학의 날(4월 21일)' 행사가 벌어지고 있지만 지금의 '과학의 날'은 반세기 전에 비하면 멋도 없고 국민적 관심도 거의 없는 형식적인 잔치로 퇴색한 감이 있다.

'과학데이'라 쓴 큼직한 깃발을 앞세운 행진은 악대가 선도했는데 이 행사를 위해 특별히 김안서가 시를 쓰고 홍난파가 작곡한 〈과학의 노래〉가 연주되었다. 이날 밤 종로의 YMCA에서는 합창단이 이 노래를 불렀고 기념식에 이어서 여운형의 강연 '과학자에게 고(告)하는 일언(一言)'도 있었다. 라디오 방송이 이날의 행사와 함께 과학 강연을 방송했고, 비슷한 행사는 평양, 신천, 원산, 개성 등지에서도 열렸다. 이 행사를 전후해서 《조선일보》, 《동아일보》, 《조선중앙일보》 등 3대 신문은 연일 특집기사를 내고 포스터를 실어 주었다.

과학의 노래

홍난파

1절　새 못되야 저 하늘 날지 못노라

　　　그 옛날에 우리는 탄식했으나

　　　프로페라 요란히 도는 오늘날

　　　우리들은 맘대로 하늘을 나네

후렴　과학 과학 네 힘의 높고 큼이여

　　　간데마다 진리를 캐고야 마네

2절　적은 몸에 공간은 넘우도 널고

　　　이 목숨에 시간은 끗없다하나

　　　동서남북 상하를 전파가 돌며

　　　새 기별을 낫낫이 알려주거니

3절　두다리라 부시라 헛된 미신을

　　　이날 와서 그 뉘가 미들 것이랴

　　　아름답은 과학의 새론 탐구에

　　　볼지어다 세계는 밝아지거니

　지금 우리가 '과학의 날'이라고 기념하는 4월 21일은 1967년 과학기술처가 간판을 단 날을 기념해 정해진 것이다. 그런데 이 날을 정할 때 과학기술관계자들은 김용관도 몰랐고 우리의 과학자에는 관심도 없는 채였기 때문에 이미 1934년부터 5년 동안 과학데이가 훨씬 화려하고 장렬하게 진행되었다는 사실을 몰랐다. 지금이라도 과학의 날은 당연히 59년 전의 과학데이 4월 19일로 옮겨져야 마땅하다. 1993년 4월에는 처음으로 KBS가 '과학 2001'이라는 프로그램에서 1930년대의 과학의 노래를 남성 합창으로 방송한 일이 있다. 하지만 과학의 날을 4월 19일로 되돌리자는 내 주장은 아직 받아들여지지 않고 있어 유감이다.

발명학회 설립 주역

1930년대 과학대중화운동의 중심 역할을 담당했던 김용관은 1897년 3월 21일 서울 창신동에서 여유 있는 상인 김병수(金丙洙)의 아들로 태어났다. 1918년 경성공업전문학교에 들어가 화학공학을 공부한 그는 곧 일본 도쿄에 있는 구라마에고등공업학교 요업과(窯業科)에 입학했지만 이 학교를 졸업한 것으로는 보이지 않는다. 3·1운동 직후에 이미 귀국해버렸던 것 같기 때문이다. 귀국해서 그는 부산에 있던 도자기회사를 다니다가 서울로 옮겨 잠깐 중앙공업시험소에서 일하기도 했다.

하지만 그는 곧 이 일을 그만두고 1924년 발명학회를 설립하는 주역을 담당했고 이 기관은 1933년에 《과학조선》의 발행을 시작했다. 김용관은 공업전문 교육을 받는 과정에서부터 안정된 자리를 얻어 정착할 줄 모르는 그런 인물이었던 것으로 보인다. 아마 경제적으로 상당히 어려웠을 그가 어떻게 1932년에는 다시 발명학회를 부활하고 이듬해에는 《과학조선》을 창간할 수 있었던가 수수께끼가 아닐 수 없다. 여하튼 그는 여러 지도층 조선인들을 동원해서 그의 과학대중화 사업을 추진하는 데에 대단한 정열과 추진력을 보여주었다. 한번 발명학회를 시작하고 이어서 과학지식보급회를 만들면서 이 기관에서는 과학기술관련 책만이 아니라 역사, 철학, 문학 등의 책들을 마구 찍어냈고 이런 사업에서 어느 정도 수입을 올렸던 것으로 보인다.

그는 1938년 제5회 '과학데이' 행사 중에 일본 경찰에 붙잡혀 옥고를 치르게 되었다. 이와 함께 '과학데이'도 그리고 김용관이 그렇게나 열성으로 뛰고 있었던 과학대중화운동도 시들기 시작했고 《과학조선》역시 명맥 유지가 어려워졌다. 표면적 이유가 무엇이었건 조선인들 사이에 활발하게 벌어지고 있는 과학대중화운동을 일제는 이때쯤 확실히 위험한 것으로 파악하고 다른 민족운동이나 마찬가지로 탄압하기로 결정한 것으로 보인다.

민족갱생의 선각자

김용관은 언제 황해도 재령으로 낙향했을까? 1940년《과학조선》이 복간되었을 때 그는 재령에 있는 명신중학교 교사 자격으로 〈독가스에 대하여〉란 글을 투고하고 있다. 김용관은 2남 2녀의 자녀를 두었는데 평생 밖으로 나가 활동적이었던 그만큼 가정에서는 그리 살뜰한 아버지 노릇은 못했던 것 같다.

해방 후 그는 전공했던 요업분야에 관계하여 서울공업고등학교의 요업과 교사, 특허국 심사관, 발명협회 부회장을 지냈고, 11개의 특허를 얻기도 했다. 그러나 해방 이후 그는 1930년대에 그렇게도 열성이었던 과학대중화운동에는 관심을 보이지 않은 것 같다. 그리고는 1967년 9월 24일 장암으로 세상을 떠났다.

암울했던 1930년대의 식민지 조선에서 과학의 대중화를 통해 민족갱생의 길을 찾아보려 했던 선각자 김용관은 당시 대표적 과학자였다. 그는 과학사에 남을 인물일 뿐 아니라 그와 그의 과학대중화운동은 독립기념관에도 당연히 소개되어야 할 일이다.

한국 최초의 물리학자
최규남 崔奎南 1898~1992

물리학은 과학 가운데도 가장 기본적인 분야이다. 역사적으로 보더라도 과학자라면 누구에게나 먼저 떠오르는 이름들, 예를 들면 아인슈타인, 뉴턴, 갈릴레이 등은 모두 물리학자인 것이다. 그러면 우리나라에서는 누가 첫 물리학자라는 영광된 이름을 얻을만한가? 약간 이견이 있겠지만, 최규남을 '한국 최초의 물리학자'로 꼽는 데 무리가 없다.

　그는 1933년 미국 미시간대학교에서 물리학 전공으로 박사학위를 받았는데 우리 역사상 첫 물리학 박사였다. 실제로 한국인으로 해방 이전에 물리학 분야에서 박사학위를 받은 사람은 단 2명뿐이었는데, 1933년 미국에서 박사학위를 받은 최규남과 1940년 일본 교토제국대학에서 학위를 받은 박철재(朴哲在, 1905~1970)의 두 사람뿐인 것이다.

그 후 최규남은 대학에서 10년 남짓 물리학 교수로 활동했지만, 해방 이후에는 대체로 과학 행정가로서 여러 가지 일을 맡았다.

35세 때 미국에서 물리학 박사학위

최규남은 개성 출신으로 1992년 4월 95세의 나이로 세상을 떠났다. 대단히 장수한 셈이기는 하지만, 그가 35세의 나이로 1933년에서야 한국 최초의 물리학 박사학위를 받았다는 한 가지 사실만으로도 우리는 여러 가지 생각을 떠올리게 된다.

　당시 우리나라는 일제하에 있었는데, 어떻게 그는 미국에 유학가게 된 것일까? 어떻게 식민지 조선의 청년 최규남은 물리학을 공부할 생각을 하게 되었고, 또 당시 그런대로 많은 청년들이 유학 갔던 일본에 가지 않고 미국까지 갔던 것일까?

　아직 이런 연구란 되어 있지 않아서 1945년까지 물리학을 공부한 사람이 몇이나 되는지도 알려져 있지 않다. 처음으로 전북대학교 김근배 교수 등의 도움으로 내가 발표한 《한국과학기술자의 형성 연구》(과학재단, 1995)에는 일제시대 일본에서의 이공계 대학 졸업자를 조사해 놓았는데, 물리학을 공부한 대졸자가 모두 13명뿐이다. 혹시 다른 지역(미국과 유럽)에서 물리학을 전공한 한국인도 몇 명은 더 있었을 터인데, 아직 조사도 되어 있지 않다. 우리나라도 이제는 이런 문제에도 관심을 가져야 하지 않을까? 과학기술 투자가 이제 제법이랄 수도 있는데, 이런 연구에는 전혀 돈을 들이지 않으니 답답하다.

　그래서 최규남에 대한 것조차 그저 내 개인적인 약간의 조사에 그친 상태다. 그런대로 그의 일생을 알아보자. 그 자신의 회고에 의하면 최규남은 상당히 탐구심이 강한 소년이었던 모양이다. 그는 자기 별명이 고등학교 때는 '고질콜콜'이었고, 전문학교 시절에는 '불치하문(不恥下問)'이었다고 회고한다. '고질콜콜'이란 정확하게 무슨 의미였는지 모르지만 아마 의문이 생기면 시시콜콜 따지고 알아내려고 노력했다는 뜻으로 보인다. '불치하문'이란 공자의 학문하는 태도를 가리킨 옛 표현으로 모르는 것이 있으면 비록 아랫사람에게라도 물어보기를 수치스럽게 여기지 않았다는 뜻이다. 자신이 말한 것을 그대로 믿을 수는 없기도 하지만, 이런 경우는 별로 과장된 자기소개는 아닐 것 같다.

그가 송도고등보통학교 학생일 때의 일이다. 아마 2학년 때쯤의 일이었던 모양이다. 당시 2학년에게 물리를 가르친 사람은 이만규라는 교사였는데, 그의 전공은 원래 의학이었지만 아직 물리를 담당할 자격 있는 교사가 없을 때여서 그가 물리도 가르친 것이었다. 여하튼 그의 만유인력 설명에 도저히 이해를 할 수 없었던 최규남은 이런 질문을 했다. "선생님, 인력이 거리가 멀어질수록 약해진다는 것은 알겠습니다. 하지만 왜 꼭 거리의 제곱에 반비례해서 약해지는 것인가요? 왜 3제곱이나 5제곱은 안되는 것인지, 그 산출의 근거를 대주십시오."

모교에서 체육교사로 활약

의학 전공의 물리담당 교사 이만규는 "제곱에 비례한다는 것은 법칙이다. 그러니 법칙 그대로만 알아두면 돼!"라고 잘라 말하고 말았다. 아무리 법칙이라도 그 법칙이 나온 까닭이 있을 것 아닌가? 이렇게 자꾸 캐묻자 담당 교사는 그만 벌컥 화를 내고 말았다는 것이다. 얼마 후 대성학교에서 물리를 공부한 일이 있다는 학생이 전학을 오게 되자, 최규남은 그를 찾아가 같은 질문을 해 보았다. 그 학생은 자기는 안다면서 설명을 한다고 했지만, 그에게는 입에 맞는 답이 못 되었다. 또 송도고등학교에는 일본에서 대학을 나온 윤병섭 교사도 있었는데, 한번은 그에게 너무나 캐묻는 바람에 그 교사를 극도로 흥분하게 만들기도 했다. 자기 실력을 시험해보려고 일부러 그런다고 생각한 윤병섭은 최규남의 문제를 교무실에서 거론하여 까딱하면 징계를 당할뻔 하기도 했다. 이런 일화는 1979년에 최규남이 회고한 글 속에 실려 있어 그가 60년 전의 일을 얼마나 잘 기억하고 있었던 것인지 의문도 가지만, 여하튼 탐구심이 많은 학생이었던 것으로 보인다. 1918년 송도고등학교를 1회로 졸업한 최규남은 모교의 체육선생이 되었다.

체격이 워낙 좋아서 체육선생으로 뽑히기는 했지만, 그의 꿈은 과학을 공부하겠다는 생각이었다. 2년 이상 체육선생을 하면서 그는 일본에서 나오는 영어, 수학, 물리학 책들을 자습하면서 대학 진학의 기회를 노리고 있었다.

당시 이 땅에서 과학을 공부할 수 있는 대학 수준의 학교로는 1917년 문을 연 연희전문학교가 있었다. 원래 경신학교 대학부로 1915년 시작했을 때 문과, 상과, 이과, 농과의 4개 학과가 있었는데, 이것을 1917년 문과, 신과(神科), 상과, 농과, 수물과(數物科), 응용화학과의 6개 학과로 확대 개편해서 연희전문학교가 된 것이다. 최규남은 1922년 바로 이 대학의 수물과에 입학해서 1926년 졸업한 것이었다.

역시 그 자신의 회고에 의하면 당시 연희전문학교에는 수학 선생은 훌륭한 사람이 좀 있었지만, 물리 선생은 변변치 못했다고 한다. 하지만 그가 물리학을 공부할 결심을 하게 된 것도 이 학교에서의 일이었고, 또 실제로 그에게 미국 유학을 알선해준 것도 이 대학의 미국인 물리 교수 베커(Arthur Becker, 1879~1979)였다.

졸업과 함께 바로 미국에 가지 못한 최규남은 1년 동안 모교 송도고 등학교에서 교편을 잡았다. 연희전문학교에서는 실험실 조수자리를 주겠다고 했고 송도고등학교에서는 교사 자리를 제의했는데 왜 그가 송도고등학교를 택했는지는 분명하지 않다. 그는 교사로 일하면서 미국 유학을 떠나기에 충분할 만큼의 돈을 저축할 수 있었다. 1927년 미국에 건너간 그는 바로 대학교 입학 자격을 얻을 수 없어 우선 오하이오주의 웨슬리안대학교에 들어가 1929년 여기를 졸업하고 미시간대학교에 입학할 수 있었다. 당시 70세였던 웬들리 교수의 지도 아래 그는 〈HCN분자의 관성능률의 새 값〉이란 논문으로 1933년 물리학 박사학위를 얻게 된 것이다.

서울대학교 총장·문교부 장관 지내

학위를 얻자 곧 귀국한 그는 연희전문학교에서 미국 학계의 새 경향을 좇아 양자론, 양자역학, 원자물리학 등을 강의했다. 말하자면 물리학의 당시 첨단 분야를 국내에 소개하기 시작한 셈이었다. 그러나 해방과 함께 그의 인생은 크게 바뀌기 시작했다. 우선 서울대학교가 생겼지만 자격 있는 교수가 부족하여 그도 서울대학교로 자리를 바꾸게 되었고, 그나마 오래 있지 못하고 과학 행정의 책임을 맡기 시작한 것이다. 해방과 함께 과학 진흥을 위해서는 과학기술원을 만들어야 한다고 역설하기 시작한 그는 1948년 문교부에 과학교육국이 생기자 그 초대 국장 자리를 얻게 되었다. 최규남은 관직에 들어가서는 더욱 열심히 과학기술연구원의 중요성을 강조하고 다니기 시작했다. 이승만 대통령에게도, 이시영 부통령에게도 그 중요성을 설명했지만, 그들은 한결같이 좋은 생각이라면서 더 연구해보자고만 응대한 것으로 보인다.

그러는 가운데 그는 미국 경제협조처의 도움을 얻어 과학전을 시작할 수 있게 되었다. 1949년 10월 3일부터 1주일 동안 열린 '1회 과학전람회'는 이승만 대통령도 개회식에 참가한 가운데, 10만 명이 관람하는 성황이었다. 그런데 이 과학전의 성공으로 그는 미국 측으로부터 과학기술원을 공동으로 설립하자는 제안을 받게 되었다. 계획은 빠르게 성사되어 1950년 한국과학기술원이 정식으로 문을 열고, 용산 철도 공작창에 기계 등을 설치해서 일을 시작하게 되었다.

피난시절 한국물리학회 창립

6월 중순 한국과학기술원에는 미국의 기술자들이 찾아왔고 그 일부는 계속 남아 한국과학기술원의 일을 맡기로 했다. 그러나 한국과학기술원은 1주일만에 완전히 없던 이야기가 되고 말았다. 바로 그 1주일 뒤인 6월 25일, 한국전쟁이 시작되었던 까닭이다.

전쟁이 시작된 이후의 최규남은 이미 활동적인 과학행정가로만 머물 수도 없을 정도로 나이를 먹고 무게를 얻어가고 있었던 것으로 보인다. 1951년 서울대학교 총장 1956년 문교부 장관 1958년에는 민의

한국과학기술연구소(KIST) 기공식(1966. 10. 6)

원 의원 등의 자리를 거쳤지만 어느 의미에서는 과학자로서의 그의 자리는 아니었다. 또 그런 자리에서 특별히 빛나는 업적을 세우거나 한 것도 아니었다. 1952년 12월 피난시절 부산에서 창립된 한국물리학회의 초대 회장으로 선출되었지만 그것은 그의 경력으로 볼 때 너무나 당연한 일이었을 따름이다. 1964년 경제과학심의회 상임위원이 되어 그는 다시 과학 행정에 영향을 미치기 시작했지만 이미 그보다 더 힘 있는 과학기술자들이 활동하고 있을 때였다.

한국과학기술연구소(KIST)의 설립을 연구 검토하던 시절에는 그의 자리는 그 설립 준비위원장이었지만 1966년 문을 연 KIST가 그의 구상을 따른 것은 전혀 아니었다. 그는 순수한 연구기관을 고집했지만 실정은 그렇지 못했던 것이다. 그런대로 그는 한국전쟁으로 유산하고만 그의 과학기술연구원이 다시 태어날 수도 있다는 꿈속에서 과학행정가로서의 마지막 노력을 이 문제에 바쳤던 것으로 보인다. 이 역할을 끝으로 한국 최초의 물리학 박사 최규남은 실질적 은퇴시기로 접어들었다.

한국의 첫 물리학 박사가 1933년이었다면 정말 이웃나라 일본이나 중국의 경우는 어떠했을까? 중국에서 최초로 근대 물리학의 박사학위를 받은 사람은 1907년 독일 유학에서 그 학위를 받았다. 그런가 하면 일본에서는 그보다도 훨씬 전인 1888년 야마카와 겐지로[山川健次郎, 1854~1931]가 물리학자로서는 처음으로 박사학위를 받았는데 그는 일본에서 새로 정한 규정에 따른 일본의 첫 박사였다.

그는 미국에 유학하고 돌아와 1879년부터 도쿄제국대학의 첫 물리학 교수가 되었는데 박사학위는 일본 국내에서 수여된 것이었다. 처음부터 비교가 안되게 크게 달랐다. 당연히 한국의 첫 물리학자 최규남의 긴 일생 역시 한국의 물리학 발전과는 별로 상관없이 지났다고도 할 수 있다. 그만큼 그가 살던 때에는 한국에는 아직 물리학이란 없었던 셈이기도 하기 때문이다.

한국 화학의 선구자
이태규 李泰圭 1902~1992

도리켜 우리의 사회를 일별(一瞥)하면 신문명(新文明) 수입된 지 이미 수십 년에 달했건만 십인(十人: 서양에서 받은 자를 제외) 의박(醫博)과 일인(一人)의 이박(理博)을 세일 밧게 없다. 어찌 애오라지 차치(差恥)할 일이 아니랴. 환경이 여가(如何)히 불리하다 할지라도 좀 더 민중의 노력이 잇섯드면 현재 수 이상의 학위를 받앗슬 것이다.

그러나 타면(他面) 다시 일고(一考)하면 당국의 조선인에 대한 의식적 차별감 혹은 제한적 정책에도 그 원인이 잇지 안을 수는 없다. 알기 쉽게 현재의 경성제대에는 조선인으로서 일인의 교수는커녕 일인의 조교수도 없지 안흔가. 아마 당분간도 역시 그러하리라 믿는다. 이것은 당국의 차별 정책이오 조선인의 무능에만 잇는 것이 아님을 웅변으로 설(說)하는 것이 아닌

가. 이곳 당국자들의 양심상의 답변을 구하는 바다.

　1931년 7월 21일 《동아일보》 사설 내용이다. 바로 그 전날 당시의 민족 신문 《동아일보》와 《조선일보》는 조선인 이태규가 일본 교토제국대학에서 조선인으로는 처음으로 이학박사학위를 받았다고 보도하고 있다. 이 사설은 바로 그의 박사학위를 계기로 쓴 글이다. 조선이 개화한 지 수십 년 사이에 이제 겨우 10명 정도의 의학박사와 단 1명의 이학박사 밖에 없는 것을 한탄하면서, 그 원인이 일본의 차별 정책에도 있다고 신랄하게 비판하고 있다.

일제시대 때 조선인 최초의 이학박사

사실은 그가 조선 최초의 이학박사는 아니었다. 당시 신문들이 정보에 어두워 이미 미국 미시간대학교에서 이원철이 1926년 천문학으로 이학박사를 받았다는 사실은 접어둔 채 이태규를 처음이라 보도했을 뿐이다. 여하튼 이원철이 한국의 천문기상학을 개척한 인물인 것과 똑같이 이태규는 화학을 개척한 선구자였다.

　이태규는 1902년 1월 26일 충청남도 예산에서 한학자 이용균(李容均)의 6남 3녀 중 차남으로 태어났다. 형과 함께 서당에서 한문을 수학했는데 《천자문》을 단번에 외어 주위를 놀라게 했다고 전해진다. 아버지에게서 《천자문》과 《동몽선습》을 익힌 그는 신학문을 하라는 아버지의 독려 속에 8세에 소학교에 들어갔다. 1915년에는 예산보통학교를 수석으로 졸업, 경성고등보통학교(현 경기고등학교)에 무시험으로 입학할 만큼 뛰어난 수재였다. 그는 학창시절 산과 알칼리의 중화반응 실험을 통해 과학의 놀라운 세계에 흥미를 갖게 되었다고 훗날 회고한 바 있다.

1919년 3·1운동이 일어나자 그도 독립만세를 외쳤다. 그렇지만 이듬해 학교에서 조사를 받을 때에는 그런 일 없었다고 거짓말하여 1920년 무사히 졸업장을 받았다고 회고한 바 있다. 그리고 곧 그는 관비로 일본 히로시마[廣島]의 고등사범학교(高等師範學校)에 진학할 수 있었고, 1924년 이 학교를 마친 다음 교토제국대학에서 화학을 공부하여 1931년 이학박사가 되었다. 그리고 1936년 교토제국대학 조교수가 되었다. 일본 유수의 대학에서 교수가 되었다는 것부터가 당시로서는 대단한 영광이었음이 분명하다.

그의 일생을 줄을 그어 나눠보자면 대략 공부하던 초기(1902~1945), 미국에서의 학자 생활(1947~1973), 그리고 귀국 후의 교수 시절(1973~1992)로 나눌 수가 있다. 일제하에서 어린 시절을 보낸 다음의 시간만 보자면 약 25~30년씩의 3기로 나눠지는 셈이다. 1기는 그의 성장과 교육을 위한 시기였고, 중기와 후기는 한국 화학계를 이끌어준 지도자로서 절대적 역할을 했다고 할 수 있다. 미국에서는 한국 유학생을 지도하여 훗날 한국 화학계 지도자가 거의 모두 그의 제자라 할 수 있게 되었고, 후기에는 귀국하여 이미 그의 제자들이 이끄는 한국 화학계를 지켜보며 지낸 일생이라 할 수 있겠다.

일본에서 박사학위를 받고 교수가 된 사람으로서 미국에 공부하러 갔다는 것도 이태규만의 특이한 경력이라 할 만하다. 그가 고등학교에 다니던 때 조선에서는 고등보통학교 학생들에게 영어를 가르치지 않왔다. 그 때문에 일본에 유학한 이태규는 무진 애를 먹었다고 회고하고 있다. 그는 수학 시간에 나오는 영자만 몇 가지 익혔을 뿐이어서, ABC에서 시작하는 몇 글자와 XYZ는 배웠지만, J부터는 아예 글자를 몰랐다는 것이다. 결국 일본에 가자마자 영어 원서란 것으로 공부를 해야 했던 셈이다. 그렇게 배운 영어를 가지고 그는 교토제국대학 교수로서 미국 유학을 떠났다.

1938년 12월 프레스턴대학교에 방문교수(visiting scientist)로 갔던 그는, 2년 7개월 만인 1941년 7월 일본으로 돌아왔다. 일본대사관 직원이 전쟁이 날지도 모르니 귀국하라고 권고했기 때문이었다. 프레스턴대학교에서는 헨리 아이링 교수와 각별했고, 당시 같은 캠퍼스에 있던 아인슈타인과는 산책하다 만나 간단히 인사하는 정도의 사이가 되었다. 이때의 인연으로 아이링이 유타대학교로 옮긴 다음 이태규는 해방 후 유타대학교로 건너가 그와 함께 논문도 발표하게 된다. 아이링은 양자화학에 선구적인 이론도 발표한 학자로 그와의 협력이 한국 화학계의 발전에도 큰 몫을 한 것으로 볼 수 있다. 많은 한국 유학생이 이태규를 따라 유타대학교에 가서 공부하고 돌아왔기 때문이다.

국내 화학 기초 다지는 데에 큰 몫

일본에서 학위를 받고 교수 생활을 하던 시기에 그는 조선의 화학 발달에는 이렇다 할 기여를 하지 못했다. 1933년 국내에서 이화학(理化學) 연구기관을 만들자는 운동이 있을 때는 그를 초빙하려는 움직임도 있었지만, 그런 연구기관은 만들어지지 못했고 일제시대에는 조선에서 그가 할 수 있는 일이라고는 아무것도 없었다. 그러나 해방 후 3년, 미국 유타 대학 교수로 일한 25년, 그리고 귀국한 1973년 이후, 이태규는 한국 화학의 기초를 다지고 성장시키는 데에 큰 몫을 담당했다.

첫째로 해방 직후 3년 동안 그가 서울에서 한 일을 살펴보자. 1943년 교수가 된 그에게 일본은 창씨개명을 강요하지 않았고, 그 덕택에 그는 이름을 지킨 채 1945년 12월 귀국했다. 바로 서울대학교 이공학부장, 그리고 이어 문리대학장을 하면서 그는 후배들을 데려왔다. 일본의 오사카제국대학 출신으로 그의 조교를 했던 김순경, 도호쿠제대학 출신으로 월북한 김용호, 그리고 최상업, 김태봉, 이종진, 최규원, 김내수 등이 그들이다. 이들이 모여 1946년 6월 조선화학회를 탄생시켰고, 이태규는 초대와 2대 회장이 되었다. 하지만 세상일에 어울릴 줄 모르던 화학자 이태규는 당시 국대안(國立大學案)을 둘러싼 갈등과 폭력, 특히 그 배경을 이룬 공산주의자들과의 싸움에 견디기 어려웠던 것 같다. 또한 화학공학자로 교토제국대학 화학공학과를 나와 박사학위를 받은 3년 아래 리승기와 사이가 좋지 않았던 듯하다. 리승기는 뒤에 월북하여 북쪽의 가장 주목받는 과학기술자로 성공했다.

이태규는 이러한 상황을 견디지 못하고 1948년 9월 미국으로 떠났다. 아이링이 유타대학교 대학원장으로 있었기 때문에 그 대학 연구교수로 갈 수가 있었다. 원래 2년 계획이었지만 한국전쟁으로 주저앉게 되었고, 1년 동안은 가족과 연락도 두절될 정도의 어려움 속에 지냈다. 당시 가족의 외국 이주란 불가능했지만 그의 영어 선생이었던 변영태(卞榮泰, 1892~1969)가 외무장관을 거쳐 1953년 국무총리가 되었던 덕택에 6년 만에 가족과 재회하게 되었다고 회고하고 있다.

평생 연구한 분야를 그는 4가지라고 말한 일이 있다. 송상용 교수와 대담한 기록을 보면, 유변학[1], 액체이론, 촉매흡착, 반응속도론[2] 등이 그것이다. 김동일 박사와 1986년 9월 31일 KBS의 〈일요방담〉 프로그램에서는 액체이론, 반응속도론, 촉매이론, 점성이론이라 말하기도 했다. 특히 점성이론에 대해서는 도표까지 보여주면서 시청자들에게 설명했는데, 물은 잘 흐르고(뉴턴 액체) 기름은 끈적끈적하며 잘 흐르지 않는데(비뉴튼 액체), 그것을 공부하는 것이 자기 전공의 한 부분이었다고 설명했다.

유타대학교에서 많은 후배와 제자 배출

유타대학교에서 그가 가르친 제자로는 양강, 한상준, 장세헌, 김완규, 김각중, 전무식, 백운기 등을 들고 있다. 물리학의 권숙일(전 과학기술부 장관), 이용태(전 삼보컴퓨터 명예회장) 등도 유타대학교에서 그의 영향을 받은 것으로 알려져 있다. 귀국하여 한국과학기술원 교수로서 기초과학의 중요성을 강조했던 그는 학생들에게는 '예민한 관찰과 끊임없는 노력'을 강조했고, 이를 영어로 'Keen Observation and Everlasting Effort'라고 표현했다.

한학자로서 어린 이태규를 엄하게 가르친 그의 아버지는 "精神一致 何事不成(정신을 한곳에 집중시키면 무엇이든 못하리)"을 강조했다는데, 이태규는 부친의 가훈을 'Everlasting Effort(끊임없는 노력)'라고 번역하고 여기에 과학자로서의 'Keen Observation(예리한 관찰)'을 묶어 자신의 좌우명으로 삼았다. 유타대학에서 그는 아침 9시에 연구실에 나와 새벽 1시까지 연구에 전념했으며, 주위의 한국 학생들도 자연히 그의 습관을 따르게 되었다고 전한다.

대학 졸업 후 휘문고등학교 교사였던 시인 정지용(鄭芝溶, 1902~1950)의 권유로 그는 정식으로 가톨릭 신자가 되었다. 그는 일본 유학을 마치고 교사를 하던 박인근과 1932년 전라북도 익산의 나바우성당에서 결혼했는데, 이들의 중매자도 바로 정지용이었다. 슬하에 1남 3녀를 두었다. 뒤에 김동일 박사와의 대담에서 그는 과학자로서 신의 세계를 이해하기 위해서는 일종의 '양자적 도약(Quantum jump)'이 필요하다고 말한 적이 있다. 과학의 세계와 종교의 세계는 같은 차원에 있지 않음을 강조하려 했던 것으로 보인다.

1973년 귀국하기 이전에 이미 그는 1964년 대한화학회 초청으로 귀국하여 16회 강연을 한 일도 있다. 그렇지만 그는 미국에 사는 동안에는 한국인 제자를 기르는 데에만 전력했을 뿐 고국에서 직접 활동한 일은 거의 없었던 셈이다. 영구 귀국한 노년에는 대한민국학술원 회원 학술원상, 국민훈장 무궁화장, 서울시문화상, 세종문화상 등이 주어졌고, 1992년 10월 26일 세상을 떠나자 국립묘지 국가유공자 제2묘역에 안장되었다. 한국 최초의 화학자로서 알맞은 대우를 받았던 것이다. 한국화학회는 1994년에 이태규 박사를 기념하기 위해 '이태규 학술상'을 제정하기도 했다

---

1 유변학(流變學, rheology): 물질의 변형과 움직임을 연구하는 학문

2 반응속도론(chemical kinetics): 화학 반응의 속도, 그와 관련한 문제를 다루는 물리 화학의 한 분야

비날론 개발해 북한 섬유혁명을 선도한
리승기 李升基 1905~1996

1996년 2월 8일 리승기가 91세로 작고했다. 당시 국내 여러 신문에 보도된 것을 보면 리승기의 죽음은 북한의 중앙방송이 즉시 보도해 알려졌다. 북한 방송에 의하면 리승기의 부고는 당중앙위, 중앙인민위, 정무원 등 북한 최고권력기관의 공동이름으로 발표되었고 이 국장(國葬)에는 한국에 다녀갔던 부주석 김달현(金達玄)과 북한의 대표적 학자인 사회과학원장 김석형(金錫亨) 등도 장의위원이 되어 있다.

전남 담양 출신, 일본 교토제국대학 유학

리승기가 얼마나 훌륭한 과학자였는지는 간단히 설명하기 어렵다. 하지만 북한에서는 지금까지 그만한 대우를 받은 과학자가 더 없었을 것으로 보인다. 신문보도처럼 그는 북한 석탄화학공업의 아버지였고 어쩌면 북한 핵개발의 아버지이기도 했을지 모른다.

남쪽에서 '비날론'이라 알려져 있는 석탄화학섬유를 처음으로 연구했던 리승기는 1961년에 처음으로 비날론을 자체 생산하는데 성공하여 이를 '비날론'이라 이름 붙였고 북한에서의 섬유혁명을 성공으로 이끌었다. 남쪽에서는 겨우 미국에서 나일론을 수입해 쓰면서 미국 기술을 도입하여 그것을 생산하려던 시기에 이미 북한에서는 리승기라는 뛰어난 과학자 덕택에 인공섬유 분야에서 남쪽을 앞서고 있었던 것이다.

리승기는 전라남도 담양 지주 집안에서 1905년 출생하여 유복한 소년기를 거쳤을 것으로 보인다. 리승기는 서울에서 중앙고등보통학교를 마치고 바로 일본에 유학하여 미쓰야마고등학교를 다녔다. 1928년 미쓰야마고등학교를 졸업하자 바로 교토제국대학에 들어가 화학공학을 전공했고 1931년에는 대학을 졸업하고 바로 이듬해에는 당시 화학연구소로 이름 있던 다카쓰키[高槻]연구소 연구원으로 취직했다.

박사학위 받은 후 조교수로

1931년 대학을 졸업했을 때까지 일본에 유학하여 이공계 대학을 졸업한 한국인은 모든 분야를 합쳐도 30명이 되지 않았을 때였다. 그리고 그 대부분은 귀국하여 중등학교 교사가 되었고 공장 등에 취직했으며 연구에 계속 종사할 기회를 얻기란 하늘의 별따기 만큼 드문 시절이었다.

2·8 비닐론 공장

　1945년 해방 당시까지 일본에서 이공학을 전공하여 대학을 나온 한국인은 모두 204명으로 집계되어 있다. 이 가운데 70퍼센트 이상이 교직에 들어갔고 연구직에 들어간 인사는 극소수였다. 바로 그 극히 드문 연구직에 들어간 몇 가운데 하나가 리승기였다. 사실은 그보다 먼저 바로 같은 교토제국대학을 졸업한 이태규가 교토제국대학 교수가 되면서 연구에 종사하고 있을 때였다.

　이태규가 화학을 전공하여 그의 뛰어난 업적으로 한국인으로는 극히 예외적으로 그 대학의 교수가 되었고 리승기는 응용화학을 전공하여 졸업 후 연구소로 진출하면서 바로 교토제국대학 조교수가 되었다. 그리고 둘은 다같이 모교에서 이학박사와 공학박사학위를 받아 일제시대 일본에서 박사학위를 받은 몇 손가락 안에 드는 인물로 남는다.

　전북대학교 교수 김근배의 연구에 의하면 일제시대에 5편 이상의 연구논문을 발표한 한국인 11명 가운데 리승기는 48편, 이태규는 37편으로 1, 2등을 차지하고 있다. 이런 통계가 꼭 그대로 의미있다고 말할 수는 없어도 적어도 이태규와 리승기가 일제시대 한국인 가운데 가장 뛰어난 과학자 몇 사람 가운데 들 수밖에 없다는 사실은 분명히 보여 준다.

서울대학교 공과대학장 거쳐 1950년 월북

일제시대의 가장 뛰어난 과학자 리승기가 해방 후의 남한에서의 혼란을 견디다 못해 1950년에는 아마 자진해서 북한으로 넘어가버린 것이다. 하기는 남한으로 돌아왔던 이태규 역시 바로 미국으로 가버렸던 그런 시절의 일이다. 해방 이후에서 6·25 뒤까지의 한국은 어쩌면 북쪽보다도 살기 힘든 측면이 제법 많았을지도 모른다. 또 어느 과학자의 증언에 의하면 1927년 일본 도호쿠제국대학 출신의 화학자로 당시 일본의 최고연구소라고 할 수 있는 이화학연구소의 연구원이던 최삼열이 북쪽에서 그를 이끌었다고도 한다.

여하튼 해방과 함께 돌아와 서울대학교 공과대학장을 지낸 리승기는 1950년 가족을 이끌고 월북하고 말았다. 그리고 과학원이 출범하자 바로 그 산하 9개 연구소의 하나였던 화학연구소 소장을 맡게 되었다. 해방 당시 남과 북의 공업화 상황을 비교하면 그런대로 북쪽이 훨씬 유리했다는 것은 잘 알려진 일이다. 어쩌면 리승기에게는 아무것도 없는 남쪽보다는 세계 최대라던 흥남비료공장이 있던 북쪽이 더 큰 가능성으로 보였을지도 모른다.

전쟁이 끝난 후 바로 리승기는 흥남의 공장 부흥에 매진했던 것으로 보이고 이와 함께 꿈에 그리던 비날론의 생산 가능성을 확인했던 것으로 보인다. 1935년 미국의 캐로더스가 세계 최초의 나일론을 발명하고 그것이 바로 미국 듀퐁회사에 의해 섬유로 이용되어 세계 시장을 휘젓기 시작한 것은 잘 알려진 일이다. 리승기는 바로 그 몇 년 뒤에 나일론과는 다른 또 하나의 화학섬유를 발명했으나 그것은 아직 공업적 생산에 직결된 것은 아니었다. 일제는 이를 하루속히 공업화하려고 힘썼지만 리승기는 이를 사보타주하면서 그 개발을 방해하다가 일본 헌병대에 끌려갔다고도 전해진다.

몇 가지 기본 원료의 안정적 생산을 시험하여 가능성을 확신하게 된 리승기는 흥남의 이미 존재하는 공장을 활용하여 그곳에 대규모의 비날론 공장을 세우려는 꿈을 바로 실천에 옮겨 공장 건설을 결의했다. 한참 공장건설이 진행되던 1960년 5월 김일성은 공장건설현장을 찾아가 이른바 현지교시를 내렸다. 그에 의하면 우리나라는 국토가 좁아 곡식 생산도 부족하고 또 목화가 잘 되지도 않으며 어차피 입는 문제의 해결은 화학·공업에 의지할 수밖에 없다는 것이다. 김일성은 "리승기 박사도 토론한 바와 같이 화학화에서 가장 중요한 것은 우리나라에 있는 원료에 기초하여 화학공업을 발전시키는 일"이라고 덧붙였다.

이리하여 그 공장은 1961년 5월 1일 연간 2만 톤 생산의 당시로서는 최대규모로 완공되었다. 처음 16만 평의 공장에 연간 2만 톤이던 생산량은 점점 늘어나 오늘까지도 대규모의 인조섬유 생산 공장으로 큰 몫을 하고 있다. 1993년 당시 북한의 섬유생산량 25만 톤 가운데 15만 톤을 비날론이 차지하고 있었으니 북한은 섬유에 관한한 비날론 왕국임이 분명하다.

한국 원자력의 아버지
박철재 朴哲在 1905~1970

대개 다른 분야 명사들에 대해서는 '탄생 100주년'은 대단한 의미가 있고 기념하는 행사가 여러 가지로 열리지만, 과학기술자의 경우는 아무도 기억하지 못한 채 지나가기 마련이다. '물리학자 박철재의 탄생 100주년' 역시 누구의 기억에도 없이 지나갔다. 박철재는 한국 역사상 세 번째의 물리학 박사이며 최초의 과학행정가였고 '원자력의 아버지' 였지만 세상은 과학기술자를 이리 홀대했다. 그러면서도 걸핏하면 이 공계의 위기가 어쩌니 과학기술 입국이니 말만 번지르하다.

최규남, 조응천을 잇는 물리학자

그는 1905년 10월 9일 경기도 양주의 시골에서 가난한 선비의 아들로 태어났다. 11살 때인 1916년 양평보통학교에 들어간 그는 4년 뒤인 1920년 우수한 성적으로 졸업하여 서울로 올라와 경성제일고등보통학교(현 경기고등학교)를 들어갈 수 있었다. 아마 이때는 이미 아버지가 작고한 다음이었던 것 같다. 그는 대학을 갈 형편이 되지 못하여 1924년 고등학교를 나온 다음 2년 정도 경상남도 산청에서 초등학교 교사로 일하여 학비를 모았던 것으로 보인다. 연희전문학교 학적부에는 그의 보증인으로 숙부 박희영(의사)과 외숙 최재민(상업)이 기록되어 있다. 그렇게 1926년 연희전문학교 수물과에 입학했던 그는 1930년 12회로 졸업하고, 2년 정도 모교에서 연구생으로 머물렀다. 그 후 그는 일본 교토제국대학으로 유학을 떠났다. 어느 자료에는 그가 학교의 위탁생으로 유학한 것으로 되어 있는데 확실한 것은 아직 밝혀지 않았다. 하지만 그의 학적부에는 그가 성적이 우수하여 연희전문학교의 우애회에서 장학금 10원을 받았다는 기록이 남아 있다.

박철재가 교토제국대학에서 이학박사학위를 받은 것은 1940년 10월이라 알려져 있다. 그때까지 한국인으로 이공계 박사학위를 받은 사람은 미국에서 이원철(李源喆, 천문학, 미시간대학교, 1926), 조응천(曺應天, 물리학, 인디애나대학교, 1928), 최규남(崔奎南, 물리학, 미시간대학교, 1933)이 있었고, 일본에서는 이태규(李泰圭, 화학, 교토제국대학, 1931), 리승기(李升基, 화학공학, 교토제국대학, 1939), 그리고 그 다음 여섯 번째에 해당한다. 이 가운데 물리학으로 치자면 최규남 다음 두 번째라 할 수도 있으나 형식상으로는 조응천을 넣으면 세 번째가 된다. 조응천의 경우는 물리학으로 학위를 받은 듯하지만 실제 전공은 진공관 등 공학 쪽이었다.

박철재는 '생고무의 결정화'를 연구하여 학위를 받았는데, 당시 전쟁 속에서 전쟁물자로서의 고무의 중요성이 그의 연구를 뒷받침했던 것으로 보인다. 그의 지도 교수는 요시다 우사부로[吉田卯三郎]였는데, 그의 연구 결과는 1940~1941년에 걸쳐 《응용물리》에 3회에 걸쳐 연재되어 발표되었다. 학위를 마치면서 그는 일단 조선으로 돌아왔다. 당시 연희전문학교 출신들 중심으로 상당한 환영을 받은 그는 곧 다시 일본으로 건너가 모교에서 연구를 계속했다. 최근 그의 후배 물리학자 윤세원(尹世元)이 쓴 회고의 글을 보면 다음과 같이 기록되어 있다.

그는 1942년 서울 종로 청진동의 어느 여관에서 박철재를 처음 만났다. 당시 연희전문학교 3년생이던 윤세원은 방문을 들어서자 마자 납죽이 절을 하고 고개를 들어 그분의 얼굴을 쳐다보니 머리는 보통 사람보다 월등히 큰데다가 가로 퍼진 이마가 더욱 넓어 마음속으로 훌륭한 일을 한 사람은 이마가 저렇게 넓어야 하나보다 생각하고 나의 이마가 비교도 안 되게 좁은 것을 부끄럽게 생각하던 것이 기억난다. 처음 본 박사님의 소박하고 호탕한 인상은 그 후 그분을 30년 가까이 가깝게 모시면서도 변함없었다.

윤세원의 회고에 의하면, 학위를 마친 그는 교토의 중등교원양성소 강사로 일하면서 대학에서 계속 연구에 몰두했다. 그는 키타시라가와[北白川]의 아파트에 살았는데, 부인 석유순은 늘 하얀 치마 저고리를 입고 거리를 다녔다고 한다. "거처하는 집은 또 한국인 학생들의 집합

소이기도 했다. 성격이 까다롭지 않고 소박하여 누구에게나 친밀감을 가지므로 자연 그분의 주위에는 사람이 모이게 마련"이었다는 것이 윤세원의 회고담이다. 전쟁 말기에는 얼마 동안 헌병대에 잡혀가기도 한 박철재가 귀국한 것은 1945년 10월 말이었다. 이태규, 리승기나 마찬가지로 해방 몇 달 뒤에서야 귀국하게 된 셈이다. 당시 자료를 보면 그는 해방과 함께 9월 10일 재일조선과학기술단을 결성한 일도 있다. 이 단체의 세 대표는 김두용(金斗鎔), 박철재, 그리고 주기영(朱基榮)이라고 되어 있다. 김두용은 당시 일본에서 여러 단체를 만들며 활동하던 사회주의자였던 모양인데, 12월 12일의 일본공산당확대중앙위원회에서는 그를 일본 공산당의 조선인 부장 김천해(金天海)의 바로 다음 자리인 부부장에 임명한 것을 알 수 있다. 하지만 박철재는 사회주의나 공산주의에는 관심이 없었던 듯하다.

한국 최초의 과학기술 관료로 원자력 연구에 앞장

귀국한 그는 얼마 동안 서울대학교를 만들면서 물리학과 주임교수로 일하다가 정부 수립과 함께 1948년 문교부 관리로 들어갔다. 그의 첫 보직은 문교부 기술교육국 부국장이었으나 1950년 국장이 되었다. 말하자면 그는 한국 최초의 과학기술 관료로 활동하게 된 것이었다. 박철재가 한국 원자력의 아버지가 된 것은 바로 이런 관리 자리와 관련되어 생긴 일이라 할 수 있다. 미국은 일본에 원자탄을 떨어트려 전쟁은 쉽게 이길 수 있었으나, 원자탄의 무서움에 대해서는 걱정스럽지 않을 수가 없었다. 게다가 그 원자력은 소련이 생각보다 일찍 알아버리게 되어 세계는 더욱 긴장하기 시작했다. 소련은 1949년에 이미 원자탄을 실험했고 1953년 8월에는 수소탄까지 만들었다. 이런 분위기 속에서 미국은 다른 나라들에게 원자력의 혜택을 강조하기 위해 "평화를 위한 원자력(Atom for Peace)"이란 표어를 내세우며 원자력 원조를 시작했다.

1953년 12월 유엔총회에서 미국이 공표한 이 프로그램은 박철재를 '한국 원자력의 아버지'로 만드는 데 결정적 계기가 된다. 그 결과 1955년 8월 8일 원자력 국제회의가 처음으로 스위스 제네바에서 열렸다. 그리고 그 자리에 한국 대표 세 사람이 참석한 것이다. 박철재를 대표로, 서울대학교 공과대학 교수 윤동석(尹東錫, 1918~1993)과 미국 유학 중의 물리학도 이기억(李基億, 1922~)이 그들이다. 그는 귀국에 앞서 미국 오크리지연구소에 들려 한 달 동안 말로만 듣던 원자력 연구를 구경했고, 돌아와서는 바로 후배 물리학도들에게 원자력 연구를 권했다. 그래서 생긴 연구 그룹이 뒷날 한국 원자력계를 만들어가게 된다. 특히 후배 윤세원은 서울대학교 물리학과 조교수 자리를 떠나 1955년 말부터 문교부에서 원자력과장 일을 맡아보기 시작했다. 물론 실제 기술교육국 안에 원자력과가 생긴 것은 이듬해 3월이었고 그가 실제 과장이 된 것은 또 그 이후의 일이었다. 그에 이어 1958년 8월 16일 박철재는 원자로 구매단을 이끌고 미국에 건너가 한국 최초의 원자로를 들여오게 된다. 이 연구용 원자로는 제너럴 어타믹(General Atomic)사의 100킬로와트짜리 원자로인데, '트리가 마크(Triga Mark) II'라는 이름으로 우리 역사를 장식한 최초의 원자로가 된다. 이 원자로는 1962년 3월 19일 임계에 도달하고, 그 후 수십 년 동안 한국의 원자력의 교육과 연구를

위해 그 몫을 충실히 해냈다고 할 수
있다. 1972년 이 원자로는 250킬로와
트로 증강되어 사용되다가 1972년 2메
가와트 용량의 '트리가 마크 III'이 가
동되면서 한국 원자력 연구에서 주역
의 자리를 내놓게 되었다.

최초의 연구용 원자로 트리가 마크 II

1959년 1월 원자력원(原子力院)이 발
족되고, 초대 원장으로 정치인인 김법
린(金法麟, 1899~1964)이 취임했다. 그
리고 실제 연구기관으로는 2월에 원자
력연구소가 문을 열었는데, 그 소장으로 박철재가 임명되었다. 우리나
라 최초의 종합과학기술 행정기구로서 원자력원이 자리 잡기 시작한
것인데, 역시 행정이나 정치 역량의 부족 때문인지 박철재는 그 원장
에 올라가지 못하고, 연구 담당 책임자가 되었던 것을 알 수 있다.

박철재의 '한국 원자력의 아버지' 역할은 이쯤으로 대강 마무리된 것
으로 보인다. 과학자 박철재는 행정관리들과 그리 잘 조화해가며 연구
소를 운영하지는 못한 듯하다. 그는 곧 그 자리를 떠나면서 원자력과
도 거리가 멀어지게 되었다. 약 3년 여의 시간이 지나고, 그는 인하대
학교 학장을 맡아 다시 교육계로 돌아왔다. 그 사이 1959년에는 고향
근처 양평에 용문중고등학교를 만들고 이사장을 맡은 일도 있으며, 그
의 부인은 이 학교 교장을 지내기도 했다. 그의 부인 석유순은 동양한
의대를 졸업한 한국 최초의 여성 한의사였던 것으로 전해진다. 그들
사이에는 2남 2녀가 있었다고 한다.

한국 역사상 세 번째의 물리학 박사이고 최초의 과학기술 행정가였으며, '한국 원자력의 아버지'였던 박철재는 지금 우리에게 잊혀진 존재일 뿐이다. 언젠가 그의 모교 연세대학교는 그에게 명예학위를 주었는데, 그는 그 자리에서 자신이 경영하던 석면광산이 잘되면 모교에 기증하겠다는 뜻을 밝히기도 했다. 그 후 그 광산이 어찌 되었든지 역시 알 수가 없다. 여하간 그로부터 머지않은 1970년 3월 박철재는 간질환으로 사망했고, 정부는 그에게 국민훈장 모란장을 추서했다. 그는 평소에 별로 기록을 남기지 않았던 것 같다. 내가 이 글을 쓰는 데 자료 찾기에 어려움을 겪은 것은 그런 이유도 있다.

한국 화학계의 대표적 지도자
안동혁 安東赫 1907~2004

1907년 서울 왕십리, 군인 집안에서 태어난 안동혁은 97세를 맞은 2004년 작고했다. 그는 본관이 순흥으로 정미업을 하던 아버지 안기종(安基宗)과 어머니 한득종(韓得宗)의 9남매 가운데 3남으로 태어났다. 휘문보통학교, 경성고등공업학교를 거쳐 1929년 일본 규슈제국대학 응용화학과를 졸업했다. 그 후 경성고등공업학교 교사를 거쳐 1933년 부터는 중앙시험소에서 근무하다 해방이 되자 중앙공업 연구소로 옮겼으며, 역시 그의 연장선상에서 상공부 장관(1953~1954)을 맡기도 했다.

평생 화학자로 그리고 화학공학자로 활약하며 수많은 제자를 기른 그는 1958~1976년까지는 한양대학교 공과대학 교수를 지냈다. 그의 일생을 돌이켜보면 4가지로 그의 업적을 정리할 수 있다. 첫째, 그는 청년기의 연구 분야로는 유지(油脂)를 선택했고, 둘째, 일제시대 말기에 황무지였던 식민지 조선의 과학대중화운동에 중요한 역할을 담당했으며, 셋째로는 해방 후 행정가로서 과학기술 여러 분야에서 일본으로부터의 한국 과학기술 전환을 위해 큰 몫을 담당했다. 아마 상세한 설명은 필요도 하지 않겠지만, 그의 네 번째이며 가장 중요한 공헌은 한국 화학 및 화학공학계의 대표적 지도자였음을 꼽아야 할 것이다.

일제시대 때는 과학대중화에 앞장

그의 연구 분야를 살펴보자. 안동혁 자신이 뒤에 회고한 것을 보면 그는 초등학교 때 물 1리터에 소금 300그램을 타면 무게는 1300그램이 되는데, 왜 부피는 늘어나지 않을까 하는 의문을 가졌다고 한다. 뒤에 화학을 가르친 이치규(李治奎) 선생에게서 그 이치를 설명들어 알게 되면서 화학에 흥미를 갖게 되었다는 것이다. 같은 어린 시절 그는 또 '비누는 기름과 양잿물을 끓여서 만든다'고 듣고, 실제로 집에서 기름과 양잿물을 끓여 보았지만, 비누를 만들지는 못하고 어머니에게 야단만 맞았다는 회고도 하고 있다.

주판이 싫어서 암산으로 셈하기를 더 좋아한 그는 휘문보통학교를 거쳐 1923년 경성고등공업학교로 진학했다. 당시 유일한 전문학교인 이 학교에서 그는 응용화학을 전공했지만, 공부 내용이 뭔가 마음에 차지 않았고 대학에 가면 지적 욕구가 좀 더 채워질 것으로 생각이 들었다. 응용화학을 공부할 수 있는 모든 대학에 지원서를 내려던 중 그는 처음으로 규슈제국대학에서 합격통지를 받고 1926년 그 학교로 진학했다. 그리고 1929년 대학 졸업 때의 논문이 유지에 관한 것이었다. 보통 상태에서 액체인 기름이 유(油)라면 고체인 것을 지(脂)라 부른다. 그는 해방 전후 주로 공업연구소에서 근무하면서 많은 논문을 썼는데, 유지와 관련된 것들이 많지만 특히 해방 직후에는 한국의 공업 용수에 대한 조사 연구도 광범하게 맡아 진행했음을 알 수 있다.

둘째로 안동혁이 한 일 가운데 일제시대 말기의 과학대중화운동을 살펴보자. 1920년대로 들어가면서 식민지 조선의 지식층이 조금 나타나기 시작했다. 그와 함께 과학기술의 중요성에 눈뜬 젊은이들이 과학의 대중화에 대한 필요성을 말하기 시작했으니, 1924년 김용관(金容瓘, 1897~1967)이 시작한 발명학회가 그 시작이라 할 만하다. 10년 나이가 많은 경성고등공업 선배인 그의 권유로 안동혁은 1930년대에 과학대중화운동에 참가했다고 회고하고 있다(안동혁,《계상》, 68쪽). 그는 "금일의 과학의 날 행사도 김용관 선배의 창안"이라며, 정부가 고인의 업적을 현창해야 한다고 강조하고 있기도 하다. 유감스럽게도 그의 구체적 활동은 문집에는 소개되어 있지 않다. 그러나 내가 얼핏 조사한 것만 보더라도 안동혁은 몇 가지 글을 당시의《과학조선》에 남기고 있고, 또 그 기사를 통해 그가 여러 차례 강연을 했다는 것도 알 수가 있다.

예를 들면《과학조선》에 남아 있는 기사를 보면 그는 1934년 11월 27일 저녁 7시 중앙기독교청년회(YMCA) 강당에서 '멘델레프 탄생 100년 잡감'이란 강연을 했다. 그에 이어서는 정수일이 '과학운동과 조선의 현상', 그리고 김용관이 '과학전선(科學戰線)에 입(立)한 조선'이란 강연을 했다. 당시 조선에서 과학에 관해 강연할 수 있을만한 인재는 극히 적었다. 안동혁은 적지 않은 강연을 했을 것으로 보인다. 당연히 여러 차례

《과학조선》에 그의 글이 남아 있다. 그중 일부 제목들은 다음과 같다.

- 〈화학공업의 현재와 장래〉, 《과학조선》 2권 4호(1934년 6월호), 9~10·27쪽.
- 〈조선공업계의 전망〉, 《과학조선》 3권 1호(1935년 2월호), 18~19쪽.
- 〈현하 조선에서 과학지식을 보급시킬묘안〉, 《과학조선》 3권 2호(1935년 3월호), 36~37쪽.
- 〈최근세계의 화학공업〉, 《과학조선》 4권 1호(1936년 1월호), 9~11쪽.

또 그는 과학지식보급회가 추진한 《과학독본》의 편찬위원으로 기록되어 있기도 하다. 해방 이후에도 그는 《과학시대》라는 대중과학잡지의 간행에 관여했고, 《과학기술의 건설》(1946); 《과학신화(科學神話)》(1947) 등을 쓰기도 했다.

'3F 산업정책'은 경제개발 토대

셋째로는 해방 후 행정가로서 과학기술 여러 분야에서 큰 몫을 담당했다. 아무래도 이 부분에 대해서는 그가 1953년 10월부터 8개월 동안 상공부 장관으로 일한 대목을 소개해야 할 듯하다. 해방 이후 남북분단과 한국전쟁으로 그야말로 초토화되어 있던 한국 산업의 건설을 위해 그는 세 가지가 바로 해결되어야 한다고 생각했다. 그것은 자금(Fund), 에너지와 연료(Force), 비료(Fertilizer)로서 안동혁은 이를 위해 '3F 산업정책'을 추진했다. 우선 산업 시설을 건설하기 위한 자금은 UNKRA, ECA 등 당시 유엔과 미국 등에서 지원받아 주로 소비재의 도입에만 사용되

당인리 화력발전소
안동혁이 미국의 원조로 서울 마포구 당인동에 세운 당인리 3호 화력발전소이다.

던 원조 자금을 이용했다.

일제시대에 발전 설비가 주로 북한에 편중되었던 데다가 전쟁 중에 파괴돼 6·25전쟁 직후 한국의 발전 설비는 절대 부족한 상황이었다. 부족한 발전 용량을 보충하기 위해 미국의 발전선(發電船)에 의지해야 하는 형편이었다. 안동혁은 미국의 원조 자금으로 서울의 당인리 3호기, 마산화력, 삼척 1호기 등 3개 화력발전소(총 10만 킬로와트 용량)의 건설을 추진했으며, 이는 1956년 완공되었다. 그 외에 충주비료(1961년 준공), 인천판유리(1957년 현 한국유리공업주식회사), 문경시멘트 등 주요 산업 시설의 건설을 계획하고 시작한 것도 그가 재임 중일 때였다.

안동혁의 3F 정책에 의해 추진된 전력 확보 및 비료, 판유리, 시멘트, 철강 등 주요 기간산업의 건설은 이후 1960년대 이후 본격화된 경제개발의 토대가 되었다. 그의 전원 개발 정책으로 산업 발전에 필요한 기본 전력의 확보가 가능하게 되었고 비료, 유리, 시멘트 등의 기간

산업의 건설은 일단 원조와 수입에 의존하던 이들 물품을 국내에서 생산해 수입대체 효과를 얻었으며, 나아가 공장의 건설과 운영의 과정에서 능력 있는 기술인력 양성으로 1960년대 이후 산업화를 주도할 기술인력이 형성되는 효과도 얻었다.

네 번째이며 가장 중요한 공헌은 한국 화학 및 화학공학계의 대표적 지도자였음을 꼽아야 할 것이다. 해방 이전 일제의 식민지 조선에는 과학기술자가 절대 부족 상태였다. 대학을 졸업한 인재조차 손가락으로 헤아릴 수 있을 정도였다. 당연히 일본의 대학에서 화학공학을 전공한 안동혁은 당시로서는 대단한 선구자였던 셈이다. 그보다 앞선 인재로는 겨우 이태규와 리승기 정도를 꼽을 수 있을 뿐이었다. 그가 1930년대에 이미 과학대중화운동에 참여하게 된 것도 이런 배경 속에서 이해할 수가 있다. 그의 역할은 해방과 함께 단연 돋보일 수밖에 없었다. 해방 직후 조선 땅에는 정말로 과학자도 기술자도 절대 숫자가 적었기 때문이다. 그는 해방과 함께 주인이 없어진 공업연구소를 접수하는 주역이 될 수밖에 없었고, 비슷한 역할이 학계에도 연장되었다. 그의 회고로는 당시 맥아더의 전단지가 뿌려졌는데, 일본인이 물러간 기관은 조선인들이 접수해 질서를 잡으라는 것이었다. 그가 근무하고 관련했던 공업연구소와 경성공업전문을 접수하고 관리한 인연으로 그는 그 후 이 두 기관을 맡아 오랫동안 한국 공업기술 지도 및 교육에 대표적 인물이 되었던 것이다. 당연히 화학이나 화학공업계에 수많은 후배 제자들이 자리 잡고 활동하게 되었고, 그는 자연스럽게 이 분야의 선구자로 떠받들어졌다.

과학지상주의 고집한 '과학자'

스스로 '아호(雅號) 가지지 않는 고집쟁이'라고도 말하는 그는 1934년 결혼했지만 자녀 없이 부인과 사별했고, 1953년 김신애(金信愛)와 속현(續絃: 재혼)하여 2녀 1남을 두었다. 1965년 고혈압으로 건강을 위협받게 되자 안동혁은 일체의 일을 손에서 놓고 노력한 결과 건강을 되찾을 수 있었다. 그 자신의 말처럼 그는 모든 집착을 벗어던지는 데 힘써 좋은 결과를 얻은 듯하다. 학자로서의 자신의 위치에 대해 그는 스스로 학자는 아니라고까지 말한다. 학문을 존중하고 좋아하지만 그 주변을 빙빙 돌기만 했다면서 스스로 구경꾼이라고도 말하고 있다. 겸손하게 말한 것이기는 하지만, 실제로 그는 온갖 것들에 대해 관심을 가지고 연구도 하고 책도 읽으며 유유하게 살아 온 인물이다.

> 과학이란 세분해서 정밀하게 공부해야 하는 건데 외야에서만 돌면 안 돼. 그래서는 골인할 수 없지. 젊어서 그런 딴짓 많이 하느라고 시간 다 보냈어. 정글을 헤매지 말았어야 했는데 내가 그렇게 태어났으니 어떻게 해. 후회도 많이 하면서 공부하는 친구들에게 이러지 말라고 거듭 당부했어.
>
> 《우리 화학계의 선구자》, 94쪽

1948년 7월 도미한 그는 프레스턴고등연구소에서 바로 아인슈타인의 이웃에 살면서 그를 대면한 일도 있다. 하지만 이웃집의 유명한 아인슈타인을 구태여 일부러 만나 이야기를 나눌 생각은 없었던 모양이다. 또 그는 대학 졸업 후 완전히 과학에 미쳐서 '과학종(科學宗)'이 되었다고도 회고한다. 과학이면 모든 문제가 해결된다는 강한 과학주의자가 되었음을 말한다. 40세까지 과학주의자였던 안동혁은 1950년 6월 초 귀국할 때까지 거의 2년 동안 미국과 유럽을 여행하면서 과학지상주의에서 깨어났다고도 고백한다.

그 밖에도 수많은 이 시대의 여러 방면의 선구자들과의 교류 또는 그런 사람들에 대한 잡다한 모습 등이 그의 회고록에 기록되어 있다. 그는 노년에 훌륭한 회고록을 써서 후세에 아주 좋은 자료를 남기고 있는 셈이다. 그의 두 차례 회고록은 고희기념문집 《잔상(殘像)》(한양대학교산업과학연구소, 1978), 팔순기념문집 《계상(繼像)》(보진재, 1986) 등인데 많은 사람과 당시 상황에 대한 회고와 함께 사진이 들어 있다.

또 이 두 권의 자료를 일부 포함한 책으로는 대한화학회가 펴낸 《우리화학계의 선구자: 제1편 안동혁 선생》(자유아카데미, 2003)이 있다. 이 책은 대한화학회가 한국 화학계의 선구적 인물들에 대한 전기를 내기 위한 첫 기획으로 마련한 것으로 보이는데, 특히 처음 141쪽이나 차지하고 있는 안동혁 교수와의 인터뷰 내용이 흥미롭고 유익하다. 화학회관의 전민제 이사장과 나영균 교수 부부가 방문하여 진행한 인터뷰는 5회로 2000년 12월부터 2001년 4월까지 였는데, 대단히 중요한 그리고 흥미로운 정보를 찾아볼 수 있다.

한국 물리학계의 원조
권영대 權寧大 1908~1985

권영대는 한국의 첫 물리학자는 아니지만, 1945년 해방과 함께 서울대학교 물리학과 교수가 되어 1973년 정년퇴임까지 그 학과의 대표격인 교수으로 활약했다. 그에게서 배운 수많은 제자들이 그 후의 한국 물리학계를 좌지우지해왔다. 그러니 권영대는 오늘날 한국 물리학계를 만든 원조로 여겨질 수도 있을 듯하다.

사실은 그보다 선배 물리학자로 최규남(崔奎南, 1898~1992)과 박철재(朴哲在, 1905~1970) 등 몇 명이 있다. 또 이들 역시 원래는 서울대학교 교수였지만, 둘 다 관계(官界)로 나가고 권영대만이 서울대학교 물리학과를 지켰다. 최규남은 1932년 미국에서 박사학위를 받은 해방 당시 한국 최초의 물리학 박사였다. 그는 한국전쟁 중인 1951년 서울대학교 총장을 거쳐 1956년 문교부 장관, 1958년 국회의원 등을 지냈다. 박철재는 일본 교토대학교에서 박사학위를 받고 해방과 함께 귀국했다. 그는 바로 서울대학교 교수가 되자 바로 문교부 기술교육국 국장이 되었고, 이어 원자력연구소 소장, 인하대학교 학장 등을 거치면서 물리학을 직접 가르치는 일에서는 멀어졌다. 그래서 물리학자 김정흠(金貞欽, 1927~2005)은 이들 셋을 해방 후 남한에 남은 '물리학계 3거두'라 부르기도 했다.

해방 후 서울대학교 교수에 임용, 수많은 제자 키워

권영대는 1908년 경기도 개풍 출신인데 1952년 개풍은 개성시의 한 부분이 되었으니, 그는 말하자면 '개성 사람'이다. 큰 과수원에 초등학교와 유치원도 가지고 있던 개성의 갑부 권태원의 장남으로 태어난 그는 1926년 경성제일고등보통학교(현재 경기고등학교)를 졸업하고 일본에 건너가 도쿄의 세죠[成城]고등학교를 거쳐 홋카이도제국대학 물리학과로 진학했다. 도호쿠제국대학에서 분리되어 탄생한 홋카이도제국대학에 이학부가 생긴 것은 1930년이었으니, 권영대는 이 대학 물리학과 1회 입학생이 된다. 그는 5대1 경쟁을 뚫고 물리학과에 수석 합격했는데, 조선 학생은 그뿐이었다. 졸업반인 3학년 때 그는 이발을 잘못하여 단독(丹毒)에 걸려 거의 목숨을 잃을 뻔했다. 병치레를 마친 후 1933년 3월 대학을 졸업한 그는 고향으로 돌아와 이듬해 개성에 구원광학연구소를 만들어 자신이 가장 열심히 연구했던 광학을 활용할 길을 찾고 있었다. 그리고 모교인 송도중학교에서 학생을 가르치고 있었다. 그러던 권영대는 해방과 함께 개성중학교 교장이 되었다.

하지만 해방은 그에게 개성에서 머물 수 없게 하는 계기가 되었다. 서울에서 여러 선후배들이 득달같이 찾아와 그에게 이제 서울에서 물리학자로 일하라고 권유했기 때문이다. 원래 물리학을 공부한 조선인이 적었기 때문에 해방은 이 나라의 대학 물리학과를 완전히 텅 비게 만들 정도였다. 1945년 12월에 그는 서울로 가 경성공업전문학교 교수가 되었고, 그 학교가 서울대학교로 합쳐지자 서울대학교 물리학과 교수가 되었다. 그는 공식적으로 1946년 10월부터 서울대학교 교수가 되었다.

1950년 6월의 전쟁으로 그는 피난길에 오르게 되었고, 그 때문에 그는 진주로 가서 해군사관학교 교수가 되었다. 서울대학교를 아주 떠나지도 않은 상태에서 그는 현역군인이 되어 해군사관학교 교관으로 활동하게 된 것이다. 처음 대위로 시작된 그의 해군 경력은 3년 만에 중령까지 진급했고, 1953년 제대할 때는 대령 자격이었던 것으로 보인다. 서울대학교가 서울에서 다시 정상화되자 그는 서울대학교로 복귀, 평생을 그 자리에서 지냈다.

우리나라에서 최초로 원자 입자가속장치 제작

서울대학교 교수로 그는 1956년 8월 학생들을 인솔하고 한라산에 올라가 우주선 관측을 했다. 이렇게 우주선 연구에 관심을 갖고 있던 그는 유네스코의 지원을 받아 1957년 9월 영국 서남부의 브리스틀대학교 우주선연구소에 유학하여 9개월간 공부하고 돌아왔다. 귀국 후 그의 지도 아래 물리학과 대학원생들이 우리나라에서는 처음으로 원자입자가속장치를 만드는 일에 성공한 일도 있다. 강한 전자석을 만들어 양성자를 가속시키면 150만 전자볼트의 에너지를 가진 양성자를 만들어낼 수가 있다. 대학원 제자들을 시켜 이 사이클로트론을 완성한 것은 1959년 12월 23일이었고, 당시 이 사실은 언론에 크게 보도되어 화제가 되기도 했다.

피난 중에는 부산에서 몇 사람 안 되는 물리학자들이 모여서 한국물리학회를 조직했다. 그리고 1960년부터 10년 동안 그가 회장을 맡았다. 서울대학교에서는 문리대 학장(1964~1965)과 대학원장 서리를 지내기도 했다. 또 1961년에는 서울대학교에서 박사학위를 받고, 대한민국학술원 회원(1957~1981)을 지냈으며, 한국의 첫 과학기술 정보 수집 보급 기구로 한국과학기술정보센터(KORSTIC)가 설립되자 첫 회장(1964~1967)을 지내기도 했다. 또 한국과학기술단체총연합회 부회장(1966~1978)과 원자력위원회 상임위원(1974~1976)을 맡기도 했다.

필자가 1957년 서울대학교 물리학과에 입학했으니 필자에게 권영대는 은사가 된다. 그에 대한 많은 기억은 없지만, 무언가 무서워 보이는 정도의 교수였다는 것과 그가 가르치는 '광학' 강의를 들었다는 정도의 기억이 난다. 그리고 1975년부터 4년 동안 우리의 과학사를 연구하는 젊은 사람들은 그를 한국과학사학회의 회장으로 모신 일이 있다. 과학사를 전공한 일은 물론 없지만 아직 초기 발전단계에 있을 때 과학사에 관심 있는 선배들을 회장으로 모셨던 때였기 때문이다.

실제로 그는 역사에 관심이 많아서 그의 문집에 우리 역사에 관한 여러 가지 수필을 실었다. 또 자신이 속한 안동 권씨의 족보에 대한 전문적 연구를 해서 논문 〈성화보고〉를 《학술원 논문집》에 낸 일도 있고, 우리 옛 동전, 특히 상평통보를 수집·연구하여 〈한국의 고전〉이란 글을 내기도 했다. 그는 상당한 문필가로서 많은 글을 발표했고 그 글들을 모아 《과학하는 심상》, 《벼룩의 노래》 등의 책을 냈다. 그리고 이 책들에 실린 글 일부는 그의 사후 제자들이 만든 추모문집 《물리학과 더불어 반세기: 성봉 권영대 박사 추모집》에 실려 있다.

일본 유학 시절부터 글쓰기에 큰 관심

그는 평생을 서울대학교 교정에 붙어 있던 학교 관사에서 살았다. 널찍한 집 마당에 대나무를 심었으며 거기에서 원앙을 길렀는데, 때로는 20마리 이상이나 되었다(그는 한국원앙회 초대 회장이기도 하다). 그 집에는 해마다 제자들이 찾아와 세배를 했고, 그 제자들은 부인 김세암(1912~2005)의 개성 음식 솜씨를 극찬했다고 회고한다. 제자들 회고록을 보면 세배 때 찾아오는 제자들에게 부인이 조랭이떡국, 보쌈김치, 직접 만든 다식과 한과를 대접했다는 것이다. 권영대에게는 1남 5녀가 있었는데, 아들은 미국에서 역시 물리학을 전공했다. 1993년 한국물리학회는 그의 아호를 따서 '성봉물리학상'을 제정했고, 그의 탄생 100주년이 되는 2008년에 포항공과대학교의 이동녕 명예교수에게 이 상을 주었다.

권영대는 1968년 2월 방송에서 "나는 판문점엔 아니 가련다. 비록 그것이 관광일지라도"라고 회고한 일이 있다. 개성 관광이 한참 추진되고 있는 지금으로서는 새삼스런 기록이다. 아마도 고향이 북쪽이 된 것이 안타까웠기 때문일 것이다. 1981~1985년 사이에 특히 《송도민보》에 여러 편의 수필을 썼는데, 그 가운데 〈4월은 왔건만〉에서는 4월 19일 아침에 강의를 제대로 할 수 없었던 사정 등을 기록하고 있다. 그날 희생당한 유일한 서울대학교 학생이 수학과 김치호였다는 사실이 처음에는 이해되지 않았다고 고백한다. 그러나 나중에 학장을 맡고, 6·3사태 등을 경험해보니 앞장섰던 사회과학 계열의 학생들은 교문을 나서자마자 자취를 감춘다면서, "생각할수록 그들의 교활한 행동이 미워지는 동시에 오직 정의만을 위하여 쓰러진 순진한 김치호군에게 미안한 생각만 든다"고 쓰고 있다.

특히 그는 젊은 날을 일본 홋카이도에서 지내며 많은 것을 깊이 새겼던 것으로 보인다. 그는 대학 때 만난 물리학자 데라다 도라히코[寺田寅彦, 18778~1935]에 대한 글에서 "많은 물리학자들을 봐왔지만 데라다 선생 같이 훌륭한 물리학자는 보지를 못했다. 아니 지금도 나는 이 어수룩한 시골영감 같은 데라다 선생을 가장 사모하고 있다"고 회고했다. 3학년 2학기 초에 지구물리학을 강의하러 홋카이도제국대학에 왔던 도쿄제국대학 물리학 교수 데라다를 보고 그런 생각이 들었던 모양이다. 데라다는 규슈의 구마모토 제5고등학교에서 영어 교사 나쓰메 소세키 [夏目漱石, 1867~1916]의 영향을 받은 물리학자로 대단한 문필가였다. 또 그의 스승 나쓰메는 바로 물리학자가 된 그의 제자 데라다를 주인공 삼아 그의 대표작《나는 고양이로소이다》를 썼다고 알려져 있다.

그래서 물리학자 권영대는 더욱 글쓰기에 관심이 있었던 듯하다. 그의 글《징검다리》는 1970년대 초까지 자신의 삶 17대목을 소개한 자서전이다. 그러나 그는 그 후의 징검다리는 기록하지 못한 채 1985년 12월 23일 점심 후 휴식 중 조용히 영면했다

한국 과학기술 행정의 기틀 마련한
최형섭 崔亨燮 1920~2004

최형섭은 7년 6개월의 최장수 과학기술처 장관 경력을 갖고 있다. 1971년 6월부터 1978년 12월까지 2대 장관을 지냈다. 그에 앞서 초대 한국과학기술연구소(KIST) 소장(5년), 한국원자력연구소 소장(3년)을 지냈으니 한국 과학기술, 특히 그 행정 분야의 간판격인 인물이다. 원래 열정적인 금속공학자였던 그는 행정 분야에 전문가가 되자 1980년 공직에서 물러난 이후에는 국내에서 과학기술 전도사로 일하는 것은 물론, 개발도상국의 과학기술 발전을 위해 훈수를 두기에 바쁘기도 했다.

일제시대에 나서 자란 그는 일본에서 대학을 나오고, 대학원 교육을 미국에서 받아 일본과 미국 배경을 고루 가진 공학도였다. 일본 와세다대학 채광야금과를 졸업(1944)한 그는 해방과 함께 경성제국대학 이

공학부 전임강사(1946~1947)를 거쳐 해사대학(지금 해군사관학교 전신)
교수가 되었다. 그러나 1년 만에 그만두고 1948년 10월부터 2년 동안
국산 자동차회사 기술 고문으로 일하던 중 한국전쟁을 맞는다. 그리고
1950~1953년까지의 전쟁 기간에 최형섭은 경상남도 사천비행장에 있
었던 공군 항공수리창장(소령)으로 군 복무를 마쳤다. 청년 최형섭은 군
복무를 마치고 이번에는 미국에서 학업을 계속하게 된다. 1954년 1월
도미한 그는 노트르담대학교에서 공학 석사학위(1955)를, 그리고 이어
미네소타대학교에서 공학 박사학위(1958)를 받게 된다.

최형섭의 청년기를 특징지어 준 분명한 사실은 그가 학업을 마친
1958년까지 한국에는 아직 그만한 자격을 가진 공학자가 거의 없었다
는 사실이다. 당시로서는 그만한 실력에다가 일본어와 영어에 능통한
인물도 극히 드물었음이 분명하다. 그는 귀국과 함께 원자력연구소 소
장, 새로 출발한 과학기술연구소 소장, 그리고 과학기술처 장관으로
고속출세 가도를 달렸는데, 이런 교육 배경이 큰 몫을 했을 것으로 보
인다. 게다가 그 자신이나 그의 주변 사람들이 증언하듯이, 최형섭은
대단히 명석한 두뇌를 갖고 있었고, 또 대단한 열정을 가지고 평생 금
속공학도로서의 길을 추구했다. 검소하고 끊임없는 노력이 그를 크게
성공하게 만들었던 것이다.

한국과학기술연구소(KIST) 설립

아버지는 최지환으로 8남매 가운데 셋째이며 차남으로 1920년 11월
2일 태어났다. 그는 경상남도 진주가 고향으로 되어 있지만 여러 지방

으로 전근 다닌 부친을 따라 여러 곳에 돌아다니며 학교를 다녔다. 충주에서 초등학교를 다니고, 신의주중학교에 입학했던 그가 충남도 참여관이 된 아버지를 따라 대전중학교로 전학한 것은 1935년이었다.

1971년《서울신문》에 쓴〈과학자의 길〉에 보면 최형섭은 부유한 편이어서 초등학교 3~4학년 때 일본에서 나오는 과학잡지《어린이의 과학》을 벌써 사 보았고, 중학교 들어갈 때는 시험 공부보다 무전기 만드는 데 열중할 정도였다. 게다가 중학교 2학년 때에는 집뒤의 창고에 '이화학 실험실'을 만들고 무엇인가 연구를 한다고 틀어박혀 있기도 했다. 그 정도로 과학에 대단한 열성을 보였다. 그러면서 그의 연구실은 비밀의 방으로 가족조차 출입하지 못하게 했다. 하지만 당시 가장 친한 대전중학교의 같은 반 신응균(申應均, 1921~1996)에게만은 실험실을 구경시켜준 것 같다. 성장한 다음 최형섭이 소장일 때 연구소 부소장을 지내기도 했던 육군 중장 출신의 신응균은 중학교 때 "이 실험실에 들어가는 영광을 가진 것은 나뿐"이었다고 회상하고 있다.

이런 소년기의 열정이 그를 평생 금속 기술개발에 매달릴 수 있게 만들어주었다. 노트르담대학교 석사학위 논문은 금속의 소성변형(塑性變形) 이론에 관한 연구로, 알루미늄 단결정의 비틀림 변형에서의 변형 메커니즘을 구명하고 있다. 또 그의 박사학위 논문은 고체와 액체사이의 계면(界面) 현상을 전기화학적으로 구명하여 이를 '부유선광이론'으로 발전시켜 철광석 등의 비황화광물(非黃化鑛物)의 부선에 대한 새로운 이론을 제시한 것이었다. 이는 미국 미네소타 북부에 방치된 막대한 저품위 철광석을 활용할 수 있는 길을 제시한 것이기도 하다. 또 귀국 후 그가 한국원자력연구소에 1급 연구관으로 들어가고 얼마 지나지 않아 5·16 군사정변이 일어났고, 군사정부에서 공업화 계획을 추진하면서 종합제철 건설계획안 수립을 위해 최형섭에게 상공부 광무국장을 겸임시켰다. 이 과정에서 최형섭은 광업제련공사, 대한중석 등의 기술개발을 도와주었고, 이를 계기로 연구소의 설립을 추진하게 되었다. 1961년 9월 문을 연 재단법인 '금속연료종합연구소'는 대한중석, 대한석탄공사, 대한철광, 한국제련공사 등 국영 광업 4사의 기술개발을 지원하는 연구기관이었다. 최형섭은 연구소의 설립과 운영을 주도했지만 소장은 후배 제자들에게 맡겼다. 이 연구소는 1971년 KIST에 합병될 때까지 170건의 연구를 수행했고, 100여 편의 논문을 냈으며 13건의 특허를 얻었다. 그 가운데 공동 연구를 포함해 최형섭이 9건의 특허를 갖게 되었지만, 그는 이 특허 수익의 대부분을 연구소에 기부했다.

최형섭은 낮에는 소장을 맡고 있던 한국원자력연구소, 밤에는 금속연료종합연구소에서 후학들과 금속공학 분야 연구를 거듭했다. 이러한 경력을 인정받아 KIST의 초대 소장으로 임명되었다. 국군의 베트남 파병과 함께 찾아 온 한미협조의 분위기 속에서 미국은 적극적으로 한국의 과학기술 발전을 위한 연구소 설립을 돕기 시작했고, 그 결과로 연구소 다운 연구소가 처음 생겨난 것이 한국과학기술연구소였다. KIST의 설립과 연구관리에 그는 탁월한 역량을 발휘했다.

한국 과학의 메카, 대덕연구단지 건설

1967년 3월 《서울신문》과의 인터뷰를 보면 그는 1966년 10월 연구소 책임연구원을 채용하기 위해 도미하여 69명의 한국인 과학자들과 면담했는데, 그 가운데 60명 이상이 귀국을 희망했다. 그들을 만나서 최형섭은 우선 애국심에 호소하고, 월 200~400달러 보수에 주택 제공 및 귀국 여비 부담 등의 조건을 제시했다고 한다. 그리고 이렇게 선발된 연구원은 우선 6개월간 미국의 배텔연구소에서 한국에서의 연구를 위한 구체적 방안을 수립하기 위한 훈련을 받게 했다. 1950년대 후반부터 우리나라 청년들의 서양 유학은 상당 규모로 시작되었다. 그러나 한번 떠난 조국에 돌아오는 과학기술자는 극히 드물었다. 귀국 후 할 일이 거의 없었기 때문이고, 또 귀국해서 받을 대우가 미국 등에 비해 현저히 떨어졌던 까닭이다.

이러한 상황은 당시 세계의 과학 두뇌가 미국 등에 집중되는 현상을 보였고, 이것은 미국으로서도 바람직한 일이 아니었다. 점점 심각해지던 후진국의 두뇌유출(brain drain) 현상이 한국에 KIST가 생김으로써 비로소 해결의 길로 접어들었다고 할 수 있다. 그는 KIST를 정부출연 연구소로 만들어 후에 한국의 기간 연구기관을 어떻게 만들어야 할지 본보기를 만든 셈이기도 하다.

또 과학기술처 장관으로 7년 6개월 재임하면서 그는 1970년대 과학기술개발의 방향을 '과학기술 발전의 기반구축', '산업기술의 전략적 개발', '과학기술의 풍토조성'의 3가지로 잡았고, 많은 성과를 얻었다고 평가된다. 오늘날 대덕연구단지는 한국 과학의 메카로 발돋움하고 있는데, 그 시작도 그가 장관이던 때였다. 연구자로서, 연구관리자로서, 그리고 과학기술 행정가로서 모두 뛰어난 능력을 발휘한 그는 자신이 직접 경험한 우리나라의 과학기술 발전 과정을 학술적으로 체계화해서 개발도상국에 과학기술 발전모델로 제시하고, 여러 개발도상국들의 과학기술 개발 정책 결정 과정에 자문을 하며 많은 도움을 주었다. 태국, 파키스탄, 말레이시아, 스리랑카, 방글라데시, 미얀마를 비롯하여 여러 아랍 국가까지 이를 정도다. 그 결과를 책으로 정리한 것이 《개발도상국의 공업연구》(일조각, 1976) 등인데, 이들은 일본어 및 영어판으로 나와 있기도 하다.

과학기술처 장관 7년 6개월 최장수 재임

장관직에서 물러난 다음 그는 한국과학재단 초대 이사장(1977~1980), 1980년에는 한국과학원 원장을 거쳤고, 1984~1987 포철 고문, 1996~1999년 한국과학기술단체총연합회 회장 등 수많은 역할을 했다. 1996년 2월 KIST 창립 30주년 기념식에서 최형섭은 국민훈장 무궁화장을 받았고, KIST에는 최형섭 기념 연구동이 건립되어 1층에는 최형섭 기념관이 들어선 것은 이런 업적을 기리기 위한 것이었다.

그를 회고하는 많은 제자와 후배들에게 그는 대단한 정력가이고, 조금이라도 잘못된 것을 보고는 소리를 높여 꾸짖기도 하는 것으로 유명하다. 또 어찌 보면 그는 그의 젊은 시절의 많은 성실한 사람들이 그랬던 것처럼 아주 검소하고 원칙주의적이었다. 특히 그는 장관 재직 때까지는 자신도 골프를 하지 않았고, 부하들에게도 금지시킨 것으로 유명하다. 연구에 바빠야 할 과학기술자로서는 시간 낭비가 너무 많다는 이유 때문이었다. 그 대신 그는 대학 때 태권도를 했던 것처럼 시간 있으면 가끔 정구를 즐겼고 특히 바둑을 아주 좋아했다. 장관 시절 그를 수행한 비서에 따르면 그는 외국 여행에도 꼭 바둑을 갖고 다니며 관

한국과학기술연구소 기공식
가운데 있는 두 사람이 기공식에 참석한 최형섭과 박정희 대통령이다. 뒷줄에 있는 사람들 중 왼쪽 두 번째가 《조선일보》 과학기자 시절 참석했던 필자이다(동그라미 표시 부분).

광은 거절하면서 호텔방에서 바둑을 즐겼다. 그의 바둑은 속기였는데 승부욕이 아주 강해서 때로는 상대를 괴롭게 했다고도 전한다.

그는 또 장관 시절에 점심 식사는 거의 국무위원 식당을 이용했다. 오죽하면 그에게 붙여진 별명 하나는 '곰탕 장관'이었는데, 공무원 식당 또는 국무위원 식당에서 곰탕을 주로 먹었던 까닭이다. 1970년 11월 《독서신문》 인터뷰 기사를 보면 이런 대목이 눈에 띈다.

대우, 대우하는데 과학자들이 말하는 대우란 결코 금전적인 대우를 말하는 게 아닙니다. 세 가지로 요약할 수가 있어요. 첫째는 연구의 자율성 보장, 둘째는 안정성, 셋째는 연구 환경입니다. 자기 일에 보람을 느낄 수 있는 충분한 양의 일거리, 연구 시설의 완비를 뜻하지요. 그 다음 마지막으로 경제적 대우인데 최저한의 생계비만 보장되면 그것으로써 만족인 겁니다. 과학자들은 돈이 많이 있어도 쓸 줄을 모르는 사람들이고 또 금전적 대우가 과분하면 일을 못해요. 번 돈만큼은 어떻게든 소비해야 할테니까 말입니다.

당시 주로 미국에서 귀국하던 과학기술자들에 대한 말이다. 또 이 인터뷰에서 그는 "월 500달러 정도(미국에 있을 때는 2천 달러)니까, 그만하면 생계에 위협을 받지는 않을 것"이란 논평도 하고 있다. 어찌보면 그 후 40여 년 동안 세상은 크게 바뀐 것이 분명하다. 아마 1970년의 한국에서는 그의 말이 그대로 사실이었을지도 모른다. 하지만 오늘의 한국 과학계에는 해당하지 않는 말이 될 것 같다. 그 사이 우리 한국의 과학기술자들은 너무 영악해져 있는 것은 아닐까? 옛날이 더 좋았다는 생각을 하게 되는 대목이기도 하다.

|부록|

1. 연표

연도	한국의 과학자들	세계의 과학자들	주요 사건
B.C. 3000			3000년 경 메소포타미아 　황하, 이집트, 문명 시작 2333 고조선 건국
		피타고라스(B.C. 580?~B.C. 500?) 편작(B.C. 401~B.C. 310) 아리스토텔레스(B.C. 384~B.C. 322) 아르키메데스(B.C. 287?~B.C. 212)	492 페르시아 전쟁 334 알렉산더 대왕의 동방원정 57 박혁거세, 신라 건국 37 고주몽, 고구려 건국
B.C.			16 온조, 백제 건국
A.D.	부도(?~?)	장형(78~139) 장중경(150~219)	
		일행(683~727)	476 서로마 제국 멸망 589 수의 중국 통일 676 신라 삼국 통일
	도선(827~898)		918 왕건의 고려 건국
1000	최지몽(907~987)		962 신성로마제국의 성립
		소송(1020~1101) 심괄(1031~1095)	1096 십자군 전쟁
	권경중(?~?)		
	오윤부(?~1304)	곽수경(1231~1316)	1206 칭기즈칸 즉위, 몽골 건국 1234 상정고금예문 간행
	백문보(?~1374)		
	류방택(1320~1402)		
	최무선(1328~1395)		1339 백년전쟁
	박자청(1357~1423)		1368 명나라 건국
	이천(1376~1451)		
	장영실(1390?~1440?)		1392 조선 건국
	세종 이도(1397~1450)		
	이순지(1406~1465)		1405 정화의 남해 원정
	문종 이향(1414~1452)		
	김담(1416~1464)		
	유순도(?~?)		1443 훈민정음 창제 1450 구텐베르크 활판인쇄술 발명

1500	서경덕(1488~1546) 남사고(1509~1571) 이지함(1517~1578) 정평구(?~?) 변이중(1546~1611) 허준(1546~1615) 장현광(1554~1637) 전유형(1566~1624) 김육 (1580~1658)	니콜라스 코페르니쿠스(1473~1543) 조르다노 브루노(1548~1600) 마테오 리치(1552~1610) 요하네스 로드리게스(1561~1633) 서광계(1562~1633) 갈릴레오 갈릴레이(1564~1642) 요하네스 테렌츠(1576~1630) 율리우스 알레니(1582~1649) 송응성(1587~1666) 아담 샬(1591~1666) 르네 데카르트(1596~1650)	1492 콜럼버스 아메리카대륙 발견 1517 루터의 종교개혁 1592 임진왜란, 한산도대첩
1600			
	박안기(1608~?) 김시진(1618~1667) 박율(1621~1668) 이민철(1631~1715) 유흥발(?~?) 최석정(1646~1715) 김지남(1654~1718) 김석문(1658~1735) 허원(1662~?) 송이영(?~?) 이익(1681~1763) 남극관(1689~1714) 이중환(1690~1756)	시부카와 하루미(1639~1715) 아이작 뉴턴(1642~1727)	1600 영국 동인도회사 설치 1642 영국 청교도 혁명 1644 명나라 멸망, 청나라 건국
1700			
	서명응(1716~1787) 김영(1721~1803) 황윤석(1729~1791) 정철조(1730~1781) 홍대용(1731~1738) 서호수(1736~1799) 박지원(1737~1805) 박제가(1750~1805) 정약전(1758~1816) 성주덕(1759~?) 정약용(1762~1836) 서유구(1764~1845) 하백원(1781~1845) 이규경(1788~1856) 최경석(?~1886)	제임스 와트(1736~1819) 윌리엄 허셀(1738~1822) 알레산드로 볼타(1745~1827) 에드워드 제너(1749~1823) 위원(1793~1856)	1776 미국 독립선언 1785 프랑스 대혁명 인권선언

1800	상운(?~?)	필립 시볼트(1796~1866)	
	최한기(1803~1877)		
	김정호(1804?~1866?)	찰스 다윈(1809~1882)	
	남병철(1817~1883)	벤자민 홉슨(1816~1873)	
	남병길(1820~1889)	서수(1818~1884)	
	이제마(1837~1900)	윌리엄 마틴(1827~1916)	
		니시 아마네(1829~1897)	
		알프레드 노벨(1833~1896)	
		쓰다 센(1837~1908)	1840 아편전쟁
	김용원(1842~?)	토마스 에디슨(1847~1931)	
		야마카와 겐지로(1854~1931)	1850 태평천국운동
	지석영(1855~1935)	퍼시발 로웰(1855~1916)	
		헨리 묄렌스테트(1855~1915)	
	안종수(1859~1895)	호러스 알렌(1858~1932)	
		와다 유지(1859~1918)	
	변수(1861~1891)	올리버 에비슨(1860~1956)	1861 미국 남북전쟁
	김학우(1862~1894)	호머 헐버트(1863~1949)	1863 미국 링컨 노예해방 선언
	서재필(1864~1951)	로제타 홀(1865~1951)	
		리하르트 분쉬(1869~1911)	1868 일본 메이지 유신
	이상설(1870~1917)	시가 기요시(1870~1957)	
		에드워드 밀러(1873~1966)	
		굴리엘모 마르코니(1874~1937)	
	김점동(1877?~1910)	칼 루퍼스(1876~1946)	1876 강화도 조약
	오긍선(1878~1963)		
	상운(?~?)		
	상호(1879?~?)	알베르트 아인슈타인(1879~1955)	
	최규동(1882~1950)	아서 베커(1879~1979)	
		우에키 호미키(1882~1976)	
		야먀가 신지(1887~1954)	
	이태준(1883~1921)		1884 갑신정변
	함석태(1889~?)		
	나경석(1890~1959)	호러스 언더우드(1890~1951)	1894 동학농민운동, 갑오개혁
		주커전(1890~1974)	청일전쟁
	이원철(1896~1963)		
	김용관(1897~1967)		1897 대한제국 성립
	박길룡(1898~1943)		1898 청 무술정변
	우장춘(1898~1959)		
	최규남(1898~1992)		
	이미륵(1899~1950)		1899 청 의화단 운동
1900	조백현(1900~1994)	조지프 니덤(1900~1995)	
	이태규(1902~1992)	미키 사카에(1903~1992)	
	장기원(1903~1966)	야지마 스케도시(1903~1995)	
	리승기(1905~1996)		
	박철재(1905~1970)		
	안동혁(1907~2004)	야부우치 기요시(1906~)	

1900	권영대(1908~1985)	첸쉐썬(1912~2009)	1912 중화민국 탄생
	석주명(1908~1950)		1914 1차 세계대전
	장기려(1911~1995)		1919 3·1운동,
	현신규(1911~1986)		대한민국 임시정부 수립
	김봉한(1916~1967?)		1926 6·10 만세운동
	최형섭(1920~2004)		1939 2차 세계대전
	기창덕(1924~2000)		1945 8·15 광복

2. 인명 순

인물 과학사 1
한국의 과학자들

1판 1쇄 2011년 11월 30일

지은이 | 박성래

펴 낸 이 | 류종필
편   집 | 강창훈, 이조운, 이보람
마 케 팅 | 김연일, 이혜지
경영관리 | 장지영

디자인 | 석운디자인

펴 낸 곳 | 도서출판 책과함께
주   소 | 서울시 마포구 서교동 395-178 영산빌딩 201호
전   화 | 335-1982~3
팩   스 | 335-1316
전자우편 | prpub@hanmail.net
블 로 그 | blog.naver.com/prpub
등   록 | 2003년 4월 3일 제25100-2003-392호

ISBN 978-89-91221-90-1 04900
ISBN 978-89-91221-92-5 (세트)

이 도서의 국립중앙도서관 출판시도서목록(CIP)은 e-CIP홈페이지(http://www.nl.go.kr/ecip)와
국가자료공동목록시스템(http://www.nl.go.kr/kolisnet)에서 이용하실 수 있습니다.
(CIP제어번호: CIP2011004865)